ORIENTAÇÕES JURÍDICAS SOBRE A INFRAESTRUTURA DE TRANSPORTES

UMA GESTÃO DE DESAFIOS

FABIO MARCELO DE REZENDE DUARTE

Egon Bockmann Moreira
Prefácio

ORIENTAÇÕES JURÍDICAS SOBRE A INFRAESTRUTURA DE TRANSPORTES

UMA GESTÃO DE DESAFIOS

Belo Horizonte

2013

© 2013 Editora Fórum Ltda.

É proibida a reprodução total ou parcial desta obra, por qualquer meio eletrônico, inclusive por processos xerográficos, sem autorização expressa do Editor.

Conselho Editorial

Adilson Abreu Dallari	Flávio Henrique Unes Pereira
Alécia Paolucci Nogueira Bicalho	Floriano de Azevedo Marques Neto
Alexandre Coutinho Pagliarini	Gustavo Justino de Oliveira
André Ramos Tavares	Inês Virgínia Prado Soares
Carlos Ayres Britto	Jorge Ulisses Jacoby Fernandes
Carlos Mário da Silva Velloso	Juarez Freitas
Cármen Lúcia Antunes Rocha	Luciano Ferraz
Cesar Augusto Guimarães Pereira	Lúcio Delfino
Clovis Beznos	Marcia Carla Pereira Ribeiro
Cristiana Fortini	Márcio Cammarosano
Dinorá Adelaide Musetti Grotti	Maria Sylvia Zanella Di Pietro
Diogo de Figueiredo Moreira Neto	Ney José de Freitas
Egon Bockmann Moreira	Oswaldo Othon de Pontes Saraiva Filho
Emerson Gabardo	Paulo Modesto
Fabrício Motta	Romeu Felipe Bacellar Filho
Fernando Rossi	Sérgio Guerra

Luís Cláudio Rodrigues Ferreira
Presidente e Editor

Supervisão editorial: Marcelo Belico
Revisão: Lourdes Nascimento
Bibliotecários: Equipe Fórum
Capa e projeto gráfico : Walter Santos
Diagramação: Sylvia Vartuli

Av. Afonso Pena, 2770 – 16º andar – Funcionários – CEP 30130-007
Belo Horizonte – Minas Gerais – Tel.: (31) 2121.4900 / 2121.4949
www.editoraforum.com.br – editoraforum@editoraforum.com.br

D812o   Duarte, Fabio Marcelo de Rezende

Orientações jurídicas sobre a infraestrutura de transportes: uma gestão de desafios / Fabio Marcelo de Rezende Duarte; prefácio Egon Bockmann Moreira. – Belo Horizonte: Fórum, 2013.

459 p.
ISBN 978-85-7700-794-3

1. Direito administrativo. 2. Licitações. 3. Contratos públicos. 4. Convênios. 5. Desapropriações. I. Moreira, Egon Bockmann. II. Título.

CDD: 342. 04
CDU: 342.92

Informação bibliográfica deste livro, conforme a NBR 6023:2002 da Associação Brasileira de Normas Técnicas (ABNT):

DUARTE, Fabio Marcelo de Rezende. *Orientações jurídicas sobre a infraestrutura de transportes*: uma gestão de desafios. Belo Horizonte: Fórum, 2013. 459 p. ISBN 978-85-7700-794-3.

Quero dedicar esta obra à incansável capacidade de trabalho, à competência e à determinação. Mas também quero dedicá-la ao entusiasmo, à alegria, ao otimismo, à presença nas horas difíceis e à amizade sincera, como aquela que chega quando o resto do mundo já se foi... Tudo isto tem nome, chama-se **Heitor Kuser**!

SUMÁRIO

PREFÁCIO
Egon Bockmann Moreira 11

INTRODUÇÃO 15

CAPÍTULO 1
MANIFESTAÇÕES NORMATIVAS

Usucapião de Imóvel Confrontante com Rodovia Federal.............................23
Regularização da Faixa de Domínio Rodoviária...28
Aplicação de Penalidade Contratual – Competência 31
Renovação de Portarias de Declaração de Utilidade Pública.........................35
Contrato de Permissão de Uso da Faixa de Domínio das Rodovias
Federais – Natureza jurídica..38
Competência para Análise Jurídica sobre Licitações, Contratos e seus
Aditivos 45
Transferências de Trechos Federais aos Estados – Possibilidade de atuação
do DNIT..47
Vigência do Decreto nº 5.621/2005...51

CAPÍTULO 2
ORIENTAÇÕES GERAIS

SEÇÃO 1 – ORIENTAÇÕES SOBRE RODOVIAS
Parecer/FMRD/PFE/DNIT nº 01190/2009...61
Parecer/FMRD/PFE/DNIT nº 01239/2009...64
Parecer/FMRD/PFE/DNIT nº 01444/2009...66
Despacho/PFE/DNIT nº 00616/2009 70
Parecer/FMRD/PFE/DNIT nº 01926/2009...72
Parecer/FMRD/PFE/DNIT nº 02105/2009...76
Parecer/FMRD/PFE/DNIT nº 02110/2009...78
Despacho/PFE/DNIT nº 01296/2009 95
Despacho/PFE/DNIT nº 01307/2009 97
Despacho/PFE/DNIT nº 01424/2009 101
Parecer/FMRD/PFE/DNIT nº 00132/2010..104
Parecer/FMRD/PFE/DNIT nº 00463/2010..108

Despacho/PFE/DNIT nº 00441/2010 111
Despacho/PFE/DNIT nº 00485/2010 116
Despacho/PFE/DNIT nº 00567/2010 119
Despacho/PFE/DNIT nº 00598/2010 121
Despacho/PFE/DNIT nº 00607/2010 123
Despacho/PFE/DNIT nº 0063/2010 125
Despacho/PFE/DNIT nº 00642/2010 128
Despacho/PFE/DNIT nº 00052/2011 131
Despacho/PFE/DNIT nº 00068/2011 134
Despacho/PFE/DNIT nº 00096/2011 137
Memorando PFE/DNIT nº 00219/2011 139
Despacho/PFE/DNIT nº 00942/2011 141
Despacho/PFE/DNIT nº 01142/2011 142
Despacho/PFE/DNIT nº 01457/2011 144
Memorando PFE/DNIT nº 00568/2011 146
Despacho/PFE/DNIT nº 02141/2011 148

SEÇÃO 2 – ORIENTAÇÕES SOBRE FERROVIAS
Parecer/FMRD/PFE/DNIT nº 01675/2009 151
Parecer/FMRD/PFE/DNIT nº 02211/2009 164
Despacho/PFE/DNIT nº 00162/2010 167
Despacho/PFE/DNIT nº 00342/2010 169
Despacho/PFE/DNIT nº 00387/2010 171
Despacho/PFE/DNIT nº 00549/2010 174
Despacho/PFE/DNIT nº 00768/2010 175
Despacho/PFE/DNIT nº 00833/2010 178
Despacho/PFE/DNIT nº 00620/2011 182
Despacho/PFE/DNIT nº 02041/2011 184

SEÇÃO 3 – ORIENTAÇÕES SOBRE LICITAÇÃO E CONTRATOS
Parecer/FMRD/PFE/DNIT nº 01695/2008 187
Parecer/FMRD/PFE/DNIT nº 01757/2008 190
Parecer/FMRD/PFE/DNIT nº 00109/2009 192
Parecer/FMRD/PFE/DNIT nº 01561/2009 200
Parecer/FMRD/PFE/DNIT nº 01771/2009 205
Parecer/FMRD/PFE/DNIT nº 01954/2009 208
Parecer/FMRD/PFE/DNIT nº 02004/2009 211
Despacho/PFE/DNIT nº 01080/2009 213
Despacho/PFE/DNIT nº 01301/2009 214
Parecer/FMRD/PFE/DNIT nº 02379/2009 217
Despacho/PFE/DNIT nº 00100/2010 222
Parecer/FMRD/PFE/DNIT nº 00314/2010 224
Despacho/PFE/DNIT nº 00335/2010 227
Despacho/PFE/DNIT nº 00267/2010 229
Despacho/PFE/DNIT nº 00543/2010 234
Despacho/PFE/DNIT nº 00556/2010 236

Despacho/PFE/DNIT nº 00580/2010 238
Despacho/PFE/DNIT nº 00603/2010 241
Despacho/PFE/DNIT nº 00611/2010 249
Despacho/PFE/DNIT nº 00652/2010 251
Despacho/PFE/DNIT nº 00696/2010 262
Despacho/PFE/DNIT nº 00699/2010 266
Despacho/PFE/DNIT nº 00735/2010 268
Nota Técnica/PFE/DNIT nº 002/2010 269
Despacho/PFE/DNIT nº 00806/2010 279
Despacho/PFE/DNIT nº 00831/2010 281
Despacho/PFE/DNIT nº 00050/2011 283
Despacho/PFE/DNIT nº 00125/2011 285
Despacho/PFE/DNIT nº 00468/2011 287
Despacho/PFE/DNIT nº 00997/2011 289
Despacho/PFE/DNIT nº 01089/2011 292
Despacho/PFE/DNIT nº 01143/2011 293
Despacho/PFE/DNIT nº 01388/2011 294
Despacho/PFE/DNIT nº 01519/2011 295
Despacho/PFE/DNIT nº 01815/2011 298
Despacho/PFE/DNIT nº 01889/2011 300
Despacho/PFE/DNIT nº 01956/2011 305
Despacho/PFE/DNIT nº 02082/2011 306
Despacho/PFE/DNIT nº 02140/2011 309
Despacho/PFE/DNIT nº 02152/2011 311

SEÇÃO 4 – ORIENTAÇÕES SOBRE DESAPROPRIAÇÕES
Fax PFE/DNIT nº 34/2009 315
Parecer/FMRD/PFE/DNIT nº 01719/2009 319
Parecer/FMRD/PFE/DNIT nº 02083/2009 321
Mensagem Eletrônica PFE/DNIT/2009 323
Despacho/PFE/DNIT nº 00022/2010 324
Despacho/PFE/DNIT nº 00120/2010 325
Despacho/PFE/DNIT nº 00637/2010 328
Despacho/PFE/DNIT nº 00481/2011 330
Despacho/PFE/DNIT nº 01548/2011 332
Despacho/PFE/DNIT nº 02052/2011 333
Despacho/PFE/DNIT nº 02108/2011 335

SEÇÃO 5 – ORIENTAÇÕES SOBRE CONVÊNIOS E TERMOS
Ofício PFE/DNIT nº 00037/2008 337
Despacho/PFE/DNIT nº 00373/2009 340
Parecer/FMRD/PFE/DNIT nº 01776/2009 342
Parecer/FMRD/PFE/DNIT nº 01777/2009 344
Despacho/PFE/DNIT nº 0124/2009 346
Despacho/PFE/DNIT nº 01375/2009 348
Parecer/FMRD/PFE/DNIT nº 0262/2009 350

Parecer/FMRD/PFE/DNIT nº 00722/2010.............357
Despacho/PFE/DNIT nº 00571/2010.............359
Despacho/PFE/DNIT nº 00643/2010.............371
Despacho/PFE/DNIT nº 00792/2010.............373
Despacho/PFE/DNIT nº 00033/2011.............375
Despacho/PFE/DNIT nº 00131/2011.............378
Despacho/PFE/DNIT nº 00272/2011.............381
Despacho/PFE/DNIT nº 01158/2011.............386
Despacho/PFE/DNIT nº 01936/2011.............388
Memorando PFE/DNIT nº 00599/2011.............390
Despacho/PFE/DNIT nº 02144/2011.............392
Parecer/FMRD/PFE/DNIT nº 01662/2011.............394

SEÇÃO 6 – ORIENTAÇÕES AQUAVIÁRIAS
Despacho/PFE/DNIT nº 0002/2011.............397
Despacho/PFE/DNIT nº 00053/2011.............400
Despacho/PFE/DNIT nº 00086/2011.............402
Despacho/PFE/DNIT nº 02064/2011.............403

SEÇÃO 7 – ORIENTAÇÕES SOBRE CONDICIONANTES AMBIENTAIS
Parecer/FMRD/PFE/DNIT nº 00419/2010.............405
Despacho/PFE/DNIT nº 00520/2010.............410
Despacho/PFE/DNIT nº 00718/2010.............413
Despacho/PFE/DNIT nº 00456/2011.............418

SEÇÃO 8 – ORIENTAÇÕES SOBRE ASSUNTOS DE PESSOAL
Parecer/FMRD/PFE/DNIT nº 00096/2010.............419
Despacho/PFE/DNIT nº 01096/2009.............425
Parecer/FMRD/PFE/DNIT nº 00737/2010.............427
Despacho/PFE/DNIT nº 00078/2011.............439
Despacho/PFE/DNIT nº 00091/2011.............442
Despacho/PFE/DNIT nº 00417/2011.............446
Memorando PFE/DNIT nº 00217/2011.............449
Despacho/PFE/DNIT nº 01454/2011.............451
Despacho/PFE/DNIT nº 02158/2011.............453

REFERÊNCIAS.............457

PREFÁCIO

Até pouco tempo atrás, o estudo e a interpretação dos contratos administrativos brasileiros limitavam-se ao mundo do dever-ser: os manuais, bem como os livros de comentários à legislação federal, apenas descreviam o texto das leis (identificando o texto e a norma). Existia uma hermenêutica declaratória, que celebrava as lições dos grandes mestres de outrora e, assim, tentava apresentar uma série de soluções abstratas para todos os problemas de aplicação legislativa. Boa parte da tarefa de criação da doutrina brasileira era feita com recurso a trabalhos acadêmicos anteriores, tidos por universais, muitos dos quais em língua estrangeira (sobretudo francesa e italiana). A experiência prática da Administração Pública e dos Tribunais não era levada em conta.

Assim, o contrato administrativo deveria ser sempre compreendido desta ou daquela forma, não devido aos desafios experimentados no mundo dos fatos em *Terra Brasilis*, mas sim porque Léon Duguit, Gaston Jèze, André de Laubadère — ou mesmo Renato Alessi e Guido Zanobini — assim o disseram. Muitas vezes, inclusive, havia a importação de ideias estrangeiras que não encontravam qualquer fundamento no Direito Administrativo brasileiro: basta a lembrança à tese de que os contratos administrativos seriam *intuitu personae*, personalíssimos: o que se dava na França porque, até a década de 1980, não havia a necessidade de prévia licitação para as contratações públicas (a escolha do contratado era discricionária); enquanto que, no Brasil, a maior parte dos contratos administrativos são antes *intuitu pecuniae*, pois a contratação muitas vezes é decidida pela oferta do preço, depois de licitação que deve obediência ao princípio do julgamento objetivo (logo, um contrato oriundo de um pregão eletrônico — ou de um leilão — pode ser tudo, menos *intuitu personae*).

Felizmente, a produção jurídica nacional vem evoluindo positivamente. Sem a pretensão de esgotar as hipóteses geradoras desse progresso, três fatos merecem destaque: a promulgação da Constituição brasileira, em 1988; a estabilização econômica, a partir de 1994; e a multiplicação dos módulos contratuais do Direito Administrativo brasileiro. Vejamos, rapidamente, cada uma dessas constatações. Com a promulgação da Constituição brasileira em 1988, incrementou-se o acesso à Justiça e foram criados novos tribunais (em especial o Superior Tribunal de Justiça – STJ e os Tribunais Regionais Federais – TRFs), que ampliaram a compreensão e aplicação da legislação administrativa brasileira (antes concentrada no Tribunal Federal de Recursos – TFR e no Supremo Tribunal Federal – STF). Com o passar do tempo, a jurisprudência dos tribunais brasileiros tornou-se uma das principais fontes para a solução dos eventuais conflitos na aplicação dos contratos administrativos. A mesma menção pode ser feita ao Tribunal de Contas da União (TCU) e respectivo papel ativo na configuração/controle dos contratos administrativos. Isso enriqueceu em muito o debate e promoveu a descoberta de soluções genuinamente brasileiras para os nossos desafios.

Em segundo lugar, a estabilização da economia nacional permitiu que as cláusulas econômico-financeiras dos contratos administrativos se tornassem legíveis (mesmo para os juristas), autorizando novos desafios e instalando horizontes mais largos para a execução de obras e serviços públicos. Mais ainda: a estabilização permitiu que se cogitasse do crescimento econômico, o qual demanda uma robusta e adequada infraestrutura de transportes. Isso igualmente fez com que surgissem problemas mais substanciais, a exigir maior convivência com as engenharias, as finanças e a economia. Em suma (e felizmente), o mundo do dever-ser passou a não dar conta das exigências das crescentes demandas instaladas pelos contratos administrativos num cenário de estabilidade econômica. Claro que, em especial na Administração Pública, isso demandou um esforço de integração das áreas técnicas e das procuradorias jurídicas, a instalar soluções positivas para os percalços e desafios das contratações públicas nacionais.

Por fim, o terceiro item gerador da emancipação do Direito dos contratos administrativos brasileiros está na criação legislativa devários módulos contratuais, até pouco tempo atrás inviáveis (tanto em termos jurídicos quanto econômicos). Até a década de 1980, quando se falava de contratos administrativos brasileiros, pensava-se em empreitada de obras e/ou serviços públicos, bem como nas compras. Depois de meados da década de 1990, o cenário ficou mais rico, colorido e desafiador: concessões comuns; permissões; parcerias público-privadas; autorizações; concessões e permissões de uso de bens públicos; contratos de gestão; termos de parceria etc. — cada um deles com todo um universo de pactos paralelos, a demandar a compreensão econômico-contratual de dados outrora desprezados (p. ex., a faixa de domínio das rodovias/ferrovias e a teoria do compartilhamento de infraestrutura; os convênios interfederativos; as competências concorrentes/conflitantes das várias pessoas políticas; o dever de iluminação de trechos rodoviários/ferroviários; a metodologia de cálculo das tarifas; os termos de compromisso; a terceirização de pessoal; as áreas urbanas e as competências municipais etc. etc.). E não será demais afirmar que tais peculiaridades foram descobertas quando da execução de tais contratos públicos — no exato momento em que a dúvida exigiu o exame minucioso do pacto e a edição de estudos/pareceres antes constitutivos do que meramente declaratórios.

Desde então, estamos diante da necessária e radical *redefinição das perguntas* a serem postas, em especial porque o problema mudou, as dúvidas estão num outro plano e o objeto da investigação merece ser outro. Pois este *Orientações jurídicas sobre a infraestrutura de transportes – Uma gestão de desafios*, de autoria do Dr. Fábio Duarte, é um dos melhores exemplos do alto nível de complexidade dos contratos administrativos contemporâneos no setor de infraestrutura — e da viabilidade de haver soluções para todos os problemas que eventualmente surjam. Aqueles que conhecem o Dr. Fábio Duarte sabem de sua dedicação republicana aos desafios técnico-jurídicos da causa da infraestrutura de transportes brasileira — empenho este que toma forma em mais este livro de sua autoria, que congrega suas manifestações jurídicas na condição de Procurador Chefe Nacional do Departamento Nacional de Infraestrutura de Transportes (DNIT).

Como se pode constatar já numa primeira leitura, este livro consegue sintetizar alguns dos desafios que são diariamente postos à Administração Pública brasileira no setor da infraestrutura de transportes (rodoviário, ferroviário e aquaviário), além de temas acessórios (licitações e contratos, desapropriações, meio ambiente e regime de pessoal). E tais desafios são enfrentados e vencidos, com base não só na lição dos grandes mestres, mas, em especial, por meio da compreensão do cotidiano da Administração e da efetiva necessidade de serem resolvidos os problemas. Aqui, cada contrato é um contrato especial, diferente de todos os demais — a exigir o exame minucioso de suas cláusulas (e a razão de ser de cada uma delas), bem como da respectiva regulação e legislação setorial. Igualmente, necessário se fez o recurso a outros saberes, que ampliam a nossa investigação (e demandam novos esforços). Dificuldades sempre existiram e sempre existirão — mas poucos são os que, como o Dr. Fabio Duarte, sabem transformá-las em oportunidades de crescimento.

Também por estes motivos este livro estampa algo de novo e de muito positivo no Direito Administrativo brasileiro, pois prestigia a cooperação recíproca entre as áreas técnicas (engenharia, economia, finanças) e a jurídica, numa perspectiva desenvolvimentista. As soluções práticas avultam de importância — o que autoriza, senão exige, a sua divulgação ao grande público. Afinal, e tal como nas sinfonias, os projetos de infraestrutura somente são revelados quando implementados de fato, como na frase atribuída ao grande maestro H. von Karajan: "ninguém pode dizer que conhece uma partitura, por mais que a tenha na cabeça, antes de tê-la experimentado na orquestra". Pois é exatamente isso o que se dá neste *Orientações jurídicas sobre a infraestrutura de transportes – Uma gestão de desafios*: a demonstração de que a execução de projetos de infraestrutura exige conhecimento técnico, harmonia, ritmo e equilíbrio durante décadas, que se revelam no estudo apurado de todos e de cada um dos desafios postos ao intérprete.

Curitiba, junho de 2013.

Egon Bockmann Moreira
Advogado, Mestre e Doutor em Direito. Professor da Faculdade de Direito da UFPR. Professor visitante da Faculdade de Direito da Universidade de Lisboa (2011). Professor convidado do CEDIPRE, da Faculdade de Direito da Universidade de Coimbra (2011). Conferencista convidado das Universidades de Nankai e JiLin, China (2012).

INTRODUÇÃO

Esta obra reúne as manifestações jurídicas mais relevantes que produzi na função de Procurador Chefe Nacional do DNIT, no período de agosto de 2008 a dezembro de 2011.

Os conceitos e teses jurídicas contidas nesta coletânea refletem uma experiência de 25 anos de atuação exclusiva, como Procurador Federal, no âmbito do serviço público dedicado à infraestrutura rodoviária, cujo início se deu em 1987, quando ingressei no quadro de Procuradores do extinto Departamento Nacional de Estradas de Rodagem (DNER).

Naquela época, tive o privilégio de conviver profissionalmente com o meu falecido Pai, o Procurador Haroldo Fernandes Duarte, que, em 1947, fundou e organizou a Procuradoria do extinto DNER, ao lado de notáveis Procuradores como Erico Itamar Baumgarten, Cláudio Pestana Magalhães, José Damião de Souza Rio, entre outros.

Assim, durante quase uma década, pude absorver não apenas os conhecimentos jurídicos específicos no âmbito do Direito Rodoviário, mas, sobretudo, a postura ético-profissional comprometida, intransigentemente, com a causa e o interesse público.

Todavia, em 1994, com o falecimento do Procurador Haroldo Fernandes Duarte, fiquei privado, em definitivo, daquela primorosa e exemplar convivência profissional, tendo, desde então, que traçar sozinho o meu próprio destino, sem, entretanto, negligenciar os postulados éticos e jurídicos que me foram legados por aquele cuja memória não poderia, em tempo algum, desonrar.

Nesse trilhar, fui distinguido por sucessivas Autoridades Federais com inúmeras atribuições de relevância, especialmente a de auxiliar os Procuradores em exercício em todos os Estados do Brasil, bem assim ocupando funções de destaque, como a de Chefe da Procuradoria do extinto DNER e, também, do DNIT, no Estado do Rio de Janeiro.

No âmbito do Poder Executivo Federal, tive a honrosa oportunidade de ocupar o cargo de Diretor do Departamento de Outorgas do Ministério dos Transportes, no período de julho de 2004 a julho de 2008, experiência que me proporcionou vivenciar, como Gestor, as dificuldades enfrentadas pela Administração Pública para a realização das políticas públicas governamentais.

Os ensinamentos recebidos e a experiência acumulada no desempenho daquelas funções permitiram-me publicar, em 1997, a obra *Aspectos Jurídicos das Rodovias: Tutela do Uso Comum, Concessões Rodoviárias, Responsabilidade Civil, e outros aspectos*; em 2002, *Estudos e Pareceres de Direito Rodoviário*; e, em 2009, *Concessão e Administração de Rodovias*, bem assim inúmeros artigos jurídicos sobre a aplicação da lei à estrada, dos quais destaco "Disciplina Jurídica das Rodovias", publicado em 2007 na *Revista Jurídica* – Ministério dos Transportes, e "Governo da Rodovia: Direito ao Trânsito Seguro", publicado em 2012 na *Revista de Direito Público da Economia – RDPE*; proferi inúmeras palestras em Seminários, Simpósios e Congressos Jurídicos e pude construir, sem modéstia, uma história profissional respeitada pelos demais colegas e amigos Procuradores, pelas sucessivas Administrações tanto do DNER, como do DNIT, bem assim do Ministério dos Transportes.

Quando, em 2008, recebi o convite do Excelentíssimo Senhor Ministro de Estado dos Transportes para dirigir a PFE/DNIT, os sentimentos de orgulho e de reconhecimento não foram maiores do que o compromisso que assumi de permanecer honrando o nome e a memória de meu Pai. Não poderia agir de outro modo senão me comportando com fidelidade às normas legais, regulamentares e, sobretudo, éticas. Todo um passado de honorabilidade, honestidade, dedicação e amor à coisa pública estava em jogo.

Durante 40 meses à frente da PFE/DNIT, procurei dar o melhor de mim. Os desafios foram gigantescos, agravados pelo fato de não poder contar com um número suficiente de Procuradores Federais. Esforços foram redobrados para atender as inúmeras consultas decorrentes da execução, pelo DNIT, do Programa de Aceleração do Crescimento (PAC), que mantinha em vigor nada menos do que 1.544 (um mil, quinhentos e quarenta e quatro) contratos, sendo que, desse total, 820 (oitocentos e vinte) eram referentes ao Programa de Aceleração do Crescimento (PAC). Esses contratos envolviam recursos estimados até 2010 da ordem de R$37 bilhões de reais.

O vulto das atividades administrativas, em curso e programadas, inexoravelmente desaguava em outras tantas a cargo da Procuradoria Especializada. Dentre estas, destaco as inúmeras minutas de editais de licitação e homologação de certames concluídos que, diariamente, ingressavam na Procuradoria para análise e emissão de pareceres, bem assim as demais consultas dirigidas pelos diversos e variados setores do DNIT quanto aos assuntos relativos a pessoal, patrimônio, faixa de domínio das rodovias e ferrovias, portos, hidrovias etc. Em se tratando de uma Autarquia responsável pela execução da política de transportes do Governo Federal, não é difícil imaginar a dimensão fantástica dos problemas gerados e que, invariavelmente, repercutiram no âmbito da Procuradoria para orientação jurídica.

Em agosto de 2008, sequer tínhamos uma Estrutura Organizacional. A que deixei pode e deve ser aperfeiçoada. Naquele tempo, nosso contato com os Procuradores Federais nos Estados não era bom. Procurei estreitar a relação, com visitas rotineiras a todas as Unidades, buscando levar o pensamento jurídico que vigorava na Sede, de modo a uniformizar as análises. Com o mesmo fim, criei o Portal da PFE/DNIT na internet (disponível em: <http://www.agu.gov.br/pfednit>), onde fiz inserir as principais orientações da Chefia Nacional, jurisprudência de interesse, atos normativos, entre outras informações relevantes.

Mas considero que a grande transformação sofrida pela Procuradoria durante a minha gestão se deu no relacionamento mantido com a Administração do DNIT. Lembro-me que, em agosto de 2008, as dificuldades eram de toda ordem, restringindo o acesso direto dos Diretores e Técnicos da Autarquia com os Procuradores. Feitas as mudanças, a Procuradoria ganhou em eficiência. Seu quadro de Procuradores na Sede, ainda muito jovem, adquiriu maior experiência e conhecimento sobre os projetos governamentais. Com a diminuição da distância entre Técnicos e Procuradores, a linguagem jurídica se tornou mais leve, mais acessível e compreensível para a engenharia. O Procurador passou, então, a ser um agente mais participativo na realização das políticas públicas, contribuindo com suas ideias. Passou a compreender o DNIT não apenas como mais uma entidade pública, mas, sobretudo, como o seu único e exclusivo cliente. Em vez de dizer o que *não* podia ser feito, passou a dizer *como* podia. Vivenciamos, então, o crescimento progressivo da eficiência da Procuradoria, a ponto de termos sido considerada a Unidade Jurídica da PGF/AGU mais produtiva, entre todas aquelas junto às demais Autarquias e Fundações Federais.

Tivemos, também, momentos de sobressaltos, como as transformações sofridas pelo DNIT por conta de denúncias e investigações sobre irregularidades. Todavia, a PFE/DNIT passou incólume, tendo até sido elogiada em algumas atuações.

Durante a minha gestão, logrei receber dos meus colegas e amigos Procuradores a admiração e o respeito manifestado no Memorando PFE/DNIT nº 158/2011, de 15.02.2011, dirigido por todos ao Excelentíssimo Senhor Ministro Luís Inácio Lucena Adams, Advogado-Geral da União. Mais do que um documento, trata-se de um *tesouro*, algo muito *precioso* porque *raro* no âmbito do Serviço Público. Adiante, reproduzo alguns trechos do referido documento:

"Certo é que a atuação do Sr. Procurador Chefe Nacional do DNIT goza de apoio e admiração por parte dos Procuradores Federais lotados neste Órgão, estes considerados em sua totalidade. A orientação que sempre partiu da Chefia desta PFE/DNIT foi no sentido de incentivar e enaltecer uma conduta participativa e democrática, respeitando as teses jurídicas de cada um e agregando as opiniões contrárias como contribuição adicional.

Diga-se mais! A gestão do Sr. Procurador Chefe Nacional do DNIT não somente é vista com bons olhos pelos Procuradores Federais lotados nesta Procuradoria Federal Especializada, mas também pelos diretores e servidores desta Casa. Prova disso é que, em data recente (28/12/2010), a Diretoria Colegiada/DNIT, Órgão deliberativo desta Autarquia, oficialmente reconheceu e enalteceu a atuação da autoridade máxima desta Procuradoria Jurídica ao aprovar, por unanimidade, uma honrosa moção de agradecimento pelos serviços prestados, lavrada nos seguintes termos: A Diretoria Colegiada do Departamento Nacional de Infraestrutura de Transportes/DNIT, por unanimidade, aprova a seguinte moção: Voto de agradecimento à Procuradoria Federal Especializada – PFE/DNIT, na pessoa de seu Procurador-Chefe, Dr. Fabio Marcelo de Rezende Duarte, pela prestimosa colaboração daquela setorial nos trabalhos desenvolvidos com vitórias expressivas nesta Autarquia, tanto nas contendas judiciais e/ou consultivas, desde questões rotineiras às de maior complexidade, emprestando atenção especial e pessoal a todos os setores deste Departamento, sobretudo num momento em que o DNIT teve aumentado consideravelmente seus trabalhos, por força do Programa de Aceleração do Crescimento – PAC, tendo superado, sobremaneira, as metas estabelecidas. Brasília, 28 de dezembro de 2010.

Essa política de integração, acima mencionada, encontra-se materializada na estrutura d se funcionamento interno deste Órgão Jurídico. Alguns exemplos bastam para retratar a seriedade dos trabalhos comandados pelo Sr. Procurador Chefe Nacional do DNIT, bem como para justificar a edição da nota de elogia direcionada a autoridade máxima desta Procuradoria Jurídica:

a) A Chefia desta PFE/DNIT regularmente convoca todos os Procuradores Federais lotados nesta Autarquia Federal para reunião realizada no gabinete do Sr. Procurador-Chefe Nacional/DNIT, ocasião em que é franqueada a palavra a todos os presentes para análise conjunta das questões controversas submetidas à manifestação desta Procuradoria Jurídica;

b) Todas as manifestações firmadas pelo Sr. Procurador-Chefe Nacional do DNIT em desacordo com os pareceres e despachos anteriormente exarados pelos Procuradores Federais, são a estes encaminhadas através de seus respectivos e-mails eletrônicos funcionais, para ciência e eventuais considerações;

c) As orientações, pareceres e despachos firmados tanto pelo Sr. Procurador-Chefe Nacional do DNIT quanto pelos demais Procuradores

INTRODUÇÃO | 19

Federais em atuação nesta Autarquia são postadas, com destaque, no sitio oficial da PFE/DNIT (www.agu.gov.br/pfednit), para divulgação e eventual aplicação;

d) Há, mensalmente, a elaboração de relatório de produtividade detalhando as atividades exercidas no âmbito desta PFE/DNIT. A divulgação do relato também ocorre por meio do sítio oficial da PFE/DNIT;

e) O Sr. Procurador-Chefe Nacional do DNIT acompanha in loco os trabalhos realizados nas Superintendências Regionais nos Estados, comandando reuniões e cobrando resultados nas demandas em trâmite naquelas Unidades Jurídicas." Assinam os Procuradores Federais Ana Cristina de Pinho Vieira, Alexandre Valadares Tolentino, Ana Maria Bermudez Torres, Daniel Viana Machado, Débora Cristina Parga Torres, Elenize de Oliveira Santos, Gabriela Nascimento de Matias, Gustavo Ferreira Alves, Jorge Henrique Pereira de Menezes, José Alves de Souza, Juliana Silva Barros de Melo Sant'Ana, Rodrigo Bezerra Martins, Rosaliny Pinheiro Dantas e Tiago Coutinho de Oliveira.

Assim, quando me despedi da Procuradoria em dezembro de 2011, o fiz com um sentimento de orgulho e com a consciência do dever cumprido. Talvez pudesse ter feito mais, mas me consola o fato do que pude fazer. Penso que entreguei ao meu sucessor uma Procuradoria melhor do que recebi.

É, portanto, com prazer que submeto ao juízo da comunidade jurídica em geral esta compilação de manifestações jurídicas, resultado da minha atuação como Procurador Chefe Nacional do DNIT no período de agosto de 2008 a dezembro de 2011. A inexatidão própria da ciência jurídica não as torna imunes a eventuais críticas ou pontos de vista divergentes, mas, estou seguro, não lhes subtrai a boa-fé com que foram produzidas, posto que animadas pelo sentimento e pela busca incansável de procurar oferecer a solução mais adequada e justa para os desafios enfrentados.

Primavera de 2012.

Fabio Marcelo de Rezende Duarte

CAPÍTULO 1

MANIFESTAÇÕES NORMATIVAS

Neste capítulo estão reunidas as manifestações que trataram de assuntos que exigiram manifestação do Procurador Chefe Nacional visando uniformizar o entendimento jurídico que deveria prevalecer no âmbito do DNIT.

Para a devida compreensão, explico que o DNIT possui uma estrutura organizacional cujas competências administrativas são divididas entre a Sede da Autarquia, em Brasília, e as Superintendências Regionais, nos Estados. Na Sede está o Procurador Chefe, que assessora diretamente a direção superior da Autarquia, com o auxílio de um grupo de Procuradores Federais. Nas Superintendências Regionais há também um grupo de Procuradores Federais para o assessoramento jurídico das autoridades locais.

Portanto, em se tratando de uma Procuradoria de dimensões nacionais, é natural ocorrerem manifestações jurídicas divergentes sobre os mesmos temas, o que exigia do Procurador Chefe Nacional uma definição sobre qual a tese jurídica que deveria prevalecer no âmbito do DNIT, tanto para a Sede como para as Superintendências Regionais.

USUCAPIÃO DE IMÓVEL CONFRONTANTE COM RODOVIA FEDERAL

Em virtude de inúmeras ações de usucapião de imóveis confrontantes com trechos de rodovia federal, fez-se mister a edição do *Despacho/PFE/DNIT nº 00390/2010*, mediante o qual uniformizei o entendimento jurídico que deveria ser adotado, na forma abaixo.

Versa este processo sobre consulta formulada por essa Unidade Jurídica, decorrente de mensagem eletrônica oriunda da Procuradoria Federal no Estado do Paraná (fls. 02), visando uniformização de entendimento jurídico sobre o seguinte questionamento:

> *"O DNIT deve manifestar interesse ou não no pleito de usucapião em que os trechos, objeto da lide, confrontam com a faixa de domínio de rodovia federal concedida à iniciativa privada pela ANTT, requerendo, igualmente, o entendimento que deve ser adotado para os pleitos de usucapião em que os trechos, objeto da lide, confrontam com a faixa de domínio de rodovia federal concedida à iniciativa privada sem a participação da ANTT, mas por intermédio de Estado da Federação."*

Inicialmente, é necessário esclarecer que o objeto da lide nas ações de usucapião não são propriamente *trechos*, como assinalei na consulta feita, mas sim *imóveis privados* confrontantes com a faixa de domínio de rodovia federal, até porque não há que se cogitar de prescrição aquisitiva sobre bens públicos, especialmente os de uso comum do povo, como são os trechos rodoviários federais (art. 99, I, e art. 102, ambos do CCB; §3º do art. 183, da Constituição Federal; Súmula nº 340 do STF).

Feito esse breve, porém necessário esclarecimento, passo a responder à consulta formulada.

De acordo com o disposto no art. 942, do Código de Processo Civil, na ação de usucapião o autor deverá requerer a citação daquele em cujo nome estiver registrado o imóvel usucapiendo, *bem como dos confinantes* e, por edital, dos réus em lugar incerto e dos eventuais interessados. Também a Súmula nº 391, do Supremo Tribunal Federal, determina a citação pessoal do *confinante* certo.

Portanto, a questão que necessita ser esclarecida é se o DNIT deve ser considerado como *"confinante"* do imóvel usucapiendo mesmo quando o trecho rodoviário federal esteja concedido à iniciativa privada, seja pela ANTT, seja pelo Estado do Paraná ou qualquer outro Estado da Federação.

A expressão *"confinante"* comporta interpretação ampla, não se restringindo apenas ao proprietário do imóvel confrontante, mas alcançando também o promitente comprador ou o cessionário com título registrado e, ainda, aquele que, não possuindo título de domínio algum, exerce a sua *administração*. Refiro-me, nesse último caso, à entidade pública ou privada que possui, por lei ou por contrato, o dever de *administrar* o trecho rodoviário federal confrontante com o imóvel usucapiendo.

Desse modo, em que pese não existir direito de propriedade ou posse sobre as rodovias federais, que são bens de uso comum do povo, que a ninguém pertence porque são de todos (*vide Aspectos Jurídicos das Rodovias: Tutela do Uso Comum, Concessões Rodoviárias, Responsabilidade Civil, e outros aspectos,* p. 20, de minha autoria), deve o titular da *administração* do trecho rodoviário federal ser considerado *"confinante"* do imóvel usucapiendo.

Essa conclusão decorre da necessidade de ser atendido, teleologicamente, o preceito legal do art. 942, do CPC, que visa, sobretudo, oferecer a todos que confrontam com o imóvel usucapiendo a oportunidade de conhecerem da demanda e zelarem para que a pretensão autoral não alcance os imóveis que estão sob o seu domínio, posse ou *administração*.

O que não é possível é o *administrador* do trecho rodoviário federal confrontante com o imóvel usucapiendo ser ignorado na composição da relação processual, até porque é necessário ser verificado se os limites da faixa de domínio da rodovia no local estão sendo observados e respeitados pelo autor da ação. Muito embora os bens públicos em geral não sejam suscetíveis de usucapião, é preciso que o seu *administrador* leve ao conhecimento do Juízo as suas dimensões, de modo que a futura sentença, se procedente, possa reconhecer a prescrição aquisitiva estritamente nos limites da propriedade privada.

Portanto, o *administrador* do trecho rodoviário federal confrontante com o imóvel usucapiendo deve, necessariamente, ser citado para a demanda na qualidade de *"confinante"*, sob pena de nulidade processual.

Assim, de um modo geral, o DNIT como entidade executora da política de transportes federal e *administrador*, no particular, da malha rodoviária federal (Lei nº 10.233/2001; alínea "d" do art. 1º do Decreto-Lei nº 512/1969), deve ser citado, na qualidade de *"confinante"*, para todas as ações de usucapião que tenham por objeto imóvel confrontante com trecho de rodovia federal, exceto quando tenha delegado essa atribuição aos Estados, Municípios ou ao Distrito Federal, bem assim na situação adiante analisada.

Esta é a regra geral. Porém, em se tratando de trecho rodoviário federal que esteja concedido à iniciativa privada, seja pela ANTT, seja pelos Estados, esta circunstância afasta a citação ou mesmo a intimação do DNIT, uma vez que as atribuições da Autarquia não se aplicam no âmbito das rodovias concedidas (§1º do art. 82 da Lei nº 10.233/2001). Vale dizer, com a celebração do contrato de concessão, retira-se o DNIT da condição de *administrador* do trecho rodoviário federal, passando o Concessionário a exercer esse papel.

Com efeito, o Concessionário é a pessoa jurídica de direito privado criada com atribuições exclusivas para executar o contrato de prestação do serviço público rodoviário por determinado prazo e sob as condições estabelecidas na Lei nº 8.987/95 e no contrato de concessão.

De um modo geral, os contratos de concessão dispõem, com variações de redação, sobre a obrigatoriedade de os Concessionários manterem a faixa de domínio da rodovia concedida limpa e desimpedida, zelando para que não seja invadida, ameaçada ou que tenha de qualquer modo comprometida a sua integridade e intangibilidade. Estas obrigações, entre outras, investem o Concessionário do poder de *administração* do trecho rodoviário concedido, por delegação contratual do Poder Concedente, o que o credencia a ser citado como *"confinante"* nas ações de usucapião cujo imóvel usucapiendo confronte com trecho da rodovia federal concedida.

A título de exemplo, são transcritas a seguir algumas cláusulas de contratos de concessão estabelecendo essa responsabilidade da Concessionária:

> *"Contrato de Concessão nº 071/1997 – Concessionária Econorte – BR-369 – Celebrado com o Estado do Paraná*
>
> *2. Incumbe, também, à CONCESSIONÁRIA:*
>
> *(...)*
>
> *f) adotar todas as providências necessárias, inclusive judiciais, à garantia do patrimônio das rodovias principais que compõem o LOTE, inclusive as faixas de domínio e de seus acessos;*
>
> *(...)*
>
> *t) controlar todos os terrenos e edificações integrantes da concessão e tomar todas as medidas necessárias para evitar e sanar uso ou ocupação não autorizada desses bens, mantendo o DER informado a esse respeito;"*

"Contrato de Concessão com a Concessionária Autopista Regis Bittencourt – BR-116 – Celebrado com a ANTT

16.5 Sem prejuízo do cumprimento dos encargos previstos no PER, incumbe à Concessionária:

(...)

h) zelar pela integridade dos bens vinculados à Concessão;

(...)

16.6 Incumbe, também, à Concessionária:

(...)

e) adotar todas as providências necessárias, inclusive judiciais, à garantia do patrimônio das Rodovias que compõem o Lote Rodoviário, inclusive as faixas de domínio e de seus acessos;

(...)

16.7 E também:

(...)

c) controlar todos os terrenos e edificações integrantes da Concessão e tomar todas as medidas necessárias para evitar e sanar uso ou ocupação não autorizada desses bens, inclusive na 'área non aedificandi', mantendo a ANTT informada a esse respeito."

Quanto à participação da ANTT, ressalvado eventual entendimento contrário de sua Procuradoria, tenho como também imprópria, visto que essa entidade não exerce a administração do trecho rodoviário federal concedido, mas atua como representante do Poder Concedente no âmbito da regulação e fiscalização do contrato de concessão. O mesmo raciocínio vale para o Estado ou o seu órgão/entidade de execução que é delegatário da rodovia federal, nos termos da Lei nº 9.277/1996 e dos respectivos convênios de delegação.

Finalmente, em virtude do alegado na mensagem eletrônica oriunda da Procuradoria Federal no Estado do Paraná (fls. 02), esclareço que a competência do Diretor-Geral do DNIT para declarar de utilidade pública, para fins de desapropriação, os imóveis necessários aos serviços e obras nas rodovias federais concedidas é, no caso, restrita aos trechos que tenham sido delegados aos Estados, nos termos da Lei nº 9.277/1996 e dos respectivos convênios de delegação, não alcançando as concessões outorgadas pela ANTT, cujas declarações de utilidade pública devem ser objeto de decreto do Presidente da República.

Resumindo, com fundamento no disposto no art. 4º, inciso I, da Estrutura Organizacional da Procuradoria Federal Especializada junto ao Departamento Nacional de Infraestrutura de Transportes (PFE/DNIT), aprovada pela Portaria PFE/DNIT nº 015, de 23.10.2009, respondo à consulta formulada e fixo o seguinte entendimento jurídico uniforme no âmbito do DNIT:

a) Em se tratando de ação de usucapião de imóvel confrontante com trecho de rodovia federal *concedida*, o DNIT não deve manifestar interesse processual na demanda, devendo, outrossim, informar que a citação ou intimação deverá ser dirigida ao respectivo Concessionário; e

b) Em todos os demais trechos rodoviários federais *que não estejam concedidos à iniciativa privada ou cuja administração não tenha sido delegada aos Estados, aos Municípios ou ao Distrito Federal*, compete ao DNIT, na qualidade de *"confinante"*, manifestar o seu interesse processual nas ações de usucapião que tenham por objeto imóveis confrontantes com a faixa de domínio das rodovias federais.

Brasília, 19 de abril de 2010.

REGULARIZAÇÃO DA FAIXA
DE DOMÍNIO RODOVIÁRIA

Visando atender o solicitado pelo Senhor Procurador Chefe desta Unidade Jurídica, consoante Despacho de fls. 05, e considerando que a consulta formulada às fls. 02/03 pela Superintendência Regional do DNIT no Estado de Minas Gerais envolve questões que necessitam ser uniformizadas por esta Chefia, com fundamento no inciso I, do art. 4º da Estrutura Organizacional da PFE/DNIT, foi editado o Despacho/PFE/DNIT nº 00568/2010, prestando as seguintes orientações respectivamente a cada uma das indagações abaixo reproduzidas e adiante respondidas:

"1. Segmentos onde a faixa de domínio não se encontra preservada, as obras de duplicação não atingirão um dos lados da rodovia, pois a duplicação ocorrerá do lado oposto. Indaga-se: É necessária a regularização da área que não será atingida pela obra e se encontra invadida? Em caso positivo, qual o procedimento a ser adotado para a desobstrução da área? Se houver, nestas áreas, edificações ou moradias, qual é o procedimento a ser adotado? (re-assentamento, desapropriação, etc.)."

Toda e qualquer ocupação não autorizada da faixa de domínio das rodovias federais deve ser reprimida, consoante o disposto na Ordem de Serviço DG/001/2009, anexa. Na situação apontada, deverá o Engenheiro responsável pela Unidade Local do DNIT declarar em processo administrativo, individualizado por ocupação irregular, as justificativas para a ocorrência, bem assim se dispõe ou não de meios para promover a remoção administrativa. Os autos deverão ser instruídos com a possível identificação dos ocupantes, croqui da área ocupada e auto de embargo ou notificação, para encaminhamento à PFE/DNIT junto à Superintendência Regional visando à promoção da Ação Demolitória, consoante minuta também anexa.

"2. Segmentos onde a rodovia foi implantada pelo DNIT, mas não existem registros da implantação da faixa de domínio (não houve desapropriação), ou seja, as edificações e/ou cercas de divisa estão próximas à rodovia. Indaga-se: Como proceder no caso em que as obras não atingem tais benfeitorias? E se atingirem tais benfeitorias, qual deve ser o procedimento?"

Para responder à indagação é preciso ter presente o conceito de faixa de domínio: *"Base física sobre a qual assenta uma rodovia, constituída pelas pistas de rolamento, canteiros, obras-de-arte, acostamentos, sinalização e faixa lateral de segurança, até o alinhamento das cercas que separam a estrada dos imóveis marginais ou da faixa do recuo"* (BRASIL, 1997).

À luz deste conceito, não há que se fazer distinção entre *"rodovia"* e *"faixa de domínio"*. A faixa de domínio é o local onde está implantada a própria rodovia. Não se pode confundir a rodovia ou a faixa de domínio com a *"pista de rolamento, canteiros, etc."*, que são elementos que integram a rodovia e fazem parte da faixa de domínio.

Assim, se a rodovia já está implantada, as respectivas cercas delimitam a faixa de domínio, ainda que não tenham sido os imóveis regularmente desapropriados ou as indenizações pagas. Com a abertura ao tráfego da rodovia, restou irremediavelmente implantado o serviço público rodoviário constituído pela rodovia, não existindo qualquer possibilidade legal de ser reclamada pelos particulares eventualmente prejudicados a retomada do imóvel, mas tão somente a indenização devida, caso não prescrita.

Na hipótese da consulta, presume-se, portanto, que as benfeitorias, por estarem edificadas após a cerca divisória, estão fora da faixa de domínio. Portanto, se as obras alcançam as benfeitorias, deverá o imóvel onde estão edificadas ser desapropriado. Caso contrário, deverá ser verificado se observam a faixa "non aedificandi" de 15 metros, prevista na Lei nº 6.766, de 19.12.1979 (art. 4º, inciso III), contados a partir da cerca divisória. Em caso de inobservância, deverão ser adotadas as mesmas providências sugeridas no item 1, retro.

"3. Segmentos aonde existe a faixa de domínio, mas em razão da necessidade de modificações de traçado, áreas serão abandonadas pelo uso rodoviário. Indaga-se: É possível a permuta de áreas de maneira a minimizar o custo de desapropriação da nova faixa de domínio?"

Não. Os trechos antigos da rodovia que deixarão de ser utilizados em virtude do novo traçado deverão ser excluídos, mediante proposta de projeto de lei, do Plano Nacional de Viação, passando para a jurisdição da Unidade da Federação em que se localizam (art. 4º da Lei nº 5.917, de 10.09.1973).

"4. Segmentos aonde a faixa de domínio se encontra preservada, mas as construções não respeitam a faixa "non aedificandi". Indaga-se: Como tratar as edificações nesta situação? (Ação para demolição, desapropriação, etc.?)."

Já respondido no item 2, *supra*.

Finalmente, embora não questionado, esclareço que no caso de existirem benfeitorias ocupando a faixa de domínio das rodovias federais que serão atingidas por conta de obras de expansão de capacidade ou duplicação, deverão ser observadas as orientações contidas no Parecer/FMRD/PFE/DNIT nº 02110/2009, que poderá ser acessado no Portal da PFE/DNIT na internet, disponível em: <http://www.agu.gov.br/pfednit>, no link orientações – 12) Rodovia, sob título *"Relocação – Possibilidade legal de indenização das benfeitorias atingidas pelas obras"*.

Brasília, 23 de junho de 2010.

APLICAÇÃO DE PENALIDADE CONTRATUAL – COMPETÊNCIA

A ausência de expressa previsão na lei, no regimento interno e nos contratos sobre a competência para aplicação de penalidades contratuais aos Contratados do DNIT foi um dos temas que exigiu do Procurador Chefe manifestação conclusiva, de modo a evitar as divergências que existiam até a sua edição.

Na ocasião, respondendo à consulta da Direção-Geral do DNIT, proferi o entendimento objeto do Despacho/PFE/DNIT nº 00646/2010, vazado nos seguintes termos:

De fato, a matéria está a merecer a uniformização do entendimento jurídico de que trata o art. 4º, inciso I, da Estrutura Organizacional da PFE/DNIT, não apenas em relação à penalidade de advertência, mas de todas as demais sanções aplicáveis aos contratados do DNIT por inobservância das disposições contratuais.

Com efeito, a Lei nº 8.666/93, ao dispor sobre as sanções administrativas a que estão sujeitos os contratados da Administração Pública, não especifica a competência para a imposição das penalidades, exceto com relação à pena da declaração de inidoneidade para licitar ou contratar com a Administração Pública que, no âmbito federal, conferiu-se, com exclusividade, ao Ministro de Estado (§3º, do art. 87).

É natural que assim seja. Em se tratando de lei aplicável ao conjunto da Administração Direta, Autárquica e Fundacional, não seria possível o detalhamento das autoridades competentes para a aplicação de cada penalidade. Assim, relativamente à penalidade de advertência, multa e suspensão temporária de participação em licitação e impedimento de contratar com a Administração, outorgou a lei às respectivas entidades/órgãos às quais ela se dirige a atribuição de promoverem esta distribuição de competências, assegurando, em todos os casos, a garantia de prévia e ampla defesa ao contratado.

Esta assertiva decorre do disposto nos artigos 118 e 119, ambos da Lei nº 8.666/93, que conferem às entidades sujeitas à sua disciplina o poder de editar regulamentos próprios, visando adaptar as suas normas ao disposto na referida lei.

Desse modo, é possível ao DNIT editar regulamentação própria suprindo a omissão da Lei nº 8.666/93 quanto à designação das autoridades competentes na Autarquia para a aplicação das penalidades de advertência, multa e suspensão temporária de participação em licitação e impedimento de contratar com a Administração.

Pelo conteúdo da matéria, o natural é que a própria Lei nº 10.233/2001, que criou a Autarquia, promovesse essa especificação, ou o seu Regimento Interno. Porém, no particular, nenhum desses diplomas se ocupou desta questão.

Todavia, em virtude da vigência no âmbito do DNIT da Norma CA/DNER nº 212/87-PG, firmei anteriormente o entendimento de que a multa contratual deve ser aplicada pelo Superintendente Regional, com recurso para o Diretor-Geral do DNIT, consoante Despacho/PFE/DNIT nº 00410/2010, acostado, por cópia, a fls. 90.

Naquela ocasião, inclusive, orientei no sentido de serem adotadas medidas visando à revisão e atualização da referida Norma, de modo a ajustá-la aos atos normativos em vigor no DNIT, bem assim à Lei nº 8.666/93, o que, até o momento, não foi feito.

Não obstante, reexaminando a Norma CA/DNER nº 212/87-PG, observei que lá ainda está disposto o seguinte:

"3.2. As sanções previstas nos incisos I, III e IV podem ser aplicadas juntamente com a do inciso II, facultada a defesa prévia do interessado no respectivo processo, no prazo de 5 (cinco) dias úteis da abertura de vista."

Ora, consoante se vê, está previsto que todas as demais sanções administrativas (I, III e IV) podem ser aplicadas juntamente com a de multa (II). Assim, lícito é concluir que a sanção de multa (II) pode ser aplicada com a sanção de advertência (I) ou qualquer outra. Logo, se a aplicação da sanção de multa (II) compete ao Superintendente Regional, é forçoso concluir que poderá esta mesma autoridade aplicar a sanção de advertência, até porque sendo esta última de menor gravidade que a de multa, não faz sentido e agride à lógica atribuir a competência para a sua aplicação a autoridade superior.

Ademais, esta conclusão consiste na aplicação do antigo e conhecido adágio de que "quem pode o mais, pode o menos", que se mostra, no caso, absolutamente compatível com o princípio da razoabilidade, informativo dos atos administrativos.

Nesse sentido, leciona Lucas Rocha Furtado, Procurador-Geral do Ministério Público junto ao Tribunal de Contas da União:

"É o princípio da razoabilidade que guia o aplicador do Direito e indica as soluções adequadas, excluindo do âmbito de aplicação da norma do caso aquelas soluções que, em função das circunstâncias da situação, seriam tidas como absurdas." (Curso de direito administrativo, p. 120)

Evidentemente que o poder conferido ao Superintendente Regional não é geral para todos os contratos celebrados pela Autarquia. Aplica-se, apenas, para aqueles que estejam sob a sua fiscalização, ainda que firmados junto à Administração Central.

E assim é porque, no âmbito do Direito Administrativo, no poder de fiscalizar se insere o de impor sanções pelo descumprimento das obrigações e deveres contratuais. A expressão gestão administrativa, largamente utilizada no Regimento Interno do DNIT, compreende também a fiscalização dos contratos e assuntos diretamente vinculados a cada órgão integrante da estrutura organizacional da Autarquia, representado por cada uma de suas Diretorias. Assim, é de competência dos respectivos Diretores aplicarem as mesmas sanções deferidas ao Superintende Regional, relativamente aos contratos afetos à sua Diretoria e sob sua gestão administrativa (art. 126, inciso IV, do Regimento Interno).

Quanto à sanção de suspensão temporária de participação em licitação e impedimento de contratar com a Administração, entendo que, por revestir efeitos mais gravosos para o contratado, devem ser de competência do Diretor-Geral do DNIT, visto que o mesmo ostenta a condição de gestor superior da entidade, sendo responsável pela supervisão e coordenação das atividades de todos os órgãos integrantes da Estrutura Regimental, cabendo-lhe, ademais, rever os atos praticados pelos Superintendentes Regionais e respectivos Diretores (incisos II e V, do art. 124 do Regimento Interno).

Desse modo, a aplicação das penalidades de advertência e multa, de competência dos Superintendentes Regionais e Diretores do DNIT, pode e deve ser revista pelo Diretor-Geral, mediante a interposição do respectivo recurso administrativo. Já a imposição da penalidade de suspensão temporária de participação em licitação e impedimento de contratar com a Administração, de competência do Diretor-Geral, pode e deve ser revista pelo Conselho de Administração da Autarquia, que é o seu órgão superior de deliberação, possuindo competência para deliberar sobre os casos omissos do Regimento Interno (art. 11, inciso XIII, do Regimento Interno).

Assim, considerando a vigência no âmbito do DNIT da Norma CA/DNER nº 212/87-PG, bem assim ressalvada expressa previsão em contrário no edital ou no contrato, uniformizo, com fundamento no art. 4º, inciso I, da Estrutura Organizacional da PFE/DNIT, o seguinte entendimento jurídico sobre a competência para aplicação das sanções administrativas contratuais e respectivos recursos no âmbito do DNIT, sendo assegurada, em qualquer dos casos, a garantia de prévia e ampla defesa ao contratado:

a) *Compete ao Superintendente Regional*, no âmbito dos contratos sob sua fiscalização, a aplicação das penalidades de advertência e/ou multa (itens 3.2 e 5, da Subseção I, da Seção VI, do Capítulo II, da Norma CA/DNER nº 212/87-PG);

b) *Compete aos Diretores*, no âmbito dos contratos sob sua fiscalização, a aplicação das penalidades de advertência e/ou multa (art. 126, inciso IV, do Regimento Interno);

c) *Compete ao Diretor-Geral* a aplicação da penalidade de suspensão temporária de participação em licitação e impedimento de contratar com a Administração e quando esta for cumulada com as penalidades de advertência e/ou multa (item 3.2, da Subseção I, da Seção VI, do Capítulo II, da Norma CA/DNER nº 212/87-PG c/c incisos II e V, do art. 124 do Regimento Interno);

d) *Compete ao Ministro de Estado dos Transportes* a aplicação da penalidade de declaração de inidoneidade para licitar ou contratar com a Administração Pública e quando esta for cumulada com quaisquer das demais penalidades (§3º do art. 87, da Lei nº 8.666/93 e item 3.3, da Subseção I, da Seção VI, do Capítulo II, da Norma CA/DNER nº 212/87-PG);

e) Das penalidades aplicadas pelo *Superintende Regional ou pelos Diretores*, caberá recurso para o Diretor-Geral (incisos II e V, do art. 124 do Regimento Interno);

f) Das penalidades aplicadas pelo *Diretor-Geral*, caberá recurso para o Conselho de Administração (art. 11, inciso XIII, do Regimento Interno);

g) Os recursos interpostos das sanções aplicadas pelo *Ministro de Estado dos Transportes* são regidos pela regulamentação interna da respectiva Pasta Ministerial.

Finalmente, recomendo que o entendimento jurídico ora uniformizado seja objeto de Portaria a ser editada pelo Senhor Diretor-Geral, mediante prévia autorização da Diretoria Colegiada, até que sejam promovidas as necessárias alterações regimentais visando à inclusão dessas disposições no Regimento Interno do DNIT, como de direito.

Brasília, 10 de setembro de 2010.

RENOVAÇÃO DE PORTARIAS DE DECLARAÇÃO DE UTILIDADE PÚBLICA

Entre as competências legais do DNIT, encontra-se a possibilidade de a Autarquia declarar a utilidade pública de bens imóveis que são necessários para a infraestrutura de transportes, visando à construção ou expansão de capacidade de rodovias, ferrovias e portos. Acontece que, a partir do momento em que um determinado imóvel é declarado de utilidade pública, inicia-se uma série de procedimentos administrativos que irão culminar com a sua desapropriação, que pode ocorrer mediante a celebração da respectiva escritura pública ou através de ação judicial.

Todavia, como a lei que disciplina o assunto estabelece um prazo de 5 (cinco) anos para a validade da declaração de utilidade pública, se a desapropriação não ocorrer nesse período, o ato caducará, e novo só poderá ser editado após decorrido 1 (um) ano.

Procurando evitar que a caducidade acontecesse, desenvolvi a tese jurídica sobre a possibilidade de o ato declaratório ser prorrogado antes que perdesse a sua validade, antes, portanto, de serem completados os cinco anos da sua edição, consoante é adiante exposto.

Tratava-se de procedimento administrativo visando à desapropriação de imóveis necessários para a implantação e pavimentação da Rodovia Federal BR-135, no Estado da Bahia. Nos termos do *Despacho/PFE/DNIT n° 00798/2010*, uniformizei o assunto dizendo o seguinte:

Por força da manifestação de fls. 59/61, vieram os autos a esta Chefia em virtude do articulado no Parecer n° 172/2010/PFE-DA/DNIT (fls. 55/56v.), subscrito pelo Procurador Chefe da Unidade Jurídica da PFE/DNIT junto à Superintendência Regional no Estado da Bahia, na qual concluiu que:

> *"Ocorre que as portarias de fls. 05/07 foram renovadas antes do interstício de um ano estabelecido na referida norma como consta nas fls. 43. Portanto, torna-se inviável a pretensão desta autarquia de desapropriar o bem imóvel pela via judicial enquanto perdurar este lapso temporal."*

Refere-se o Parecer ao art. 10 do Decreto-Lei n° 3.365/41, que prescreve:

"Art. 10. A desapropriação deverá efetivar-se mediante acordo ou intentar-se judicialmente, dentro de cinco anos, contados da data da expedição do respectivo decreto e findos os quais este caducará. Neste caso, somente decorrido um ano, poderá ser o mesmo bem objeto de nova declaração."

Consoante se colhe da instrução, pelas Portarias nºs 1.476 e 1.477, ambas de 22.12.2004, publicadas no *DOU*, fl. 07, 23 dez. 2004, foram declarados de utilidade pública para efeito de desapropriação e afetação a fins rodoviários os imóveis necessários a obra pública de implantação e pavimentação da Rodovia Federal BR-135, no Estado da Bahia.

Ocorre que, não concluídos os trabalhos necessários para dar início ao procedimento expropriatório, tanto amigável como judicial, e se encontrando as referidas Portarias na iminência de caducarem, pela fluência do lustro previsto na norma legal acima transcrita, orientei a Diretoria de Planejamento e Pesquisa, mediante o Memorando PFE/ DNIT nº 778/2009, de 04.12.2009, no sentido de que promovesse a reno-vação daqueles atos, de modo a não permitir a solução de continuidade dos procedimentos expropriatórios (doc. anexo).

De fato, assim se procedeu com a publicação das Portarias nºs 1.584 e 1.586, mediante as quais foram renovados os efeitos jurídicos das Portarias originais, consoante se vê da publicação no *DOU*, 16 dez. 2009, a fls. 43.

Assim, diante da resistência da Unidade Jurídica da PFE/DNIT/ BA quanto a reconhecer eficácia à renovação realizada, invoco o disposto no art. 4º, inciso I, da Estrutura Organizacional desta PFE/DNIT, para uniformizar o entendimento jurídico no âmbito DNIT relativamente ao assunto.

Com efeito, laborou em equívoco a Unidade Jurídica da PFE/ DNIT/BA visto que não chegou a ter início o interstício de um ano estabelecido no art. 10, do Decreto-Lei nº 3.365/41, justamente por-que as renovações dos atos originários ocorreram *antes* de operada a caducidade dos mesmos. Vale dizer, as Portarias nºs 1.476 e 1.477 não caducaram, uma vez que foram renovadas 06 (seis) dias antes do transcurso do lustro legal. E, se não caducaram, não há que se cogitar do interstício de um ano, como propugnado.

Tais renovações se deram por expressa orientação desta Chefia e são absolutamente compatíveis com a ordem jurídica vigente, posto que em nenhum momento o Decreto-Lei nº 3.365/41 veda a sua realização. Ademais, de acordo com o disposto no inciso XIII, da Lei nº 9.784, de 29.01.1999, que regula o processo administrativo no âmbito da Admi-nistração Pública Federal, a interpretação da norma administrativa deve ser realizada da forma que melhor garanta o atendimento do fim público a que se dirige.

Ora, uma vez não renovadas as Portarias originárias, a consequência lógica seria a caducidade desses atos e o impedimento de a Administração, por um ano, novamente declarar de utilidade pública os imóveis atingidos pelo projeto de engenharia, acrescidos de todos os problemas decorrentes, como, principalmente, a paralisação da obra pública.

Pergunto-me: A quem interessaria isto? Ao DNIT, decerto que não! Aos proprietários dos imóveis? Também não, visto que ficariam impedidos de receber a indenização por um ano, uma vez que o procedimento expropriatório seria interrompido, não obstante permanecer o interesse público sobre os seus imóveis.

Então, a quem interessaria manter a Administração de mãos atadas, sem nada fazer por um ano? Sinceramente, não sei a quem atribuir esse interesse. Mas, por certo, a omissão da Administração, deixando fluir *incontinenti* o lustro legal, demandaria apuração de responsabilidades, tanto no setor técnico, quanto no jurídico, visto que a caducidade de um ato administrativo não garante o atendimento de nenhum fim público, muito menos o de que se ocupa este processo.

Por tudo isso, considero absolutamente regulares as renovações promovidas, posto que anteriores ao quinquênio legal, pelo que fixo a seguinte orientação jurídica que deverá ser seguida por todas as Unidades Jurídicas da PFE/DNIT:

- É juridicamente possível, e atende a finalidade pública, a renovação de portaria de declaração de utilidade pública quando ainda não decorrido o prazo de cinco anos contados da sua edição, desde que necessária à conclusão das desapropriações amigáveis ou para permitir a propositura das ações de desapropriações.

Quanto à instrução deste processo, remeto a análise à Unidade Jurídica da PFE/DNIT/BA das considerações constantes de fls. 59/61, que deverá privilegiar a possibilidade de ser completada em juízo eventual ausência documental, visto que, para efeito de ajuizamento das ações de desapropriação e consequente imissão na posse, são suficientes os documentos mencionados no art. 13 do Decreto-Lei nº 3.365/41, o que deve ser providenciado sem tardança.

Brasília, 25 de outubro de 2010.

CONTRATO DE PERMISSÃO DE USO DA FAIXA DE DOMÍNIO DAS RODOVIAS FEDERAIS – NATUREZA JURÍDICA

Esta uniformização do entendimento jurídico foi decorrente da prática que havia no DNIT de submeter à deliberação da Diretoria Colegiada da Autarquia propostas de inexigibilidade de licitação para a celebração dos Contratos de Permissão de Uso, por terceiros, da faixa de domínio das rodovias federais, nos termos da Lei nº 8.666/1993.

Por ocasião do *Parecer/FMRD/PFE/DNIT nº 01735/2010*, firmei a seguinte orientação normativa:

Versa este processo sobre solicitação oriunda desta Diretoria para análise jurídica da minuta contratual de fls. 140/150, bem assim o exame da declaração de inexigibilidade de licitação para a contratação direta da Empresa Vivo S/A, com a finalidade de disciplinar a ocupação da faixa de domínio das rodovias federais BR-226/TO e BR-153/TO pela empresa Vivo S/A com a implantação de sistema óptico, destinado a serviços de telecomunicações.

Sobre a análise foi produzido, inicialmente, o Parecer/AMBT/DNIT nº 1.702/2010 (fls. 156/160), bem assim o Despacho/TCO/Procuradoria/PFE/DNIT nº 697/2010 (fls. 161/163), mediante o qual o Procurador Chefe do Setor de Consultoria entendeu, ao contrário da manifestação contida no Parecer referido, não se encontrarem presentes os requisitos legais necessários para a declaração de inexigibilidade pretendida pelo DNIT.

Todavia, observo que grassa certo equívoco, tanto nas manifestações jurídicas produzidas, como por parte da própria Administração do DNIT, quanto ao correto enquadramento da contratação na disciplina legal que deve reger o assunto.

Por isso, com fundamento no art. 4º, inciso I, da Estrutura Organizacional da PFE/DNIT, impõe-se a uniformização do entendimento jurídico que deve prevalecer no âmbito da PFE/DNIT, cuja fundamentação é adiante exposta.

Com efeito, o contrato de permissão especial de uso da faixa de domínio das rodovias federais não se ajusta a qualquer das hipóteses de utilização de bem público previstas na Lei nº 8.666/93.

Nesse sentido, de início interessa destacar que, mesmo nos casos de utilização de bem público previstos na Lei nº 8.666/93, mediante permissão ou concessão de uso, a lei dispensa a licitação. São as seguintes as hipóteses contempladas:

a) permissão de *uso de bens imóveis residenciais* construídos, destinados ou efetivamente utilizados no âmbito de programas habitacionais ou de regularização fundiária de interesse social desenvolvidos por órgãos ou entidades da Administração Pública (alínea "f" do inciso I, do art. 17);

b) Permissão de *uso de bens imóveis de uso comercial* de âmbito local com área de até 250m² (duzentos e cinquenta metros quadrados) e *inseridos no âmbito de programas de regularização fundiária de interesse social* desenvolvidos por órgãos ou entidades da Administração Pública (alínea "h", do inciso I, do art. 17);

c) concessão de direito real de uso, gratuita ou onerosa, de *terras públicas rurais da União na Amazônia Legal* onde incidam ocupações até o limite de 15 (quinze) módulos fiscais ou 1.500ha (mil e quinhentos hectares), para fins de regularização fundiária, atendidos os requisitos legais (alínea "i", do inciso I, do art. 17);

d) concessão de direito real de uso de imóveis a *outro órgão ou entidade da Administração Pública*, qualquer que seja a localização do imóvel (inciso I, do §2º, do art. 17);

e) concessão real de uso de área rural situada na *Amazônia Legal* a pessoa natural (inciso II, do §2º, do art. 17).

Finalmente, contempla ainda a Lei nº 8.666/93, a figura jurídica da investidura, relacionada à *alienação de imóvel público, sem licitação, aos proprietários de imóveis lindeiros de área remanescente ou resultante de obra pública*, que se tornar inaproveitável isoladamente (inciso I, do §3º, do art. 17), bem assim aos legítimos possuidores diretos ou ao Poder Público, de imóveis *para fins residenciais* construídos em núcleos urbanos anexos a usinas hidrelétricas, desde que considerados dispensáveis na fase de operação dessas unidades e não integrem a categoria de bens reversíveis ao final da concessão (inciso II, do §3º, do art. 17).

Como se vê, a utilização da faixa de domínio das rodovias federais, que são bens públicos de uso comum do povo (art. 99, inciso I, do Código Civil Brasileiro), objeto do contrato em apreço, não se ajusta a qualquer das situações tratadas na Lei nº 8.666/93.

Por outro bordo, em todos os casos de dispensa e inexigibilidade de licitação tratados nos artigos 24 e 25 da Lei nº 8.666/93, estão presentes, necessariamente, dois fatores:

a) o desembolso pela Administração de recursos públicos; e
b) a prestação de um serviço à Administração Pública.

Ora, nenhuma destas circunstâncias se encontra presente no contrato de permissão de uso da faixa de domínio das rodovias federais. Neste caso, não só o DNIT não arca com qualquer despesa orçamentária, como o permissionário fica obrigado a lhe remunerar pelo uso da faixa de domínio. Outrossim, nenhum serviço é prestado em favor da Autarquia, mas sim aos usuários dos serviços prestados pelo permissionário, que variará em função da atividade por ele e só por ele desempenhada.

Há aqui uma circunstância que atribui ao permissionário do uso da faixa rodoviária federal a exclusividade do serviço por ele prestado, decorrente das atividades que lhe foram delegadas na condição de concessionário de serviço público. Assim, para o concessionário de telefonia na região cortada pela rodovia, somente ele poderá prestar esse serviço e, consequentemente, promover as instalações necessárias na faixa de domínio cujo uso é pretendido. A mesma lógica vale para o concessionário de energia elétrica, gás, oleodutos etc.

Qual se vê, não há como justificar, juridicamente, a incidência na espécie das disposições contidas na Lei nº 8.666/93 para este tipo de avença pública.

E qual seria, então, a disciplina legal e regulamentar aplicável?

A disciplina é aquela estabelecida pelo próprio DNIT, com fundamento no art. 103 do atual Código Civil Brasileiro, e no Decreto-Lei nº 512, de 21.03.1969, consoante já reconhecido tanto pelo Poder Judiciário, como pelo Tribunal de Contas da União.

No âmbito do Poder Judiciário, vale transcrever as seguintes ementas:

"DNIT. Permissão de uso de subsolo. Estradas e faixas de domínio. Uso especial de bem público. Possibilidade de cobrança de remuneração. Natureza da cobrança. Preço público. Consoante o disposto no art. 103 do Código Civil, até mesmo o uso comum dos bens públicos poderá ser remunerado, a critério da entidade responsável pela administração do bem. Com muito mais razão, o uso especial dos bens públicos — a utilização individualizada de um bem que está disponível ao uso comum do povo — poderá ser oneroso. – A permissão de uso é ato negocial, unilateral, discricionário e precário, através do qual a Administração faculta o particular a utilização individual de determinado bem público. Como ato negocial, pode ser gratuito ou remunerado. – A referida cobrança não pode ser confundida com tributo, pois é mera remuneração pela utilização de bem público — constitui-se em preço público — mediante Contrato de Permissão Especial de Uso. – Em se tratando de bens públicos federais ou de bens públicos sob sua administração, possui a União a competência para

CAPÍTULO 1 | MANIFESTAÇÕES NORMATIVAS | 41

regulamentar a sua utilização, podendo, ainda, conceder tal prerrogativa a instituições legalmente habilitadas. Tal é o caso do DNIT, que regulamenta a utilização das faixas de domínio das rodovias sob sua administração." (TRF 4ª R.; AC nº 2005.70.00.034627-5; PR; Terceira Turma; Rel. Juíza Fed. Vânia Hack de Almeida; Julg. 27.11.2007; DEJF, 19 dez. 2007; p. 524) (Publicado no DVD Magister, n. 18 – Repositório Autorizado do TST nº 31/2007)

"(...) Faixa de domínio de rodovia federal. Bem de uso comum do povo. Exploração por empresa concessionária de telecomunicações. Uso especial. Cobrança de remuneração pela utilização. Legalidade. Sentença reformada. (...) 3. A faixa de domínio de rodovia federal constitui-se em bem de uso comum do povo (CC/1916, art. 66, inciso I e CC/2002, art. 99, I), cujo domínio é titularizado pela Autarquia Federal responsável pela administração da infra-estrutura das rodovias federais. 4. A exploração de faixa de domínio de rodovias federais, por concessionária de telecomunicações, objetivando a implantação de redes de telefonia fixa, corresponde a um uso especial de bem de uso comum do povo, uma vez que se pretende dele extrair um proveito estranho ao que é propiciado por sua destinação própria — área de apoio à faixa de rodagem da rodovia - necessitando, assim, de autorização ou permissão da entidade governamental a que esteja afeta a rodovia. 5. Legítima a contraprestação pecuniária exigida pela União pela utilização da faixa de domínio de rodovia federal pela autora, concessionária de serviço público de telecomunicações, para a passagem de cabos da rede de telefonia fixa, ante a expressa autorização legal para tanto (CC/1916, art. 68 e CC/2002, art. 103 c/c Lei nº 9.992/2000, art. 1º). Precedentes. 6. Apelação da União provida. Remessa oficial prejudicada. 7. Recurso da autora prejudicado, porquanto o mesmo objetivava, unicamente, a majoração da verba honorária." (AC nº 2001.34.00.020912-5/DF; 5ª Turma; TRF 1ª Região; 17.09.2008; DJ, 24 out. 2008)

Já no âmbito do Tribunal de Contas da União, o assunto foi tratado no Acórdão nº 511/2004, em cuja íntegra não se fez, sob qualquer título, menção à Lei nº 8.666/93, sendo oportuno destacar da decisão as considerações abaixo transcritas, realizadas pela Equipe Técnica do TCU e integralmente aprovadas pelo Ministro Relator Adylson Motta:

"72. No caso das faixas, eis que elas são inquestionavelmente bens públicos e que há interessados em utilizá-las sem que isso traga prejuízos irreparáveis à utilização que a própria Administração lhes dá. Diante disso, estaria o Administrador tolhido de aplicar o instituto do uso especial remunerado, na modalidade contratual, desde longa data existente no nosso ordenamento jurídico? A resposta só pode ser negativa, pois a afirmativa levaria ao absurdo da não cessão do bem, o que constituiria injustificado óbice ao desenvolvimento das telecomunicações, ou de ter o DNIT de tolerar a utilização das faixas em regime de uso comum, sem a imposição de quaisquer restrições.
73. No que respeita a essa última hipótese, temos que também não há como equiparar as empresas que se utilizam da faixa de domínio para implantação

de suas instalações operacionais com o usuário comum das rodovias federais. A única equiparação logicamente possível é com o próprio DNIT, inclusive como prestadores de serviços públicos. Basta ver que essas empresas não buscam a finalidade operacional do patrimônio do DNIT, posto à disposição da sociedade. Buscam antes o patrimônio mesmo, para utilizá-lo em finalidade distinta da rodoviária. Daí se aplicar bem o termo compartilhamento, tão em voga nas agências reguladoras, para definir a relação que surge entre entidades interessadas em uma mesma infraestrutura.

74. E se é compartilhamento de infra-estrutura do que se trata, deve ela se estender à contrapartida de custos de implantação e manutenção que lhe corresponde. Como é regra, no sistema econômico vigente, que cada agente responda pelo custo de suas ações, o DNIT não só pode cobrar pelo uso das faixas como é até imperioso que o faça, sob pena de permitir o enriquecimento sem causa de particulares às custas do patrimônio público."

Mas, voltando à definição da disciplina legal em questão, reporto-me, inicialmente, ao disposto no art. 103 do atual Código Civil Brasileiro, que estabelece:

"Art. 103. O uso comum dos bens públicos pode ser gratuito ou retribuído, conforme for estabelecido legalmente pela entidade a cuja administração pertencerem."

Veja que a norma legal não só autorizou o uso gratuito ou retribuído do bem público, como também delegou à entidade responsável pela administração do bem público o poder de regulamentar esse uso.

Migrando do direito privado para o público, também no âmbito específico do serviço público rodoviário federal, existe a previsão legal de cobrança pelo uso da faixa de domínio das rodovias federais. Trata-se do contido na alínea "d" do art. 1º do Decreto-Lei nº 512, de 21.03.1969, que define, entre as diretrizes da política nacional de viação rodoviária, o seguinte:

"d) a administração permanente das rodovias mediante guarda, sinalização, policiamento, imposição de pedágio, de taxas de utilização, de contribuição de melhoria, estabelecimento de servidões, limitações ao uso, ao acesso e ao direito das propriedades vizinhas, e demais atos inerentes ao poder de polícia administrativa, de trânsito e de tráfego;"

Embora o texto da norma legal se refira a *"taxa de utilização"*, não é este, a toda a evidência, o sentido jurídico que possui a retribuição exigida pelo DNIT pelo uso da faixa de domínio das rodovias federais, visto que a cobrança não decorre de nenhum tributo, no sentido estrito da expressão, mas da contraprestação financeira devida pelo efetivo uso da faixa rodoviária federal. Nem se poderia, igualmente, cogitar de uma tarifa, posto que destinada a denominar a contraprestação de um serviço público efetivamente prestado ao usuário, o que, também, não é o caso.

De qualquer modo, o mais relevante é considerar que há previsão legal para essa retribuição e que a mesma constitui emanação *"inerente ao poder de polícia administrativa"* de que é o DNIT detentor, na qualidade de administrador permanente das rodovias sob sua guarda, nos termos, também, da Lei nº 10.233, de 05.06.2001 (arts. 80 *et seq.*).

E foi, portanto, com arrimo nestas disposições legais que a Autarquia, por intermédio do seu Conselho de Administração, editou a regulamentação objeto da Resolução nº 11, de 27.03.2008, estabelecendo a cobrança a título oneroso aos órgãos da Administração Pública, concessionárias de serviços públicos, privados e de terceiros para a utilização da faixa de domínio.

Dentre as utilizações previstas na Resolução nº 11/2008, *apenas quanto à energia elétrica ainda é mantida a gratuidade*, por força da isenção prevista no Decreto nº 84.398, de 16.01.1980, podendo, entretanto, o contrato ser aditado a qualquer tempo, para o fim de incluir a retribuição caso o referido Decreto seja revogado. Nos respectivos instrumentos contratuais firmados entre o DNIT e as Concessionárias do setor elétrico consta a seguinte cláusula padrão:

> *"CLÁUSULA NONA – DA REMUNERAÇÃO – A ocupação a que se refere a CLÁUSULA PRIMEIRA, será sem ônus para a PERMISSIONÁRIA, conforme disposto no art. 2º do Decreto nº. 84.398, de 16/01/1980, publicado no DOU de 17/01/1980 e alterado pelo Decreto nº. 86.859, de 19/01/1982, publicado no DOU de 20/01/1982, podendo o contrato ser rescindido/aditado a qualquer tempo, dependendo da revogação dos Decretos 84.398/80 e 86.859/82, ou de outra legislação do DNIT que venha a ser editada, estabelecendo procedimentos com relação à ocupação/travessia da faixa de domínio de rodovias federais com ônus à PERMISSIONÁRIA."*

O DNIT já solicitou a revogação do Decreto nº 84.398/80, e o Tribunal de Contas da União (TCU) (Acórdão nº 511/2004) também assim já determinou:

> *"9.2.3 submeta ao Ministro de Estado dos Transportes a questão versada no Processo/DNIT 50600.004122/2002-54, visando à revogação do Decreto 84.398, de 16 de janeiro de 1980, que isenta as empresas concessionárias do setor elétrico*

do pagamento pelo uso das faixas de domínio das rodovias federais, para que se agilize a avaliação do pleito, mediante articulações com o Ministério de Minas e Energia, a ANEEL e a Casa Civil da Presidência da República;"

Prosseguindo a minha análise, observo que, na mesma Resolução nº 11/2008, ficou estabelecido que:

"II - A utilização das faixas de domínio será objeto de Contrato de Permissão Especial de Uso – CPEU a ser celebrado entre o DNIT e interessados."

Assim, sob o rótulo de "permissão", o que se dá é uma autorização decorrente do poder de polícia administrativa que o DNIT, como já demonstrado, possui sobre a faixa de domínio das rodovias federais. Não se pode, portanto, confundir com a permissão prevista na Lei nº 8.987, de 13.02.1995, visto que esta envolve a delegação de um serviço público (inciso IV do art. 2º), enquanto que aquela se resume na autorização para uso do bem público de uso comum constituído pela faixa de domínio das rodovias federais (art. 99, inciso I, do CCB).

Em resumo, e considerando a divergência de entendimento jurídico pelas apreciações anteriores, verifico a necessidade de o mesmo ser uniformizado no âmbito do DNIT, pelo que invoco o disposto no art. 4º, inciso I, da Estrutura Organizacional da PFE/DNIT, para fixar, em caráter normativo, a seguinte orientação:

São inaplicáveis aos Contratos de Permissão Especial de Uso – CPEUS, regulados pela Resolução n. 11, de 27/03/2008, do Conselho de Administração, as disposições da Lei nº 8.666/93, especialmente no que concerne à necessidade de licitação, sua dispensa ou inexigibilidade.

Desse modo, deve ser excluída da *fundamentação legal* da minuta de fls. 140/146, do resumo de fls. 149 e do extrato de fls. 150, bem assim para os demais processos que, doravante, forem instaurados sobre o mesmo assunto, a menção à Lei nº 8.666/93. Recomendo, ainda, a inclusão na mesma *fundamentação legal* da alínea "d", do art. 1º do Decreto-Lei nº 512, de 21.03.1969.

Com esta providência, poderá a minuta contratual ser submetida à Diretoria Colegiada, visando sua aprovação (art. 12, inciso VI, do Regimento Interno), *não havendo que se cogitar de qualquer declaração de inexigibilidade ou dispensa de licitação.*

Brasília, 09 de novembro de 2010.

COMPETÊNCIA PARA ANÁLISE JURÍDICA SOBRE LICITAÇÕES, CONTRATOS E SEUS ADITIVOS

O assunto foi abordado em virtude do excessivo número de atos administrativos em vigor no DNIT tratando das competências administrativas, entre a Sede e as Superintendências Regionais, para licitar, contratar e promover alterações contratuais. Em razão desses atos, era determinada, igualmente, a competência das unidades jurídicas para promovem as respectivas análises.

Ocorre que as divergências de entendimento sobre a aplicação desses atos eram muito intensas na Procuradoria, levando-me a editar o Despacho/PFE/DNIT nº 00044/2011, nos seguintes termos:

Não obstante ter aprovado o Despacho/TCO/Procuradoria/DNIT nº 16/2011, considero serem feitos alguns esclarecimentos e uniformizar o entendimento jurídico que deverá prevalecer doravante quanto à competência para as análises jurídicas sobre licitações, contratos e seus aditivos.

A execução da política de descentralização de competências desenvolvida pela Administração Central do DNIT determinou a edição de várias portarias delegando às Superintendências Regionais, de modo genérico, atribuições para promoverem licitações e contratarem em nível local, com a consequente submissão das análises jurídicas às Unidades da PFE/DNIT nos Estados.

Ocorre que, em virtude de dúvidas que eram suscitadas pelos órgãos jurídicos da PFE/DNIT sobre o assunto, tanto na Sede, como nos Estados, decidiu esta Chefia submeter à aprovação e edição pelo Senhor Diretor-Geral de novo instrumento normativo, consubstanciado na Instrução de Serviço/DG nº 03, de 05.03.2009, posteriormente alterada pela Instrução de Serviço nº 08, de 30.03.2010.

Nesses normativos, a competência para licitar e contratar, tanto da Sede como das Superintendências, ficou distribuída em função do tipo de serviço e/ou obras pretendidas pelo DNIT, a saber:

a) *Serviços (projeto, supervisão ou gerenciamento) ou obras, exclusivamente, de manutenção/conservação rodoviária*: competem à

Superintendência Regional, incumbindo as análises jurídicas à Unidade Jurídica da PFE/DNIT local, ainda que a licitação e o contrato tenham sido produzidos na Sede;

b) *Serviços (projeto, supervisão ou gerenciamento) ou obras de restauração, construção ou adequação (duplicação) de capacidade*: Competem à Administração Central, incumbindo as análises jurídicas à PFE/DNIT, na Sede do DNIT;

c) *Serviços (projeto, supervisão ou gerenciamento) ou obras de manutenção/conservação e restauração*: Competem à Administração Central, incumbindo as análises jurídicas à PFE/DNIT, na Sede do DNIT.

Estas são as regras gerais. Porém, podem ocorrer alterações nas seguintes situações:

- *Avocação definitiva* pela Administração Central em determinada licitação ou contrato nos casos do item "a";

- *Avocação transitória* pela Administração Central para determinado termo aditivo nos casos do item "a";

- *Delegações específicas* da Diretoria Colegiada para as Superintendências Regionais nos casos das alíneas "b" e "c", com possibilidade de serem as mesmas avocadas, em definitivo ou transitoriamente, pela Administração Central.

Assim, em todos os casos das alíneas "b" e "c" e quando ocorrerem as avocações, definitivas ou transitórias, as análises devem ser realizadas pela PFE/DNIT, na Sede.

Portanto, com fundamento no art. 4º, inciso I, da Estrutura Organizacional da PFE/DNIT, uniformizo o entendimento objeto deste Despacho, a fim de que seja observado por todas as Unidades Jurídicas da PFE/DNIT quando das análises jurídicas que lhes foram submetidas no âmbito das licitações e contratos do DNIT.

Brasília, 14 de janeiro de 2011.

TRANSFERÊNCIAS DE TRECHOS FEDERAIS AOS ESTADOS – POSSIBILIDADE DE ATUAÇÃO DO DNIT

Em virtude da transferência para os Estados de variados trechos rodoviários federais, inúmeras foram as divergências jurídicas sobre a possibilidade de o DNIT continuar realizando obras e serviços nos respectivos trechos, o que motivou o meu Despacho/PFE/DNIT nº 01482/2011, adiante reproduzido:

Com fundamento no inciso I, do art. 4º da Estrutura Organizacional desta Procuradoria Federal Especializada, uniformizo o entendimento jurídico a ser observado no âmbito do DNIT sobre a matéria de que se ocupa este processo, consoante a fundamentação adiante descrita.

A propósito dos efeitos da Medida Provisória nº 82/2002, que transferiu trechos de rodovias federais para vários Estados da Federação, a Consultoria-Geral da Advocacia-Geral da União, mediante a Nota nº 11/2010/CC/CGU/AGU, encerrou a divergência jurídica que existia entre esta Procuradoria Federal Especializada e a Consultoria Jurídica do Ministério dos Transportes.

De acordo com a referida manifestação, ficou decidido que:

"30. Desse modo, pode-se concluir que as transferências que se concretizaram sob a égide da MP 82/2002, e decorrentes de atos praticados durante o período em que a norma esteve em vigor, são válidas e permanecerão por ela (MP) regidas. Quanto àquelas situações que não se concretizaram durante a vigência da MP, tem-se que destituídas de fundamento legal para a sua existência e validade."

Submetido este entendimento jurídico ao Ministério dos Transportes, a sua respectiva Consultoria Jurídica esclareceu que a Medida Provisória nº 82/2002 vigorou até o dia 19.05.2003, consoante Nota nº 65/2011/CGAS/CONJUR/MT/CGU/AGU/vtdr.

Por sua vez, a Diretoria de Planejamento e Pesquisa do DNIT forneceu a esta Chefia a relação das rodovias federais alcançadas pela MP nº 82/2002, cujos Termos de Transferência foram firmados antes de 19.05.2003.

Mediante os Memorandos PFE/DNIT nºs 00284/2011 (Piauí), 00283/2011 (Paraíba), 00282/2011 (Rondônia), 00281/2011 (Rio Grande do Sul), 00280/2011 (Paraná), 00279/2011 (Pernambuco), 00278/2011 (Bahia), 00277/2011 (Goiás), 00276/2011 (Amazonas), 00275/2011 (Tocantins), 00274/2011 (Maranhão), 00273/2011 (Rondônia), 00272/2011 (Espírito Santo), 00271/2011 (Mato Grosso do Sul) e 00270/2011 (Minas Gerais), todos datados de 18.04.2008, esta Chefia informou às respectivas Unidades Jurídicas da PFE/DNIT junto às Superintendências Regionais do DNIT a relação das rodovias federais alcançadas pela MP nº 82/2002 cujos Termos de Transferência foram firmados antes de 19.05.2003.

Entretanto, não obstante a transferência operada e reconhecida como válida pela AGU, permanece em vigor a autorização legal prevista no art. 19, da Lei nº 11.314, de 03.07.2006, com a nova redação que lhe deu a Lei nº 12.409, de 25.05.2011, para que o DNIT aplique recursos federais nos trechos validamente transferidos aos Estados, exercendo, até 31.12.2012 as seguintes atribuições:

"Art. 19. Fica o Departamento Nacional de Infraestrutura de Transportes – DNIT, em apoio à transferência definitiva do domínio da malha rodoviária federal para os Estados, que estava prevista na Medida Provisória nº 82, de 7 de dezembro de 2002, autorizado a utilizar, até 31 de dezembro de 2012, recursos federais para executar obras e serviços de conservação, manutenção, recuperação, restauração, construção, sinalização, supervisão, elaboração de estudos e projetos de engenharia, bem como a tutela do uso comum das respectivas faixas de domínio, compreendendo a fiscalização, regulação, operação, cobrança pelo uso da faixa e ressarcimento pelos danos causados nos trechos transferidos.

§1º As obras e serviços de que trata este artigo poderão ser executados independente de solicitação ou da celebração de convênios com as unidades da Federação, que foram contempladas com os trechos federais previstos na Medida Provisória nº 82, de 7 de dezembro de 2002."

Com efeito, a atual autorização contida no art. 19 da Lei nº 11.314, de 03.07.2006, prorrogando para até dezembro de 2012 a possibilidade de o DNIT aplicar os recursos federais que lhe sejam disponibilizados nos trechos rodoviários que foram objeto da extinta Medida Provisória nº 82/2002, constitui um *direito potestativo* da Autarquia. Quero dizer com isso que o DNIT não está *obrigado* a assim proceder, justo porque o segmento rodoviário validamente transferido ao Estado impõe a este a *obrigação* de mantê-lo ou melhorá-lo.

Assim, não pode o Poder Judiciário *impor* o apoio autorizado ao DNIT. O DNIT é que pode dele se valer para realizar as ações autorizadas e enquanto a mesma vigorar.

CAPÍTULO 1 | MANIFESTAÇÕES NORMATIVAS | 49

Consequentemente vejo como equivocada toda e qualquer decisão judicial que *obrigue* o DNIT a aplicar os recursos federais autorizados pela norma legal, devendo as Unidades Jurídicas desta PFE/DNIT valerem-se dos recursos processuais adequados visando afastar tal *obrigação*, sem prejuízo do seu cumprimento enquanto estiver produzindo os seus efeitos.

Por outro lado, não se pode negar que o *direito potestativo* conferido ao DNIT pela norma legal é amplo e irrestrito, não podendo o intérprete estabelecer restrições que não foram previstas na própria lei autorizativa.

Esta é uma regra básica de hermenêutica jurídica que deve ser observada, sob pena de gerar-se insegurança jurídica nas contratações celebradas pelo DNIT.

Neste contexto, observo que a atual autorização contida no art. 19 da Lei nº 11.314/2006, não diverge muito da própria redação do art. 80 da Lei nº 10.233/2001, onde foi definida a atuação geral do DNIT quanto à infraestrutura de transportes, até porque também se autorizou a realização de "estudos e projetos de engenharia" que, evidentemente, podem ter por escopo e compreender qualquer intervenção construtiva, uma vez que a autorização legal absteve-se de especificá-las.

Finalmente, é relevante ser consignado que a autorização legal, além de ser de iniciativa do próprio Poder Executivo Federal, vem sendo prorrogada desde 2006, o que sinaliza para o fato de que, na realidade, os Estados não estão cuidando — serei generoso — adequadamente dos trechos rodoviários que lhes foram validamente transferidos. Se esta situação irá ou não perdurar, não cabe a esta Procuradoria perquirir, visto que envolve a adoção de uma política do Governo Federal.

No fundo o que verdadeiramente importa para o interesse público é que os milhares de usuários desses trechos rodoviários possuem o *direito ao trânsito seguro*, como tal garantido pelo Código de Trânsito Brasileiro, cuja inobservância empenha a responsabilidade dos órgãos e entidades incumbidos de assegurar-lhe. Nesse sentido, confira-se:

"Art. 1º (...)

§2º O trânsito, em condições seguras, é um direito de todos e dever dos órgãos e entidades componentes do Sistema Nacional de Trânsito, a estes cabendo, no âmbito das respectivas competências, adotar as medidas destinadas a assegurar esse direito.

§3º Os órgãos e entidades componentes do Sistema Nacional de Trânsito respondem, no âmbito das respectivas competências, objetivamente, por danos

causados aos cidadãos em virtude de ação, omissão ou erro na execução e manutenção de programas, projetos e serviços que garantam o exercício do direito do trânsito seguro."

De modo que, a partir deste entendimento, que ora uniformizo no âmbito do DNIT, permito-me extrair as seguintes conclusões em resposta ao que foi indagado por essa Diretoria:

a) A atual autorização legal contida no art. 19 da Lei nº 11.314/2006, confere ao DNIT o *direito potestativo* de promover a aplicação dos recursos públicos federais que lhe forem disponibilizados, até dezembro de 2012, para a execução de obras de construção e de todas as demais modalidades interventivas da engenharia rodoviária previstas na norma legal, independente da sua natureza ou finalidade;

b) Fiel à dogmática jurídica inicialmente mencionada entendo que é possível a construção de acessos, contornos, anéis ou mudanças de traçado, bem assim qualquer outra intervenção física nos trechos rodoviários validamente transferidos aos Estados pela extinta MP nº 82/2002, como adequação de capacidade (duplicação), terceiras faixas, pistas laterais, construção de passarelas, de viadutos, pontes, bem assim outras construções que possam ser consideradas como de engenharia rodoviária da infraestrutura de transportes;

c) Se o PROCREMA ou qualquer outro programa ou ação administrativa, nos trechos rodoviários validamente transferidos aos Estados pela extinta MP nº 82/2002, tiver por objeto, em conjunto ou isoladamente, obras e serviços de conservação, manutenção, recuperação, restauração, construção, sinalização, supervisão, operação ou elaboração de estudos e projetos de engenharia, podem ser licitados e contratados pelo DNIT;

d) O prazo dos contratos do PROCREMA poderá ser de 5 (cinco) anos. Porém, todos os contratos do PROCREMA e os demais celebrados pelo DNIT tendo por objeto os trechos rodoviários validamente transferidos aos Estados pela extinta MP nº 82/2002 *devem* ser celebrados com cláusula prevendo *condição resolutiva (arts. 121, 127 e 128, todos do Código Civil Brasileiro),* dispondo que serão encerrados em 31.12.2012, caso não seja prorrogada a atual autorização prevista no art. 19 da Lei nº 11.314/2006, sendo consignada a possibilidade de os Estados se sub-rogarem nos respectivos contratos.

Brasília, 24 de junho de 2011.

VIGÊNCIA DO DECRETO Nº 5.621/2005

O Decreto nº 5.621/2005 tratou de disciplinar os critérios e procedimentos para a implantação, construção, pavimentação, recuperação e ampliação dos acessos às rodovias federais.

Ocorre que, por força de uma nova lei que disciplinou o Plano Nacional de Viação, ocorreu manifestação jurídica concluindo pela revogação do Decreto nº 5.621/2005, razão pela qual editei o Despacho/PFE/DNIT nº 01919/2011, abaixo reproduzido:

Vieram estes autos à Procuradoria buscando respostas aos questionamentos de fls. 39/41, envolvendo a eventual responsabilidade civil da Autarquia por supostos danos que seriam causados ao Município de Forquilhinha/SC, em virtude de desvio do tráfego da BR-101 para as vis municipais, por conta de cheias do Rio Araranguá.

A consulta decorre do pedido formulado pelo referido Município para a *"execução de um trecho de ligação viária pavimentada do Município de Forquilhinha à BR-101"* (fls. 02/03), de modo a evitar aqueles desvios e poupar as vias municipais.

Daí por que também é objeto da consulta à sujeição do trecho de ligação solicitado aos limites estabelecidos pelo Decreto nº 5.621, de 16.12.2005, que dispõe sobre a construção, pavimentação, ampliação de capacidade e recuperação de acessos às rodovias integrantes do Plano Nacional de Viação, bem assim fixa critérios para a incorporação à rede federal de trechos de rodovia estadual implantada, cujo traçado coincida com diretrizes de rodovia federal planejada e constante do Sistema Rodoviário Federal.

Submetida a matéria a exame do Setor de Consultoria, adveio o Parecer/DCPT/PFE/DNIT nº 1.107/2011 (fls. 43/46), no qual, além de tratar das questões relacionadas à responsabilidade civil (itens 10/15), declarou peremptoriamente que o Decreto nº 5.621/2005 se encontra revogado, em virtude da revogação da Lei nº 5.917, de 10.09.1973, pela Lei nº 12.379, de 06.01.2011, que dispõe sobre o Sistema Nacional de Viação.

Não convencido da revogação do Decreto nº 5.621/2005, solicitei o reexame do assunto pelos motivos declinados no meu Despacho/PFE/DNIT nº 1.887/2011 (fls. 47).

Adveio, então, a manifestação jurídica objeto do Parecer/DCPT/ PFE/DNIT nº 1.133/2011 (fls. 48/54), ratificando a conclusão anterior e declarando, para minha surpresa, que a Lei de Introdução às normas do Direito Brasileiro (Decreto-Lei nº 4.657, de 04.09.1942, com a redação dada pela Lei nº 12.376/2010) não se aplica ao referido Decreto nº 5.621/2005 (item 5, fls. 49).

Todavia, a importância que a matéria tratada no Decreto nº 5.621/2005 representa para o DNIT exige uma maior reflexão jurídica sobre a sua vigência ou não, posto que admitir a sua singela revogação com o advento da nova Lei do Sistema Nacional de Viação equivale, na prática, a deixar a Administração da Autarquia órfã de uma disciplina absolutamente necessária para o exercício de suas competências institucionais, sobretudo para a execução da política nacional de transportes, que compreende a imposição de limitações ao uso e ao acesso às rodovias federais, em decorrência do poder de polícia administrativa de trânsito e de tráfego de que está investida (alínea "d", do art. 1º do Decreto-Lei nº 512, de 21.03.1969).

Na verdade o Decreto nº 5.621/2005 oferece ao DNIT, em última análise, critérios e procedimentos para bem governar as rodovias, dizendo onde e como podem os acessos rodoviários ser construídos, pavimentados, implantados, ampliados ou recuperados.

Assim, a conclusão de que o Decreto nº 5.621/2005 estaria revogado não traria nenhuma vantagem para a Autarquia, antes um grande prejuízo ao interesse público rodoviário.

Portanto, considerando a relevância do assunto, de interesse tanto da Administração Central, como das Superintendências Regionais, com fundamento no disposto no art. 4º, inciso I, da Estrutura Organizacional da PFE/DNIT, *uniformizo o entendimento jurídico no âmbito do DNIT*, consoante a fundamentação a seguir exposta:

I - Sobre a origem do Decreto nº 5.621/2005

Para que se possa concluir se o Decreto nº 5.621/2005 foi revogado com o advento da Lei nº 12.379/2011, que dispõe na atualidade sobre o Sistema Nacional de Viação, entendo que não basta afirmar que aquele Decreto regulamentava a antiga Lei nº 5.917/1973, que dispunha sobre o anterior Plano Nacional de Viação e que, efetivamente, se encontra revogada.

Com efeito, quando se editou o Decreto nº 5.621/2005, buscou-se regulamentar, sobretudo, o disposto no art. 5º da Lei nº 5.917/1973, que dispunha:

"Art. 5º Poderão ser considerados como complementando e integrando uma via terrestre do Plano Nacional de Viação os acessos que sirvam como facilidades de caráter complementar para o usuário, desde que estudos preliminares indiquem sua necessidade e viabilidade financeira ou haja motivo de Segurança Nacional, obedecendo-se às condições estabelecidas por decreto."

O que decorria da norma *supra* é que os acessos às rodovias não estão sujeitos a autorização legislativa, porém só poderiam ser implantados após a realização de estudos indicativos da sua necessidade, viabilidade financeira ou motivo de segurança nacional.

Daí por que o Decreto nº 5.621/2005 tratou de estabelecer as condições para a construção, pavimentação, ampliação de capacidade e recuperação de acessos às rodovias, prevendo, inclusive, a elaboração de estudo técnico detalhado, tal como previsto na Lei nº 5.917/1973.

Com a revogação expressa da Lei nº 5.917/1973 pela Lei nº 12.379/2011, a mesma tratou dos acessos no seu art. 10 e respectivos §§1º e 2º, dispondo que:

"Art. 10. A alteração de características ou a inclusão de novos componentes nas relações descritivas constantes dos anexos desta Lei somente poderá ser feita com base em critérios técnicos e econômicos que justifiquem as alterações e dependerão de:

I - aprovação de lei específica, no caso do transporte terrestre e aquaviário;

II - ato administrativo da autoridade competente, designada nos termos da Lei Complementar nº 97, de 9 de junho de 1999, no caso do transporte aéreo.

§1º São dispensadas de autorização legislativa as mudanças de traçado decorrentes de ampliação de capacidade ou da construção de acessos, contornos ou variantes, em rodovias, ferrovias e vias navegáveis.

§2º Nos casos previstos no §1º, as mudanças serão definidas e aprovadas pela autoridade competente, em sua esfera de atuação."

Qual se vê, não houve alteração substancial do que vinha anteriormente disposto na Lei nº 5.917/1973, considerando que a construção de acessos, assim como as mudanças de traçado das rodovias em decorrência de duplicações, permaneceram dispensadas de autorização legislativa.

Mais ainda, permaneceu sob a competência da Administração rodoviária a decisão sobre a observância das condições e critérios para a existência dos acessos ou suas melhorias.

Note-se que a regra contida no §2º acima transcrito contém nítida delegação legal de competência para que a *"autoridade competente, em sua esfera de atuação"* defina as possibilidades preconizadas no §1º do mesmo artigo.

Essa definição está, atualmente, estabelecida no Decreto nº 5.621/2005, o qual se inquina de revogado. Todavia, ainda que — *ad argumentandum* — pudesse ser admitido que a vigência do Decreto nº 5.621/2005 ficou comprometida com o advento da Lei nº 12.379/2011, penso que ficaria restrita a uma mera derrogação da sua respectiva ementa, não alcançando o conteúdo normativo descrito nos seus respectivos artigos, visto que envolvem uma disciplina que não foi afastada pela nova lei, antes expressamente autorizada.

Daí porque entendo como absolutamente necessária para a análise sobre a vigência do Decreto nº 5.621/2005 a aplicação dos dispositivos do vetusto, porém de grande atualidade e aplicação, Decreto-Lei nº 4.657, de 04.09.1942, com a redação dada pela Lei nº 12.376/2010, consoante irei demonstrar no item seguinte.

II - Da aplicação dos preceitos contidos no art. 2º, §§1º e 2º, do Decreto-Lei nº 4.657, de 04.09.1942, com a redação dada pela Lei nº 12.376/2010

Em matéria de vigência das leis e demais atos regulamentares e normativos, não se pode olvidar da necessária incidência das regras previstas no art. 2º, §§1º e 2º, do Decreto-Lei nº 4.657, de 04.09.1942, com a redação dada pela Lei nº 12.376/2010.

A anteriormente denominada Lei de Introdução ao Código Civil, atualmente, Lei de Introdução das Normas do Direito Brasileiro, caracteriza-se por ser um conjunto de preceitos de metadireito ou supradireito, na medida em que dispõe sobre a própria estrutura e funcionamento das normas jurídicas, incidindo, portanto, sobre todo e qualquer diploma normativo, de direito público ou privado.

Discorrendo sobre a Lei de Introdução, leciona Maria Helena Diniz, com o apoio de Ephraim de Campos Jr., J. M. Arruda Alvim Neto; Ennecerus, Kipp e Wolff; Espínola e Oscar Tenório que:

> *"A Lei de Introdução é aplicável a toda ordenação jurídica, já que tem as funções de: regular a vigência e a eficácia das normas jurídicas, apresentando soluções ao conflito de normas no tempo e no espaço; fornecer critérios de hermenêutica; estabelecer mecanismos de integração de normas, quando houver lacunas (art. 4º); garantir não só a eficácia global da ordem jurídica, não admitindo o erro de direito (art. 3º) que a comprometeria, mas também a certeza, segurança e estabilidade do ordenamento, preservando as situações consolidadas em que o interesse individual prevalece (art. 6º)." (Curso de direito civil brasileiro, v. 1, p. 54)*

A festejada Professora Titular de Direito Civil da PUC-SP nos traz, ainda, a lição de Wilson de Campos Batalha, segundo o qual:

"A Lei de Introdução ao Código Civil é um conjunto de normas sobre normas, isto porque disciplina as próprias normas jurídicas, assinalando-lhes a maneira de aplicação e entendimento, predeterminando as fontes de direito positivo, indicando-lhes as dimensões espaciotemporais. Isso significa que essa lei ultrapassa o âmbito do direito civil, vinculando o direito privado como um todo e alcançando o direito público, atingindo apenas indiretamente as relações jurídicas. A Lei de Introdução ao Código Civil contém, portanto, normas de sobre direito ou de apoio que disciplinam a atuação da ordem jurídica." (Op. cit., p. 54)

Esta a razão pela qual a ementa do Decreto nº 4.657/1942 foi alterada, passando a ser denominada como *"Lei de Introdução às normas do Direito Brasileiro"*, e não mais do Código Civil Brasileiro.

A alteração veio consagrar, com o aplauso da doutrina jurídica nacional e estrangeira, que as regras da Lei de Introdução se aplicam não apenas às leis em sentido formal, como aquelas oriundas do Poder Legislativo, mas a todos os atos normativos dos Poderes da República, como o Legislativo, o Executivo e o Judiciário, de todos os níveis da federação brasileira.

Nesse sentido, importante contribuição extrai-se do Parecer da Comissão de Constituição, Justiça e Cidadania do Senado da República, quando do exame do Projeto de Lei nº 15/2010, que se transformou na Lei nº 12.376/2010:

"Os argumentos utilizados pelo autor do projeto em sua justificação são bastante sucintos, restringindo-se a sustentar que a doutrina e a jurisprudência reconhecem que a Lei de Introdução ao Código Civil possui âmbito de aplicação mais amplo do que o mencionado em sua ementa, razão pela qual entende se fazer necessário aperfeiçoar a legislação pátria, de modo a coincidir a letra da lei com a sua interpretação.

(...)

A rigor, a Lei de Introdução ao Código Civil estende-se muito além do Código Civil, "por abranger princípios determinativos da aplicabilidade das normas, questões de hermenêutica jurídica relativas ao direito privado e ao direito público e por conter normas de direito internacional privado", como elucida Maria Helena Diniz. Enfim, trata-se verdadeiramente de um corpo normativo que serve de apoio à aplicação das normas do direito brasileiro."

Mas, por amor ao debate, ainda que se apegue à leitura literal das regras contidas no art. 2º, §§1º e 2º, do Decreto-Lei nº 4.657/1942, onde se fala em lei, sem detalhar a sua natureza material ou formal, não se poderia negar a sua aplicação aos Decretos ou Regulamentos expedidos pelo Poder Executivo, visto que esses atos normativos são considerados, aqui e no estrangeiro, como *leis materiais, porque contêm normas jurídicas* (LOPES. *Comentário Teórico e Prático da Lei de Introdução ao Código Civil,* v. 1, p. 38; *DUGUIT. Traité de Droit Constitutionel,* t. II, p. 182).

Portanto, não me sobra qualquer dúvida quanto à necessidade de serem observadas as regras previstas no art. 2º, §§1º e 2º, do Decreto-Lei nº 4.657/1942, para que se conclua pela vigência ou não do Decreto nº 5.621/2005. Vale dizer, é preciso ficar esclarecido o seguinte:

a) A Lei nº 12.379/2011 revogou expressamente o Decreto nº 5.621/2005?

b) Em caso negativo, as disposições da Lei nº 12.379/2011 são incompatíveis com o disposto no Decreto nº 5.621/2005 ou regularam inteiramente a matéria tratada no mesmo Decreto?

Respondendo ao primeiro questionamento, observo que o Parecer/DCPT/PFE/DNIT nº 1.133/2011 afirma que *"não consta revogação expressa ao Decreto nº 5.621/2005"* (item 10, fls. 50).

Quanto ao segundo questionamento, concluiu o mesmo Parecer que *"a Lei nº 12.379/2011 não regula inteiramente a matéria versada no Decreto nº 5.621/2005"* (item 22, fls. 54).

Sobre a compatibilidade do Decreto nº 5.621/2005 com a Lei nº 12.379/2011, o Parecer concluiu pela necessidade de *"instrução dos autos com manifestação técnica conclusiva"* (item 18, fls. 53/54), a fim de afastar dúvida sobre *"à equivalência entre construção de acesso e mudança de traçado"* (item 19/21, fls. 54).

Penso que a dúvida suscitada não reclama a manifestação técnica pretendida no Parecer.

Com efeito, o que dispõe a Lei nº 12.379/2011, a respeito dos acessos às rodovias, é que a construção dos mesmos, assim como dos contornos ou variantes, não exige autorização legislativa para ocorrer (§1º do art. 10), bem assim que essas intervenções *"serão definidas e aprovadas pela autoridade competente, em sua esfera de atuação"* (§2º do art. 10).

Ora, o que dispõe o Decreto nº 5.621/2005 é exatamente disciplinar como e onde poderão os acessos às rodovias serem construídos, pavimentados, ampliados e recuperados, bem assim que a autorização para tanto depende de portaria específica do Diretor-Geral do DNIT.

Portanto, parece-me que o Decreto, no particular, é absolutamente compatível com o disposto nos §§1º e 2º do art. 10, da Lei nº 12.379/2011, uma vez que a sua incompatibilidade decorreria do absoluto e evidente conflito ou contradição entre as normas, de modo a caracterizar uma incompatibilidade material (TENÓRIO. *Lei de introdução ao Código Civil Brasileiro,* p. 49), o que, definitivamente, não é o caso.

A respeito da matéria tratada no art. 2º do Decreto nº 5.621/2005 — *incorporação à rede federal de trechos de rodovia estadual implantada* — também não enxergo qualquer incompatibilidade com o disposto na Lei nº 12.379/2011, já que a mesma autoriza esse procedimento (art. 19).

III - Conclusão

Desse modo, concluo admitindo que:

a) O Decreto nº 5.621/2005 não foi revogado expressamente pela Lei nº 12.379/2011;

b) A Lei nº 12.379/2011 não regula inteiramente a matéria versada no Decreto nº 5.621/2005; e

c) A matéria tratada no Decreto nº 5.621/2005 é compatível com a o disposto na Lei nº 12.379/2011.

Resumindo, o Decreto nº 5.621, de 16 de dezembro de 2005, se encontra em vigor, devendo, portanto, balizar o pedido formulado inicialmente pelo Município de Forquilinha/SC.

Quanto aos supostos danos às vias municipais, reporto-me às considerações do Parecer/DCPT/PFE/DNIT nº 1.107/2011 (fls. 43/46), cujas conclusões contidas nos itens 10/15 ora são aprovadas.

Brasília, 23 de agosto de 2011.

CAPÍTULO 2

ORIENTAÇÕES GERAIS

As orientações jurídicas que compõem este Capítulo e respectivas Seções não possuem caráter normativo, vale dizer, não obrigam à sua observância pelos Procuradores Federais em exercício no DNIT. Destinam-se, apenas, a servir de referência quando da análise de situações semelhantes.

Elas foram produzidas em virtude do poder de revisão que possui o Procurador-Chefe sobre as manifestações jurídicas emitidas pelos Procuradores Federais em exercício no DNIT, aprovando ou não as respectivas conclusões.

De modo a facilitar a consulta, procurei distribuir o material produzido por assuntos, constituindo cada uma das Seções seguintes um conjunto de manifestações jurídicas sobre o tema principal.

SEÇÃO 1

ORIENTAÇÕES SOBRE RODOVIAS

PARECER/FMRD/PFE/DNIT Nº 01190/2009

Trechos Urbanos –
Transferência aos Municípios.

A matéria de que se ocupa este processo não envolve bens públicos patrimoniais ou dominicais da União ou do DNIT, como equivocadamente entendeu a Consultoria Jurídica do Ministério dos Transportes e, agora, o Parecer retro.

De acordo com as manifestações técnicas constantes dos autos, trata-se, na verdade, de trechos urbanos de rodovias federais administrados pelo DNIT que, sob a ótica da Diretoria de Planejamento e Pesquisa, deveriam ser governados pelos respectivos municípios que atravessam.

Tais bens públicos, consoante classificação conhecida e aplicada desde o *Digesto* dos romanos, são *de uso comum do povo*, que a ninguém pertencem, porque são de todos. Nesse sentido já decidiu o Supremo Tribunal Federal:

"As ruas públicas não são bens dominicais, não se achando no patrimônio de ninguém, mas somente na jurisdição administrativa das municipalidades."
(Ap. Civ. nº 6.707, de 10.01.1940, Rel. Min. Eduardo Espindola, RT, v. 131, p. 752)

Tanto quanto as ruas, também as estradas ou rodovias, os mares, as praças ou os rios, *são de uso comum do povo* (*art. 99, I, do CCB*). Sobre a estrada de rodagem não possui o DNIT ou a União posse ou propriedade. Aliás, não possuem *direitos*, mas sim *deveres* para com ela: dever de construir, conservar, melhorar, operar, fiscalizar, podendo ordenar ou proibir, bem assim praticar todos os demais atos inerentes ao *poder de polícia administrativa* que a lei lhes outorgou. Confira-se o disposto na alínea "d", do art. 1º, do Decreto-Lei nº 512, de 21.03.969:

> *"Art. 1º A política nacional de viação rodoviária se integra na política nacional dos transportes, cuja formulação compete ao Ministro dos Transportes, e compreende:*
>
> *(...)*
>
> *d) a administração permanente das rodovias mediante guarda, sinalização, policiamento, imposição de pedágio, de taxas de utilização, de contribuição de melhoria, estabelecimento de servidões, limitações ao uso, ao acesso e ao direito das propriedades vizinhas, e demais atos inerentes ao poder de polícia administrativa, de trânsito e de tráfego;"*

Com a extinção do DNER, a quem competia executar a política nacional de viação rodoviária (art. 2º, DL. nº 512/69), tal poder foi transferido ao DNIT, consoante o disposto nos arts. 80 e seguintes da Lei nº 10.233, de 05.06.2001, que prescreve:

> *"Art. 80. Constitui objetivo do DNIT implementar, em sua esfera de atuação, a política formulada para a administração da infra-estrutura do Sistema Federal de Viação, compreendendo sua operação, manutenção, restauração ou reposição, adequação de capacidade, e ampliação mediante construção de novas vias e terminais, segundo os princípios e diretrizes estabelecidos nesta Lei."*

De modo que compete ao DNIT administrar, diretamente ou por meio de convênios de delegação ou cooperação, as rodovias federais (inciso IV, do art. 81, da Lei nº 10.233/2001). Se, entretanto, determinado segmento rodoviário perdeu as características de uma rodovia federal, em virtude da expansão urbana dos municípios por onde atravessa, é necessário que o mesmo seja excluído ou retirado da jurisdição administrativa federal exercida pelo DNIT. E como se faz isso? Alterando-se o diploma legal que estabeleceu o conteúdo daquela jurisdição administrativa. No caso, o Plano Nacional de Viação, aprovado pela Lei nº 5.917, de 10.09.1973.

Uma vez suprimido o segmento rodoviário do PNV, mediante proposta contida em projeto de lei votada e sancionada pelo Presidente da República, passará o trecho, então, à jurisdição da Unidade da Federação em que estiver localizado. Nesse sentido, estabelece a própria Lei nº 5.917/73:

> *"Art. 4º As rodovias ou trechos de rodovia, já construídos e constantes do Plano Nacional de Viação aprovado pela Lei nº 4.592, de 29 de dezembro de 1964, e alterações posteriores e que não constem do Plano Nacional de Viação aprovado por esta lei, passam automaticamente para a jurisdição da Unidade da Federação em que se localizem."*

Enquanto isso não ocorrer, nada impede e tudo justifica que o DNIT, *sem qualquer interferência do Ministério dos Transportes*, promova a celebração de um *convênio de delegação da administração do trecho urbano federal* com o Estado ou até o mesmo com o Município em que se localize, com fundamento no inciso IV, do art. 81, da Lei nº 10.233/2001. Aliás, no tempo do DNER era essa a regra, de que é exemplo a Avenida Brasil no Rio de Janeiro que, até pouco tempo, era objeto de um convênio celebrado com a Prefeitura Municipal.

Brasília, 16 de junho de 2009.

PARECER/FMRD/PFE/DNIT Nº 01239/2009

Contratos de Permissão de Uso da Faixa de
Domínio da Rodovia Federal – Alteração.

A propósito da consulta formulada a fls. 181, passo a tecer as seguintes considerações: De acordo com o disposto no item 11.2 do Manual de Procedimentos para a Permissão Especial de Uso das Faixas de Domínio das Rodovias Federais e Outros Bens Públicos sob administração do DNIT, aprovado pela Resolução nº 11, de 27.03.2008, do Conselho de Administração do DNIT:

"11.2 – Todas as Permissões Especiais de Uso para ocupação das faixas de domínio das rodovias federais ou de outros bens públicos em vigência, deverão se adequar as exigências deste Manual num prazo máximo de 180 (cento e oitenta) dias contados a partir de sua publicação. Para tanto, os Interessados/ Permissionárias deverão procurar a Superintendência Regional, sob cuja jurisdição estão localizadas suas ocupações."

Cinge-se a consulta sobre os procedimentos a serem adotados em virtude da disposição acima transcrita.

No despacho de fls. 183/185, o Setor Contencioso desta Especializada manifestou-se contrariamente à aplicação da disposição às permissões que se encontrassem em vigor por ocasião do advento da Resolução nº 11/2008. Todavia, entendo de modo diverso.

A permissão para utilização da faixa de domínio das rodovias federais por serviços outros que não o rodoviário constitui emanação do *poder de polícia administrativa* de que está investido o DNIT, na qualidade de entidade responsável pela execução da política de administração da infraestrutura do Sistema Federal de Viação (art. 80, da Lei nº 10.233, de 05.06.2001). Nesse sentido, confira-se o disposto no art. 1º, alínea "d", do Decreto-Lei nº 512, de 21.03.1969:

"Art. 1º A política nacional de viação rodoviária se integra na política nacional dos transportes, cuja formulação compete ao Ministro dos Transportes, e compreende: (...)

d) a administração permanente das rodovias mediante guarda, sinalização, policiamento, imposição de pedágio, de taxas de utilização, de contribuição de melhoria, estabelecimento de servidões, limitações ao uso, ao acesso e ao direito das propriedades vizinhas, e demais atos inerentes ao poder de polícia administrativa, de trânsito e de tráfego;"

No exercício do *poder de polícia administrativa*, compete ao DNIT estabelecer as condições — alteráveis a seu juízo e a qualquer tempo — que devem ser observadas pelos usuários da faixa de domínio rodoviária federal, especialmente quando decorrentes de *contrato de permissão*, cuja natureza jurídica lhe reserva o caráter da *precariedade* e da *revogabilidade* unilateral (art. 40, da Lei nº 8.987, de 13.02.1995).

Desse modo, uma vez modificadas as condições, legais ou administrativas, em que o serviço permitido foi autorizado, é de rigor que sejam feitos os necessários ajustes que deverão, doravante, disciplinar a permissão. Aliás, essa possibilidade, inclusive, foi expressamente prevista na Cláusula Quinta do Contrato de Permissão Especial de Uso PG-193/98-00:

"CLÁUSULA QUINTA – DO CUMPRIMENTO DE NORMAS – Ficam, o PERMISSOR e a PERMISSIONÁRIA, obrigados a cumprir as normas legais, administrativas, inclusive técnicas, em vigor ou que venham a ser editadas, independentemente das acordadas neste contrato, desde que informadas previamente pelo PERMISSOR quando se tratar de atos internos."

Assim, respondendo à consulta formulada, oriento que deverá a permissionária ser oficialmente convocada para assinatura de termo aditivo ao contrato em questão, dispondo sobre as alterações que devam ser feitas no instrumento original, por conta da nova regulamentação estabelecida por ocasião da Resolução nº 11, de 27.03.2008, do Conselho de Administração do DNIT.

Brasília, 23 de junho de 2009.

PARECER/FMRD/PFE/DNIT Nº 01444/2009

Iluminação de Trecho Rodoviário.

Cuida-se neste processo da análise jurídica solicitada pelo Superintendente Regional do DNIT no Estado de Minas Gerais quanto à possibilidade de o DNIT celebrar convênio com a Prefeitura Municipal de Governador Valadares, visando à realização de "obras de iluminação da BR-116 no perímetro urbano de Governador Valadares".

Segundo historiado no processo, as pretendidas obras decorrem de outras, de duplicação e restauração, realizadas pela Autarquia no mesmo trecho, que envolveram a supressão da iluminação pública antes existente, o que, segundo a Superintendência Regional, vem causando sérios riscos à segurança de pedestres e ciclistas que por ali trafegam. Instrui esta assertiva com a documentação de fls. 19 *usque* 39, onde se noticia a ocorrência de 272 (duzentos e setenta e dois) acidentes no ano de 2008 por conta da ausência de iluminação, inclusive com 07 (sete) vítimas fatais.

A matéria não é nova, e já foi objeto de apreciação pela Unidade Jurídica desta Especializada naquele Estado, por ocasião de ação judicial promovida pelo Município de Governador Valadares em face da Autarquia. Na ocasião, firmou-se o entendimento de que o DNIT não estaria obrigado a promover a iluminação no trecho rodoviário em referência, justo porque constituiria obrigação da empresa de iluminação pública CEMIG, consoante ajuste administrativo firmado anteriormente.

Esse entendimento foi sufragado pelo Tribunal Regional Federal da 1ª Região, consoante se vê do Despacho proferido pelo Desembargador Federal Relator do Recurso de Agravo de Instrumento formulado pelo DNIT, onde ficou consignado:

> *"Com efeito, não está demonstrada, de forma inequívoca, a obrigação do ora agravante pela instalação (ou reinstalação) do serviço de energia elétrica nos trechos da rodovia, indicados no processo. Ao contrário, segundo acordo celebrado pelo extinto Departamento Nacional de Estradas de Rodagem (DNER), ora sucedido pelo agravante, com a Cemig, a referida empresa assumiu toda a responsabilidade pela reinstalação do sistema de iluminação local, verbis (fls. 98):*

CLÁUSULA PRIMEIRA – A ACORDANTE é conhecedora do Projeto de Duplicação da Travessia Urbana de Governador Valadares, existente no DNER e que se encontra suspenso na presente data, sendo que o referido projeto atinge a faixa de domínio da Rodovia no trecho objeto deste Termo de Acordo e Compromisso.

PARÁGRAFO ÚNICO – A ACORDANTE assume para si, todos os ônus decorrentes do futuro remanejamento dos postes e linhas de transmissão no referido trecho, quando da retomada pelo DNER das obras de duplicação aqui citadas, não cabendo quaisquer indenizações.

Ao que se vê, não pode o DNIT ser compelido a instalar sistema de iluminação pública, atividade totalmente estranha à sua, e ademais, em decisão antecipatória, precária, pois, sendo de observar-se que em manifestação nos autos a litisdenunciada (Cemig), a verdadeira responsável pelo serviço, afirmou que "nunca se negou a cumprir ao compromisso assumido (sic) em 1998, (...) e somente não reinstalou a iluminação pública em razão da alteração e implantação do projeto original de duplicação da rodovia." (fls. 210). (Agravo de Instrumento nº 2009.01.00.019944-0/MG)

Houve-se com acerto o Tribunal. De fato, tendo a CEMIG assumido a obrigação de promover o remanejamento dos postes e linhas de transmissão no trecho em questão, não poderia o DNIT ser compelido judicialmente a fazê-lo, sendo desinfluente o fato de ter sido ou não alterado o projeto original de duplicação, até porque quanto a isso não se fez qualquer ressalva no acordo celebrado.

Assim, entendo como induvidosa a responsabilidade da CEMIG quanto às obrigações assumidas pelo Termo de Acordo e Compromisso, especialmente quanto ao remanejamento a que se obrigou.

Não obstante, ouso divergir do Tribunal quanto ao fato de o serviço de iluminação do trecho rodoviário em questão ser "atividade totalmente estranha" ao DNIT, bem assim quanto à possibilidade de a Autarquia *sponte* própria decidir pela realização do serviço, sem prejuízo da responsabilidade assumida pela CEMIG.

É sobre essas questões de que se ocupa este parecer, na forma abaixo.

Com efeito, de acordo com o disposto na Lei nº 10.233, de 05.06.2001, o DNIT é a entidade responsável pela execução da política rodoviária federal, devendo atender os objetivos essenciais do Sistema Nacional de Viação, especialmente aqueles que visem garantir a operação racional e *segura* dos transportes de pessoas e bens (art. 80 c/c art. 4º, inciso II).

Por outro lado, o Código de Trânsito Brasileiro prescreve que o trânsito, *em condições seguras*, é um direito de todos e dever dos órgãos e entidades componentes do Sistema Nacional de Trânsito, a estes cabendo, no âmbito das respectivas competências, adotarem as medidas destinadas a assegurar esse direito, sob pena de responderem por danos causados aos cidadãos em virtude de ação, omissão ou erro na execução e manutenção de programas, projetos e serviços que garantam o exercício do *direito ao trânsito seguro* (art. 1º e §§2º e 3º).

Estabelece, ainda, o CTB que *trânsito* é a utilização das vias por pessoas, veículos e animais, isolados ou em grupos, conduzidos ou não, para fins de circulação, parada, estacionamento e operação de carga e descarga (§1º do art. 1º), devendo as ações e projetos públicos priorizarem a defesa da vida (§5º do art. 1º).

É certo que o CTB proíbe a instalação de luzes nas vias públicas, mas somente quando possa gerar confusão, interferir na visibilidade da sinalização ou comprometer a segurança do trânsito (art. 81). Assim, quando a iluminação da via tiver por objetivo *garantir maior segurança do trânsito*, lícito é concluir, *a contrario sensu*, pela sua possibilidade.

Forte nessas diretrizes legais, tanto o extinto DNER como o próprio DNIT sempre se ocuparam de promover a iluminação de trechos rodoviários quando necessários à *garantia da segurança do trânsito*, especialmente em trechos urbanos, onde a concentração de pessoas e atividades das mais variadas impõe e exige maior cuidado, bem assim em túneis, pontes ou viadutos. Não é em vão que o Glossário de Termos Técnicos Rodoviários em vigor na Autarquia contenha o seguinte verbete:

> *"Iluminação de Rodovia. Iluminação aplicada a trechos rodoviários, quando necessária à segurança do trânsito."*

No referido verbete, constam, ainda, as expressões equivalentes no espanhol (*iluminación de carretera*), no francês (*éclairage de laroute*) e no inglês (*roadlighting*), demonstrando que a prática da iluminação de trechos rodoviários é internacional, desde que *"necessária à segurança do trânsito"*.

Destarte, se por um lado é induvidosa a responsabilidade assumida pela CEMIG quanto à reinstalação do serviço de iluminação pretendido, por outro não pode o DNIT ficar aguardando o cumprimento espontâneo pela CEMIG da obrigação assumida, justo porque lhe compete garantir a *segurança do trânsito no local*.

Esperar o cumprimento espontâneo da obrigação assumida pela CEMIG pode impor à Autarquia graves consequências, principalmente se o número de acidentes e ocorrências danosas, inclusive com vítimas fatais, se suceder.

Na qualidade de administrador do trecho rodoviário em questão, o DNIT não pode ignorar os riscos a que estão sendo expostos os seus usuários, até porque antes das obras de duplicação que realizou a iluminação do trecho estava disponível. Vale dizer, a própria Autarquia deu causa à supressão de um serviço que considera essencial para *garantir a segurança do trânsito no local.*

Para os usuários da via, pouco ou nada importa o fato de a CEMIG ter assumido junto à Administração a responsabilidade pela recolocação da iluminação. Trata-se, no jargão jurídico, de *res inter alios,* que não pode ser invocada em face de terceiros, justamente porque a lei atribuiu à Autarquia a responsabilidade de garantir o *direito ao trânsito seguro.*

Se, para tornar efetiva essa garantia, é necessário que a Autarquia promova a reinstalação da iluminação no trecho urbano, então que se faça. A lei assegura a possibilidade de serem os custos financeiros decorrentes ressarcidos pela CEMIG, principalmente após o Poder Judiciário ter reconhecido a sua responsabilidade em avença celebrada com a Administração (arts. 247 e 249, parágrafo único do Código Civil Brasileiro).

Aventar-se-ia a hipótese de o DNIT compelir judicialmente a CEMIG ao cumprimento da obrigação. Embora possível, me parece que não seria a solução que atenderia, com a urgência requerida, aquele objetivo. Da mesma forma que o DNIT, mesmo sob cominação de multa judicial, obteve a sua exoneração pelo cumprimento da obrigação que lhe estava sendo exigida, não existem garantias efetivas de que a CEMIG, do mesmo modo, não possa retardar ou mesmo desonerar-se do seu cumprimento.

Assim, a *segurança pública do trânsito no local* se superpõe a qualquer outra consideração, não sendo admissível que o DNIT mantenha-se passivo quando possui o dever legal de garantir esse direito. Por que irá a Autarquia suplicar direitos se o que tem é o dever de garantir aos usuários do trecho urbano federal o exercício do *direito ao trânsito seguro?*

Por tudo isso, e uma vez observada a disciplina legal e regulamentar da espécie, inclusive com a submissão da minuta de convênio à análise desta Especializada, opino favoravelmente à sua celebração, ficando ressalvado e assegurado à Autarquia o direito de haver da CEMIG, se necessário por ação judicial própria, o ressarcimento das despesas que tiver de despender com a reinstalação da iluminação no local.

Brasília, 04 de agosto 2009.

DESPACHO/PFE/DNIT Nº 00616/2009

Uso Gratuito da Faixa de Domínio das Rodovias
pelas Concessionárias de Energia Elétrica.

Embora esteja de pleno acordo com as razões que fundamentam o parecer retro, não me parece adequado que esta Procuradoria negue eficácia e vigência aos Decretos nºs 84.398/80 e 86.859/82, editados pelo Poder Executivo Federal.

Do mesmo modo que a Ilustre Procuradora, considero que a referida regulamentação é obsoleta e está divorciada da realidade, visto que as Concessionárias de Energia Elétrica não mais ostentam o *status* público de que eram investidas por ocasião daqueles editos.

Não obstante, enquanto em vigor, devem os respectivos Decretos ser observados pela Administração, justo porque ainda integram formal e materialmente o Direito Positivo Brasileiro.

O ordenamento jurídico brasileiro não confere o direito aos órgãos ou entidades públicas administrativas de deixarem de aplicar as leis ou os regulamentos por considerarem incompatíveis com a ordem jurídica vigente, mas, ao contrário, elegeu determinados órgãos do Estado para exercerem essa prerrogativa excepcional. Refiro-me aos órgãos integrantes do Poder Judiciário que, mediante controle de constitucionalidade ou legalidade direto ou difuso, podem reconhecer a ineficácia superveniente de determinada norma legal ou regulamentar.

Mesmo o Tribunal de Contas da União, quando se manifestou a respeito do uso gratuito da faixa de domínio pelas Concessionárias de Energia Elétrica, não chegou a ponto de negar eficácia àqueles Decretos, tendo, pelo oposto, reconhecido a sua vigência, tanto que recomendou que fossem adotadas medidas visando à revogação do Decreto nº 84.398/80, *verbis:*

> *"9.2.3 submeta ao Ministro de Estado dos Transportes a questão versada no Processo/DNIT 50600.004122/2202-54, visando à revogação do Decreto 84.398, de 16 de janeiro de 1980, que isenta as empresas concessionárias do setor elétrico do pagamento pelo uso das faixas de domínio das rodovias federais, para que se agilize a avaliação do pleito, mediante articulações com o Ministério de Minas e Energia, a Aneel e a Casa Civil da Presidência da República;" (Acórdão nº 511/2004)*

Por outro lado, ainda que fosse levada adiante a ideia de se obrigar a Concessionária a firmar o contrato oneroso, tal não ocorreria, posto que haveria resistência, inclusive judicial, forte na regulamentação em vigor, com possibilidade de obtenção de decisão liminar que lhe garantisse o uso da faixa de domínio sem qualquer pagamento.

Prefiro, ao contrário, orientar a Administração no sentido de, observando a regulamentação existente, celebrar sem ônus o contrato, e promover urgentes gestões junto ao Ministério dos Transportes para que a decisão do TCU seja efetivamente cumprida, com a revogação do vetusto diploma regulamentar que, uma vez concretizada, permitirá ser o contrato aditado para incluir a remuneração devida.

Brasília, 07 de agosto de 2009.

PARECER/FMRD/PFE/DNIT Nº 01926/2009

Bem Público de Uso Comum Municipal.
Afetação à Faixa de Domínio de Rodovia Federal.

Versa este processo sobre a implantação do Contorno Norte de Maringá, no Estado do Paraná, que integra a Rodovia Federal BR-376/PR, cujo projeto executivo de engenharia ou geométrico, aprovado pela Portaria nº 032, de 26.06.2008, alcança bens públicos de uso comum do povo administrados pela Prefeitura do Município de Maringá.

À falta de orientação jurídica adequada, as medidas até então adotadas deram à matéria tratamento totalmente divorciado do que costumeiramente vigia ao tempo do extinto DNER, visto que consideraram tais bens de uso comum do povo como se fossem de "propriedade" do referido Município, a ponto de ser editada a Lei Municipal nº 8.383, de 05.06.2009 (fls. 02/06) desafetando referidas áreas para efeito de "doação" à União.

Agora, pretende-se promover as supostamente necessárias "escrituras públicas de doação", pelo que é solicitada orientação desta Especializada.

Com efeito, a matéria reclama abordagem totalmente distinta, à luz da natureza jurídica dos bens públicos de uso comum administrados pela Prefeitura Municipal, e que são necessários ao serviço público federal para constituição do referido Contorno Norte de Maringá.

Bem a propósito dissertei em minha obra *Aspectos Jurídicos das Rodovias: Tutela do Uso Comum, Concessões Rodoviárias, Responsabilidade Civil, e outros aspectos*, publicada em 1997, pela Editora Mauad, quando expliquei que:

> *"Via de regra, depara-se a Administração Rodoviária com o alcance da faixa de domínio da rodovia sobre ruas, praças, praias, terrenos de marinha e acrescidos. Surge, então, a indagação sobre se estariam tais bens sujeitos à desapropriação, com o consequente pagamento de indenização.*
>
> *A resposta não sugere uma resposta simples. Requer a investigação da exata natureza daqueles bens; do conceito de desapropriação e de propriedade, bem como a definição da efetiva posição que ocupam as entidades políticas (União, Estados e Municípios) em face desses bens.*

6.2. *Os Bens de Uso Comum. É sabido que, desde a antiga Roma, os bens públicos são classificados segundo um critério teleológico, a saber: a) res quae sunt in usu publico, res publicae, loca publica, res communes omnium, bens pertencentes ao povo romano, sobre os quais o Estado não tinha domínio nem posse jurídica, mas somente o poder de administrá-los (DIG. L. XLIII, Tit. 8, Fr. 3), tais como as estradas, as ruas, as praças, etc.; e, b) res fiscales, res fisci, in patrimônio fisci, communes civitatum, que eram os bens do domínio do Príncipe, do Estado (Senatus Populusque Romanus) ou da Cidade (DIG. L. XLIII, Tit. 8, Fr. 8, parágrafo 4º; INSTITUTAS, L. II, Tit. 1parágrafo 6º), tais como os edifícios públicos e os bens do domínio privado de Roma em suas colônias.*

Atravessando os séculos, sem envelhecer, essa elementar repartição dos bens públicos chegou ao art. 66 do nosso Código Civil e perdura, até hoje, com vigorosa atualidade. As ruas, as praças, as praias, as reservas florestais, as estradas municipais, estaduais e federais, continuam a ser res communes omnium, imóveis de uso comum do povo, que a ninguém pertencem porque são de todos. Nos incisos seguintes do art. 66 é que o Código de 1917 subdividiu as res fiscales em: a) propriedades do Estado destinadas a uso especial, como os prédios dos Ministérios; e, b) nos dominicais, como os bens vagos, as terras devolutas, os terrenos de marinha e seus acrescidos.

Assim, em se tratando de bens públicos de uso comum do povo, a doutrina mais aceita nega ao Estado (no sentido amplo) o direito de propriedade sobre esses bens, sob o fundamento de que a característica do domínio é a plenitude do uso e a livre disposição, o que não ocorre na espécie. Ensinam os mestres que o Estado, ao invés de propriedade, tem apenas o poder-dever de vigilância, tutela e fiscalização para o adequado uso público (AUBRY ET RAU, PACIFICI MAZZONI, LA FERRIÉRE, LABORI, todos citados por J. M. CARVALHO DE MENDONÇA, in Código Civil Brasileiro Interpretado, Vol. II, 1952, p. 103). Entre nós, é PONTES DE MIRANDA quem afirma que "o titular do direito sobre os bens do art. 66, I, não é a pessoa de direito público — é o povo mesmo, posto que ao Estado caiba velar por eles" (Tratado de Direito Privado, T. II, 1970, p.133/134). No mesmo sentido, CLÓVIS BEVILAQUA (Código Civil, V. I, 1959, p. 240); JOSÉ CRETELLA JUNIOR (Bens Públicos, 1975, p. 54) e MAZAGÃO (Curso de Direito Administrativo, 1974, p. 132/133).

Nos Tribunais, inclusive no Supremo Tribunal Federal, outro não tem sido o entendimento, conforme se observa das ementas adiante transcritas:

"As ruas públicas não são bens dominicais, não se achando no patrimônio de ninguém, mas somente na jurisdição administrativa das municipalidades." (STF, Ap. Civ. n. 6.707, de 16/01/40, Rel. Min. EDUARDO ESPINOLA, RT vol. 131, p.752).

"A estrada pública é insuscetível de posse, domínio ou usucapião." (Sentença do Juiz ALEXANDRE DELFINO DE AMORIM, de 27/12/34, conf. Ac. Unân. da 2ª Câm. do TJSP, de 01/11/35, no Ag. Pet. n. 3.709, Rel. Des. ACHILES RIBEIRO, RT, vol. 107, p. 81).

"Os bens públicos de uso comum do povo, tais como os mares, rios, estradas, ruas e praças são inalienáveis; não podem ser objeto de compra e venda, de cessão

ou de troca." (Ac. da 2ª Câm. Cív. do TJSP, de 17/10/38, na Ap. Cív. n. 4.474, Rel.Des. MARIO GUIMARÃES, RT, vol. 121, p. 684).

Relativamente à ementa da lavra do Egrégio STF, vale ressaltar a perplexidade do Ministro CARLOS MAXIMILIANO quando em seu Voto exclamou: "Onde já se viu desapropriar uma rua? Compram-se, desapropriam-se as coisas que estão no comércio; uma rua não está: é inalienável." Adiante, explicitou:

"Realmente, os bens que o Estado vende, compra ou desapropria, são bens privados dos municípios, os dominicais, mencionados pelo art. 66, III, do Código Civil; não as ruas e praças, bens de uso comum do povo, os quais o município apenas administra; não é proprietário; não tem posse, nem domínio..."

Como se vê, é a natureza mesma dos bens públicos de uso comum do povo que os faz inapropriáveis por quem quer que seja. Estão fora do comércio, podendo ser utilizados por todos, desde que o uso de cada um não exclua o de outrem. A titularidade exercida pelo Estado diz respeito, única e exclusivamente, ao poder-dever de guarda, gestão, fiscalização e administração. Não possui qualquer direito, mas sim deveres. Assim, a expressão "domínio", quando utilizada, é nesse sentido, jamais na linha privatística, cujo conceito importa em exclusividade ou, como define PEDRO NUNES, "em submeter diretamente uma coisa corpórea, certa e determinada, de maneira absoluta e exclusiva, ao poder e vontade de alguém". (Dicionário de tecnologia jurídica, v. 1, p. 534)

Ademais, não se pode perder de vista que, no uso comum está implícita a idéia de utilidade pública: aquele até que seria uma situação jurídica originária da segunda. Por isso representa um contra-senso desapropriar por utilidade pública bens de uso comum do povo.

Portanto, quando a rodovia federal atinge praças, avenidas, ruas, estradas ou praias, configura-se o quadro da desafetação e afetação administrativa. O imóvel continua de uso comum, mas se desvincula da unidade administrativa de origem e sobe à condição de ser administrado pelo DNER, sem que disso resulte qualquer direito de indenização.

6.3. Bens de Uso Especial ou Dominicais. Diferente é a hipótese quando se trata de bens públicos de uso especial ou dominicais, esses sim passíveis de serem desapropriados, desde que exista precedente autorização legislativa (§2º do art. 2º do Decreto-Lei nº3.365/41 – Lei de Desapropriações). Aqui há direito de propriedade para ser extinto (art.590, do CCB).

Todavia, como os terrenos de marinha — terrenos em uma profundidade de 33 metros (15 braças craveiras), medidos horizontalmente para a parte da terra, da linha do preamar médio de 1831 — e seus acrescidos — terras de aluvião formadas, natural ou artificialmente, para o lado do mar, em seguimento aos terrenos de marinha — são bens dominicais da União, a superposição da faixa de domínio da rodovia federal sobre os mesmos não requer desapropriação. Uma vez incorporados à obra rodoviária da União, representada pelo DNER, as marinhas e os acrescidos se convertem em bens de uso comum e desafetam-se como as praias (já de uso comum) da jurisdição a que estavam anteriormente sujeitos. A declaração de utilidade pública dessas áreas para fins rodoviários implica na sua afetação ao DNER, por força do disposto nos arts. 1º alínea de 2º, do Decreto-Lei nº 512, de 21 de março de 1969; dos arts. 3º alíneas d e g, 61

CAPÍTULO 2 | ORIENTAÇÕES GERAIS
SEÇÃO 1 | ORIENTAÇÕES SOBRE RODOVIAS
75

§único e 119, inciso III, do Decreto nº 68.423, de 25 de março de 1971; e, ainda, dos arts. 77 e79 §2º do Decreto-Lei nº 9.760, de 05 de setembro de 1946.

6.4. Afetação e Desafetação das Rodovias da Jurisdição Federal para a Estadual ou Municipal. Como vimos, quando ocorre a superposição de uma rodovia federal, ou parte dela, sobre outra estrada estadual ou logradouro municipal, o serviço (rodovia) da União absorve os serviços do Estado ou do Município, sem alteração na natureza jurídica do imóvel subjacente (bem público de uso comum); é o caso de singela subrogação, de desafetação do que estava sendo administrado pelo Estado ou pelo Município e de sua afetação à União Federal, por meio do DNER; o ato administrativo declaratório da utilidade pública para fins rodoviários (Portaria do Diretor Geral do DNER, conforme art. 14, do Decreto-Lei nº 512, de 21/03/69) decorre da própria lei federal que aprovou o Plano Nacional de Viação – PNV (atual Lei nº 5.917, de 10 de setembro de 1973) e das subseqüentes que o alteraram.

Quando, porém, se tratar de situação inversa, a de um segmento federal ser excluído do PNV, certo é que somente por outra lei do Congresso poderá ser consumada a desfederalização do trecho rodoviário e sua conseqüente estadualização ou municipalização.

Advindo a hipótese de simples transferência de jurisdição administrativa, limitada à substituição da entidade responsável pelos encargos de manutenção e fiscalização (delegação administrativa), sem desnaturar juridicamente o serviço (rodovia) dos planos rodoviários federal, estadual ou municipal, os quais ele permanece originariamente vinculado, é o Convênio o instrumento adequado para operar a delegação. Seja da esfera federal para a estadual ou municipal, seja dessas para a federal."

Estabelecidos, assim, esses conceitos, o que reclama ora ser feito é a singela edição de Portaria de Declaração de Utilidade Pública para fins de desafetação dos bens de uso comum do povo administrados pelo Município (ruas, praças, avenidas, estradas etc.) e sua consequente afetação ao serviço público rodoviário federal, como integrantes da faixa de domínio da Rodovia Federal BR-376/PR, constituindo o Contorno Norte de Maringá, bem assim a expedição de ofício do Senhor Diretor-Geral do DNIT ao Excelentíssimo Senhor Prefeito Municipal de Maringá informando a afetação federal procedida pela referida portaria declaratória. Nada mais!!!

Anexa a este Parecer segue a minuta dos atos acima propostos.

Brasília, 30 de setembro de 2009.

PARECER/FMRD/PFE/DNIT Nº 02105/2009

Faixa *non aedificandi* – Rodovia Projetada.

Os questionamentos formulados a fls. 04 sugerem, inicialmente, algumas considerações de ordem geral, sobre o que passo a expor: É cediço que, uma vez implantada e aberta ao tráfego uma rodovia, passa a existir sobre os imóveis lindeiros à faixa de domínio a restrição pública ao direito de construir estabelecida no inciso III, do art. 4º, da Lei nº 6.766/1979, que dispõe:

> "*III – ao longo das águas correntes e dormentes e das faixas de domínio público das rodovias, ferrovias e dutos, será obrigatória a reserva de uma faixa non aedificandi de 15 (quinze) metros de cada lado, salvo maiores exigências da legislação específica;*"

Portanto, desde a vigência da Lei nº 6.766/1979, é terminantemente proibida a construção de edificações sobre a faixa *non aedificandi*, independente da natureza pública ou privada, loteada ou não, do imóvel lindeiro à faixa de domínio da rodovia, bem assim se a construção se fez ou não sob licença municipal.

Sobre este assunto, dissertei no livro *Aspectos Jurídicos das Rodovias: Tutela do Uso Comum, Concessões Rodoviárias, Responsabilidade Civil, e outros aspectos*, publicado pela Editora Mauad, 1997, p. 37 *usque* 44, onde consta referência aos julgados do Supremo Tribunal Federal RE nº 95.243-6/SP e RE nº 93.553-3/SP. Também na obra jurídica *Estudos e Pareceres de Direito Rodoviário*, que publiquei em 2002, pela Editora Temas & Idéias, consta parecer sobre o assunto, às fls. 247 *usque* 250.

A restrição se impõe, apenas, para as *construções* ou *edificações*, admitindo-se a utilização para fins agrícolas ou para o pasto de animais, observados os limites com a faixa de domínio da rodovia.

A inobservância ao preceito legal sujeita o infrator a responder judicialmente, mediante Ação Demolitória (art. 461, do CPC), sem que faça jus a qualquer indenização.

Para as edificações ou construções erguidas *antes* da vigência da Lei nº 6.766/79, a remoção ou demolição supõe a prévia indenização.

Nesse caso, há que existir interesse público que justifique a medida, especialmente quando a permanência da construção ou edificação possa comprometer a segurança do tráfego e do trânsito no local.

Quanto à faixa de domínio das rodovias implantadas e abertas ao trânsito, não é permitida nenhuma construção, devendo ser observada a Ordem de Serviço DG/001/2009.

Feitos esses esclarecimentos iniciais, passamos a responder os questionamentos formulados a fls. 04, pelo Senhor Engenheiro Supervisor Substituto da Unidade Local 6/15.

Segundo relata o Memorando nº 465/2009 (fls. 04), trata-se de rodovia que *ainda* não existe, mas será implantada e pavimentada. Assim, não há, fisicamente, que se falar de faixa de domínio ou área *non aedificandi*. Esses institutos jurídicos só passam a existir com a definitiva implantação da rodovia e sua abertura ao tráfego e ao trânsito. Antes, não passam de um mero projeto, sem consequência jurídica alguma no mundo exterior. Nesse caso, o que existe, fisicamente, são imóveis necessários à obra pública que devem, primeiro, ser declarados de utilidade pública para fins de desapropriação e afetação à finalidade rodoviária federal. Depois, ao processo de desapropriação, amigável ou judicial, com o pagamento da justa indenização pela extinção da propriedade, admitida, ainda, a possibilidade da doação.

Portanto, em se tratando de rodovia projetada e que será implantada e pavimentada, deverão ser integralmente indenizados:

a) Os imóveis, com suas construções, benfeitorias e plantações alcançados no projeto como faixa de domínio; e

b) Somente as *construções* ou *edificações* que existirem é que deverão ser demolidas na área que se tornará, após a conclusão da obra, como *non aedificandi* do imóvel lindeiro à faixa de domínio da rodovia. Essa indenização se justifica porque antes da implantação da rodovia inexistia qualquer restrição pública ao direito de construir, e que passará a incidir com a sua abertura ao tráfego e ao trânsito.

Brasília, 22 de outubro de 2009.

PARECER/FMRD/PFE/DNIT Nº 02110/2009

Indenização de Benfeitorias. Faixa de
Domínio de Rodovia Federal.

Introdução

Consoante Memorando nº 19/2009/PFE-DNIT-MA, consulta a
Unidade Jurídica desta Procuradoria Federal Especializada no Estado
do Maranhão "acerca da possibilidade de indenização administrativa
de ocupantes da faixa de domínio da BR-135, tendo em vista as obras
que acontecem para a duplicação da rodovia".

O referido expediente veio instruído por um relato e vasta
documentação onde é explicitado que a consulta decorre das obras
de duplicação da BR-135/MA, no trecho acesso Maracanã – Estiva,
subtrecho Pedrinhas (entrada no Km 12,40 — acesso Itaqui/Bacanga,
segmentos do Km 0 ao Km 8,20 e Km 9,30 ao Km 16,10.

Referindo-se ao processo de desapropriação como um todo,
esclarece a nossa diligente Procuradora Federal Flávia Silva Kury
Aragão Mendes que o mesmo "considerou todos os imóveis constantes em
seu cadastro como propriedades particulares quando, na verdade, há apenas
03 propriedades, sendo todos os demais imóveis ali construídos ocupações
irregulares de faixa de domínio, pré-existentes à duplicação".

Ao final, formula alguns questionamentos que, de um modo
geral, envolvem e remetem ao exame jurídico sobre a possibilidade ou
não de as construções erguidas sobre a faixa de domínio da rodovia
serem indenizadas.

De pronto, determinei que a documentação fosse devidamente
autuada e solicitei da Diretoria de Infraestrutura Rodoviária a necessária abordagem técnica (fls. 352 e 354), advindo, então, as informações
prestadas (fls. 357), em virtude das seguintes indagações que formulei:

*"a) Se, de fato, as obras de duplicação da BR-135 MA, no trecho já mencionado,
alcançam edificações realizadas na respectiva faixa de domínio;*
Resposta – De acordo com o Despacho nº 0011/2009, da Chefe de Divisão –
Desapropriação/DPP, fl. 302 do presente, existe cadastro das propriedades
atingidas pelo projeto;

b) Se, de fato, tenciona o DNIT indenizar os ocupantes das edificações eventualmente existentes;

Resposta – A intenção da Administração em indenizar os ocupantes das edificações atuais existe, desde que amparada juridicamente;

c) Em caso positivo ao item anterior, qual a justificativa técnica e administrativa para o pagamento das indenizações e qual seria a fonte de recursos orçamentários para o custeio desta despesa;

Resposta – A necessidade de realizar o empreendimento, baseados nos estudos de viabilidade e na aprovação do Projeto Executivo, conforme Portaria n° 043 de 29 de setembro de 2008, justifica técnica e administrativamente a necessidade das indenizações. Os recursos orçamentários utilizados para o custeio estão previstos na rubrica n° 26782.1457.121A.0021 – Adequação de Trecho Rodoviário – Porto de Itaqui – Pedrinhas, na BR-135 no Estado do Maranhão, conforme Lei Orçamentária Anual – 2009;"

Embora o Despacho de fls. 302, referido pela DIR, não faça referência expressa às ocupações sobre a faixa de domínio, pode-se concluir, à luz da instrução processual, inclusive pelo Relatório Técnico de fls. 284, que o cadastro existente na Autarquia colaciona *"oitenta e sete, sendo oitenta e quatro de ocupantes da faixa de domínio e/ou afetados e três proprietários a serem indenizados de fato".*

Outrossim, a demanda judicial existente entre a União de Moradores da Vila Conceição BR-135 Vila Maranhão em face do DNIT (fls. 324/335) demonstra que, de fato, foram erguidas sobre a faixa de domínio da rodovia que, agora, se quer duplicar inúmeras edificações, em sua maioria ou quase totalidade muito pobres, ocupadas por pessoas humildes de baixa ou nenhuma instrução, como, inclusive, tive a oportunidade de verificar *in loco*, mediante inspeção que realizei com técnicos da Superintendência Regional.

Desse modo, considero a instrução processual suficiente para a análise jurídica solicitada.

A análise jurídica

As questões envolvendo as ocupações clandestinas da faixa de domínio das rodovias federais é fato recorrente e muito antigo na Administração Rodoviária. Durante muitos anos e mesmo décadas, o Administrador Rodoviário sempre se mostrou pouco atento e vigilante no que concerne à sua obrigação de garantir a integridade e intangibilidade das faixas de domínio das rodovias federais. O importante era construí-las e abri-las ao tráfego; depois, cuidar da sua manutenção ou restauração. Quanto ao espaço não destinado ao tráfego e ao trânsito (pista de rolamento e acostamentos), pouco ou nada era feito, permitindo, por sua omissão, em geral justificada pela absoluta ausência de meios, principalmente materiais, a ocupação indiscriminada dessas áreas, e com isso gerando nos invasores, sejam eles carentes ou não, a convicção de que a ocupação fosse legítima.

Com a transferência do quadro de policiais rodoviários federais para a órbita do Ministério da Justiça, ceifando a Administração Rodoviária de um contingente que integrava uma Divisão muito atuante na repressão às invasões, a situação se agravou vertiginosamente. Antes, os Patrulheiros — como eram chamados — atuavam como o *"braço policial"* da engenharia na rodovia, de modo a fazer valer as ordenanças administrativas e o desempenho efetivo do poder de polícia na proteção e defesa da faixa rodoviária federal.

Outro aspecto relevante que contribuiu para as contínuas invasões decorria do próprio conceito da faixa de domínio, algo muito pouco divulgado e conhecido, mesmo entre engenheiros rodoviários. Isso despertou na população em geral, inclusive nos seus invasores, a ideia de que a estrada de rodagem se limita às pistas de rolamento e respectivo acostamento. A ausência de cercas limítrofes ou marcos divisórios — em geral fixados quando convenientes aos proprietários lindeiros — fez acentuar essa crença.

De nada adiantaram os inúmeros pareceres emanados da Procuradoria, sempre zelosa no dever de orientar sobre a ilicitude das invasões, bem assim provendo atos como o que redundou na Ordem de Serviços nº 02, de 19.08.1991, do Engenheiro Chefe do 7º Distrito Rodoviário Federal, do extinto Departamento Nacional de Estradas de Rodagem (DNER), com sede no Estado do Rio de Janeiro, determinando às autoridades rodoviárias locais que:

> *"I) Redobrem sua vigilância e diligência no concernente: a) à manutenção das faixas de domínio das rodovias desimpedidas e livres de quaisquer utilização por parte de particulares mediante sua ocupação em caráter transitório ou duradouro; b) ao embargo pelas unidades de campo de quaisquer construções localizadas a menos de 15 (quinze) metros dos limites da faixa de domínio da rodovia, sendo notificadas, imediatamente, a Procuradoria do Distrito, a Polícia Civil, a Polícia Rodoviária Federal, a Polícia Federal no Estado e a Prefeitura competente. II) Mantenham permanente contato com as demais autoridades federais, estaduais e municipais, objetivando a observância deste ato. III) A Autoridade Rodoviária ou os seus agentes serão responsabilizados, nos termos do art. 116, incisos III e IV, da Lei nº 8.112, de 11 de dezembro de 1990, e arts. 262 e 319, do Código Penal Brasileiro, sempre que constatado, em processo administrativo disciplinar, que a inobservância ao aqui disposto decorreu de omissão, inércia, tolerância, erro ou negligência."*

Recentemente, por sugestão desta Especializada, o Senhor Diretor-Geral do DNIT editou a Ordem de Serviço nº DG/01/2009, de 23.01.2009, publicada no Boletim Administrativo nº 03/2009 (fls. 355), repetindo as disposições supra transcritas. Mas tudo isso tem sido em vão. Após quase 25 (vinte e cinco) anos de exercício na Procuradoria, constato que a Autarquia tem suas ações mais dirigidas para construir e pavimentar estradas do que para governá-las, sendo pontuais e isoladas as iniciativas de proteção e defesa da faixa de domínio, em geral quando a ocupação turbava a realização de novas obras, como as de que se ocupam este processo.

Diante desse quadro, a Procuradoria nunca se deu por vencida. Ciente das suas responsabilidades chegou a propor em diversos Estados demandas judiciais visando à demolição das edificações existentes, obtendo expressivo sucesso. Entretanto, uma vez removidas as construções, outras eram erigidas, por conta da falta ou deficiência de fiscalização.

E chegamos à atual quadra, onde, a pretexto da realização de obras, sem dúvida relevantes para o país, somos instados a rever conceitos e toda uma dogmática jurídica construída por décadas de dedicação e, por que não dizer, amor à coisa pública. Mas, como aprendi com o notável Procurador Haroldo Fernandes Duarte, que por quase cinquenta anos serviu à causa rodoviária, sempre na defesa intransigente da integridade e intangibilidade da faixa de domínio das rodovias federais, o Procurador do DNER, e hoje em exercício no DNIT, é antes de tudo um profissional do direito, um advogado, que tem por obrigação não apenas ministrar orientações legais para o agir administrativo, mas, sobretudo, encontrar as soluções jurídicas para os problemas que lhe são colocados.

Não basta, assim, dizer o que diz a lei. Isso todos, advogados ou não, têm obrigação de saber. É preciso buscar na lei as soluções que atendam ao interesse público que, no presente, consubstancia a realização de uma obra eleita pelo Governo Federal como prioritária e absolutamente necessária ao desenvolvimento da região Norte do país.

É, portanto, inspirado naquela lição que passo à análise do que me foi pedido.

A propósito do assunto, me foi entregue um "Relatório Completo do Levantamento de Auditoria/2007", elaborado pela Secretaria de Controle Externo do Tribunal de Contas da União no Estado do Rio Grande do Norte (SECEXRN/TCU), integrante do Processo nº 8.807/2007, do qual extraímos as seguintes informações:

"(...)

IRREGULARIDADE Nº 25

Classificação: OUTRAS IRREGULARIDADES [Tipo: Problemas com desapropriações Área de Ocorrência: EMPREENDIMENTO Descrição/Fundamentação: Inclusão de imóveis comerciais de estrutura expressiva, construídos irregularmente na faixa de domínio e faixa "non aedificandi", posteriormente a 19/12/1973, no Programa de Relocação da População Afetada pela Obra de Adequação da Capacidade Rodoviária da BR-101/NE, como beneficiários de indenizações pelas benfeitorias realizadas, cujo senso comum permite visualizá-los como não pertencentes a pessoas de baixa renda, ou seja, são imóveis construídos e/ou explorados por comerciantes de representativo poder econômico, portanto, fora de qualquer classificação de vulnerabilidade social, contrariando entendimento pacífico da Procuradoria Federal Especializada Junto ao DNIT/RN, expresso no Parecer 13/2007, de 15/03/2007, de que, em face da ilegalidade da edificação, não cabe indenização pelas benfeitorias edificadas na faixa de domínio, bem como na faixa "non aedificandi", estabelecida pela Lei 6.766, de 19/12/1979, além de jurisprudência do Tribunal Regional Federal da 5ª Região.

Tais edificações comerciais, em sua grande maioria, localizam-se na cidade de Parnamirim – RN (Lote 1), havendo incidência também no Município de Goiana – PE (Lote 6), ocupando a faixa de domínio e área "non aedificandi", às margens da BR-101, nas quais, segundo o projeto da obra, deverão ser construídas vias marginais ou realizada a duplicação da rodovia.

Entende também a Equipe de Auditoria que a ilegitimidade do pagamento de indenizações a comerciantes não carentes deve-se ainda aos seguintes motivos: a) pelo fato de que, durante todos os anos de ocupação ilegal da área, estarem auferindo lucros com o uso indevido de um bem público;

b) comerciantes não carentes, por constituírem camada com nível de escolaridade, esclarecimento e informação bem maiores do que as pessoas pobres e hipossuficientes, moradoras das faixas de domínio, potencialmente tinham pleno conhecimento da ilicitude da ocupação, o que confere caráter doloso à sua conduta, não podendo pois alegarem a própria torpeza em benefício próprio;

c) possível existência de alvarás de funcionamento ou de construção dos prédios comerciais são inválidos e não legitimam as ocupações, por absoluta incompetência das Administrações Municipais disporem sobre a utilização de bens pertencentes ao patrimônio federal;

d) o espírito do Programa Básico Ambiental nº 09, embora não faça distinção sobre a faixa de renda a que se destina, possibilita claramente a interpretação de que visa a compensar/relocar famílias pobres atingidas pela obra e não comerciantes não carentes;

e) o Parecer nº 005/2006-CGMAB, a Coordenação de Meio Ambiente do DNIT aponta como público principal do Programa de Relocação a população vulnerável;

f) a interpretação pela ilegitimidade das indenizações a comerciantes não carentes constituirá medida efetiva para desestimular e coibir a ocupação irregular da faixa de domínio e non aedificandi das rodovias federais, evitando que pessoas beneficiem-se, para fins de auferir lucros, da ocupação ilegal de imóveis da União.

Esclarecimentos Adicionais:

As evidências do relatado acima são as seguintes:

Parecer 13/2007, de 15/03/2007, da Procuradoria Federal Especializada Junto ao DNIT/RN (Achado Relocação – evidência 01);

Parecer n° 005/2006-CGMAB, de 14/12/2006 (Achado Relocação – evidência 02);

Fotografias {Achado Relocação – evidência 03}:

Relatórios de Relocação da População Afetada na Faixa de Domínio (Achado Relocação – evidência 04);

Listagem de pagamentos de indenizações da relocação da população afetada (Achado Relocação – evidência 05);

Ofícios que informam sobre a mudança de pessoas do Programa de Relocação para o de Desapropriação (Achado Relocação – evidência 06);

Ofício de Manifestação Prévia (Achado Relocação – evidência 07);

Manifestação do Órgão/Entidade: Os impactos ambientais diretos identificados no EIA/RIMA entregue ao IBAMA, verificaram a existência de famílias residindo ao longo da faixa de domínio da BR-101/NE. Por determinação do IBAMA, para mitigação dos impactos negativos apontados no EIA/RIMA, o DINIT elaborou um programa denominado Programa Básico Ambiental (PBA) n° 9, que traz em seu escopo o Programa de Realocação da População Afetada, como pré-requisito para a obtenção da Licença de Instalação (LI), doravante condição sine qua non à execução da obra. Com a aprovação do PBA n° 9 pelo 1BAMA, viu-se o DNIT diante da situação de urgência premente de liberação da faixa de domínio para a execução da obra, e ainda tendo que resguardar a segurança das famílias que ali residem. O PBA n° 9 garante a compensação das perdas sofridas pela população afetada pela obra, sem fazer distinções entre os níveis de renda. Ressaltando-se, porém, que os grupos de baixa renda e os vulneráveis ao risco de empobrecimento e marginalização deveriam receber atenção especial. Assim, segundo o PBA, toda pessoa física ou jurídica que tenha seu patrimônio diminuído ou afetado pela obra estará apta a receber justa indenização pelas benfeitorias por elas realizadas, sem que haja o estabelecimento de parâmetro limitador baseado na renda, na situação legal ou no tipo de construção existente. Nesse sentido, são passíveis de indenização benfeitorias destinadas a fins residenciais, comerciais, sociais, culturais, religiosos etc.

Acostou-se voto em apelação cível n° 2002.72.03.000824-7/SC, em que a Juíza-relatora da 3ª Turma do TRF da 4ª, excepcionalmente, conferiu a mora-dores, ocupantes da faixa de domínio e non aedificandi da BR-153, o direito de ali permanecer até que o Poder Público definisse o destino da população afetada, com eventual assentamento em outro lugar, tendo o Acórdão prolatado o mesmo teor.

A Política Nacional do Meio Ambiente instituída pela Lei n° 8.938/1981 visa compatibilizar o desenvolvimento com a preservação do patrimônio ambiental e a melhoria da condição de vida do cidadão, ou seja, estando englobada a questão social das populações afetadas pelas obras.

Com a previsão constitucional de prévia elaboração de estudo de impacto ambiental para que seja emitida licença ambiental para a instalação das obras potencialmente causadoras de impacto ambiental, consagrou-se ao licenciamento ambiental (bem como as suas condicionantes) o status de direito (e obrigação) constitucionalmente assegurado.

Avaliação Preliminar: A Equipe entende que a inclusão de comerciantes não carentes como beneficiários do Programa de Relocação a princípio constitui distorção dos fins maiores por ele pretendidos. Isso, em razão de que esse público, além de não ser morador da área, nem vulnerável, já ter se beneficiado significativamente com a utilização indevida de terreno público federal, mediante a obtenção de lucros advindos da exploração comercial das benfeitorias realizadas. No entanto, após a visita in loco, durante reunião realizada no auditório da Secex-RN com o DINIT, CENTRAN, gestora ambiental e 1º Grupamento de Engenharia de Construção, foi apresentada à Equipe de Auditoria a última listagem de pagamentos de indenizações da relocação da população afetada referente ao Município de Parnamirim – RN. Na oportunidade, foi constatado que daquela listagem (nem das anteriores) não mais consta a grande maioria dos prédios comerciais edificados/ocupados por comerciantes não carentes. Questionados a respeito, os representantes do 1º Grupamento de Engenharia de Construção e do CENTRAN informaram que referidos comerciantes saíram do Programa de Relocação, em face de terem apresentado títulos de domínio dos terrenos, passando o assunto à órbita da Área Jurídica do DNIT.

Em recente contato com o CENTRAM, foi informado que ainda estão sob sua análise alguns casos em que restam dúvidas quanto à legitimidade dos títulos de propriedade apresentados.

Diante da evolução dos fatos, e considerando que a verificação dos títulos de propriedade apresentados e do direito à indenização por desapropriação é matéria eminentemente legal, em que se faz necessária minuciosa análise jurídica, cabe ser determinado ao CENTRAN que submeta à Procuradoria Federal Especializada junto ao DNIT todos os casos de indenização de benfeitorias para cujos imóveis foram apresentados títulos de domínio.

Quanto aos comerciantes não carentes ainda incluídos no Programa de Relocação, considerando que agora constituem pequena minoria; considerando a pouca materialidade dos pagamentos doravante a eles destinados (no caso de Parnamirim, local da quase totalidade das ocorrências: 4,57%, ou seja, R$363,9 mil frente a R$7.956,0 mil); considerando os motivos apresentados pelo DNIT; e ainda considerando o interesse público na agilização do andamento da obra, entende a Equipe de Auditoria que, excepcionalmente, foi elidida a gravidade dos pagamentos a eles direcionados. Ressalte-se, no entanto, que futuros casos, em outras obras, devem ser analisados de per si, levando em conta todas as condições envolvidas, ponderando-se os interesses e direitos em conflito no caso concreto, com vistas a evitar especulações, abusos e danos ao Erário. (grifamos)

Ademais, visando coibir futuras ocupações das faixas de domínio e área non aedificandi das rodovias federais, necessário se faz determinar ao DNIT e à Polícia Rodoviária Federal que exerçam permanente vigilância nas referidas áreas, coibindo tempestivamente quaisquer edificações ilegais que venham a ser feitas, de modo a evitar que a omissão do Estado possa contribuir para situações semelhantes às verificadas na presente auditoria.

Ante tais fundamentos, desnecessária a realização de audiência, cabendo apenas propor as determinações supra-sugeridas, motivo peio qual se altera a classificação da irregularidade, de IG para OI. (...)

CONCLUSÃO

PARECER:

Este Levantamento de Auditoria foi desenvolvido concomitantemente com aqueles relativos aos Lotes 3, 4 e 5, na Paraíba, e 6, 7 e 8, em Pernambuco, tendo sido detectados os seguintes indícios de irregularidades graves comuns aos três Estados, remanescentes após análise das manifestações prévias dos auditados: (grifamos)

Processo da Relocação

Para por em prática a relocação da população afetada pelas obras, o DNIT emitiu a Portaria n° 1.708, de 14/12/206, pela qual autorizou o 1° Grupamento de Engenharia do Exército Brasileiro a executar os serviços e autorizou o repasse de recursos para cobertura das despesas, num total de R$8.588.268,97, assim distribuídos: Lote 01 (PT 26.782.0235.7626.0024) – R$3.361.684,33; Lote 05 (PT 26.782.035.105.01030 – R$1.662.265,19 e Lote 06 (PT 26.782.0235.7435.0103) – R$3.564.319,45.

A definição da metodologia de levantamento do valor das indenizações ficou a cargo da empresa Astep Engenharia Ltda., tendo sido estabelecido que os valores mínimos para as indenizações de residências seriam R$7.619,88 e R$8.899,14, correspondentes a moradias com áreas de 25,28m2 e 32,00m2 respectivamente. Para prédios residenciais de valores superiores a esses, foi definida metodologia de avaliação baseada no Custo Unitário Básico (CUB), tendo por base custos publicados pelos Sindicatos da Indústria da Construção Civil (SINDUSCON), Sistema Nacional de Pesquisa de Custos e índices da Construção Civil (SINAPI) e metodologia estatística criada pela própria Astep, para benfeitorias que não se assemelhassem a um dos projetos padrão do CUB.

A elaboração dos laudos de avaliação foi feita peio CENTRAM, e o serviço de relocação das famílias e demolição dos imóveis está a cargo de equipe de militares do 1° Grupamento de Engenharia de Construção, sediado em João Pessoa – PB.

Após a elaboração dos laudos de avaliação, o CENTRAN emite relatórios a respeito de cada uma das famílias a serem indenizadas/relocadas e os envia à Coordenação Geral de Meio Ambiente do DNIT (CGMAB), para análise e aprovação. Essa os envia para o 1° Grupamento de Engenharia de Construção, para que proceda ao pagamento das indenizações e demais providências para a relocação das famílias, além da demolição dos imóveis.

Até término da fase de execução do Levantamento de Auditoria encontrava-se em execução o Programa de Relocação, incluindo-se o pagamento das indenizações das benfeitorias referentes aos Lotes 1, 5 e 6.

Posteriormente, durante a fase de elaboração do Relatório da fiscalização, o DNIT, tomando por base o Plano de Trabalho 30.001.07.01.53.01, emitiu a Portaria n° 877, de 01/06/2007, pela qual autorizou o repasse de recursos, *no montante de R$9.640.000,00, para que o Departamento de Engenharia e Construção do Exército (DEC), entre outras ações, realizasse atividades preparatórios à relocação da população afetada nos Lotes 2, 3, 4, 7 e 8. Referidas ações serão desenvolvidas peio CENTRAM, compreendendo a execução de levantamento de campo, elaboração de laudos, desenhos das edificações, relatórios de custos e de relocação, montagem e acompanhamento dos processos, no valor de R$2.600.000,00.*

Ressalte-se que tal verba não contempla o pagamento das indenizações para os futuros relocados desses Lotes, valor que será objeto de novo Plano de Trabalho." (...)

PROPOSTA DE ENCAMINHAMENTO

(...)

Determinação de Providências Internas ao TCU: Secretaria de Controle Externo – RN: Determinar ao Centro de Excelência em Engenharia de Transportes (CENTRAN) que submeta à Procuradoria Federal Especializada Junto ao DNIT todos os casos de indenização de benfeitorias realizadas na faixa de domínio para cujos imóveis foram apresentados títulos de domínio.

NÚMERO DE DIAS PARA ATENDIMENTO: O

Determinação a Órgão/Entidade: DEPARTAMENTO NACIONAL DE INFRA-ESTRUTURA DE TRANSPORTES – MT:

a) que futuros casos de obras em que seja necessária relocação da população afetada devem ser analisados de per si, levando em conta todas as condições envolvidas, ponderando-se os interesses e direitos em conflito no caso concreto, com vistas a evitar especulações, abusos e danos ao Erário;

b) exerça permanente vigilância das faixas de domínio e áreas non aedificandi das rodovias federais, coibindo tempestivamente quaisquer edificações ilegais que venham a ser feitas, de modo a evitar que a omissão do Estado possa contribuir para a ocupação ilegal de referidas áreas;

PRAZO PARA CUMPRIMENTO: ********

Determinação a Órgão/Entidade: DEPARTAMENTO NACIONAL DE INFRA-ESTRUTURA DE TRANSPORTES – MT: exerça permanente vigilância das faixas de domínio e áreas non aedificandi das rodovias federais, coibindo tempestivamente quaisquer edificações ilegais que venham a ser feitas e adotando as providências necessárias à demolição das construções irregulares, de modo a evitar que a omissão do Estado possa contribuir para a ocupação ilegal de referidas áreas, nos termos da Lei nº 10.233/2001, art. 82, inciso IV;

PRAZO PARA CUMPRIMENTO: ********"

Essas foram, portanto, as conclusões da Equipe de Auditoria do TCU sobre o assunto, manifestando-se clara e induvidosamente pela regularidade, ainda que excepcional, das indenizações atribuídas aos ocupantes da faixa de domínio, ostentem ou não a qualificação de "carentes" ou comerciantes, no âmbito específico das obras de duplicação da BR-101 Nordeste.

Até a data deste parecer não havia, ainda, uma posição definitiva ou julgamento pelo TCU sobre as conclusões apresentadas, que estão sendo tratadas no âmbito do Processo nº TC 9477/2009-2. Entre outros fundamentos, invocou a Equipe de Auditores o julgado no Recurso de Apelação nº 2002.72.03.000824-7/SC, publicado no *DJU*, 18 jan. 2006, da Egrégia 3ª Turma do Tribunal Regional Federal da 4ª Região que, por unanimidade, assim decidiu:

> *"Civil. Ação demolitória. Edificações em faixa de domínio.*
> *Extensão. Princípio da razoabilidade. Invasão do mérito administrativo. Inocorrência. Direito à moradia.*
> *Prevalência no caso concreto.*
>
> *- Evidencia-se no feito dois interesses públicos distintos. O primeiro relativo à segurança no trânsito, invocado pelo DNER para embasar o pedido de demolição e retirada dos réus das casas edificadas na faixa de domínio da rodovia federal (BR-153). O segundo diz respeito ao direito social à moradia, consagrado no art. 6º, caput, da Constituição Federal, e que não se trata, como quer fazer crer o apelante, de mero interesse de cada um dos réus, mas verdadeiro direito fundamental.*
>
> *- Diante do inequívoco conflito entre os interesses expostos, cumpre ao juiz fazer preponderar aquele que no caso concreto atenda aos critérios de justiça e razoabilidade, conferindo-lhe, assim, a respectiva tutela.*
>
> *- A perícia realizada nos autos constatou que as casas edificadas à margem da rodovia encontram-se dentro da faixa de domínio e da área non aedificandi. Dessa forma, em se tratando de edificação em áreas de segurança, nada impede que o Poder Público promova a desocupação da área e a demolição da edificação com fundamento no exercício regular do poder de polícia.*
>
> *- No entanto, a extensão de 50,00m para faixa de domínio no sentido Sul-Norte do trecho em comento configura medida não razoável, mesmo porque do outro lado da pista, a mesma faixa possui distância de 30,00m. Não obstante a alegada existência de estudos técnicos para motivar a largura das faixas, a falta de apresentação de tais estudos não permite definir a legitimidade do ato, visto que o ônus da juntada cabia ao apelante, a teor do art. 333, I, do CPC.*
>
> *- Deve ser afastado o argumento de que o Poder Judiciário não pode adentrar no mérito do ato administrativo sob pena de ofensa ao princípio constitucional da Separação de Poderes. Em face do princípio da universalidade da jurisdição (art. 5º, XXXV, CF), não há óbice para o controle judicial dos atos discricionários que transmudam-se em verdadeiras ilegalidades.*
>
> *- O que é vedado ao Judiciário é a substituição da discricionariedade da Administração por um juízo de oportunidade e conveniência levado a efeito no processo, hipótese inocorrente neste feito. Com efeito, limita-se o julgado a reconhecer que a extensão da faixa de domínio em 50,00m constitui medida desarrazoada, e, portanto, ilegítima. A invasão do mérito administrativo estaria caracterizada se o Juiz determinasse a extensão da faixa de domínio para aquele local.*

- O direito à moradia, direito fundamental de 2ª geração, acarreta ao Poder Público o dever de adotar as medidas necessárias para implementar um programa que conceda aos cidadãos o direito à uma vida digna (art. 1º, III, CF).

- No entanto, a implantação de um programa efetivo torna-se extremamente tormentosa em um país de poucos ou mal aplicados recursos como o nosso, de modo que não cabe ao Poder Judiciário eximir-se da análise da questão.

- Conferindo a devida eficácia ao direito fundamental à moradia, conclui-se por sua prevalência sobre à segurança no trânsito no caso concreto.

- Embora possa causar espanto a manutenção de estranhos em faixa de domínio de rodovia federal, especialmente ante a impossibilidade de usucapião de bens públicos, os postulados de justiça social impõem que os réus permaneçam no local nesse momento visto que a ocupação é situação consolidada ao longo dos anos.

- Outrossim, a rejeição do pedido no mérito (art. 269, I, do CPC) poderia levar a conclusão que os réus permanecessem indefinidamente no local. Todavia, creio que a melhor solução é que o Poder Público, através de um procedimento prévio, defina o destino dos requeridos, com o eventual assentamento em outro lugar, para que ajuíze nova ação demolitória posteriormente. Saliento que os efeitos negativos da coisa julgada estarão afastados já que se formará nova demanda, com causa de pedir diversa.

- Apelação improvida."

Qual se vê, não é possível ignorar os fatos, como se os postulados da integridade e intangibilidade da faixa rodoviária federal tivessem o poder de, por si sós, imporem a sua observância. Daí a guinada que vem sendo dada até mesmo pelo Poder Judiciário, passando a privilegiar princípios consagrados constitucionalmente, como o direito à moradia e a uma vida digna, para, mesmo em se tratando de bens públicos de uso comum do povo, admitirem como regular a sua ocupação e exigirem do Poder Público soluções prévias para a remoção e demolição das construções realizadas.

Também apuramos que o próprio Ministério Público Federal vem defendendo o ressarcimento de comunidades indígenas que ocuparam áreas da faixa de domínio da Rodovia Federal BR-101, em Santa Catarina, conforme notícia abaixo extraída do *site* da Procuradoria-Geral da República:

"Ação quer indenizar comunidade terra indígena M'Biguaçu (SC)
31/8/2007 11h35
Instalação de postes não foi autorizada pelos guaranis.
O Ministério Público Federal em Santa Catarina quer a condenação das Centrais Elétricas de Santa Catarina S.A. (Celesc) e do Departamento Nacional de Infra-estrutura de Transportes (Dnit) ao pagamento de indenização por danos materiais e ocupação irregular ocorrida na terra indígena M'Biguaçu.

Homologada pelo Decreto nº 1.775/96, de 5 de maio de 2003, a comunidade M'Biguaçu fica localizada na BR-101, km 190, no Balneário São Miguel, município de Biguaçu. Conforme a ação, a fim de instalar postes para linha de transmissão de energia elétrica a Celesc, com autorização do Dnit, invadiu parte da terra indígena. Ao ser questionada, a Celesc alegou ter solicitado autorização do Dnit por considerar que as terras eram faixa de domínio de rodovia federal (BR-101). O Dnit, por sua vez, autorizou a Celesc a instalar os postes da rede elétrica, mesmo tendo a comunidade M'Biguaçu usufruto exclusivo do imóvel. A procuradora da República Analúcia Hartmann, autora da ação, requer que a comunidade indígena guarani de M'Biguaçu seja ressarcida em virtude da continuidade da ocupação. Conforme o pedido, a indenização poderá incluir anuidade ou compensação por uso de energia elétrica e deverá ser arbitrada pela Justiça Federal, através de perícia. Para a procuradora Analúcia, "a persistência da referida ocupação, a restringir o uso exclusivo consagrado pela legislação, demanda a compensação financeira adequada, ou seja perdas e danos e obrigação de fazer".

O caso levou a comunidade guarani a se mobilizar e, por meio da Associação de Moradores Yynn Moroti Werá, foi proposta uma ação ordinária (nº 2006.72.00.000761-1) para ressarcimento de danos morais, com base nos mesmos fatos. No MPF, o caso teve início com a instauração de um procedimento administrativo, a partir de representação formulada pela própria comunidade indígena. O Ministério Público Federal tem, entre suas funções institucionais previstas na Constituição da República, a defesa judicial dos direitos e interesses das populações indígenas."

No Estado do Rio de Janeiro, em diversos Municípios por onde rodovias federais atravessam, a situação não é diferente, existindo programas públicos em andamento para remoção das famílias ocupantes mediante indenizações, a começar pela Cidade Imperial de Petrópolis, consoante a notícia abaixo transcrita extraída do *site* da Associação de Empresas do Mercado Imobiliário (ADEMI):

"Petrópolis integra plano com favelas em estradas
O Globo, Daniel Engelbrecht, 15/Jun
Proposta é transferir moradores para áreas próximas
Petrópolis é o único município do Rio a participar de um programa piloto do Ministério dos Transportes para a regularização fundiária, voltado para famílias que vivem em faixas de domínio de rodovias federais. O projeto para o trecho da BR-040 que passa por Petrópolis estará pronto até o fim do ano e a execução começa em janeiro de 2007. O problema da favelização na beira das estradas, noticiado ontem pelo GLOBO, vem merecendo atenção de prefeituras como as de Itaboraí e São Gonçalo.

Duas reuniões já foram realizadas com técnicos do governo federal e da prefeitura de Petrópolis para decidir como será a parceria. Outras quatro cidades do país foram selecionadas para participar do programa. Segundo o secretário de Planejamento e Desenvolvimento Econômico de Petrópolis, Eduardo Ascoli, a proposta é retirar as famílias das áreas de domínio sem que elas sejam transferidas para bairros distantes: Uma das propostas em estudo é o uso de áreas próximas às faixas de domínio. Outra é levar essas pessoas para conjuntos habitacionais — explicou o secretário.

MARGENS SÃO OCUPADAS POR 300 FAMÍLIAS

Prefeitura diz que a invasão na BR-040 começou há 25 anos. O projeto será realizado com o auxílio da Fundação Universidade de Brasília (Fubra) e ainda não tem valor estabelecido. Segundo levantamento feito pela Concer, concessionária que administra a rodovia, 300 famílias ocupam a faixa de domínio da BR-040 no trecho de Petrópolis. A fiscalização e a retirada das famílias do local são de responsabilidade da concessionária e da Agência Nacional de Transportes Terrestres (ANTT).

De acordo com a prefeitura, a ocupação da faixa de domínio começou há 25 anos. Sem o apoio federal, outros municípios, como Itaboraí, vêm tentando lidar com o problema. Segundo o secretário de Planejamento do município, Paulo Toledo, a prefeitura tomou a iniciativa de começar a indenizar as famílias que vivem na faixa de domínio das estradas, principalmente a RJ-104, para que elas deixem espontaneamente o local. Para ele, o problema tem origem na carência de investimentos na região nas décadas passadas: A favelização é fruto da política que o Brasil vem adotando há décadas de baixo salário, educação ruim e exclusão, fazendo com que as pessoas não tenham alternativa e se tornem invasoras. Como agravante, nas últimas décadas só foram feitos investimentos no eixo oeste da Baía de Guanabara. A parte leste ficou carente, gerando esse emaranhado de problemas que é São Gonçalo e dificuldades até em Niterói — disse o secretário. São Gonçalo tem projeto de residências populares Segundo Paulo Toledo, a beira das estradas atrai moradores de baixa renda devido à facilidade de transporte e porque os lotes são baratos. O secretário vê a possibilidade de mudança no quadro de carências do município com a escolha de Itaboraí para receber o novo pólo petroquímico do estado. A prefeitura de São Gonçalo informou que tem um projeto de construção de 600 residências populares no bairro de Maria Paula. O município, no entanto, alega depender do recebimento de recursos do governo federal. Parte dessas casas será entregue a pessoas que vivem nas margens da BR-101 (fora da faixa de domínio). A prefeitura disse ainda que está fazendo o levantamento de áreas desocupadas ao redor da Baía de Guanabara para abrigar novos projetos habitacionais. Como O GLOBO noticiou ontem, São Gonçalo e Itaboraí estão entre as regiões mais afetadas pela ocupação desordenada das margens das estradas. Para o advogado Mário Mesquita, especializado em direito público e de transportes, a proliferação das vans ilegais tem uma parcela de culpa pelo problema: O transporte irregular para em qualquer lugar, favorecendo a ocupação desordenada."

Também no âmbito das obras de duplicação da Rodovia Federal BR-101 Sul, os problemas e as soluções para reprimir a invasão da faixa de domínio não são diferentes, conforme notícia extraída do *site* da *Revista Rodovias & Vias*, n. 31:

> *"A primeira obra em rodovia no Brasil com gerenciamento ambiental em sua execução é a duplicação da BR-101 Sul, a cargo do Departamento Nacional de Infra-estrutura em Transporte (Dnit). A obra avança com rigoroso controle e cuidado com o meio ambiente, com a atenção com os usuários da estrada e com a população residente nas cidades ao longo do trecho. Com a rodovia duplicada, a população do Rio Grande do Sul e de Santa Catarina será beneficiada com o progresso econômico e transitará com mais conforto, segurança e rapidez os aproximados 350 Km que separam Osório (no Nordeste Gaúcho) e Palhoça (Região Metropolitana de Florianópolis).*
>
> *(...)*
>
> *Durante a duplicação da BR-101 Sul, milhares de habitantes serão beneficiados pelos programas sociais implementados. O empreendimento envolve a solução de questões sociais, como o apoio às comunidades indígenas Guaranis, a grupos remanescentes de quilombos, e a moradores residentes na faixa de domínio. Para o atendimento aos indígenas — sobretudo com referência à aquisição de terras (regularização fundiária) —, o Dnit repassou R$11 milhões à Fundação Nacional do Índio (Funai). Foi ampliada a faixa de domínio da rodovia. Os residentes dessas áreas estão recebendo indenizações e, quando necessário, serão reassentados."*

Essas circunstâncias que a realidade social apresenta não podem e não devem ser ignoradas pelo aplicador do Direito, antes recomendam a busca por soluções jurídicas que atendam, sobretudo, as exigências do bem comum, os fins sociais e os princípios gerais de direito, visto que a lei não existe para servir a si mesma, mas para atender os reclamos da sociedade em que vige.

É nesse sentido que Hermes Lima proclama a missão fundamental da lei. Citando Pound, explica a nova concepção da lei segundo a qual *"ela devia estar a serviço de reivindicações e exigências implícitas na existência da sociedade civilizada, de modo que se atendessem tais reivindicações e exigências da melhor maneira, na medida do possível e com um mínimo de sacrifício, dentro do plano de uma ordenação humana, através da sociedade politicamente organizada"* (*Introdução à Ciência do Direito*. 26. ed., p. 117).

Lições de Vicente Ráo também auxiliam na análise da matéria, como aquelas em que proclama que o Direito deve se submeter às regras da equidade, como atributo inerente da norma jurídica a impor *"entre várias soluções possíveis deve-se preferir a mais suave e humana, por ser a que melhor atende ao sentido de piedade, e de benevolência da justiça: jus bonum et aequum"* (*O Direito e a Vida dos Direitos*, v. 1, p. 63).

Inspirado, assim, nesses princípios, e sem desmerecer a observância da legalidade a que os atos da Administração estão sujeitos, enfrentei o desafio de vasculhar na legislação brasileira o permissivo legal que pudesse, ainda que minimamente, autorizar os pagamentos de indenizações pelas benfeitorias erigidas sobre a faixa de domínio das rodovias federais.

A questão reclama, como antes assinalado, uma solução justa, resgatando o milenar princípio jurídico de dar a cada um o que é seu. Por isso que, no âmbito privado, a lei civil reconhece o direito à indenização àquele que, de boa-fé, semeia, planta ou edifica em terreno alheio (art. 1.255, do CCB).

Do mesmo modo, o Decreto-Lei nº 9.760, de 5 de setembro de 1946, que dispõe sobre os bens imóveis da União, estabelece que:

> "Art. 132. A União poderá, em qualquer tempo que necessitar do terreno, imitir-se na posse do mesmo, promovendo sumariamente a sua desocupação, observados os prazos fixados no §3º, do art. 89.
>
> §1º As benfeitorias existentes no terreno somente serão indenizadas, pela importância arbitrada pelo S.P.U., se por este fôr julgada de boa fé a ocupação."

Os dispositivos acima transcritos foram extraídos do Capítulo do referido diploma legal que disciplina as ocupações irregulares de terrenos da União, onde se admite a indenização das benfeitorias erigidas, desde que a ocupação tenha sido de boa-fé.

Embora a faixa rodoviária federal tenha classificação diversa dos bens de propriedade da União, visto que ostenta a condição de bem de uso comum do povo (art. 99, I, do CCB), que a ninguém pertence, porque é de todos, penso que poderia ser admitida, em caráter excepcional e transitório, a mesma solução prevista na lei para as benfeitorias erigidas indevidamente sobre os bens imóveis da União.

Afinal, os bens da União — de uso especial ou patrimoniais — e os de uso comum do povo possuem a mesma natureza pública. Estão todos gravados por lei com o ônus da inalienabilidade, não se sujeitam ao usucapião e submetem-se ao regime do Direito Público. A distinção possui finalidade apenas classificatória quanto à disponibilidade e uso. Enquanto os primeiros destinam-se, precipuamente, ao uso da Administração Pública, como os edifícios públicos destinados a serviços especiais, utilizados no serviço público e pelos administrados que preencham determinados requisitos para a utilização, os segundos são de utilização do povo em geral, como as estradas, os rios, as praças, as ruas e os mares (CCB, art. 99, incisos I a III). Assim, não haveria razão forte o suficiente que impedisse a aplicação daquela autorização legal para que fosse, igualmente, permitida a indenização das edificações erigidas de boa-fé sobre a faixa de domínio das rodovias federais, máxime quando necessárias para o atendimento de uma finalidade e interesse eminentemente público, como as obras de duplicação da BR-135/MA que estão sendo realizadas no momento.

Quanto à boa-fé, o conceito jurídico supõe a convicção de alguém que acredita estar agindo de acordo com a lei, por ação ou omissão de determinado ato ou fato. É a denominada *"justa causa erroris"*, apontada por Octávio Moreira Guimarães como base e argumento da boa-fé, esclarecendo, ainda, que *"quem permite que um estado de cousas se revele por um modo determinado, tem que sobrecarregar os ônus que defluem da aparência"* (*Da Boa-Fé no Direito Civil Brasileiro*, 2. ed., p. 25, 49). Essa convicção emana de diversos fatores, mas, para os efeitos desta análise, pode também decorrer de uma ação ou omissão de terceiro, que a ela não se opõe. Refiro-me, justamente, à tolerância da Administração Rodoviária, que ao longo dos anos permitiu que inúmeras edificações fossem erigidas sobre a faixa de domínio, de modo a permitir que seus atuais ocupantes sintam-se como ocupantes de boa-fé.

Evidentemente que não se pode generalizar esse entendimento. Trata-se de situação excepcional e transitória que visa, apenas, permitir a desocupação ágil e amigável das áreas da faixa de domínio *necessárias à realização da obra pública*, sem prejuízo da apuração da responsabilidade de que trata a Ordem de Serviço DG/001/2009.

Quanto às demais construções que, embora erigidas sobre a faixa de domínio, não comprometam o regular desenvolvimento da obra, devem igualmente ser removidas, porém mediante o ajuizamento de ação demolitória, sem qualquer oferta de indenização, devendo a Superintendência Regional promover o cadastramento das áreas ocupadas, de forma individualizada, e encaminhar os respectivos processos à Unidade da PFE local, instruídos com as justificativas referentes à existência e tolerância da edificação.

Portanto, a regra geral estabelecida na Ordem de Serviço DG/001/2009 permanece, pelo que deve o DNIT intensificar a fiscalização da faixa de domínio, inclusive após a realização da obra, de modo que não volte a sofrer novas invasões e possamos, quem sabe um dia, tal qual os países mais desenvolvidos da América do Norte e Europa, nos orgulharmos de termos as nossas estradas de rodagem devidamente demarcadas e desimpedidas, cumprindo, assim, as finalidades para as quais foram implantadas.

Concluindo, oriento do seguinte modo:

a) É possível, com fundamento no §1º, do art. 132, do Decreto-Lei nº 9.760, de 05 de setembro de 1946, aplicável em caráter transitório e excepcional, indenizar os ocupantes de edificações que se encontrem sobrepostas na faixa de domínio da rodovia federal, desde que a remoção da edificação seja absolutamente necessária ao regular desenvolvimento da obra pública, sem prejuízo da apuração pela Corregedoria da responsabilidade de que trata a Ordem de Serviço DG/001/2009;

b) O valor da indenização deverá ser apurado mediante a aplicação da metodologia de cálculo utilizada pela DPP/DNIT para as indenizações decorrentes de desapropriações;

c) Para as edificações que se encontrem sobre a faixa de domínio e que não comprometam o regular desenvolvimento da obra pública, deverá ser promovido o respectivo cadastro com a identificação dos ocupantes e da área edificada, além de outras informações que forem relevantes, visando submeter, mediante processo administrativo próprio e individualizado, à Unidade da PFE junto à Superintendência Regional para o ajuizamento da competente Ação Demolitória, sem qualquer oferta de indenização;

d) Sem prejuízo das orientações acima, e considerando o disposto na Ordem de Serviço DG/001/2009, deverá ser intensificada a vigilância e a guarda da faixa de domínio da rodovia, inclusive após a conclusão da obra pública, de modo a impedir que novas invasões tornem a ocorrer, devendo a Superintendência Regional valer-se do auxílio da Polícia Rodoviária Federal para tal fim.

Brasília, 22 de outubro de 2009.

DESPACHO/PFE/DNIT Nº 01296/2009

Danos ao Município por
Desvio do Tráfego Rodoviário.

Senhor Procurador-Geral Federal.

Na qualidade de órgão integrante e de execução dessa Procuradoria-Geral Federal, submeto a questão deduzida neste processo, visando à correta orientação que deva ser promovida para o DNIT. O assunto versa sobre danos causados e reconhecidos pela Administração do DNIT ao Município de Jaraguá, no Estado de Goiás, por conta de um desvio de tráfego da BR-153/GO para as vias urbanas da municipalidade, cujo ressarcimento foi apurado ser no valor de R$163.701.258,00 (cento e sessenta e três milhões, setecentos e um mil, duzentos e cinquenta e oito reais).

Após a análise desta PFE/DNIT (fls. 227/230), insiste a Administração no sentido de que o ressarcimento deve ser feito, posto que os danos, de fato, foram causados pelo DNIT, e o valor é correto, conforme apurado por Comissão especialmente designada para tanto (fls. 232/234).

Apesar, portanto, de restarem preenchidos os pressupostos da responsabilidade civil objetiva prevista no §6º do art. 37, da Constituição Federal, não haveria previsão legislativa para que a Administração promovesse o ressarcimento administrativamente.

Refiro-me ao entendimento manifestado às fls. 227/229 de que, segundo o disposto na Lei nº 9.469, de 10.07.1997, a realização de acordos ou transações pela Administração só poderá ocorrer no âmbito judicial e dependerá de prévia e expressa autorização do Advogado-Geral da União e do Ministro de Estado dos Transportes para valores, como é o caso, superiores a R$500.000,00 (quinhentos mil reais).

De fato, à exceção dos acordos entabulados nas Câmaras de Conciliação da Advocacia-Geral da União, no caso inaplicável porque o litígio envolve uma Autarquia Federal e um Município com menos de 200 mil habitantes, não vislumbrei outro regramento legal que permita a Administração do DNIT ressarcir, no âmbito administrativo, o que afirma dever ao Município de Jaraguá/GO.

Outrossim, no passado não muito distante, inúmeras situações envolvendo pagamentos pela Administração por conta de acordos ou transações administrativas terminaram por responsabilizar, até mesmo, Procuradores-Gerais de Autarquia, em virtude de inadequada aplicação da lei.

Daí por que, Senhor Procurador, embora esteja convencido, pela Administração, de que os danos causados pela Autarquia devam ser efetivamente indenizados ao Município, não vejo outra alternativa para o ressarcimento senão a aplicação da Lei nº 9.469, de 10.07.1997.

Isto, todavia, implicaria remeter o Município lesado ao Poder Judiciário, para, só então, ser proposto e autorizado o acordo ou a transação. Todavia, em se tratando de dano já reconhecido como causado pelo próprio DNIT, penso que a futura defesa judicial ficaria extremamente prejudicada, bem assim porque essa orientação, em casos como este, estaria depondo contra as atuais diretrizes oriundas da AGU no sentido de serem evitadas demandas judiciais desnecessárias.

Desse modo, consulto Vossa Senhoria se, no âmbito administrativo, é possível o ressarcimento do dano reconhecido como causado pela própria Autarquia, valendo-se, *a fortiori*, das autorizações previstas na Lei nº 9.469, de 10.07.1969. Afinal, se para os litígios judicializados são exigidas aquelas autorizações, com muito mais razão devem elas estar presentes no âmbito administrativo.

Brasília, 23 de novembro de 2009.

DESPACHO/PFE/DNIT Nº 01307/2009

Construção de Acesso à Rodovia.

Complementando o Parecer retro, entendo como oportuno serem feitas as seguintes considerações.

Com efeito, prescreve o inciso II, do art. 1º, do Decreto nº 5.621/2005, que é possível a criação de acesso quando o mesmo *"corresponder a um único acesso de rodovia federal ao município;"*.

A interpretação teleológica ou finalística da legislação que disciplina a criação de acessos às rodovias federais é no sentido de que os mesmos possuem natureza complementar ou acessória ao trecho principal, de modo a facilitar o deslocamento dos usuários.

Nessa linha de raciocínio, é preciso ter em mente que a rodovia federal não tem um fim em si mesmo. Ela foi construída visando facilitar e propiciar o escoamento de bens e pessoas por determinada região a que deve servir, visando alcançar as facilidades de comunicação que o tráfego e o trânsito exigem.

Todavia, o ato administrativo de se negar ou conceder o acesso a uma determinada via pública ou a um ponto determinado de uma estrada não carece de lei (Aspectos Jurídicos do Bloqueio das Rodovias. *Revista de Direito Rodoviário*, p. 105). Que melhores razões não ocorressem, dir-se-ia que o bloqueio de uma via pública é, em geral, uma característica substancial do projeto da obra. Integra-lhe o mérito. E *"os atos de mérito são da atribuição exclusiva do Poder Executivo, posto que os elementos que o constituem são dependentes do critério político e meios técnicos peculiares ao exercício do Poder Administrativo"* (FAGUNDES. O *Controle dos Atos Administrativos pelo Poder Judiciário*. 2. ed., p. 174).

Mas, em maior sentido, aí estaria em justificativa do bloqueio o *poder de polícia* tido pelo DNIT (art. 1º, alínea "d", do Decreto-Lei nº 512, de 21.03.1969) sobre a faixa de domínio e em relação ao tráfego. Polícia — ou poder de polícia — é definido, precisamente, como aquela atividade da Administração, excepcional e discricionária, que restringe coativamente a atividade individual, na proteção da segurança coletiva e da boa ordem da cousa pública (COOLEY *"Const. Limitations"* p. 830/831; MAYER, *op. cit.*, p. 8; BIELSA *"Dir. Adm."*, v. III, p. 183; HAURIOU *"Precis de Droit Adm. it. Públic"* R.S., 1914, p. 511; CAETANO.

Manual de Direito Administrativo, p. 383; BONNARD *"Precis"*, p. 611). É uma atividade que tende a adquirir uma extensão cada vez maior, indo além da proteção dos interesses primários (FRAGA. *Derecho Administrativo*, p. 556-557).

Em nível federal, a questão foi definitivamente positivada com a edição do Decreto-Lei nº 512, de 21.03.1969, que no seu art. 1º, alínea "d", estabeleceu a possibilidade de a Administração impor "limitações do uso ao acesso e ao direito das propriedades vizinhas" à estrada. Desse modo, como ensina Paulo Meira Camacho Crespo:

> *"O direito de acesso à via pública deve ficar subordinado à conveniência do público e, às autoridades rodoviárias, é dado julgar como e quando deve ser feito o controle desse acesso. Ele deve ser subordinado ao bom uso da via pública, o que representa uma necessidade social, e portanto, às autoridades rodoviárias cabe impor e regular as restrições ao exercício desse direito de acesso. O proprietário de imóvel marginal à faixa de domínio da via pública pode nela penetrar de acordo com as circunstâncias técnicas correspondentes ao bom uso da mesma pelo público; eis a nova concepção que o Direito do Trânsito dá ao direito de acesso."* (Direito de trânsito ou direito rodoviário, p. 36-37)

Também oportuna é a lição de Erico Itamar Baumgarten:

> *"É preciso deixar claro, de uma vez por todas, que os proprietários vizinhos à estrada não possuem nenhum direito especial em relação ao trânsito. A VIA PÚBLICA, bem de uso comum, não pode constituir-se em domínio dos detentores das margens. Estes gozam, apenas, da vantagem (de fato) de proximidade da rodovia. Para nela entrar ou sair, devem, porém, como todos os demais usuários, sujeitar-se às determinações da Administração que fixará o "onde" e o "como" dos acessos (Ulpiano – Dig. Lib. XLIII – Tit. I "De via publica et itinere publico reficiendo"; Giorgio Giorgi – "La dottrina delle Personne Giuridiche e Corpi Morali" – V. III, e L. II, págs. 266/289; Francesco Gigolini – "La Responsabilitá della Circolazione Estradale")."*

Finalmente, colhe-se na jurisprudência o seguinte acórdão:

> *"De resto, o cancelamento da autorização de acesso tem expressa previsão normativa, e, portanto, não agiu a autoridade impetrada ilegal ou abusivamente. Não se perca de vista que tal autorização permite a utilização por particulares da faixa de domínio da autarquia situada à margem das rodovias estaduais e, além disso, a revogação não gera sequer direito a pedido de indenização, a não ser que se demonstre a ocorrência de desvio de poder, aqui sequer alegado."* (TJSP, 7ª Câm. Cív., Ap. Cív. nº 195.299-1/6, Unân., Des. Rel. Campos Mello, Suplemento Jurídico do DER/SP, n. 145, fev. 1993-jan. 1994)

Em outra oportunidade, voltou a decidir o Tribunal de Justiça de São Paulo sobre o assunto, constando do Voto do Desembargador Relator Jorge Almeida o seguinte:

> *"II. Trata-se de mandado de segurança preventivo denegado, impetrado por sociedade comercial, para assegurar seu livre comércio de bebidas alcoólicas com acesso à rodovia estadual. O writ foi denegado.*
>
> *Insiste o impetrante, nos termos da inicial, em tela de recurso. Bem resumiu, a r. sentença, a solução da controvérsia ao anotar que "não há direito subjetivo à obtenção ou à continuidade de autorização (de acesso à rodovia). Como seqüência lógica pode "a Administração negá-la... como pode cassar o alvará a qualquer momento" (fls.122).*
>
> *Esta Câmara tem orientação firmada na linha do julgado referido (Ap. Cív. 120.051-1). Nega-se provimento ao apelo." (Ap. Cív. nº 151.707-1/8, Ac. da 8ª Câm. Cív., de 13.11.1991, Suplemento Jurídico do DER/SP, n. 144, jul. 1992-jan. 1993)*

Por outro lado, a indiscriminada tolerância da Administração fez com que, por muitos anos, a malha rodoviária federal se prestasse a inúmeros favores, tendo sido mesmo criados e mantidos inúmeros acessos às rodovias federais, bem assim outros de natureza clandestina, que terminaram por transformar as nossas estradas em verdadeiros "queijos suíços". Essa circunstância foi, sobretudo, percebida quando da implantação do Programa de Concessão de Rodovias Federais (PCRF), ainda pelo extinto DNER, quando se verificaram, e ainda em inúmeros casos persistem, as dificuldades para a cobrança do pedágio e a instalação adequada das respectivas praças. Nesse sentido, é emblemática a situação da BR-116, conhecida como Rodovia Presidente Dutra, ligando as cidades do Rio de Janeiro e São Paulo, onde já foi estimado que 90% (noventa por cento) dos seus usuários não pagam o pedágio, por conta, exatamente, dos inúmeros acessos existentes.

Assim, é preciso que o DNIT, sem perder de vista a finalidade da rodovia, resgate a prerrogativa de garantir um mínimo de "bloqueamento" das rodovias federais, tal como se dá nas rodovias americanas e europeias, onde os acessos são rigidamente controlados, permitindo, inclusive, a cobrança do pedágio por quilômetro percorrido. Ademais, o *"bloqueamento"* das rodovias contribui, também, para diminuir as invasões das faixas de domínio, visto que a existência de variados acessos a uma mesma comunidade torna convidativa a invasão da faixa pela proximidade que os mesmos oferecem para o deslocamento para as cidades ou comunidades instaladas ao longo da rodovia.

Por isso entendo como bem-vinda a atual regulamentação prevista no Decreto nº 5.621/2005, impondo limites para a criação de acessos às rodovias federais. Assim, de acordo com o inciso II, do art. 1º, do Decreto nº 5.621/2005, se existem duas ou mais rodovias federais atravessando os limites territoriais de determinado município, é admissível que em cada uma delas exista *um único acesso* ao mesmo município. Entender de modo contrário levaria ao absurdo de exigir que o usuário que estivesse trafegando por uma rodovia federal que não fosse dotada de acesso ao município, tivesse que dela sair para ingressar em outra que oferecesse essa opção, o que não faz sentido e depõe contra a finalidade da rodovia.

Desse modo, considerando que na BR-163/PR não existe qualquer acesso ligando-a ao Município de Cascavel/PR, entendo como possível a sua construção.

Finalmente, acrescento que não há impedimento para que o DNIT atue, inclusive para a construção de acessos, no âmbito das rodovias federais integrantes da extinta Medida Provisória nº 82/2002, visto que está autorizado pelo art. 19, da Lei nº 11.314, de 03.07.2006, com a nova redação que lhe foi dada pelo art. 6º, da Lei nº 11.960, de 29.06.2009.

Brasília, 25 de novembro de 2009.

DESPACHO/PFE/DNIT Nº 01424/2009

Termo de Permissão de Uso.

Retorna este processo após a manifestação de fls. 41/42, do Coordenador-Geral de Administração-Geral, insistindo quanto à necessidade de ser firmado entre o DNIT e o Estado do Rio de Janeiro um Termo de Permissão de Uso de um galpão situado no Centro Rodoviário Federal, Km 163, da Rodovia Presidente Dutra, em Vigário Geral/RJ, para guarda de automóveis e/ou peças que tenham sido objeto de roubos, furtos ou apreensões.

Originalmente, a proposta era de que o referido galpão fosse objeto de cessão ao Estado do Rio de Janeiro, havendo a Superintendência Regional se manifestado favoravelmente, conforme se vê às fls. 07/08.

Entretanto, quando consultada esta Procuradoria, alertamos para o fato de que o referido imóvel e construção (galpão), por integrarem o acervo imobiliário do extinto DNER, passou a integrar o patrimônio da União, sob a gestão do SPU. Assim, enquanto não fosse o imóvel transferido, cedido ou por qualquer modo investido o DNIT na sua posse ou propriedade, careceria de amparo legal qualquer medida em favor de terceiros.

Não obstante, fato é que o DNIT vem administrando todos os bens que compunham o acervo imobiliário do extinto DNER, como o próprio Edifício Núcleo dos Transportes e as sedes das Superintendências Regionais em todo o território nacional, visto que, até o momento, a destinação desses e outros bens imóveis de interesse do DNIT ainda não foi concluída no SPU ou na Câmara de Conciliação da AGU, instaurada para esse fim.

Trata-se de situação absolutamente inadmissível e contra a qual esta Chefia já se manifestou, inclusive oferecendo a solução legal adequada, mediante a edição de decreto do Poder Executivo transferindo em definitivo os referidos bens para o DNIT. Afinal, se o DNIT sucedeu o DNER no âmbito das atividades de Administração Rodoviária, natural que os referidos bens permanecessem a ela vinculados.

O que não é possível é permanecer a situação tal como se encontra, não podendo o DNIT dar destino aos bens que, *embora estejam sob a sua administração*, ainda carecem de um ato formal do SPU para legitimar a sua posse ou propriedade. Enquanto isso não acontece, nos defrontamos com situações como a dos autos, onde existe interesse tanto do DNIT como do Estado do Rio de Janeiro em dar ao bem público uma destinação adequada e vinculada ao serviço público, não obstante "o estado precário, com parte do telhado destruído, e demais instalações necessitando de recuperação" do galpão em referência (fls. 7).

Como se observa às fls. 16 e 19, foi declarado no processo que o imóvel onde se encontra edificado o galpão em questão integra o *"Termo de Formalização de proposta de destinação dos Bens Imóveis do extinto DNER"* apresentado pelo DNIT ao SPU, visto que no imóvel, além do galpão, existem em pleno funcionamento as instalações da Superintendência Regional/RJ, do Instituto de Pesquisas Rodoviárias (IPR) e a 5ª Superintendência da Polícia Rodoviária Federal.

Há, portanto, uma destinação exclusivamente pública para todo o imóvel. Mais do que isso, *vinculada ao serviço rodoviário federal, de competência exclusiva do DNIT*, sendo o interesse do Estado do Rio de Janeiro igualmente dessa mesma natureza, pelo que antevejo na proposta de permissão ao Estado uma medida que visa, sobretudo, preservar e dotar de vigilância e cuidado o galpão pretendido.

Ora, a permissão de uso proposta estaria, então, justificada *no poder geral de administração e de autotutela que o DNIT possui sobre o referido bem*, até que lhe seja, formalmente, transferida a sua propriedade, dando-lhe o destino público requerido, de modo que possa ser o bem protegido, conservado e fiscalizado, na forma da minuta de fls. 26/28.

Sobre a força imperativa desses conceitos, a doutrina nacional e estrangeira é uniforme ao definir que a *"Administração é a atividade, mediante a qual as autoridades públicas tomam providências para a satisfação das necessidades de interesse público, utilizando, se for o caso, prerrogativas de potestade pública"* (RIVERO. *Droit Administratif*, p. 13); *"Opõe-se a noção de administração à de propriedade, visto que, sob administração, o bem se não entende vinculado à vontade ou personalidade do administrador, porém, à finalidade impessoal a que essa vontade deve servir"* (LIMA. *Princípios de Direito Administrativo*, p. 20).

Já a autotutela, é conceituada como a *"possibilidade, traduzida no poder-dever que a Administração tem de rever os atos editados ou fiscalização da dominialidade pública, realizada pela própria Administração. Desse modo, o instituto da autotutela consiste em vigília contínua que incide sobre os atos administrativos e sobre os bens públicos, no sentido de preservá-los de deteriorizações, distorções ou desvios... Mediante a autotutela, o Estado protege não só a coisa, em sua constituição física, impedindo-lhe a degradação, como também protege a coisa do mau uso ou desvirtuamento do uso por parte de terceiros que possam deteriorá-la"* (CRETELLA JÚNIOR. *Dicionário de Direito Administrativo*, p. 97).

Desse modo, parece-me absolutamente recomendável a permissão de uso pretendida, posto que, do contrário, corre-se o sério risco de vermos o aludido galpão, já em situação precária, terminar por ser invadido, destruído ou de qualquer modo tornar-se imprestável para qualquer finalidade ou utilização. Por isso não é possível que o DNIT se omita, deixando de zelar com os cuidados necessários para preservar o patrimônio público que está sob sua administração, condição esta que lhe impõe deveres e obrigações para com o mesmo.

Quanto à minuta do Termo de Permissão de Uso, recomendo seja excluída, no item 2 o art. 17, inciso I, alínea "f", da Lei nº 8.666/93, bem assim na Cláusula Sexta a expressão *"e em conformidade com a Lei nº 8.666/93 e suas alterações"*, por não serem aplicáveis na hipótese.

Recomendo ainda que, após aprovada a permissão de uso pela Diretoria Colegiada, seja dado conhecimento ao SPU e à Câmara de Conciliação da AGU da decisão, com cópia da Resolução, do Termo de Permissão de Uso e deste Despacho, de modo que sejam agilizadas e efetivamente concluídas as transferências já solicitadas.

Brasília, 16 de dezembro de 2009.

PARECER/FMRD/PFE/DNIT Nº 00132/2010

Autorização Especial de Trânsito (AET).
Princípio da Continuidade do Serviço Público.

Trata-se da necessidade de ser restabelecida, com urgência, a expedição de Autorização Especial de Trânsito (AET) necessária ao tráfego nas Rodovias Federais BR-116/RS, BR-153/RS, BR-285/RS, BR-290/RS, BR-386/RS e BR-471/RS, que foram objeto de Convênios de Delegação celebrados entre a União (Ministério dos Transportes) e o Estado do Rio Grande do Sul, e que ora se encontram sob a administração da iniciativa privada, mediante contratos de concessão celebrados pelo referido Estado.

A matéria vem noticiada no Despacho de fls. 06, do Senhor Diretor de Infraestrutura Rodoviária, bem assim no Memorando nº 008/2010-DNIT, de 20.01.2010, oriundo da Superintendência Regional naquela Unidade Federativa (fls. 03), e ainda no Memorando nº 218/CGPERT/DIR, de 26.01.2010 (fls. 05).

Segundo relatam os expedientes supra mencionados, por conta de denúncia aos aludidos Convênios, dirigida pelo Estado do Rio Grande do Sul ao Ministério dos Transportes, o Departamento Autônomo de Estradas de Rodagem (DAER), Autarquia Estadual incumbida da expedição das AETs, comunicou à Superintendência Regional que, a partir de 15.01.2010, não iria mais fornecer as aludidas autorizações, em virtude da "*sub-rogação, pelo Delegante, nos direitos e deveres do Delegatário nos contratos de concessão rodoviária, retornando a União, a partir desta data, a plena jurisdição e administração sobre esses contratos*" (Conf. Ofício DG-0035/10, de 15.01.2010, a fls. 02).

Abstraídas, no momento, quaisquer considerações jurídicas sobre a eficácia da denúncia aos Convênios de Delegação, senão pela urgência que a situação exige, mas, sobretudo, porque tenho conhecimento de que estão em andamento no Ministério dos Transportes ações visando equacionar as condições de devolução dos trechos federais, penso que a solução do impasse se resume a privilegiar um dos princípios basilares da Administração Pública, qual seja, o *princípio da continuidade do serviço público*.

Sem dúvida que, enquanto não definidas entre os partícipes dos Convênios as condições para a sua resolução, não é possível que o serviço público de expedição e fornecimento das AETs seja interrompido ou suspenso. Há que ser, com urgência, preenchido o vácuo dessa atribuição, de forma a permitir que o tráfego de veículos, que exigem a referida autorização, seja mantido, sob pena do comprometimento das cargas que necessitam ser transportadas pelas rodovias federais em apreço.

Sobre esse aspecto, foram oportunas as considerações da Coordenação-Geral de Operações Rodoviárias, que abaixo transcrevo:

> *"Informamos que as operações de transporte com cargas especiais necessitam das Autorizações Especiais de Trânsito, sem as quais ficam os transportadores sujeitos a penalidades por não portar a AET, além de multas pelo descumprimento dos prazos contratuais junto aos clientes. Além disso, as rodovias federais em questão fazem parte de um corredor de transporte ligando regiões de elevado potencial econômico, sendo portanto essencial que se mantenha dentro da normalidade o transporte rodoviário de cargas nos trechos em questão (relação anexa)."*

Diante da resistência manifestada pela Autarquia Estadual, não pode e não deve o DNIT igualmente se omitir, sob pena de ficar exposto a eventual responsabilidade por sua omissão, já que possui, por lei, a obrigação de fornecer as referidas AETs para as rodovias federais sob sua administração (art. 101 do Código de Trânsito Brasileiro; art. 1º alínea "d" do Decreto-Lei nº 512, de 21.03.1969; art. 85, §2º, inciso III, alínea "c", da Lei nº 10.233/2001).

Essa possibilidade, de fato, existe, uma vez que as questões envolvendo a eficácia ou não das denúncias aos Convênios são o que no jargão jurídico se denomina *res inter alios*. Ou seja, valem e produzem os seus efeitos em relação aos partícipes dos Convênios, não sendo possível alcançar *terceiros*, como os usuários das rodovias federais, que possuem o *direito subjetivo ao trânsito seguro (§2º do art. 1º, do CTB)*, assim compreendido o direito de portar, como manda a lei, os documentos necessários e suficientes para trafegarem nos referidos trechos rodoviários federais.

É certo que, enquanto não concluído e equacionado o procedimento da denúncia entre o Ministério dos Transportes e o Estado do Rio Grande do Sul, as rodovias federais delegadas não podem ser consideradas sob administração do DNIT, até porque as mesmas se encontram concedidas à iniciativa privada, cujos contratos possuem vigência até o ano de 2013.

Não obstante, o DNIT não pode ignorar que exerce o papel de entidade responsável pela execução da política rodoviária federal, na condição, portanto, de braço executivo do Ministério dos Transportes. Desse modo, considerando que o serviço público de emissão das AETs deve ser prestado de forma *ininterrupta*, não só pode como deve o DNIT chamar a si, ainda que em caráter provisório, a responsabilidade desse serviço, em nome e por conta do *princípio da continuidade do serviço público*.

Sobre o tema, colhemos na obra jurídica do Procurador-Geral do Ministério Público junto ao TCU relato onde o Dr. Lucas Rocha Furtado demonstra que o Supremo Tribunal Federal, em diversas ocasiões, privilegiou o *princípio da continuidade do serviço público* em detrimento, até mesmo, do princípio da legalidade (*Curso de direito administrativo*, p. 131 *usque* 133).

No mesmo sentido tem se posicionado o Tribunal de Contas da União (TCU), consoante se vê do trecho do Voto Condutor do Acórdão nº 57/00 – TCU – Plenário, prestigiando o referido princípio em detrimento do princípio da legalidade, *verbis:*

> *"Acerta, a meu ver, a unidade instrutiva ao propor que o Tribunal determine à ICC a imediata realização de procedimento licitatório para a supressão da impropriedade acima referida e, ao mesmo tempo, sugerir a continuidade da execução dos serviços por parte da atual prestadora (Contratada sem licitação). Essa solução parece-me consentânea com o princípio da continuidade do serviço público que não permite a interrupção dos serviços referidos, necessários à preservação do patrimônio público." (Op. cit., p. 133, rodapé)*

De fato, existe uma supremacia do *princípio da continuidade do serviço público* em relação a todos os demais que regem a Administração Pública, quais sejam: legalidade, impessoalidade, moralidade, publicidade, eficiência, razoabilidade, proporcionalidade, motivação, segurança jurídica, autotutela e controle judicial, justo porque todos esses princípios decorrem e só podem ter a sua aplicação prática se o serviço público estiver funcionando, se a Administração estiver atuando. Daí a relevância e a imperatividade do *princípio da continuidade do serviço público* na Teoria Geral do Direito Administrativo.

Portanto, oriento no sentido de que o DNIT, por sua Superintendência Regional no Estado do Rio Grande do Sul, pode e deve fornecer, à luz da legislação de regência, as AETs para o tráfego nas rodovias federais inicialmente mencionadas.

Todavia, como as rodovias em apreço estão sob a administração direta de Concessionários, deverão, previamente, ser acordadas com as mesmas as condições de horário e trânsito dos respectivos usuários, conforme o disposto no art. 15 do Anexo à Resolução nº 11, de 19.10.2004, da então Diretoria Executiva do DNIT.

Brasília, 29 de janeiro de 2010.

PARECER/FMRD/PFE/DNIT Nº 00463/2010

Obra Pública em Trecho Rodoviário Concedido.

Versa este processo sobre o interesse da Superintendência Regional do DNIT no Estado de São Paulo de promover a execução do projeto de implantação de interseção e retorno no Km 443+300m da BR-116/SP, aprovado pela Portaria nº 028, de 08.07.2008 (fls. 02/03 e 31). No mesmo expediente de fls. 02/03, é informado que o trecho rodoviário em questão se encontra concedido à Concessionária Autopista Régis Bittencourt e que, através da Deliberação nº 193/2009, de 29.07.2009, a Agência Nacional de Transportes Terrestres (ANTT) autorizou a realização da obra pelo DNIT (fls. 32).
No que interessa, prescreve a autorização da ANTT que:

"Art. 5º Caberá ao DNIT assumir todo o ônus relativo à implantação, a manutenção, a conservação e ao eventual remanejamento das vias e dispositivos implantados e a responsabilidade por eventuais problemas que venham a ocorrer na rodovia.
(...)
Art. 9º A implantação do projeto não resultará em alterações do Programa de Exploração da Rodovia – PER."

Em razão desses fatos, é submetida à análise desta Procuradoria minuta de *"Contrato de Permissão Especial de Uso"* para ser celebrado entre a Concessionária e o DNIT, a fim de disciplinar a execução da referida obra pública (fls. 18/30).
Inicialmente, observo que o tratamento administrativo dado à matéria é absolutamente inapropriado, não sendo o caso de o DNIT firmar com a Concessionária o pretendido *"Contrato de Permissão Especial de Uso"*, instrumento utilizado para regular as relações jurídicas mantidas pela Concessionária com particulares ou prestadores de serviços públicos visando à ocupação da faixa de domínio da rodovia concedida.
A questão aqui é outra. Envolve a possibilidade ou não de o DNIT, com recursos públicos, promover melhorias supostamente necessárias no retorno existente no Km 443+300m do trecho rodoviário que se encontra concedido à iniciativa privada.

CAPÍTULO 2 | ORIENTAÇÕES GERAIS
SEÇÃO 1 | ORIENTAÇÕES SOBRE RODOVIAS   109

Em princípio, em se tratando de trecho rodoviário concedido à iniciativa privada para administração e exploração, mediante a cobrança de pedágio, não é possível a alocação de recursos públicos para a realização de qualquer obra ou serviço no trecho concedido. Toda e qualquer obra ou serviço deve ser custeada pela tarifa de pedágio.

Outrossim, o Programa de Exploração da Rodovia (PER), onde estão discriminadas as obras e serviços a cargo da Concessionária, não é algo imutável e perene durante o prazo contratual. Como o próprio nome indica, trata-se de um programa de obras e serviços que foi concebido à luz de projeções de tráfego e necessidades levantadas à época da celebração do contrato. Assim, é plenamente possível que, durante a vigência contratual, novas obras e serviços lhe sejam acrescidos, sem que isso possa configurar qualquer mudança do objeto inicialmente contratado.

Mas a prerrogativa de decidir sobre se o PER deve ou não ser alterado para incluir ou suprimir obras ou serviços constitui uma prerrogativa do Poder Concedente. Trata-se aqui de cláusula ínsita a todo contrato de direito público, exorbitante e derrogatória do direito comum, mediante a qual se assegura ao Poder Concedente, à luz da supremacia do interesse público, promover ou não alterações no PER, não sendo dado ao Concessionário se opor, desde que preservado o equilíbrio econômico e financeiro do contrato (§4º do art. 9º, da Lei nº 8.987, de 13.02.1995; art. 58, inciso I, e §2º da Lei nº 8.666, de 21.06.1993).

Portanto, estando presente o interesse público quanto à realização de obra ou serviço não previsto no PER, a lógica recomenda a promoção de estudos visando a sua inclusão, com a consequente revisão do contrato.

A possibilidade da utilização de recursos públicos para a realização de obra ou serviço em trecho concedido é sempre excepcional (art. 5º, da Lei nº 9.277/1996), e necessita de expressa manifestação do Poder Concedente, no caso da União, visto que a concessão teve por pressuposto, exatamente, poupar o erário público das despesas com a administração do trecho rodoviário, delegando-a ao particular para que as realize mediante a cobrança de pedágio dos respectivos usuários.

Essa excepcionalidade, inclusive, possui como precedentes as obras de duplicação da Rodovia Federal BR-392/RS, onde, diante do vulto das despesas a serem realizadas, inclusive com desapropriações, optou-se por não rever o contrato de concessão mantido com a Concessionária ECOSUL, e o DNIT foi autorizado pela União, após manifestação favorável do Tribunal de Contas da União – TCU (Acórdão nº 599/2005), a promover a realização da obra. No referido Acórdão, constam as seguintes considerações:

"Dessa forma, considerando:

- a informação do DNIT, relatada na Instrução, de que a referida duplicação é uma das prioridades do Governo Federal para a região, pela importância estratégica do Porto de Rio Grande;

- a indiscutível necessidade de sua construção, uma vez que as características técnicas do trecho não se encontram compatíveis com o tráfego verificado quando do escoamento da safra agrícola do Estado pelo Porto de Rio Grande;

- que sua execução pela Concessionária traria grande impacto na tarifa de pedágio, enquanto que se construída pelo Governo Federal causaria impacto bem menor, visto que apenas a manutenção do trecho duplicado ficaria com a Concessionária; temos opinião favorável à execução da duplicação pelo Governo Federal."

Qual se vê, não é qualquer obra ou serviço que justifica a despesa pública em trecho concedido. É preciso que fique demonstrada a relevância e a necessidade da obra, bem assim que a sua execução pela Concessionária traria grande impacto na tarifa de pedágio, o que não parece ser o caso da obra em questão, que sequer conta com manifestação de interesse da Administração Superior do DNIT.

Desse modo, oriento no sentido de serem adotadas, pela ordem, as seguintes providências:

a) Sejam os autos remetidos à ANTT para que:

- Consulte a Concessionária Autopista Régis Bittencourt, que detém a administração e exploração do trecho rodoviário federal, sobre a necessidade da implantação de interseção e retorno no Km 443+300m da BR-116/SP, consoante o projeto aprovado no DNIT;

- Em caso positivo, promova a ANTT os estudos necessários para a inclusão da obra no PER, com a indicação do impacto na tarifa de pedágio, bem assim manifestando-se sobre a conveniência e oportunidade desta providência;

b) Caso conclua a ANTT que a obra em questão trará impacto de grande vulto na tarifa de pedágio, sendo desaconselhável a sua inclusão no PER:

- Seja colhida a manifestação da Diretoria de Infraestrutura Rodoviária (DIR/DNIT) sobre a necessidade da realização da obra pelo DNIT, submetendo-a a aprovação pela Diretoria Colegiada;

- Seja submetida a Resolução da Diretoria Colegiada ao Ministério dos Transportes, visando a sua ratificação e disponibilização dos recursos públicos necessários para a realização da obra pelo DNIT, uma vez que em se tratando de trecho rodoviário federal concedido não há previsão orçamentária para a realização da obra em questão.

Brasília, 25 de março de 2010.

DESPACHO/PFE/DNIT Nº 00441/2010

Remuneração pelo Uso da Faixa de Domínio
de Rodovia Estadual Concedida.
Litígio judicial. Interesse do DNIT.

Vieram os autos a esta Procuradoria Federal Especializada para manifestação *"sobre a legalidade das cobranças realizadas pela Concessionária Ecovias dos Imigrantes S.A – ECOVIAS – em vista da utilização de faixa de domínio das rodovias"*.

Em se tratando de concessionário do serviço público rodoviário *estadual*, penso que a consulta deveria ser dirigida ao órgão jurídico da ARTESP (Agência de Transporte do Estado de São Paulo), entidade competente para a regulação e fiscalização do contrato de concessão mantido com a referida Concessionária Estadual.

Todavia, não creio ser necessária essa consulta, visto que o objeto deste processo não é verificar se a ECOVIAS pode ou não pode cobrar pelo uso da faixa rodoviária por ela administrada. O que se pretende neste processo é afastar o conflito de teses jurídicas entre o DNIT e a ANEEL quanto à possibilidade legal de ser exigida retribuição pecuniária pelo uso das faixas de domínio das rodovias federais.

Aliás, como contido na petição de fls. 935/939, a participação do DNIT no processo judicial entre a ECOVIAS e a SABESP teve por escopo evitar que eventual decisão desfavorável à Recorrente pudesse constituir precedente em desfavor da Autarquia, que possui regulamentação a respeito e, efetivamente, exige retribuição pecuniária pelos usos, dos mais diversos, da faixa de domínio das rodovias federais que administra.

Com efeito, no âmbito *federal* inexiste qualquer dúvida quanto à possibilidade legal do uso remunerado das faixas de domínio das rodovias federais, tanto naquelas administradas diretamente pelo DNIT, quanto nas que se encontram concedidas à iniciativa privada, inclusive com manifestação favorável dos Tribunais, consoante se vê das decisões abaixo transcritas:

"DNIT. Permissão de uso de subsolo. Estradas e faixas de domínio. Uso especial de bem público. Possibilidade de cobrança de remuneração. Natureza

da cobrança. Preço público. Consoante o disposto no art. 103 do Código Civil, até mesmo o uso comum dos bens públicos poderá ser remunerado, a critério da entidade responsável pela administração do bem. Com muito mais razão, o uso especial dos bens públicos — a utilização individualizada de um bem que está disponível ao uso comum do povo — poderá ser oneroso. – A permissão de uso é ato negocial, unilateral, discricionário e precário, através do qual a Administração faculta o particular a utilização individual de determinado bem público. Como ato negocial, pode ser gratuito ou remunerado. – A referida cobrança não pode ser confundida com tributo, pois é mera remuneração pela utilização de bem público — constitui-se em preço público — mediante Contrato de Permissão Especial de Uso. – Em se tratando de bens públicos federais ou de bens públicos sob sua administração, possui a União a competência para regulamentar a sua utilização, podendo, ainda, conceder tal prerrogativa a instituições legalmente habilitadas. Tal é o caso do DNIT, que regulamenta a utilização das faixas de domínio das rodovias sob sua administração." (TRF 4ª R.; AC nº 2005.70.00.034627-5; PR; Terceira Turma; Rel. Juíza Fed. Vânia Hack de Almeida; Julg. 27.11.2007; DEJF, 19 dez. 2007; p. 524; Publicado no DVD Magister, n. 18, Repositório Autorizado do TST nº 31/2007)

"(...) Faixa de domínio de rodovia federal. Bem de uso comum do povo. Exploração por empresa concessionária de telecomunicações. Uso especial. Cobrança de remuneração pela utilização. Legalidade. Sentença reformada. (...) 3. A faixa de domínio de rodovia federal constitui-se em bem de uso comum do povo (CC/1916, art. 66, inciso I e CC/2002, art. 99, I), cujo domínio é titularizado pela Autarquia Federal responsável pela administração da infra-estrutura das rodovias federais. 4. A exploração de faixa de domínio de rodovias federais, por concessionária de telecomunicações, objetivando a implantação de redes de telefonia fixa, corresponde a um uso especial de bem de uso comum do povo, uma vez que se pretende dele extrair um proveito estranho ao que é propiciado por sua destinação própria — área de apoio à faixa de rodagem da rodovia —, necessitando, assim, de autorização ou permissão da entidade governamental a que esteja afeta a rodovia. 5. Legítima a contraprestação pecuniária exigida pela União pela utilização da faixa de domínio de rodovia federal pela autora, concessionária de serviço público de telecomunicações, para a passagem de cabos da rede de telefonia fixa, ante a expressa autorização legal para tanto (CC/1916, art. 68 e CC/2002, art. 103 c/c Lei nº 9.992/2000, art. 1º). Precedentes. 6. Apelação da União provida. Remessa oficial prejudicada. 7. Recurso da autora prejudicado, porquanto o mesmo objetivava, unicamente, a majoração da verba honorária." (AC nº 2001.34.00.020912-5/DF; 5ª Turma; TRF 1ª Região; 17.09.2008; DJ, 24 out. 2008)

Como já mencionado em diversas ocasiões neste processo, o DNIT regulamentou a matéria pela Resolução nº 11, de 27.03.2008, do seu Conselho de Administração, estabelecendo a cobrança a título one-roso aos órgãos da Administração Pública, concessionárias de serviços públicos, privados e de terceiros para a utilização da faixa de domínio.

Dentre as utilizações previstas na Resolução nº 11/2008, *apenas quanto à energia elétrica ainda é mantida a gratuidade*, por força do Decreto nº 84.398, de 16.01.1980, podendo, entretanto, o contrato ser rescindido/ aditado a qualquer tempo, dependendo da revogação do Decreto nº 84.398/80. Nos respectivos instrumentos contratuais firmados entre o DNIT e as Concessionárias do setor elétrico consta a seguinte cláusula padrão:

"CLÁUSULA NONA — DA REMUNERAÇÃO — A ocupação a que se refere a CLÁUSULA PRIMEIRA, será sem ônus para a PERMISSIONÁRIA, conforme disposto no art. 2º do Decreto nº. 84.398, de 16/01/1980, publicado no DOU de 17/01/1980 e alterado pelo Decreto nº. 86.859, de 19/01/1982, publicado no DOU de 20/01/1982, podendo o contrato ser rescindido/aditado a qualquer tempo, dependendo da revogação dos Decretos 84.398/80 e 86.859/82, ou de outra legislação do DNIT que venha a ser editada, estabelecendo procedimentos com relação à ocupação/travessia da faixa de domínio de rodovias federais com ônus à PERMISSIONÁRIA."

Entretanto, o DNIT já solicitou a revogação do Decreto nº 84.398/80, e o Tribunal de Contas da União – TCU (Acórdão nº 511/2004) também assim já determinou:

"9.2.3 submeta ao Ministro de Estado dos Transportes a questão versada no Processo/DNIT 50600.004122/2002-54, visando à revogação do Decreto 84.398, de 16 de janeiro de 1980, que isenta as empresas concessionárias do setor elétrico do pagamento pelo uso das faixas de domínio das rodovias federais, para que se agilize a avaliação do pleito, mediante articulações com o Ministério de Minas e Energia, a ANEEL e a Casa Civil da Presidência da República;"

Embora a determinação do TCU tenha ocorrido há mais de um lustro, a burocracia administrativa ainda não permitiu que o vetusto Decreto fosse revogado. De modo que, no âmbito do DNIT, o setor elétrico ainda desfruta da imerecida gratuidade.

No entanto, é de causar espécie que a Procuradoria junto à ANEEL defenda a manutenção dessa gratuidade (fls. 03/04). Por certo não atentou o Ilustre Procurador que, ao tempo da edição do Decreto nº 84.398/1980, as prestadoras do serviço público de energia elétrica eram estatais e, por isso mesmo, foram agraciadas com o favor legal. Todavia, no contexto atual, todas essas empresas possuem natureza privada e exploram o serviço público *com finalidade lucrativa*. Assim, não faz mais sentido manter aquela gratuidade, posto que divorciada da realidade.

Consequentemente penso ser inadmissível que os órgãos jurídicos da PGF/AGU sustentem e admitam o uso gratuito por particulares, ainda que concessionários de serviço público, de um bem público para fins comerciais ou lucrativos.

Se a solução envolve a revisão dos contratos de concessão, em virtude de desequilíbrio da equação econômica e financeira, então que se faça a revisão, posto que autorizada por lei. O que não é possível ser admitido, porque, *data venia*, moralmente condenável, é ficarem sendo utilizadas gratuitamente, com fins lucrativos, extensas faixas de domínio das rodovias federais, que são bens públicos de uso comum do povo (art. 99, I, do CCB), para cuja constituição foram investidos recursos públicos de monta.

Se a lei autorizou o DNIT a cobrar por esse uso (art. 103, do CCB), por que terá ele que ser gratuito? A quem interessa essa gratuidade? Diriam alguns que seriam beneficiados os usuários dos serviços prestados pelas Concessionárias ocupantes das faixas de domínio, com tarifas mais módicas, posto que não majoradas por esse pagamento pelo uso da faixa rodoviária. Mas, convenhamos, esses usuários estariam se locupletando indevidamente.

Em primeiro lugar, é preciso desmistificar o conceito de que tarifa módica é tarifa barata. *Tarifa módica é a tarifa justa pelo serviço que é prestado.* E tarifa justa pressupõe a integração do seu valor por todos os encargos legais assumidos pelo Concessionário do serviço público.

Com efeito, dispõe o §3º do art. 9º, da Lei nº 8.987/1995 (Lei de Concessões), que, *"ressalvados os impostos sobre a renda, a criação, alteração ou extinção de quaisquer tributos ou encargos legais, após a apresentação da proposta, quando comprovado seu impacto, implicará a revisão da tarifa, para mais ou para menos, conforme o caso."*

O que se deduz deste dispositivo é que a tarifa do serviço deve conter todos os encargos legais suportados pelo Concessionário. Ora, se o uso da faixa de domínio da rodovia pelo Concessionário de telefonia, água, gás, combustível, etc., deve ser remunerado, porque autorizado por lei, evidentemente que a correspondente tarifa terá que conter esse encargo legal. Se não contém, os usuários desses serviços estão sendo beneficiados indevidamente, porque a respectiva tarifa não é justa, por não conter parcela que a lei autoriza ser exigida.

Com efeito, todas as teses jurídicas que procuram justificar o injustificável, e assegurar a gratuidade do uso do bem público pelas Concessionárias de serviços outros que não o rodoviário, assim procedem porque, se tivessem que se valer das propriedades privadas lindeiras à rodovia para instalar os seus serviços, teriam que arcar com pesadas

indenizações (art. 1.286, do CCB). Assim, preferem apostar na reconhecida tolerância da Administração Pública e manter o histórico e ultrapassado princípio de que *o que é privado é pago, e o que é público é de graça!!!*
Quanto à intervenção do DNIT na lide mantida entre a ECOVIAS e SABESP, conforme consignado às fls. 01/02, cumpre esclarecer que o incidente processual foi objeto de prévia consulta e posterior ciência ao Procurador-Geral Federal (FAX PFE/DNIT nº 23/2008 e Ofício PFE/DNIT nº 73/2008 – cópias anexas), não tendo esta Chefia recebido, até o momento, qualquer orientação em contrário.

Sobre os motivos da assistência, foram eles declinados na petição de fls. 935/939, tendo o pedido formulado pelo DNIT em favor da ECOVIAS sido admitido sem qualquer ressalva pelo Superior Tribunal de Justiça (fls. 952). Posteriormente, o STJ deu provimento ao Recurso Especial da Concessionária, no sentido de que é possível a cobrança pelo uso da faixa de domínio da rodovia, consoante julgamento ocorrido em 09.12.2009, cujo Acórdão aguarda publicação (REsp nº 975.097/SP).

De modo a não me alongar ainda mais nesta manifestação, e para que não deixe de abordar aspectos relevantes que devem ser considerados sobre o assunto, ofereço anexo um exemplar da obra jurídica de minha autoria *Concessão e Administração de Rodovias*, onde o tema, dentre outros, foi analisado.

Finalmente, informo que esta Chefia representará a PFE/DNIT na Câmara de Conciliação, para cujo contato informo o *e-mail*: fabio.duarte@dnit.gov.br ou o telefone: (61) 3315-4350.

Brasília, 04 de maio de 2010.

DESPACHO/PFE/DNIT Nº 00485/2010

Segurança do Tráfego e do Trânsito.
Direito do Usuário. Iluminação de Trecho Rodoviário.

De acordo com a manifestação contida no Parecer retro, bem assim no Despacho nº 345/2010 (fls. 2295), da Unidade Jurídica desta PFE/DNIT/MG, o encaminhamento do processo a essa Corregedoria decorre de questionamento formulado pelo Ministério Público Federal, a fls. 2287, que, em síntese, apura em procedimento administrativo possível malversação de verbas públicas, em virtude da *"contradição no que se refere a atribuição do DNIT de promover a iluminação pública"* na obra de duplicação/iluminação da BR-381, em Nova Era/MG.

Quanto ao assunto, instrui os autos o Relatório de fls. 2290/2297, apresentado por Comissão nomeada pela Portaria nº 253/2009, que, no que interessa, concluiu:

"– A iluminação consta do Projeto Básico e Documentos para a Concorrência – setembro/2001 (cópia anexa) conforme Pág. 243, do processo 50.606.003729/02- 67 aprovado através da Portaria 14/2001 (cópia anexa), datada de 15/03/2001, que foi licitada através do edital 101/2001-06.
(...)
– Após pesquisa na internet, obtivemos documentos referentes à implantação de sistema de iluminação pública pelo DNIT, assim como a IS-235 – Projeto de Iluminação de Vias Públicas Urbanas inseridas nas Diretrizes Básicas para a Elaboração de Estudos e Projetos Rodoviários – DNIT.
(...)
– A iluminação executada faz parte do escopo do projeto aprovado e licitado.
(...)
– ... realmente não está explícito nas atribuições básicas da Autarquia, a implantação de iluminação pública, mas a norma adotada como solução de engenharia de tráfego para aumentar a segurança dos pedestres que evoluem ao longo das vias que transpassam segmentos urbanos, de maneira que os motoristas possam visualizar os pedestres, e adotar medidas a tempo de impedir o atropelamento."

Portanto, a dúvida posta pelo Ministério Público Federal e pela Unidade Jurídica da PFE/DNIT/MG seria quanto à compe- tência institucional do DNIT em contratar obras para implantação de iluminação em trechos urbanos de rodovias federais, como ocorreu no caso em apreço.

Inicialmente, em que pesem os esforços desta Chefia em procurar dotar os Procuradores Federais em exercício no DNIT de informações jurídicas atualizadas sobre todas as questões que envolvam as atividades do DNIT, especialmente aqueles integrantes das Unidades Jurídicas desta PFE/DNIT nos Estados, criando, inclusive, um Portal na internet (disponível em: <http: www.agu.gov.br/pfednit>) para tal fim, com inúmeras orientações, lamentavelmente sou forçado a concluir que o mesmo não vem sendo consultado com a frequência esperada, o que, se feito, evitaria questionamentos como o de que se ocupa este processo.

Não quero dizer com isso que estejam os Procuradores Federais obrigados a seguir as orientações desta Chefia. Mas que, ao menos, se preocupem em consultar os entendimentos que vêm sendo adotados pelo Procurador Chefe Nacional, visando, sobretudo, conferir às manifestações jurídicas da PFE/DNIT uma uniformidade, o que só contribui para a eficiência dos nossos serviços e constitui um dos seus deveres (inciso I, do art. 4º, da Estrutura Organizacional da PFE/DNIT).

Refiro-me ao fato de esta Chefia já ter, desde 04.08.2009, firmado orientação jurídica, inclusive em processo oriundo da própria Unidade Jurídica da PFE/DNIT/MG, de que pode o DNIT promover a contratação de implantação de serviços de iluminação pública nos trechos das rodovias federais, consoante se vê do Parecer/FMRD/PFE/DNIT nº 1.444/2009, por cópia anexo e constante do Portal na Internet, no qual é extraída a seguinte fundamentação:

"(...)

9. Com efeito, de acordo com o disposto na Lei nº 10.233, de 05/06/2001, o DNIT é a entidade responsável pela execução da política rodoviária federal, devendo atender os objetivos essenciais do Sistema Nacional de Viação, especialmente aqueles que visem garantir a operação racional e segura dos transportes de pessoas e bens (art. 80 c/c art. 4º, inciso II).

10. Por outro lado, o Código de Trânsito Brasileiro prescreve que o trânsito, em condições seguras, é um direito de todos e dever dos órgãos e entidades componentes do Sistema Nacional de Trânsito, a estes cabendo, no âmbito das respectivas competências, adotarem as medidas destinadas a assegurar esse direito, sob pena de responderem por danos causados aos cidadãos em virtude de ação, omissão ou erro na execução e manutenção de programas, projetos e serviços que garantam o exercício do direito ao trânsito seguro (art. 1º e §§2º e 3º).

11. Estabelece, ainda, o CTB que trânsito é a utilização das vias por pessoas, veículos e animais, isolados ou em grupos, conduzidos ou não, para fins de circulação, parada, estacionamento e operação de carga e descarga (§1º do art. 1º), devendo as ações e projetos públicos priorizar a defesa da vida (§5º do art. 1º).

12. É certo que o CTB proíbe a instalação de luzes nas vias públicas, mas somente quando possa gerar confusão, interferir na visibilidade da sinalização ou comprometer a segurança do trânsito (art. 81). Assim, quando a iluminação da via tiver por objetivo garantir maior segurança do trânsito, lícito é concluir, a contrário sensu, pela sua possibilidade.

13. Forte nessas diretrizes legais, tanto o extinto DNER como o próprio DNIT sempre se ocuparam de promover a iluminação de trechos rodoviários quando necessários à garantia da segurança do trânsito, especialmente em trechos urbanos, onde a concentração de pessoas e atividades das mais variadas impõe e exige maior cuidado, bem assim em túneis, pontes ou viadutos. Não é em vão que o Glossário de Termos Técnicos Rodoviários em vigor na Autarquia contenha o seguinte verbete:

"Iluminação de Rodovia. Iluminação aplicada a trechos rodoviários, quando necessária à segurança do trânsito."

14. No referido verbete, constam, ainda, as expressões equivalentes no espanhol (iluminacion de carretera), no francês (éclairage de laroute) e no inglês (roadlighting), demonstrando que a pratica da iluminação de trechos rodoviários é internacional, desde que "necessária à segurança do trânsito (...)".

Portanto, o DNIT, na qualidade de administrador dos trechos rodoviários federais, pode contratar os serviços de implantação de iluminação pública sempre que necessários para garantir a segurança do trânsito, justamente porque a lei atribuiu à Autarquia a responsabilidade de garantir o *direito do trânsito seguro*, sob as penas do disposto no §3º do art. 1º, da Lei nº 9.503, de 23.09.1997 (Código de Trânsito Brasileiro).

Com estas considerações submeto, como solicitado, o processo para análise e decisão dessa Corregedoria.

Brasília, 18 de maio de 2010.

DESPACHO/PFE/DNIT Nº 00567/2010

Cobrança de Pedágio por Índios.

Este processo se encontrava arquivado desde 14.04.2008, sem que fossem adotadas pelo DNIT as providências administrativas que a lei exige.

Com efeito, trata-se de notícia, datada de 17.11.2006, de ocupação clandestina por silvícolas da BR-230, no Estado do Amazonas, com a cobrança de "pedágio" dos usuários que por lá trafegam.

No dia de hoje recebi solicitação de nossa Unidade Jurídica junto à Superintendência Regional naquele Estado para que orientasse como deveria o DNIT se portar diante de uma Ação Popular promovida visando sustar, de imediato, a aludida cobrança pelo uso da rodovia.

Trata-se, em verdade, Senhor Diretor, de procedimento da comunidade indígena local que, assenhorando-se de um bem de uso comum do povo, como é a estrada federal (art. 99, I do CCB), comercializa ilegalmente o seu uso e viola o direito dos motoristas de livremente transitar sem qualquer ônus, visto que o "pedágio" que está sendo exigido não é autorizado pelo Poder Público, que detém a prerrogativa de pessoalmente exigi-lo ou contratar com terceiros, mediante licitação, a sua cobrança, nos termos do inciso V, dos arts. 150 e 175, ambos da Constituição Federal c/c a Lei nº 8.987/1995.

Por outro lado, compete ao DNIT, como executor da política rodoviária federal e independente de qualquer demanda judicial, exercer o poder de polícia administrativa que a lei lhe conferiu, nos termos da alínea "d", do art. 1º, do Decreto-Lei nº 512, de 21.03.1969, c/c com o disposto na Lei nº 10.233, de 05.06.2001, garantindo aos usuários da rodovia federal o trânsito livre e seguro, bem assim a integridade e intangibilidade da faixa de domínio da rodovia federal, nos termos da Ordem de Serviço DG nº 001/2009.

Se faltam ao DNIT instrumentos, pessoal ou infraestrutura necessária para o exercício desses deveres/poderes, deve buscar o auxílio necessário junto aos demais órgãos públicos que possam contribuir para o regular desempenho da sua missão.

Refiro-me, ao Departamento de Polícia Rodoviária Federal, órgão vinculado ao Ministério da Justiça e que tem a suas competências definidas pela Constituição Federal (art. 144), pela Lei nº 9.503 (Código de Trânsito Brasileiro), pelo Decreto nº 1.655, de 03 de outubro de 1995, e pelo Regimento Interno, aprovado pela Portaria nº 3.741, de 15 de dezembro de 2004.

Assim, além da própria competência constitucional, cabe ao Departamento de Polícia Rodoviária Federal, nos termos do Decreto nº 1.655/95 e do seu Regimento Interno, realizar o patrulhamento ostensivo das rodovias federais, inclusive executando operações relacionadas com a segurança pública; incumbe-lhe, sobretudo, assegurar a livre circulação nas rodovias, o que está sendo impedido pela ação ilegal da comunidade indígena na BR-230/AM.

Desse modo, oriento Vossa Senhoria no sentido de promover a imediata comunicação do fato ao Departamento de Polícia Rodoviária Federal, a fim de que sejam adotadas pela Unidade Policial no Estado do Amazonas as medidas necessárias para auxiliar o DNIT na desobstrução do trecho rodoviário federal, de modo a ser restabelecido o livre trânsito no local.

Brasília, 22 de junho de 2010.

DESPACHO/PFE/DNIT Nº 00598/2010

Pesquisa Mineral na Faixa de Domínio Rodoviária.

Não obstante aprovar o Parecer retro, devo acrescentar algumas considerações que entendo serem pertinentes ao tema.

Com efeito, pretende Anglo Ferrous Brazil autorização do DNIT para promover pesquisa mineral na faixa de domínio da BR-356, invocando, para tanto, o disposto no art. 25, inciso V, do Decreto nº 62.934, de 02 de julho de 1968, que aprova o Regulamento do Código de Mineração, onde vem previsto que:

> *"Art. 25 A autorização de pesquisa será outorgada nas seguintes condições:*
> *(...)*
> *V – A pesquisa na faixa de domínio das estradas de ferro, das rodovias, dos mananciais de água potável, das vias ou logradouros públicos, das fortificações — estas entendidas como áreas de domínio militar — dependerá ainda, de assentimento das autoridades sob cuja jurisdição as mesmas estiverem;"*

Qual se vê, há expressa possibilidade legal de serem realizadas pesquisas minerais e, eventualmente, a sua exploração na faixa de domínio das rodovias, desde que, sem prejuízo da autorização específica do DNPM (Departamento Nacional de Produção Mineral), o Requerente obtenha o assentimento do DNIT que, nos termos da Lei nº 10.233/2001, é a entidade responsável pela administração das rodovias federais.

Ocorre que o uso e a eventual exploração da faixa de domínio das rodovias federais está disciplinado no âmbito do DNIT pela Resolução nº 11, de 27.03.2008, do Conselho de Administração do DNIT, onde é estabelecida a cobrança a título oneroso para tal fim, mediante a celebração de Contrato de Permissão Especial de Uso (CPEU).

Como consignado no Parecer retro, as hipóteses elencadas na referida Resolução possuem natureza exemplificativa, pelo que a pretensão do Requerente poderia ser atendida, até porque possui previsão de origem legal, desde que sejam asseguradas as necessárias garantias quanto à segurança e à fluidez do tráfego e do trânsito no local. Nesse sentido, estabelece a própria Resolução nº 11/2008:

"XIII – Os casos omissos serão resolvidos pelo Diretor Geral do DNIT, ouvindo-se previamente a Diretoria de Infra-Estrutura Rodoviária/DNIT, por meio da Coordenação-Geral de Operações Rodoviárias/CGPERT.
XIV – As hipóteses previstas no item I poderão ser acrescidas outras, a exclusivo critério do DNIT."

Assim, oriento no seguinte sentido:

- Seja informado ao Requerente que a autorização pretendida depende da celebração de Contrato de Permissão Especial de Uso da faixa de domínio da rodovia federal, com o consequente pagamento pela utilização, segundo o previsto na Resolução nº 11/2008;
- Relacionar para o Requerente a documentação que deverá instruir o pedido, consoante previsto no Manual de Procedimentos para a Permissão Especial de Uso;
- Uma vez apresentada a documentação prevista no Manual de Procedimentos, submeter o processo para decisão do Diretor-Geral do DNIT, mediante relato circunstanciado, inclusive quanto ficar assegurada a fluidez e a segurança do tráfego e do trânsito no local;
- Aprovado o pedido, encaminhar o processo instruído com a minuta do CPEU para análise da Procuradoria e posterior aprovação pela Diretoria Colegiada da Autarquia, de modo a permitir a celebração e publicação do instrumento.

Brasília, 06 de agosto de 2010.

DESPACHO/PFE/DNIT Nº 00607/2010

Obra na Faixa de Domínio da Rodovia de
Interesse do Permissionário.

Divirjo da manifestação objeto do Parecer retro, tendo em vista que a consulta sobre a possibilidade de alteração da cláusula contratual foi primitivamente analisada e aprovada pela Unidade Jurídica da PFE/DNIT/PR, consoante manifestação contida na Mensagem de fls. 03.

Por outro lado, por se tratar de pretensão de alteração de cláusula contratual constante de instrumento padrão aprovado pelo Conselho de Administração do DNIT por ocasião da Resolução nº 11, de 27.03.2008, não poderia mesmo o assunto evoluir sem a consulta à Procuradoria na sede da Autarquia, a cuja Chefia compete orientar a Administração Central nos procedimentos relacionados à confecção e alterações nas minutas padrão dos instrumentos contratuais adotados pelo DNIT.

Não obstante, diante do excessivo número de processos que se encontram pendentes de análise por esta Procuradoria, deixo de restituir o presente ao Procurador vinculado e passo, diretamente, a responder à consulta formulada.

Trata-se de solicitação oriunda da Claro/PR-SC propugnando pela alteração da Cláusula Décima Nona do instrumento de fls. 04/09, vazada nos seguintes termos:

"CLAUSULA DÉCIMA NONA – A PERMISSIONÁRIA responderá permanentemente pela solidez e segurança da obra, no que diz respeito aos materiais utilizados e em relação ao solo, responsabilidade essa que não se limita ao período de 05 (cinco) anos, a partir da data do término, como prevê o art. 618, do novo Código Brasileiro."

Pretende-se que a responsabilidade da permissionária fique limitada a 05 (cinco) anos, conforme prescreve o art. 618, do Código Civil Brasileiro, que dispõe:

"Art. 618. Nos contratos de empreitada de edifícios ou outras construções consideráveis, o empreiteiro de materiais e execução responderá, durante o prazo irredutível de cinco anos, pela solidez e segurança do trabalho, assim em razão dos materiais, como do solo."

Ocorre que, segundo se observa da minuta de contrato constante de fls. 04/09, a permissionária Claro S/A submeteu ao DNIT e foram aprovados projetos de seu exclusivo interesse para implantação de *"Rede de telecomunicações (fibra ótica) duto PEAD 40mm"* na faixa de domínio da BR-272/PR, consoante a regulamentação prevista na Resolução nº 11/2008, do Conselho de Administração.

Esta, portanto, é a obra regulada pela minuta de contrato.

Como se vê, não se trata de contrato de empreitada no qual o DNIT é o dono da obra e contrata terceiro para realizá-la, caso em que, aí sim, incide o limite quinquenal previsto no art. 618, do CCB.

No caso em apreço a obra que a permissionária irá promover na faixa de domínio lhe pertence, foi por ela projetada e é de seu exclusivo interesse, tendo o DNIT apenas autorizado a sua realização. Assim, cabe à permissionária zelar pela sua solidez, segurança e manutenção *de forma permanente ou enquanto vigorar a ocupação da faixa de domínio que lhe foi autorizada, e não apenas no prazo estabelecido para os contratos de empreitada.*

A alusão que se fez na cláusula contratual ao disposto no art. 618, do CCB, teve por único e exclusivo propósito afastar a limitação temporal prevista naquele dispositivo, já que a própria cláusula afirma de forma correta e textualmente que a permissionária *"responderá permanentemente pela solidez e segurança da obra"*, vale dizer enquanto vigorar a autorização que lhe foi concedida.

Por tudo isso, oriento no sentido de que não procede a alteração pretendida e, caso a permissionária se recuse a assinar o contrato, deverão ser adotadas as medidas administrativas visando ao embargo administrativo da obra autorizada.

Brasília, 10 de agosto de 2010.

DESPACHO/PFE/DNIT Nº 0063/2010

Regulamentação sobre Excesso de Peso nas
Rodovias Federais. Competência do DNIT e da ANTT.

Versa este processo sobre suposto conflito de competência entre a
ANTT e o DNIT para regulamentar o uso e o tráfego de veículos de
carga na pista sul da BR-381, Rodovia Fernão Dias/SP, suscitado pela
Polícia Rodoviária Federal.

Alega-se que o art. 21, do Código de Trânsito Brasileiro define o
DNIT como órgão executivo rodoviário da União, pelo que seria desta
Autarquia, e não da ANTT, a competência para editar a regulamentação
prevista na Resolução nº 3.531, de 10 de junho de 2010, que está a fls. 04.

Consoante contido na Resolução em apreço, a mesma foi editada
pela ANTT com fundamento no art. 24, inciso IV, da Lei nº 10.233, de
05.06.2001, que expressamente lhe atribui competência para *"elaborar
e editar normas e regulamentos relativos à exploração de vias e terminais,
garantindo isonomia no seu acesso e uso, bem como à prestação de serviços de
transporte, mantendo os itinerários outorgados e fomentando a competição"*.

Já o art. 21, do Código de Trânsito Brasileiro, ao contrário do
afirmado pela Polícia Rodoviária Federal, não atribuiu ao DNIT a
condição de órgão ou entidade executivo rodoviário da União. O que
dispõe a referida norma legal são as competências dos "órgãos e
entidades executivos rodoviários da União, dos Estados, do Distrito
Federal e dos Municípios, no âmbito de sua circunscrição", sem qualquer designação específica de qualquer órgão ou entidade.

Também no art. 7º, IV, do CTB, que menciona a composição do
Sistema Nacional de Trânsito, não indicou expressamente qual seria o
órgão ou entidade executivo rodoviário da União.

Entretanto, com fundamento na competência que lhe foi delegada
pelo art. 12, XIV, do CTB, para dirimir conflitos sobre circunscrição e
competência de trânsito no âmbito da União, dos Estados e do Distrito
Federal, o CONTRAN baixou a Resolução nº 289, de 29 de agosto de 2008,
que prescreve:

*"Art. 1º Compete ao Departamento Nacional de Infra-Estrutura de Transportes
– DNIT, Órgão Executivo Rodoviário da União, no âmbito de sua circunscrição*

I - exercer a fiscalização do excesso de peso dos veículos nas rodovias federais, aplicando aos infratores as penalidades previstas no Código de Trânsito Brasileiro – CTB, respeitadas as competências outorgadas à Agência Nacional de Transportes Terrestres – ANTT pelos arts. 24, inciso XVII, e 82, §1º, da Lei nº 10.233, de 5 de junho de 2001, com a redação dada pela Lei nº 10.561, de 13 de novembro de 2002; e

II - exercer a fiscalização eletrônica de velocidade nas rodovias federais, utilizando instrumento ou redutor eletrônico de velocidade tipo fixo, assim como a engenharia de tráfego para implantação de novos pontos de redução de velocidade."

Cotejando as competências atribuídas pela Resolução nº 289/2008/CONTRAN com o disposto na Lei nº 10.233/2001, vê-se que as mesmas estão de acordo com o que estabelece este diploma legal, onde vem disposto que:

"Art. 24. Cabe à ANTT, em sua esfera de atuação, como atribuições gerais:

(...)

XVII – exercer, diretamente ou mediante convênio, as competências expressas no inciso VIII do art. 21 da Lei nº 9.503, de 23 de setembro de 1997 – Código de Trânsito Brasileiro, nas rodovias federais por ela administradas. (Incluído pela Lei nº 10.561, de 13.11.2002)

(...)

Art. 82. São atribuições do DNIT, em sua esfera de atuação:

(...)

§1º As atribuições a que se refere o caput não se aplicam aos elementos da infra-estrutura concedidos ou arrendados pela ANTT e pela ANTAQ. (Redação dada pela Lei nº 10.561, de 13.11.2002)

(...)

§3º É, ainda, atribuição do DNIT, em sua esfera de atuação, exercer, diretamente ou mediante convênio, as competências expressas no art. 21 da Lei nº 9.503, de 1997, observado o disposto no inciso XVII do art. 24 desta Lei." (Incluído pela Lei nº 10.561, de 13.11.2002)

Desse modo, não me parece existir qualquer conflito de competência entre o DNIT e a ANTT. Pelo contrário, de acordo com as normas legais e regulamentares supra mencionadas, estão bem definidos os campos de atuação de cada uma das entidades federais.

De fato, é o DNIT o "órgão" — *quando o correto seria entidade* — executivo rodoviário da União, no âmbito de sua circunscrição, vale dizer, nas rodovias federais por ele próprio administradas. Naquelas rodovias ou trechos rodoviários federais que se encontram sendo administradas pela iniciativa privada, mediante os respectivos contratos de concessão do serviço público rodoviário federal, a entidade executiva rodoviária da União é a ANTT (art. 24, inciso XVII, da Lei nº 10.233/2001).

Assim, considero absolutamente regular, e de acordo com as normas legais, a Resolução nº 3.531, de 10.06.2010, da ANTT, pelo que legítimas as restrições que a mesma impõe para o tráfego de veículos de carga no trecho rodoviário federal concedido à iniciativa privada.

Finalmente, recomendo que:

a) Sejam os autos remetidos à Superintendência Regional do DNIT/SP para ciência da 6ª Superintendência Regional/SP do Departamento de Polícia Rodoviária Federal;

b) Após, seja encaminhado este processo à ANTT para que, se de acordo pela sua Ilustrada Procuradoria, promova rerratificação da Resolução nº 3.531/2010 para incluir no seu primeiro "considerando" o inciso XVII, do art. 24, da Lei nº 10.233/2001;

c) Quando do retorno, evolua o mesmo processo ao CONTRAN, a fim de que, se de acordo com este Parecer, rerratifique a Resolução nº 289/2008, para substituir a expressão "Órgão" do seu art. 1º por *Entidade*, uma vez que o DNIT é uma autarquia federal criada pela Lei nº 10.233/2001, dotada, por conseguinte, de personalidade jurídica própria diversa da União.

Brasília, 02 de setembro de 2010.

DESPACHO/PFE/DNIT Nº 00642/2010

Anel Rodoviário de Belo Horizonte.
Recomendações do Ministério Público Federal.

Quanto às invasões da faixa de domínio no Anel Rodoviário de Belo Horizonte/MG, o Ministério Público Federal em Minas Gerais formulou as seguintes recomendações a Vossa Senhoria (fls. 02/11):

"a) adote todas as medidas necessárias para respeitar, proteger e cumprir o direito à moradia adequada, à cidade inclusiva, à dignidade da pessoa humana e à proibição de discriminação, no contexto do planejamento e execução das obras do Anel Rodoviário;"

A recomendação consiste na adoção de política de transporte que, para a execução das obras e serviços rodoviários de que carece o Anel Rodoviário de Belo Horizonte/MG, o DNIT respeite, proteja e cumpra o direito à moradia das centenas de famílias que invadiram e se instalaram na faixa de domínio da rodovia.

Acontece que, ao DNIT, não foi reservada pela Lei nº 10.233, de 11.05.2001, a formulação de políticas de transporte, muito menos a que venha a assegurar o respeito, a proteção e o cumprimento do direito à moradia dos invasores de bem público de uso comum do povo (art. 99, I, do CCB), que pertence a todos, e, portanto, não pode e não deve ser objeto de uso exclusivo ou de propriedade ou posse por quem quer que seja, porque afetado, exclusivamente, ao uso público rodoviário federal.

É certo que, nos termos da Lei nº 10.233/2001, constitui objetivo essencial do Sistema Nacional de Viação promover o desenvolvimento social e econômico e a integração nacional (art. 4º, inciso III), bem assim que o gerenciamento da infraestrutura e a operação dos transportes são regidos pelos princípios da preservação do interesse nacional e a promoção do desenvolvimento econômico e social (art. 11, inciso I).

Todavia, esses objetivos e princípios, se possíveis de serem compreendidos e interpretados pelo que recomenda o MPF, se inseririam na política de transporte cuja formulação cabe ao Ministério dos Transportes (art. 27, inciso XXII, alínea "a" c/c o respectivo §8º, inciso II, todos da Lei nº 10.683, de 28.05.2003).

O DNIT, como autarquia federal vinculada à referida Pasta Ministerial, possui competências e funções expressamente delimitadas pela Lei nº 10.233/2001, todas, absolutamente todas, vinculadas a operação, manutenção, restauração ou reposição, adequação de capacidade, e ampliação mediante construção de novas vias e terminais (art. 80).

Outrossim, todas as despesas do DNIT são custeadas pelo Orçamento da União, onde lhe são reservadas, exclusivamente, as respectivas rubricas decorrentes daquelas atividades. Assim, qualquer utilização indevida das verbas orçamentárias, como *v. g.* para atender o "direito à moradia" de um invasor da faixa de domínio rodoviária federal, sujeita o responsável às sanções previstas em lei, inclusive de natureza penal, consoante o disposto no art. 315, do Código Penal Brasileiro.

Desse modo, Senhor Diretor-Geral, vejo como de impossível, no momento, o cumprimento pelo DNIT da recomendação em apreço, devendo, antes, ser objeto de uma política de transportes expressamente aprovada pelo Ministério dos Transportes e a Casa Civil da Presidência da República, disponibilizando, sobretudo, os recursos orçamentários específicos para o seu atendimento.

"b) inclua, no novo planejamento e elaboração do projeto para execução do empreendimento, o estudo do impacto ambiental sobre as condições de vida da população carente que reside no local, mapeando e realizando o cadastro de todos aqueles que deverão ser removidos com sua implantação, com a identificação dos grupos mais vulneráveis da população (mulheres, crianças, jovens, idosos, minorias étnicas, deficientes, etc.), que de acordo o Alto Comissariado de Direitos Humanos da ONU, agora no item 10 do referido comentário, sofrem desproporcionalmente da prática de despejo forçado;"

Sobre esta recomendação subsistem e se aplicam as mesmas razões e fundamentos objeto do item anterior, especialmente a orientação contida no último parágrafo.

"c) elabore, juntamente com a Prefeitura Municipal de Belo Horizonte e demais órgãos do governo federal, assegurando a efetiva participação da comunidade atingida e das entidades de defesa dos Direitos Humanos nas discussões, projeto de reassentamento ou indenização das famílias atingidas, tomando em consideração: c.1) as necessidades de moradia financeiramente acessível para pessoas em situação social desvantajosa; c.2) a inserção na malha urbana; a existência de prévia infraestrutura básica que permita as ligações domiciliares de abastecimento de água, esgotamento sanitário, energia elétrica, vias de acesso e transportes públicos; a existência ou ampliação de equipamentos e serviços relacionados à educação, saúde e lazer."

Sobre esta recomendação subsistem e se aplicam as mesmas razões e fundamentos objeto do primeiro item, especialmente a orientação contida no último parágrafo.

"d) inclua, no projeto orçamentário da obra, os custos de remoção e reassentamento das milhares de famílias residentes no local;"

Sobre esta recomendação subsistem e se aplicam as mesmas razões e fundamentos objeto do primeiro item, especialmente a orientação contida no último parágrafo.

"e) se abstenha de iniciar o processo de licitação da obra sem antes remover e reassentar as milhares de famílias de baixa renda ameaçadas de despejo forçado, devendo ser observado, na condução do processo de remoção, os procedimentos ditados pela Observação Geral n. 07 e pelos Princípios e Orientações Básicas sobre remoção e despejo ditados pela ONU;"

Sobre esta recomendação subsistem e se aplicam as mesmas razões e fundamentos objeto do primeiro item, especialmente a orientação contida no último parágrafo.

"f) comunique, mensalmente, ao Ministério Público Federal e Estadual, a fase de planejamento/elaboração/execução do projeto do empreendimento viário e da remoção das famílias."

Quanto à comunicação mensal ao MPF e Estadual sobre a fase de *"planejamento/elaboração/execução do projeto"* do Anel Rodoviário de Belo Horizonte/MG, entendo como possível, desde que instruída com a informação de que o pleito de remoção das famílias está sujeito à aprovação de política de transportes nesse sentido pelo Ministério dos Transportes e Casa Civil da Presidência da República, com a consequente disponibilização ao DNIT das verbas orçamentárias destinadas à sua execução.

Brasília, 06 de setembro de 2010.

DESPACHO/PFE/DNIT Nº 00052/2011

Implantação de Cercas nas Rodovias Federais.

Versa este processo sobre questionamentos formulados pela Controladoria-Geral da União sobre a obrigação do DNIT de manter cercadas as rodovias federais que administra.

O assunto é velho e, por ocasião da publicação da obra jurídica *Aspectos Jurídicos das Rodovias: Tutela do Uso Comum, Concessões Rodoviárias, Responsabilidade Civil, e outros aspectos*, que publiquei em 1997, pela Editora Mauad, tive a oportunidade de sobre a matéria me debruçar.

Na ocasião, verifiquei que o dever de cercar vinha disposto no antigo Código Civil de 1916, no seu art. 588, que prescrevia:

"O proprietário tem direito de cercar, murar, valar, ou tapar de qualquer modo o seu prédio, urbano ou rural, conformando-se com estas disposições."

No então §5º daquele dispositivo era prescrito que:

"Serão feitas e conservadas as cercas marginais das vias públicas pela administração, a quem estas incumbirem, ou pelas pessoas ou empresas, que as explorarem."

Com o novo Código Civil aprovado em 2002 (Lei nº 10.406, de 10 de janeiro), que entrou em vigor um ano após a sua publicação (*DOU,* 11 jan. 2002), o texto do §5º, do art. 588, do Código de 1916, não foi reproduzido, certamente por encerrar disposição mais afeta ao âmbito do Direito Administrativo, ramo do Direito Público que ganhou um desenvolvimento e consolidação no Brasil muitas décadas após a vigência do Código Civil de 1916.

De qualquer modo, os comentários doutrinários sobre aquela vetusta disposição do Código de 1916 (§5º do art. 588) dão conta de ser pacífico e pródigo o entendimento jurídico de que a Administração municipal, estadual ou federal não estava obrigada a ladear todas as estradas sob sua administração de cercas, e dispensar os proprietários dos imóveis lindeiros de construí-las, segundo os seus interesses ditarem.

O que determina a obrigação de cercar da Administração — pouco ou nada importando o fato de o antigo §5º do art. 588, do anterior Código Civil, não ter sido reproduzido pelo atual — **é o interesse público**. Onde ele exigir que se construam as cercas delimitadoras da faixa de domínio das rodovias, deve o Poder Público ou a empresa responsável pela exploração da rodovia (concessionárias de serviço público) erigi-las ou arcar com as respectivas despesas (BEVILÁQUA. *Código Civil dos Estados Unidos do Brasil*, v. 4, p. 101; SANTOS. *Código Civil Brasileiro Interpretado*, v. 8, p. 198-199, e *Repertório Enciclopédico do Direito Brasileiro*, v. 8, p. 60).

No âmbito do Direito Público, não existe norma legal que atribuísse ao extinto DNER ou ao atual DNIT, bem assim às Concessionárias de Rodovias, o dever de manter cercada toda a rodovia que projetou, construiu e conserva (são mais de 55.000 Km). Vale a ressalva feita por Colin e Capitant sobre os bens do domínio público serem objeto de uma regulamentação especial, que lhes assegura uma proteção diferenciada da que se dá no âmbito privado (*Traité de Droit Civil*, t. II, p. 112). Ausente o interesse público na tapagem, incumbe esta aos lindeiros (cf. Ac. do TJSP, *Revista Forense*, n. 226, p. 171-172).

Como se vê, sendo o *interesse público* a causa determinante para que a Administração Rodoviária promova a construção das cercas, penso que os motivos já declinados pelo DNIT, a fls. 07 — *"delimitar fisicamente a faixa de domínio; evitar a invasão da referida faixa e evitar por em risco a vida do usuário da via, por força da presença de animais na pista"* —, preenchem a finalidade de garantir, sobretudo, o direito ao trânsito seguro previsto nos §§2º e 3º do art. 1º, do Código de Trânsito Brasileiro, que prescreve:

> *"§2º O trânsito, em condições seguras, é um direito de todos e dever dos órgãos e entidades componentes do Sistema Nacional de Trânsito, a estes cabendo, no âmbito das respectivas competências, adotar as medidas destinadas a assegurar esse direito.*
>
> *§3º Os órgãos e entidades componentes do Sistema Nacional de Trânsito respondem, no âmbito das respectivas competências, objetivamente, por danos causados aos cidadãos em virtude de ação, omissão ou erro na execução e manutenção de programas, projetos e serviços que garantam o exercício do direito do trânsito seguro."*

Ademais, uma vez que a política nacional de viação compreende a administração permanente das rodovias mediante, inclusive, o estabelecimento de *"limitações do uso ao acesso e ao direito das propriedades vizinhas"*, como ato inerente ao poder de polícia administrativa (alínea "d", do Decreto-Lei nº 512, de 21.03.1969), limitações essas que estariam sendo erigidas com a implantação das cercas tratadas neste processo, entendo que estaria atendido o *interesse público* em questão.

Brasília, 19 de janeiro de 2011.

DESPACHO/PFE/DNIT Nº 00068/2011

Inexistência de Propriedade sobre a Rodovia.

Aprovo o Despacho/TCO/Procuradoria/DNIT nº 76/2011 (fls. 37/40), por seus próprios e jurídicos fundamentos.

No entanto, face o advento de nova disciplina legal sobre o assunto, forçoso é tecer outras considerações.

Refiro-me ao disposto na Lei nº 12.379, de 06 de janeiro de 2011, que dispõe sobre o Sistema Nacional de Viação, altera inúmeras leis, dá outras providências e estabelece quanto ao tema o seguinte:

> *"Art. 18. Fica a União autorizada a transferir aos Estados, ao Distrito Federal e aos Municípios, mediante doação:*
>
> *I) acessos e trechos de rodovias federais envolvidos por área urbana ou substituídos em decorrência da construção de novos trechos;*
>
> *II) rodovias ou trechos de rodovias não integrantes do Rinter.*
>
> *Parágrafo único. Na hipótese do disposto no inciso II, até que se efetive a transferência definitiva, a administração das rodovias será, preferencialmente, delegada aos Estados, ao Distrito Federal ou aos Municípios."*

Como se vê, a pretexto de afastar as dúvidas então existentes sobre o assunto, a Lei nº 12.379/2001 criou problemas antes inexistentes, a começar pelos vetos Presidenciais a todos os Anexos a que faz referência.

Depois, porque tratou as rodovias como se fossem *bens dominicais do patrimônio* da União, o que representa um erro jurídico grosseiro, prevendo, é de pasmar, a *"doação"* como forma da sua transferência para Estados, Distrito Federal ou Municípios.

À esse respeito, o Supremo Tribunal Federal e outros órgãos judiciários já assentaram que:

> *"As ruas públicas não são bens dominicais, não se achando no patrimônio de ninguém, mas somente na jurisdição administrativa das municipalidades." (STF, Ap. Civ. nº 6.707, de 16.01.1940, Rel. Min. Eduardo Espinola, RT, v. 131, p. 752)*
>
> *"A estrada pública é insuscetível de posse, domínio ou usucapião." (Sentença do Juiz Alexandre Delfino de Amorim, de 27.12.1934, conf. Ac. Unân. da 2ª Câm. do TJSP, de 1º.11.1935, no Ag. Pet. nº 3.709, Rel. Des. Achiles Ribeiro, RT, v. 107, p. 81)*

"Os bens públicos de uso comum do povo, tais como os mares, rios, estradas, ruas e praças são inalienáveis; não podem ser objeto de compra e venda, de cessão ou de troca." (Ac. da 2ª Câm. Cív. do TJSP, de 17.10.1938, na Ap. Cív. nº 4.474, Rel. Des. Mario Guimarães, RT, v. 121, p. 684)

Quanto ao decidido pelo Egrégio STF, vale ressaltar a perplexidade do Ministro Carlos Maximiliano, quando em seu Voto exclamou:

"Onde já se viu desapropriar uma rua? Compram-se, desapropriam-se as coisas que estão no comércio; uma rua não está: é inalienável."

Adiante, explicitou:

"Realmente, os bens que o Estado vende, compra ou desapropria, são bens privados dos municípios, os dominicais, mencionados pelo art. 66, III, do Código Civil; não as ruas e praças, bens de uso comum do povo, os quais o município apenas administra; não é proprietário; não tem posse, nem domínio..."

Com a vigência do Novo Código Civil Brasileiro, a classificação dos bens públicos contida no anterior (art. 66, I), cuja origem remonta à antiga Roma, não se alterou, *sendo mantida a natureza de bem de uso comum do povo para as estradas ou rodovias.*
Confira-se:

"Art. 99. São bens públicos:
I - os de uso comum do povo, tais como rios, mares, estradas, ruas e praças;
II - os de uso especial, tais como edifícios ou terrenos destinados a serviço ou estabelecimento da administração federal, estadual, territorial ou municipal, inclusive os de suas autarquias;
III - os dominicais, que constituem o patrimônio das pessoas jurídicas de direito público, como objeto de direito pessoal, ou real, de cada uma dessas entidades."

Como se vê, é a natureza mesma dos *bens públicos de uso comum do povo* que os faz *inapropriáveis* por quem quer que seja. Estão fora do comércio, podendo ser utilizados por todos, desde que o uso de cada um não exclua o de outrem. A titularidade exercida pelo Estado diz respeito, única e exclusivamente, *ao poder-dever de guarda, gestão, fiscalização e administração. Não possui qualquer direito, mas sim deveres.* Assim, a expressão "domínio", quando utilizada, é nesse sentido, jamais na linha privatística, cujo conceito importa em exclusividade ou, como define Pedro Nunes, "em submeter diretamente uma coisa corpórea, certa e determinada, de maneira absoluta e exclusiva, ao poder e vontade de alguém" (*Dicionário de Tecnologia Jurídica,* v. 1, p. 534).

Sobre esse bem de uso comum, a estrada de rodagem ou a sua respectiva faixa de domínio, o Estado (*lato sensu*) *não realiza atos de proprietário*; *só pode ordenar e proibir* (WAPAUS *apud* MAYER. *Derecho Administrativo Alemán*, p. 100). Isto porque a ideia de propriedade envolve a ideia de patrimônio ou de qualquer direito patrimonial, de direito real. *Todavia, o que possui a União ou o DNIT é o poder, o dever, a dominação ou regulamentação exercida sobre as rodovias, sem que haja o vínculo civil do direito real.* O que existe é afetação administrativa; a detenção física da coisa e a destinação daquela área constitutiva da faixa de domínio a um serviço pelo qual responde a Administração Pública das estradas de rodagem.

Portanto, é absolutamente necessário que a recente Lei nº 12.379/2011 seja corrigida, de modo que seja suprimida a expressão *"mediante doação"*, dando a seguinte redação ao *caput* do art. 18:

> *"Art. 18. Fica a União autorizada a transferir para os sistemas de viação dos Estados, do Distrito Federal e dos Municípios: (...)"*

Mas não é só! O parágrafo único do art. 18, embora acertadamente tenha previsto uma delegação provisória, *"até que se efetive a transferência definitiva"*, *como sempre defendemos*, injustificadamente restringiu esta hipótese à situação prevista no inciso II, *devendo também ser alterado para incluir o inciso I, que é a situação tratada neste processo.*

Informo que a própria Consultoria Jurídica do Ministério dos Transportes já acenou a esta Chefia com a necessidade de a referida lei ser regulamentada e também alterada, colhendo sugestões das áreas técnicas de interesse para tal fim. Desde já, no que toca a esta Procuradoria, irei encaminhar a presente manifestação para a CONJUR.

Mas, enquanto as alterações legais não se promovam, poderá o DNIT celebrar, sem quaisquer ônus, a delegação da administração de trechos rodoviários, urbanos ou não, aos Estados, Distrito Federal e Municípios, com fundamento no art. 82, incisos IV e VIII, da Lei nº 10.233/2001.

Finalmente, respondendo objetivamente o indagado por essa Diretoria, informo que o art. 81, inciso XI, da Lei nº 10.233/2001, *só se aplica aos bens públicos que integram o patrimônio do DNIT, o que não é o caso das rodovias, que não são bens de natureza patrimonial, não pertencem a ninguém, mas ao povo de um modo geral.*

Brasília, 04 de fevereiro de 2011.

DESPACHO/PFE/DNIT Nº 00096/2011

Alteração da Minuta Padrão dos Contratos de Permissão de Uso da Faixa de Domínio das Rodovias Federais.

Com efeito, versa este processo sobre pedido formulado pela Telemar Norte Leste S/A & Brasil Telecom S/A no sentido de serem incluídas na minuta padrão do contrato de permissão especial de uso da faixa de domínio das rodovias federais disposições concernentes ao seguinte:

a) manutenção dos contratos e sub-rogação à ANATEL dos direitos dele decorrentes, em caso de risco à continuidade dos serviços ou impedimento da reversão dos bens vinculados à concessão;

b) manutenção dos contratos e sub-rogação à ANATEL dos direitos e obrigações dele decorrentes, em caso de extinção da concessão;

c) declaração de que a utilização da faixa de domínio é indispensável para a continuidade da prestação de serviço no regime público;

d) a obrigação do Contratado não onerar a faixa de domínio utilizada;

e) em caso de oneração judicial, informar ao juízo a circunstância descrita na alínea "c" supra, e comunicar à ANATEL, inclusive para fins de substituição do bem utilizado.

Arrima-se a Requerente no disposto em seu contrato de concessão e no *"Regulamento de Controle de Bens Reversíveis"* do serviço que lhe foi concedido. Todavia, são absolutamente forasteiras as pretendidas alterações e, portanto, inaplicáveis ao contrato em apreço.

Com efeito, o que o DNIT autoriza, por prazo certo e de forma precária, é a utilização de um determinado espaço da faixa de domínio de uma rodovia federal que, por lei, está afetada ao uso rodoviário federal. Mediante a permissão especial de uso, o DNIT permite que terceiro ocupe determinada área, sem prejuízo de, no futuro e a qualquer tempo, a permissão ser rescindida, caso se manifeste o interesse público primário da sua utilização para fins rodoviários.

FABIO MARCELO DE REZENDE DUARTE
ORIENTAÇÕES JURÍDICAS SOBRE A INFRAESTRUTURA DE TRANSPORTES

Assim, a manutenção da permissão de uso é fato que interessa e diz respeito ao interesse primário da Administração Rodoviária. Enquanto não houver este interesse público, ao qual o Permissionário se subordina, o contrato poderá ser mantido, a fim de atender o interesse público secundário da prestação regular do serviço de telefonia.

Por outro lado, não há que se cogitar de *"sub-rogação"* em favor da ANATEL, visto que a mesma não é prestadora de serviços de telefonia, mas sim reguladora dessa atividade (art. 8º, da Lei nº 9.472, de 16.07.1997). Assim, se a ANATEL não presta o serviço, como poderia ela se *"sub-rogar"* nos direitos e obrigações do contrato de permissão de uso da faixa de domínio? Eventual sub-rogação até poderá ocorrer, mas em favor de sucessores da permissionária/concessionária, e independente de previsão contratual.

Quanto à indispensabilidade do uso da faixa de domínio para a prestação do serviço público de telefonia, penso que isto é da própria essência da contratação, não carecendo de qualquer menção contratual, até porque, como já aludido, a indispensabilidade do uso secundário da faixa de domínio cederá caso se mostre presente, a qualquer tempo, a finalidade primária rodoviária.

Sobre as questões relativas à oneração do bem cujo uso é permitido, também não procedem, visto que a faixa de domínio das rodovias federais é um bem público de uso comum do povo (art. 99, I, do CCB), não estando sujeita a qualquer tipo de ônus ou constrição, tanto voluntário, como judiciário. Assim, não é pelo fato de o seu uso estar permitido a uma concessionária de telefonia ou à prestação do respectivo serviço que a faixa de domínio se tornaria imune a ônus ou constrições judiciais. É da sua própria natureza essa imunidade (arts. 100 e 102 e 1.420, todos do CCB; art. 649, I, do CPC), não estando, assim, sujeita a penhora, hipoteca, anticrese ou qualquer outro ônus real.

Esta última consideração dá bem a ideia que informou as disposições regulamentares invocadas pela Requerente. Note-se que a mesma, a primeira, se dirige aos bens reversíveis da concessão do serviço de telefonia, ou seja, aqueles que serão revertidos ao poder concedente por ocasião da extinção da concessão, o que evidentemente não é o caso das faixas de domínio das rodovias federais. Depois, é nítido o endereçamento daquelas disposições para os bens privados de que se utiliza a concessionária para a prestação do seu serviço, como nas hipóteses previstas no art. 1.286, do CCB.

Assim, por todos os ângulos descritos, não procedem as alterações pretendidas pela Requerente, pelo que devem ser indeferidas.

Brasília, 22 de fevereiro de 2011.

MEMORANDO PFE/DNIT Nº 00219/2011

Alterações na Lei nº 12.379/2011.
Sistema Nacional de Viação (SNV).

Senhor Diretor-Geral.

Apresento anexo o texto atual da Lei nº 12.379, de 06.01.2011, que dispõe sobre o Sistema Nacional de Viação (SNV), com as propostas, em vermelho, das alterações que, a juízo desta Chefia, devem ser promovidas, à luz das justificativas adiante expostas:

Inicio, sugerindo a inclusão de parágrafo único ao art. 3º, visando enriquecer a disposição, que é muito pobre. Para tanto, entendo que a redação deve se conformar com o já contido no 3º da Lei nº 10.233/2001, que criou o DNIT.

Acrescento o inciso VI ao art. 4º, a fim de que fique assegurada na lei a tônica dos atuais projetos em andamento no DNIT, marcadamente impregnados por aspectos sociais de atendimento a comunidades impactadas pelas obras de infraestrutura, exigindo medidas compensatórias ou mitigatórias constantes das licenças ambientais.

No art. 5º, acrescento redação que procura reproduzir o disposto na Lei nº 10.233/2001, com o acréscimo de parágrafo único para autorizar a dispensa de estudos que, atualmente, está regulada de modo pouco próprio, por Portaria, o que dá margem a questionamentos sobre a sua legalidade.

Proponho, também, a exclusão do inciso III do art. 6º, visto que a parceria público-privada é uma forma de concessão de serviço público, já prevista no inciso II.

Sugiro transformar o parágrafo único do art. 7º em parágrafo primeiro, a fim de permitir a criação de um parágrafo segundo. Ademais, no atual parágrafo único deve ser excluída a referência ao inciso I, do art. 6º, porque o mesmo foi vetado. Na proposta de parágrafo segundo, cria-se exceção para os casos mencionados, absolutamente necessários, como foi o recente exemplo da obra de duplicação da BR-392/RS.

No art. 10, ratifico a necessidade, para as situações reguladas, de atender a critérios sociais e ambientais, como já explicitado. No parágrafo segundo deste artigo, explicito a necessidade de prévia autorização do Ministro de Estado dos Transportes nos casos que especifica, visto que a atual redação é vaga e sugere interpretações diferenciadas.

No art. 18 corrijo o manifesto erro jurídico de denominar "doação" a transferência. Doação supõe a existência de propriedade, que no caso não existe, conforme já assentado até por decisões do Supremo Tribunal Federal. Sobre o assunto possuo vasta literatura a respeito.

No parágrafo único, inclui-se o inciso I, porque não existe razão para o caso nele tratado ter sido omitido, bem assim explicito quem fará e como a delegação.

São estas, Senhor Diretor-Geral, as alterações que ofereço como contribuição para o aperfeiçoamento do texto legal, que poderão ser submetidas ao crivo do Ministério dos Transportes para, se aprovadas, subirem ao conhecimento da Casa Civil da Presidência da República.

Brasília, 18 de março de 2011.

DESPACHO/PFE/DNIT Nº 00942/2011

Ponte – Obra de Arte Especial.

Restituo os autos para conclusão da análise jurídica solicitada uma vez que considero desnecessária a manifestação técnica solicitada no item 10 do Parecer *retro*.

Com efeito, não sobra qualquer dúvida sobre serem as pontes, assim como os viadutos ou túneis, *"obras de arte especiais"*, de acordo com conceito contido no *Glossário de Termos Técnicos Rodoviários*, documento oficial da Autarquia, cuja cópia segue anexa.

Por outro lado, o mesmo Glossário define a "faixa de domínio" como sendo a "base física sobre a qual assenta uma rodovia, que é constituída pelas pistas de rolamento, canteiros, *obras de arte*, acostamentos, sinalização e faixa lateral de segurança, até o alinhamento das cercas que separam a estrada dos imóveis marginais ou da faixa de recuo".

Sobre este conjunto estrutural da rodovia é que incide o poder-dever do DNIT de administração e exercício do poder de polícia administrativa, de trânsito e tráfego, consoante o disposto na Lei nº 10.233/2001 e na alínea "d", do art. 1º do Decreto-Lei nº 512/69.

Brasília, 10 de maio de 2011.

DESPACHO/PFE/DNIT Nº 01142/2011

Contratos do extinto DNER
transferidos para o DNIT.

Aprovo o Despacho anterior no sentido de que a Auditoria deve ser consultada, até para que exerça as suas competências regimentais. Todavia, considero ser pertinente dizer o seguinte: Com efeito, o Decreto nº 4.803/2003, ao declarar encerrados os trabalhos da inventariança do extinto DNER, estabeleceu duas situações distintas para a sub-rogação do DNIT nos contratos, ajustes e convênios celebrados pelo extinto DNER, a saber:

> *"Art. 3º O Departamento Nacional de Infra-Estrutura de Transportes – DNIT e a Agência Nacional de Transportes Terrestres – ANTT ficam sub-rogados:*
> *I - nos direitos e obrigações decorrentes de contratos, ajustes e convênios que lhe tenham sido transferidos, inclusive decorrentes de acervos técnicos, bibliográficos e documentais; e*
> *II - nos direitos inerentes aos contratos, ajustes e convênios encerrados pelo extinto DNER, embora não transferidos, cujas obras e serviços tenham sido executados no âmbito das autarquias a que se refere o caput."*

Assim, decorre logicamente que o DNIT está sub-rogado nos seguintes contratos, ajustes e convênios celebrados pelo extinto DNER:

a) *Que lhes foram transferidos*, porque as obras e serviços não foram concluídos, caso em que a *sub-rogação é plena*, vale dizer, envolve tanto os *direitos* como as *obrigações* assumidas pelo extinto DNER (inciso I, do art. 3º); e,

b) *Que não lhes foram transferidos*, porque as obras e serviços foram concluídos, caso em que a *sub-rogação é parcial*, vale dizer, envolve apenas os *direitos* assumidos pelo extinto DNER (inciso II, do art. 3º).

O que se deduz da instrução deste processo é que o Contrato nº PG-105/01, celebrado pelo extinto DNER, *foi transferido ao DNIT*, não subsistindo, outrossim, qualquer dúvida quanto à *sub-rogação plena* do DNIT decorrente da transferência, pelos seguintes motivos:

- Existe o Termo de Transferência nº 07/2002 (fls. 44);
- O Contrato consta expressamente na publicação de fls. 45 (*DOU*, 02 maio 2002, Seção 3, p. 90); e
- Os serviços foram atestados pelo próprio DNIT (fls. 02).

Brasília, 26 de maio de 2011.

DESPACHO/PFE/DNIT Nº 01457/2011

Ocupações Clandestinas da Faixa de
Domínio da Rodovia – Regularização.

Aprovo o Parecer/ACPV/PFE/DNIT nº 821/2011, com as seguintes ressalvas:
Afasto, no caso, as orientações contidas no Parecer quanto à impossibilidade de os instrumentos contratuais disciplinarem o pagamento das dívidas anteriores à contratação.

Com efeito, o Manual que disciplina a contratação em apreço parte do pressuposto — e não poderia ser de outro modo — de que todas as ocupações da faixa de domínio das rodovias federais são precedidas de *autorização e formal contratação*. Por isso estabelece, entre as condições gerais, ser vedada a *"renovação ou assinatura de novos contratos"* quando existirem pendências, inclusive de natureza financeira, *"da Permissionária com o Permissor"*.

Ocorre que os ajustes que ora se pretende fazer visam justamente regularizar as ocupações da faixa de domínio que foram realizadas à revelia da Autarquia, ou seja, *sem prévia autorização e formal contratação*.

A regra contida no item 4.15.1 do Manual se destina àquelas Permissionárias que possuem regular autorização para ocupar a faixa de domínio, porém se encontram com pendências junto ao DNIT. Nesses casos, a renovação da vigência contratual ou a celebração de novos contratos exige a regularização daquelas pendências que, evidentemente, só podem ser decorrentes de anterior contratação formal.

Para a hipótese vertente, entretanto, onde, repita-se, não houve prévia autorização ou formal contratação, as ocupações clandestinas só podem ser regularizadas mediante os ajustes ora pretendidos, estabelecendo-se nos próprios instrumentos de contratação a obrigação de pagamento pelo período em que a faixa de domínio foi ocupada de forma irregular.

Do contrário, estar-se-ia impedindo que a própria regularização das ocupações clandestinas fosse efetivada, visto que não se poderia recolher aos cofres públicos a quantia devida sem a prévia contratação, em prejuízo exclusivo do DNIT.

Por outro lado, caso não consignada no próprio instrumento a Cláusula Décima, que trata da dívida relativa ao período anterior das ocupações clandestinas, poderia ser alegado, no futuro, que a mesma foi solvida por ocasião da assinatura dos contratos, consoante o disposto no art. 322, do Código Civil Brasileiro.

Por tudo isso, tenho como legítima e regular a inserção da Cláusula Décima nos instrumentos de minuta contratual.

Quanto ao item 17 do Parecer, estou de acordo quanto à impugnação da vigência contratual. Assim, oriento no sentido de constar que a vigência contratual terá início a partir da publicação do extrato do contrato no *Diário Oficial da União*, cujo prazo de 5 (cinco) anos deverá ser contado excluindo o dia da publicação e incluindo o dia do final do prazo de cinco anos.

Assim, até o início da vigência contratual, a dívida anterior deverá ser computada na disposição da Cláusula Décima, com a majoração do referido valor.

Finalmente, sobre a questão da avocação temporária de que trata o item 6 do Parecer, parece-me que a mesma se deu por ocasião das informações prestadas às fls. 98/100, como consignei a fls. 105.

Não obstante, de modo que fique expressamente consignada no processo essa circunstância, oriento no sentido de essa Diretoria, por ocasião do Relato à Diretoria Colegiada, declare que a avocação ora realizada é de natureza temporária, ficando, doravante, as Superintendências Regionais responsáveis pela gestão dos contratos, nos termos da Portaria DG nº 529, de 21.05.2008.

Brasília, 22 de junho de 2011.

MEMORANDO PFE/DNIT Nº 00568/2011

Restauração Viária nos Estados e Municípios.

Senhor Diretor-Geral.

Em atenção ao solicitado por Vossa Senhoria, acuso o recebimento do Parecer Técnico emitido pelo Coordenador-Geral de Manutenção e Restauração Rodoviária/DIR/DNIT, datado de 21.10.2011, versando sobre a execução do Termo de Compromisso nº TC 821/2010, de 06.10.2010, celebrado entre o DNIT e o Estado de Alagoas, para a realização de obras emergenciais e restauração viária nos Municípios daquele Estado.

Referido Termo de Compromisso foi celebrado em virtude das fortes chuvas que se abateram sobre o referido Estado, bem assim no Estado de Pernambuco, em junho/2010 e que, como público e notório, causou graves danos à malha viária estadual e interditou trechos da Rodovia Federal BR-101.

Os fatos da natureza foram de tamanha significância, conforme amplamente noticiado por toda a imprensa nacional, que o Governo Federal se viu compelido a auxiliar financeiramente as referidas Unidades da Federação mediante o repasse de recursos federais, fazendo, assim, editar a Medida Provisória nº 494, de 02.07.2010, posteriormente convertida na Lei nº 12.340, de 1º.12.2010.

Entre os comandos normativos previstos naquele diploma legal, destacamos como os mais relevantes, no âmbito do DNIT, os seguintes:

- O compromisso do Poder Executivo Federal apoiar, de forma complementar, os Estados, o Distrito Federal e os Municípios em situação de emergência ou estado de calamidade pública (art. 3º);

- O reconhecimento da situação de emergência ou de calamidade pública se fará de modo *sumário*, mediante o requerimento de auxílio, acompanhado do respectivo plano de trabalho (§2º, do art. 3º, e inciso II, do art. 17 e seu §2º);

- A transferência de recursos federais possui *natureza obrigatória*, embora possam ser suspensas e, até mesmo, cancelado o ato administrativo que autorizou a transferência (art. 4º e §1º do art. 5º e §3º do art. 17);

- Necessidade de prestação de contas dos recursos recebidos (§2º do art. 5º);

- A responsabilidade do DNIT pela transferência, acompanhamento e fiscalização da aplicação dos recursos, quando se tratar de recuperação, execução de desvios e restauração de estradas e outras vias de transporte rodoviário estadual, distrital ou municipal afetadas por desastres (art. 6º);

Segundo o Parecer Técnico inicialmente referido, atualmente os recursos previstos no Termo de Compromisso nº TC 821/2010 se encontram bloqueados, em virtude de auditoria realizada pela CGU/AUDINT que apontou irregularidades quanto à aplicação dos recursos.

Outrossim, segundo a documentação encaminhada, o Estado de Alagoas foi notificado pelo DNIT para que apresentasse justificativas, as quais constam do Ofício nº 934/2011-GS, de 26.10.2011, acompanhado de expedientes oriundos de Câmaras Municipais de Municípios do Estado de Alagoas, propugnando pelo restabelecimento das obras e serviços que se encontrariam paralisadas.

À luz desse histórico, Senhor Diretor-Geral, proponho que a Superintendência Regional em Alagoas, a DIR/DNIT, a Auditoria do DNIT e a CGU se manifestem, *em conjunto*, sobre as justificativas apresentadas pelo Estado de Alagoas, concluindo se o bloqueio deverá ou não ser mantido, sem prejuízo de outras recomendações que, a juízo dos referidos órgãos, sejam necessárias.

Eventuais dúvidas de natureza jurídica poderão ser levadas ao conhecimento desta Procuradoria para esclarecimento, mediante o encaminhamento do respectivo processo que deu origem ao Termo de Compromisso nº TC 821/2010.

Brasília, 28 de outubro de 2011.

DESPACHO/PFE/DNIT Nº 02141/2011

Pressupostos para o Uso da
Faixa de Domínio Rodoviária.

Aprovo o Parecer/DCPT/PFE/DNIT nº 1592/2011 (fls. 361/362),
acrescentando as seguintes considerações.

Verifico, à primeira, que a Companhia de Gás do Estado do
Mato Grosso do Sul já mantém relação contratual celebrada com o
DNIT, consoante Contrato de Permissão Especial de Uso para ocupação
longitudinal e transversal das faixas de domínio das rodovias federais
descritas na Cláusula Primeira do respectivo instrumento (fls. 315/318).

Consequentemente, qualquer pretensão decorrente da referida
avença administrativa, deverá se fazer por termo aditivo ao Contrato,
não sendo o caso de serem firmados instrumentos paralelos, como o
pretendido Termo de Ajustamento de Conduta.

Outrossim, oriento no sentido de ser analisado se as propostas
contidas na minuta do pretendido Termo de Ajustamento de Conduta
(fls. 330/334) estão de acordo com as cláusulas do Contrato celebrado
ou não as contrariam. Mais ainda, se as mesmas estão de acordo com a
regulamentação em vigor no DNIT sobre ocupações da faixa de domínio das rodovias federais.

Por ocasião da análise técnica que deverá ser realizada, oriento
quanto à observância dos seguintes pressupostos gerais:

a) O gestor da faixa de domínio é o DNIT e não a Concessionária,
mesmo quando parte dela está submetida à permissão de uso,
que possui natureza precária;

b) A faixa de domínio da rodovia foi constituída para atender o interesse público *primário* rodoviário, e não o do serviço público
permitido (luz, gás, telefonia etc.) que, no caso, é *secundário*;

c) O uso da faixa de domínio não é "indispensável" para o serviço
público permitido, ele é *conveniente*. A Concessionária poderia
utilizar os imóveis marginais à faixa de domínio, indenizando
os proprietários desses imóveis (CCB, art. 1.286);

d) A Concessionária possui apenas o direito de usar a faixa de
domínio enquanto o interesse público *primário (rodoviário)* não
exigir o espaço autorizado;

e) Assim, não é possível que a Concessionária se torne, por força de uma autorização de uso, senhora e detentora perpétua de uma área para a qual em nada contribuiu para a sua constituição ou existência.

Brasília, 23 de novembro de 2011.

SEÇÃO 2

ORIENTAÇÕES SOBRE FERROVIAS

PARECER/FMRD/PFE/DNIT Nº 01675/2009

Natureza Jurídica das Ferrovias.

Introdução

Ocupa-se este parecer com a definição sobre a natureza jurídica das faixas de domínio das ferrovias federais, em especial sobre a Estrada de Ferro EF-108, no trecho Rio de Janeiro-São Paulo, operada pela Concessionária FCA (Ferrovia Centro-Atlântica), onde o Departamento Nacional de Infraestrutura de Transportes (DNIT) pretende construir oficinas, lavador de locomotivas, área de tancagem e postos de abastecimento, conforme é declarado a fls. 1708.

De acordo com o Termo de Reunião nº CCAF-CGU-AGU-THP 069/2009, ocorrida perante a Câmara de Conciliação e Arbitragem da Administração Federal, cuja cópia está a fls. 1702, ficou decidido que esta Chefia apresentaria um parecer sobre a natureza jurídica da faixa de domínio ferroviária federal, bem assim sobre a sua sujeição ou não a uma APA (Área de Proteção Ambiental) ou gestões do SPU (Serviço de Patrimônio da União).

Segundo a área técnica da Autarquia (fls. 1708), o local onde se pretende edificar parte das obras integra e faz parte da faixa de domínio da referida ferrovia, que possui a extensão de 27,70 metros. Assim, será sobre essa área que serão abordadas as considerações jurídicas a seguir, bem assim outros aspectos relacionados ao tema.

Breve histórico sobre a origem e o desenvolvimento das estradas de ferro no Brasil

As estradas de ferro no Brasil têm as suas origens ligadas, ainda que indiretamente, à iminente invasão de Portugal pelas tropas de Napoleão Bonaparte, em 1807, quando a Corte portuguesa fugiu para o Brasil sob a escolta da Marinha Inglesa. No meio do caminho, na então província de Salvador, o Príncipe Regente D. João VI assinou, em 28.01.1808, a Carta Régia de abertura dos portos brasileiros, e o Brasil *"que por três séculos tinha sido uma terra misteriosa e proibida para os estrangeiros, agora se abria ao mundo. Seus portos, até então restritos aos navios de Portugal — e só de Portugal — estavam, finalmente, autorizados a receber embarcações de outros países"* (Laurentino Gomes. *1808*. Ed. Planeta, p. 203).

A abertura dos portos brasileiros fazia parte de um acordo estabelecido com os ingleses e que, em 1810, foi consolidado em um Tratado, que transformou a Inglaterra em aliado preferencial nas relações comerciais da colônia portuguesa convertida em sede da monarquia, com duração ilimitada e condições perpétuas e imutáveis, tanto que, mesmo quando D. Pedro I declarou a Independência do Brasil em 1822, o Tratado foi integralmente mantido (*op. cit.*, p. 208 *usque* 210).

Assim, por quase um século e meio os interesses ingleses no Brasil determinaram inúmeras transformações sociais, econômicas e, também, nos transportes, onde, a partir do final do século XIX e até meados do século XX, o predomínio das estradas de ferro sobre as de rodagem era marcante. Esse quadro só foi alterado quando da nova geografia de poder emoldurada com o fim da 2ª Guerra Mundial, em 1945.

A partir de então, o Brasil ingressa, definitivamente, na era rodoviária, com a instituição do Fundo Rodoviário Nacional e a criação do Departamento Nacional de Estradas de Rodagem (DNER), pelo Decreto-Lei nº 8.463, de 27 de dezembro de 1945. Em 1956, à semelhança do ocorrido em 1808, abrem-se as portas para se instalar no Brasil a indústria automobilística estrangeira, principalmente a norte-americana.

Antes, porém, ainda na República Velha, os ideais que determinaram a celebração do Tratado de 1810 ainda persistiam e foram responsáveis pelo Decreto Presidencial nº 2.797, datado de 14 de janeiro de 1898, concedendo autorização à *The Leopoldina Railway Company Limited* para funcionar no Brasil e explorar o transporte ferroviário, podendo, para esse fim, adquirir direitos sobre terras situadas em qualquer parte do território nacional.

Mas, em 1950, ou seja, 52 anos após a concessão, e já sob a pressão da *explosão rodoviária*, a *Leopoldina Railway* foi encampada pelo Governo brasileiro. A operação se fez mediante a autorização objeto da Lei nº 1.288, de 26 de dezembro daquele ano, e se reportou aos termos de um *Acordo* celebrado em Londres, pela União e a Concessionária, em 26 de maio de 1949 (anexo).

Na Cláusula Segunda do mencionado *Acordo* ficou estabelecido que:

> *"2. O Governo concorda em comprar e a Companhia concorda em vender, na data da venda: a) O conjunto integral do sistema ferroviário no Brasil, compreendendo concessões e direitos similares, terras, edifícios, via permanente,..."*

Com fundamento nesses atos, o negócio se efetivou mediante Escritura Pública, lavrada nas Notas do Cartório do 1º Ofício do Rio de Janeiro, então Distrito Federal. Fez-se a rescisão da Concessão de 1898 e a transferência para o Governo Brasileiro de todos os bens, direitos e obrigações da Companhia inglesa. Em decorrência, a Leopoldina — fosse como *serviço*, fosse como *patrimônio* — passou a ser *coisa pública*.

A 16 de março de 1957, todavia, a Lei nº 3.115 determinou a transformação de todas as Empresas Ferroviárias da União em uma Sociedade de Economia Mista, vindo, então, a ser constituída a *Rede Ferroviária Federal S/A*. Dita Sociedade teve seus Estatutos aprovados pelo Decreto nº 42.385, de 30 de setembro de 1957.

Conforme consta da Ata da sessão pública de constituição da RFF S/A a União — única acionista que, inicialmente, integralizou capital — transferiu para a Sociedade todos os terrenos, prédios, trilhos etc., pertencentes à Leopoldina que passaram a ser seus em 1950.

Do exposto até aqui se concluiu, necessariamente, que as *terras* (ou direitos a ela relativos) que compunham o leito das ferrovias foram incorporadas ao patrimônio da RFF S/A.

Mas ocorre que, em 1992, a RFF S/A foi incluída no Programa Nacional de Desestatização, ensejando estudos, promovidos pelo Banco Nacional de Desenvolvimento Econômico e Social (BNDES), que recomendaram a transferência para o setor privado dos serviços de transporte ferroviário de carga. Essa transferência foi efetivada no período 1996/1998, de acordo com o modelo que estabeleceu a segmentação do sistema ferroviário em seis malhas regionais, sua concessão pela União por 30 anos, mediante licitação, e o arrendamento, por igual prazo, dos ativos operacionais da RFF S/A aos novos concessionários. A RFF S/A foi dissolvida de acordo com o estabelecido no Decreto nº 3.277, de 07 de dezembro de 1999, alterado pelo Decreto nº 4.109, de 30 de janeiro de 2002, pelo Decreto nº 4.839, de 12 de setembro de 2003, e pelo Decreto nº 5.103, de 11 de junho de 2004.

Sua liquidação foi iniciada em 17 de dezembro de 1999, por deliberação da Assembleia Geral dos Acionistas e foi conduzida sob responsabilidade de uma Comissão de Liquidação, cujo processo foi supervisionado pelo Ministério do Planejamento, Orçamento e Gestão, através do Departamento de Extinção e Liquidação (DELIQ).

O processo de liquidação da RFF S/A implicou a realização dos ativos não operacionais e o pagamento de passivos. Os ativos operacionais (infraestrutura, locomotivas, vagões e outros bens vinculados à operação ferroviária) foram arrendados às concessionárias operadoras das ferrovias: Companhia Ferroviária do Nordeste (CFN); Ferrovia Centro Atlântica (FCA); MRS Logística S.A; Ferrovia Bandeirantes (Ferroban); Ferrovia Novoeste S.A.; América Latina e Logística (ALL); e Ferrovia Teresa Cristina S.A., competindo à RFF S/A a fiscalização dos ativos arrendados.

Posteriormente, a RFF S/A foi extinta, mediante a Medida Provisória nº 353, de 22 de janeiro de 2007, convertida na Lei nº 11.483, de 31 de maio de 2007, dispondo o seu art. 2º, inciso II, que os *bens imóveis* da extinta RFF S/A ficam transferidos para a União. Pelo Decreto nº 6.018, de 22 de janeiro de 2007, foi autorizada pelo art. 5º, inciso V, a transferência desses mesmos bens ao Departamento Nacional de Infraestrutura de Transportes (DNIT), Autarquia Federal criada pela Lei nº 10.233, de 05 de junho de 2001, vinculada ao Ministério dos Transportes.

Percebe-se, assim, que estradas de ferro migraram, a partir de 1950, do âmbito privado para o público, embora a sua administração, até os dias de hoje, tenha conservado a natureza original, vale dizer, mediante concessão à iniciativa privada do serviço de transporte ferroviário.

A natureza jurídica das vias federais

Dissertar sobre a natureza jurídica das vias ou estradas, tanto as de ferro como as de rodagem, envolve o estudo das origens dos bens públicos, cujas raízes deitam no *Digesto* romano.

É sabido que, desde a antiga Roma, os bens públicos são classificados segundo um critério teleológico, a saber:

a) *res quae sunt in usu publico, res publicae, loca publica, res communes omnium*, bens pertencentes ao povo romano, sobre os quais o Estado não tinha domínio nem posse jurídica, mas somente o poder de administrá-los (Dig. L. XLIII, Tit. 8, Fr. 3), tais como as estradas, as ruas, as praças etc.; e

b) *res fiscales, res fisci, in patrimonio fisci, communes civitatum*, que eram os bens do domínio do Príncipe, do Estado (*Senatus Populusque Romanus*) ou da Cidade (Dig. L. XLIII, Tit. 8, Fr. 8, parágrafo 4º; Institutas, L. II, Tit. 1 parágrafo 6º), tais como os edifícios públicos e os bens do domínio privado de Roma em suas colônias.

Atravessando os séculos, sem envelhecer, essa elementar repartição dos bens públicos constava do Código Civil de 1916 (art. 66, I) e foi mantida pelo Código de 2002 (art. 99, I), perdurando, até hoje, com vigorosa atualidade. As ruas, as praças, as praias, as reservas florestais, *as estradas, não importa se ferroviárias ou rodoviárias*, continuam a ser *res communes omnium*, imóveis de uso comum do povo, que a ninguém pertencem porque são de todos. Nos incisos seguintes do art. 99 é que o Código subdividiu as *res fiscales* em: a) propriedades do Estado destinadas a uso especial, como os prédios dos Ministérios; e, b) nos dominicais, como os bens vagos, as terras devolutas, os terrenos de marinha e seus acrescidos.

Em se tratando de bens públicos de uso comum do povo, a doutrina mais aceita nega ao Estado (*lato sensu*) o direito de propriedade sobre esses bens, sob o fundamento de que a característica do domínio é a plenitude do uso e a livre disposição, o que não ocorre na espécie. Ensinam os mestres que o Estado, ao invés de propriedade, tem apenas o poder-dever de vigilância, tutela e fiscalização para o adequado uso público (Aubry et Rau, Pacifici Mazzoni, La Ferriére, Labori), todos citados por J. M. de Carvalho Santos (*Código Civil Brasileiro Interpretado*, v. 2, p. 103).

Entre nós, é Pontes de Miranda quem afirmava que "o titular do direito sobre os bens do art. 66, I, não é a pessoa de direito público — é o povo mesmo, posto que ao Estado caiba velar por eles" (*Tratado de Direito Privado*, p. 133-134). No mesmo sentido, Clóvis Beviláqua (*Código Civil dos Estados Unidos do Brasil*, v. 1, p. 240); Cretella Júnior (*Bens Públicos*, p. 54) e Mazagão (*Curso de Direito Administrativo*, p. 132-133).

Portanto, a estrada de ferro ou de rodagem, como bem de uso comum, bem de uso público, do domínio público, quer dizer, de todo o povo, é coisa do domínio nacional, como a chamou Teixeira de Freitas (*"Consolidação"*, art. 52 §1º/1896). Trata-se de bem insuscetível de propriedade, de vincular-se, pelo laço do direito real, a uma vontade ou personalidade (LIMA. *Princípios de Direito Administrativo*, p. 75; OCTÁVIO (*Do Domínio da União e dos Estados*, p. 63). O domínio público se caracteriza por um regime jurídico de uma série de prerrogativas e de sujeições tais que o afasta bastante do regime jurídico da propriedade privada (WEIL. *Droit Administratif*, p. 56 *apud* CRETELLA JÚNIOR. *Bens Públicos*, p. 57).

Sobre esse bem de uso comum, a estrada de ferro ou de rodagem ou as suas respectivas faixas de domínio, o Estado (*lato sensu*) não realiza atos de proprietário; só pode ordenar e proibir (WAPAUS *apud* MAYER. *Derecho Administrativo Alemán*, p. 100).

Assim, as entidades responsáveis pela administração dos bens de uso comum do povo — não importa se públicas ou privadas — não possuem quaisquer *direitos* sobre eles, mas sim *deveres*, entre outros, de guardar, vigiar, regular, limitar e cobrar pelo seu uso, conservar, melhorar, expandir etc. São *deveres* que emanam do *poder de polícia administrativa*, o que não se confunde com o *direito de propriedade* e seus atributos.

Se não há propriedade da estrada, não há a sua posse (Código Civil, art. 1.196). Se não existe, juridicamente, a posse da estrada por parte da União, do DNIT ou da Concessionária — *mera executora do serviço público de transporte que lhe foi delegado* —, por outra também inexiste em favor do particular, visto que inocorre prescrição aquisitiva sobre o bem de uso comum (Código Civil, art. 102; Súmula nº 340 do STF; e §3º do art. 183, da Constituição Federal de 1988).

Os bens públicos de uso comum, como as estradas, tanto não estão sujeitos ao direito de propriedade por quem quer que seja, que não são passíveis de desapropriação (LAUBADÉRE. *Traité Elementaire de Droit Administratif*, p. 145). Não se lhes aplica o disposto no art. 2º do Decreto-Lei nº 3.365, de 21 de junho de 1941. Estão sujeitos à *desafetação* e *afetação* pelas pessoas de direito público que os administram, sem conotação alguma com a ideia errônea de sua propriedade, de sua posse.

Nos Tribunais, inclusive no Supremo Tribunal Federal, outro não tem sido o entendimento, conforme se observa das ementas adiante transcritas:

> *"As ruas públicas não são bens dominicais, não se achando no patrimônio de ninguém, mas somente na jurisdição administrativa das municipalidades." (STF, Ap. Cív. nº 6.707, de 16.01.1940, Rel. Min. Eduardo Espinola, RT, v. 131, p. 752)*

"A estrada pública é insuscetível de posse, domínio ou usucapião." (Sentença do Juiz Alexandre Delfino de Amorim, de 27.12.1934, conf. Ac. Unân. da 2ª Câm. do TJSP, de 1º.11.1935, no Ag. Pet. nº 3.709, Rel. Des. Achiles Ribeiro, RT, v. 107, p. 81)

"Os bens públicos de uso comum do povo, tais como os mares, rios, estradas, ruas e praças são inalienáveis; não podem ser objeto de compra e venda, de cessão ou de troca." (Ac. da 2ª Câm. Cív. do TJSP, de 17.10.1938, na Ap. Cív. nº 4.474, Rel. Des. Mario Guimarães, RT, v. 121, p. 684)

Relativamente à ementa da lavra do Egrégio Supremo Tribunal Federal, vale ressaltar a perplexidade do Ministro Carlos Maximiliano quando em seu Voto exclamou: "Onde já se viu desapropriar uma rua? Compram-se, desapropriam-se as coisas que estão no comércio; uma rua não está: é inalienável."

Adiante, explicitou:

"Realmente, os bens que o Estado vende, compra ou desapropria, são bens privados dos municípios, os dominicais, mencionados pelo art. 66, III, do Código Civil; não as ruas e praças, bens de uso comum do povo, os quais o município apenas administra; não é proprietário; não tem posse, nem domínio..."

Como se vê, é a natureza mesma dos bens públicos de uso comum do povo que os faz inapropriáveis por quem quer que seja. Estão fora do comércio, podendo ser utilizados por todos, desde que o uso de cada um não exclua o de outrem. A titularidade exercida pelo Estado diz respeito, única e exclusivamente, ao poder-dever de guarda, gestão, fiscalização e administração. Não possuem quaisquer direitos, mas sim deveres. A expressão *"domínio"*, quando utilizada, é nesse sentido, jamais na linha privatística, cujo conceito importa em exclusividade ou, como define Pedro Nunes, *"em submeter diretamente uma coisa corpórea, certa e determinada, de maneira absoluta e exclusiva, ao poder e vontade de alguém"* (Dicionário de Tecnologia Jurídica, p. 534).

Mas, não obstante a natureza jurídica de bem público de uso comum do povo, as estradas adquiriram, modernamente, o conceito de *serviço público*. As estradas, tanto as de ferro como as de rodagem, passam, então, a serem vistas, sobretudo, como um *"duto de trânsito — instrumento de vazão do tráfego, como o aqueduto o é do transporte de água; serviço que a Administração presta ao público — abstraído todo e qualquer aspecto dominial"* (BAUMGARTEN. Direito Administrativo: Pareceres, p. 112 et seq.).

Esse novo conceito ganhou força com a Lei nº 9.074, de 07 de julho de 1995, onde as *vias federais* — sejam elas de ferro ou de rodagem, precedidas ou não da execução de obras públicas, ficaram sujeitas ao regime do contrato de concessão de serviço público regulado pela Lei nº 8.987/95 (art. 1º, inciso IV). Outrossim, a Lei nº 10.233, de 05 de junho de 2001, estabeleceu no seu art. 24, inciso III, que compete ao Ministério dos Transportes aprovar os planos de outorgas para a exploração da infraestrutura e a prestação de serviços de *transporte terrestre*.

Mais recentemente, importante contribuição para consolidação do conceito jurídico das estradas de ferro ou de rodagem como *serviço público* adveio com a Lei nº 11.079, de 30 de dezembro de 2004, que dispõe sobre as Parcerias Público-Privadas (PPP), criando uma nova estrutura contratual de configuração mista — capital público e privado — para o financiamento de projetos voltados à realização de novas concessões de serviço público no âmbito da infraestrutura viária do país.

Competência para a administração das estradas de ferro

Fiel à dogmática jurídica acima exposta cumpre confrontá-la com o disposto no Decreto-Lei nº 9.760/46, que arrola as estradas de ferro como bens imóveis da União (art. 1º, alínea "g").

Evidentemente que o vetusto diploma legal não atribui à União o *direito de propriedade* sobre elas — que não existe em se tratando de bens de uso comum do povo — mas sim o poder, o dever, a dominação ou a regulamentação que deve ser exercida, sem que haja o vínculo civil do direito real. O que existe é afetação administrativa; a sujeição da estrada à destinação pública federal ou da área constitutiva da respectiva faixa de domínio a um serviço pelo qual responde a Administração Pública das estradas de ferro.

Ao Serviço do Patrimônio da União (SPU) cabe administrar e zelar pelos bens *patrimoniais* da União, *os dominicais* ou *de uso especial* a que se referem os incisos II e III, do art. 99, do Código Civil Brasileiro, não os de uso comum do povo, como as estradas de ferro ou de rodagem, cuja administração a Lei nº 10.233, de 05.06.2001, atribuiu ao Departamento Nacional de Infraestrutura de Transportes (DNIT), consoante o disposto nos dispositivos abaixo transcritos:

> *"Art. 80. Constitui objetivo do DNIT implementar, em sua esfera de atuação, a política formulada para a administração da infra-estrutura do Sistema Federal de Viação, compreendendo sua operação, manutenção, restauração ou reposição, adequação de capacidade, e ampliação mediante construção de novas vias e terminais, segundo os princípios e diretrizes estabelecidos nesta Lei.*
>
> *Art. 81. A esfera de atuação do DNIT corresponde à infra-estrutura do Sistema Federal de Viação, sob a jurisdição do Ministério dos Transportes, constituída de:*

(...)

II – ferrovias e rodovias federais;

(...)

Art. 82. São atribuições do DNIT, em sua esfera de atuação:

(...)

IV – administrar, diretamente ou por meio de convênios de delegação ou cooperação, os programas de operação, manutenção, conservação, restauração e reposição de rodovias, ferrovias, vias navegáveis, terminais e instalações portuárias fluviais e lacustres, excetuadas as outorgadas às companhias docas;

(...)

XVII – exercer o controle patrimonial e contábil dos bens operacionais na atividade ferroviária, sobre os quais será exercida a fiscalização pela Agência Nacional de Transportes Terrestres – ANTT, conforme disposto no inciso IV do art. 25 desta Lei, bem como dos bens não-operacionais que lhe forem transferidos;

XVIII – implementar medidas necessárias à destinação dos ativos operacionais devolvidos pelas concessionárias, na forma prevista nos contratos de arrendamento; e

XIX – propor ao Ministério dos Transportes, em conjunto com a ANTT, a destinação dos ativos operacionais ao término dos contratos de arrendamento.

§1º As atribuições a que se refere o caput não se aplicam aos elementos da infra-estrutura concedidos ou arrendados pela ANTT e pela ANTAQ.

(...)

Art. 85. O DNIT será dirigido por um Conselho de Administração e uma Diretoria composta por um Diretor-Geral e pelas Diretorias Executiva, de Infra-Estrutura Ferroviária, de Infra-Estrutura Rodoviária, de Administração e Finanças, de Planejamento e Pesquisa, e de Infra-Estrutura Aquaviária.

(...)

§2º Às Diretorias compete:

(...)

II – Diretoria de Infra-Estrutura Ferroviária:

a) administrar e gerenciar a execução de programas e projetos de construção, manutenção, operação e restauração da infra-estrutura ferroviária;

b) gerenciar a revisão de projetos de engenharia na fase de execução de obras; e

c) exercer o poder normativo relativo à utilização da infra-estrutura de transporte ferroviário, observado o disposto no art. 82 desta Lei;"

Como se vê, a competência do DNIT no âmbito das estradas de ferro, estabelecida por lei superveniente ao Decreto nº 9.760/46, é derrotória daquela que era atribuída ao SPU pelo diploma regulamentar (art. 2º e §1º, do Decreto-Lei nº 4.657, de 04.09.1942 – LICCB), e só é afastada quando a estrada de ferro se encontrar sob administração e exploração da iniciativa privada, mediante contrato de concessão, caso em que compete à Agência Nacional de Transportes Terrestres

(ANTT) exercer o seu papel de entidade reguladora e fiscalizadora da atividade concedida.

Todavia, em se tratando, como é o caso, de estrada de ferro operada e administrada pela iniciativa privada, mediante contrato de concessão, não haveria, assim, razão ou justificativa legal e técnica para que o DNIT promovesse as obras pretendidas com recursos públicos orçamentários. A princípio, em se tratando de melhorias vinculadas ao serviço público ferroviário concedido, parece-me que caberia à própria Concessionária a sua realização, uma vez que um dos pressupostos de qualquer contrato de concessão é, exatamente, poupar ou exonerar o Poder Concedente de novos investimentos em atividades públicas que possam ser economicamente vantajosas para o setor privado ainda que oneradas pela obrigatoriedade de manutenção do *serviço adequado* com melhorias e expansões.

Assim, sou forçado a reconhecer que a oitiva da ANTT, inclusive de sua assessoria jurídica, afigura-se absolutamente necessária quanto às obras pretendidas, a fim de verificar se a mesma não constituiria obrigação legal ou contratual da própria Concessionária.

Faixa de domínio das vias federais e áreas de proteção ambiental

Fixada, portanto, a natureza jurídica das vias federais como bens de uso comum do povo e, consequentemente, insuscetíveis de serem apropriadas por quem quer que seja posto que afetadas a uma finalidade pública da qual não podem ser desviadas, bem assim a respectiva competência da sua administração, cumpre, agora, proceder à análise jurídica sobre eventuais restrições que lhe possam ser impostas quando alcançadas por uma Área de Proteção Ambiental.

O conceito de Área de Proteção Ambiental está contido no art. 15, da Lei nº 9.985, de 18 de julho de 2000:

> *"Art. 15. A Área de Proteção Ambiental é uma área em geral extensa, com um certo grau de ocupação humana, dotada de atributos abióticos, bióticos, estéticos ou culturais especialmente importantes para a qualidade de vida e o bem-estar das populações humanas, e tem como objetivos básicos proteger a diversidade biológica, disciplinar o processo de ocupação e assegurar a sustentabilidade do uso dos recursos naturais.*
>
> *§1º A Área de Proteção Ambiental é constituída por terras públicas ou privadas.*
>
> *§2º Respeitados os limites constitucionais, podem ser estabelecidas normas e restrições para a utilização de uma propriedade privada localizada em uma área de Proteção Ambiental.*

CAPÍTULO 2 | ORIENTAÇÕES GERAIS
SEÇÃO 2 | ORIENTAÇÕES SOBRE FERROVIAS

161

§3º As condições para a realização de pesquisa científica e visitação pública nas áreas sobre domínio público serão estabelecidas pelo órgão gestor da unidade."

A Área de Proteção Ambiental, segundo a mesma lei, é uma Unidade de Conservação de Uso Sustentável *e depende de ato do Poder Público para ser criada,* consoante prévia realização de estudos técnicos e de consulta pública que permitam identificar a sua localização, dimensão e os limites mais adequados (art. 7º, inciso II; art. 14, inciso I; art. 22, §2º, todos da Lei nº 9.985/2000).

Consequentemente, o ato público que declara uma Área de Proteção Ambiental torna-a afetada à finalidade de *"proteger a diversidade biológica, disciplinar o processo de ocupação e assegurar a sustentabilidade do uso dos recursos naturais",* da qual só pode ser desafetada mediante edição de lei específica (§7º do art. 22, da Lei nº 9.985/2000).

Todavia, em se tratando de obra pública licenciada, a referida lei assegura que não é possível ao Poder Público criar limitações ou embaraços aos serviços, ainda que para a criação de uma Unidade de Conservação, como uma Área de Proteção Ambiental (art. 22-A, da Lei nº 9.985/2000).

Ora, se assim ocorre para a realização de uma obra pública em Área de Proteção Ambiental, com maior razão não é possível impedir ou restringir a sua realização quando as próprias obras integram e se realizam nos limites da *faixa de domínio das vias federais — base física onde está assentada a estrada, constituída pelas pistas de rolamento ou trilhos e dormentes, canteiros, obras de arte, acostamentos, sinalização e faixa lateral de segurança, até o alinhamento das cercas que separam a estrada dos imóveis marginais ou da faixa de recuo —,* posto que afetadas não a uma finalidade ambiental, mas para a prestação do serviço público de transporte.

Mostra-se, assim, inconciliável com as finalidades estabelecidas pela lei para a criação de uma Área de Proteção Ambiental a própria destinação das faixas de domínio das vias federais de transporte. Nessas não existe qualquer diversidade biológica para ser protegida, mas sim um serviço público de transporte. Não há que se cogitar de qualquer disciplina para a sua ocupação, justo porque é a mesma absolutamente vedada. Não havendo, outrossim, o que ser sustentado quanto ao uso dos recursos naturais, posto que a respectiva área não se presta a explorações desse gênero.

Qual se vê, mesmo a lei admitindo a possibilidade de a Área de Proteção Ambiental ser constituída por terras públicas, não consignou que as mesmas possam sofrer restrições para a sua utilização, tal como o fez para a propriedade privada. No âmbito das terras públicas, previu apenas o estabelecimento de condições para a realização de pesquisa científica ou visitação, nada mais! E por que é assim? Porque as terras públicas, no caso dos *bens de uso comum do povo*, estão afetadas a determinado e específico uso público, ao interesse público, a uma finalidade pública que deve ser atendida. A finalidade do bem de uso comum constituído pela estrada de ferro está irremediavelmente vinculada ao transporte ferroviário, assim como a de rodagem ao transporte rodoviário, não podendo, assim, ser desviada para atendimento de outros e forasteiros fins, ainda que de natureza ambiental.

Disso resulta a plena possibilidade de serem tais bens públicos de uso comum do povo, como as vias ferroviárias ou rodoviárias, melhorados, expandidos ou conservados para atenderem a finalidade para a qual foram criados, especialmente se tais intervenções se localizam nos limites da faixa de domínio das respectivas vias.

Admite-se, é certo, que a legislação ambiental possa estabelecer condições ou compensações que visem, em última análise, assegurar a proteção ambiental do *entorno* das vias federais. Mas essa prerrogativa não pode chegar a ponto de impedir que novas obras ou construções vinculadas ao serviço público ferroviário ou rodoviário sejam realizadas no âmbito exclusivo da faixa de domínio da via federal, sob pena de comprometer a própria finalidade pública para a qual foram criadas.

Resumo das conclusões

Concluindo, podemos resumir este parecer nos seguintes tópicos:

a) Os bens públicos de uso comum do povo não estão sujeitos a qualquer tipo de propriedade ou posse, incumbindo ao Poder Público apenas o poder-dever de guarda, gestão, fiscalização e administração;

b) As estradas de ferro e as de rodagem são bens públicos de uso comum do povo, cujas respectivas faixas de domínio estão afeta das à finalidade de prestação do serviço público de transporte;

c) Com a edição da Lei nº 10.233, de 05.06.2001, a administração das estradas de ferro foi transferida ao DNIT, exceto aquelas que, por força de contrato de concessão do serviço público ferroviário, se encontram concedidas e administradas pela iniciativa privada, sob fiscalização e regulação da Agência Nacional de Transportes Terrestres (ANTT);

d) Em se tratando de Estrada de Ferro concedida, deverá a ANTT ser consultada sobre as obras pretendidas, bem assim se as mesmas, de acordo com a lei e o contrato, não seriam de responsabilidade da Concessionária;

e) A expansão, a conservação e a realização de novas obras na faixa de domínio das vias federais rodoviárias e ferroviárias são possíveis desde que atendam a finalidade de transporte para a qual foram concebidas;

f) As restrições ambientais na faixa de domínio das vias federais, mesmo quando decorrentes de ato do Poder Público que as tenha declarado Área de Proteção Ambiental (APA), não podem comprometer ou impedir as iniciativas públicas que visem à melhoria do serviço público de transporte, como a realização das obras pretendidas, admitidas compensações ou condicionamentos de natureza ambiental.

Brasília, 25 de agosto de 2009.

PARECER/FMRD/PFE/DNIT Nº 02211/2009

Extinção da RFFSA. Bens Públicos Ferroviários Operacionais e Não Operacionais.

Versa este processo sobre o pedido formulado pela ALL (América Latina Logística S.A.), onde é pretendida a utilização dos materiais de superestrutura descritos às fls. 02/03, que estariam localizados nos Municípios de Águas Claras/SP e São José dos Campos/SP, de modo a integrá-los ao Contrato de Arrendamento nº 047/98 dos bens operacionais necessários à prestação dos serviços ferroviários concedidos, convertendo-os de bens não operacionais para operacionais.

No despacho de fls. 92/94, essa Diretoria solicita manifestação desta Chefia sobre o procedimento que deverá ser adotado nos casos correlatos, questionando:

- Se a Procuradoria ratifica o entendimento manifestado nos Pareceres PFE/DNIT de números 00401/2009 e 01055/2009;
- Se há necessidade de serem analisadas pela Procuradoria as solicitações congêneres, diante das competências do DNIT e da ANTT estabelecidas pela Lei nº 10.233/2001.

Inicialmente, cumpre esclarecer a quem compete analisar tais pedidos.

A Lei nº 10.233/2001 estabeleceu, dentre as competências da Agência Nacional de Transportes Terrestres (ANTT), o que se segue, com grifos nossos:

"Art. 22. Constituem a esfera de atuação da ANTT:
(...)
II – a exploração da infra-estrutura ferroviária e o arrendamento dos ativos operacionais correspondentes;
(...)
Art. 24. Cabe à ANTT, em sua esfera de atuação, como atribuições gerais:
(...)
VI – reunir, sob sua administração, os instrumentos de outorga para exploração de infra-estrutura e prestação de serviços de transporte terrestre já celebrados antes da vigência desta Lei, resguardando os direitos das partes e o equilíbrio econômico-financeiro dos respectivos contratos;

(...)

X – adotar procedimentos para a incorporação ou desincorporação de bens, no âmbito dos arrendamentos contratados;

(...)

Art. 25. Cabe à ANTT, como atribuições específicas pertinentes ao Transporte Ferroviário:

I – publicar os editais, julgar as licitações e celebrar os contratos de concessão para prestação de serviços de transporte ferroviário, permitindo-se sua vinculação com contratos de arrendamento de ativos operacionais;

II – administrar os contratos de concessão e arrendamento de ferrovias celebrados até a vigência desta Lei, em consonância com o inciso VI do art. 24;"

Com efeito, o legislador foi sábio, visto que tendo os contratos de arrendamento natureza acessória ao contrato de concessão, que é o instrumento principal, não faria sentido destinar a outra entidade que não àquela responsável pela regulação e fiscalização do serviço público concedido a responsabilidade sobre a administração dos bens de que se utilizam as concessionárias para a prestação do serviço.

Não obstante, reservou-se ao proprietário desses bens, no caso o DNIT (art. 8º, da Lei nº 11.483/2007), o direito de conhecer as mutações ocorridas durante a vigência dos contratos de arrendamento. Por conta disso, foi celebrado entre o DNIT e a ANTT, em cumprimento ao §4º do art. 82, da Lei nº 10.233/2001, Termo de Cooperação Técnica que estabelece, no item 3.13 da Cláusula Terceira — Das Obrigações da ANTT:

"encaminhar ao DNIT toda a documentação relativa aos procedimentos de incorporação e desincorporação de bens, visando fornecer elementos necessários ao cumprimento das atribuições do DNIT."

Aliás, também é relevante esclarecer que nem mesmo a receita decorrente desses contratos de arrendamento pertence ao DNIT, mas sim à ANTT, consoante dispõe o art. 77, da Lei nº 10.233/2001:

"Art. 77. Constituem receitas da ANTT e da ANTAQ:

(...)

II – recursos provenientes dos instrumentos de outorga e arrendamento administrados pela respectiva Agência, excetuados os provenientes dos contratos de arrendamento originários da extinta Rede Ferroviária Federal S.A. – RFFSA não adquiridos pelo Tesouro Nacional com base na autorização contida na Medida Provisória no 2.181-45, de 24 de agosto de 2001;" (Redação dada pela Lei nº 11.483, de 2007)

Então, qual seria a competência e as atribuições do DNIT no âmbito dos contratos de arrendamento? A Lei nº 10.233/2001 se encarregou de discriminá-la, estabelecendo que:

> *"Art. 82. São atribuições do DNIT, em sua esfera de atuação:*
> *(...)*
> *XVIII – implementar medidas necessárias à destinação dos ativos operacionais devolvidos pelas concessionárias, na forma prevista nos contratos de arrendamento; e (Incluído pela Lei nº 11.483, de 2007)*
> *XIX – propor ao Ministério dos Transportes, em conjunto com a ANTT, a destinação dos ativos operacionais ao término dos contratos de arrendamento."*
> *(Incluído pela Lei nº 11.483, de 2007)*

Pelo exposto, é forçoso concluir que todos os atos decorrentes da administração dos contratos de arrendamento acessórios ao serviço público ferroviário concedido, entre eles a vinculação e/ou desvinculação de bens necessários à prestação do serviço concedido, com a consequente celebração dos aditivos contratuais, são de exclusiva competência e atribuição da ANTT, *devendo o DNIT tão somente se manifestar sobre a conveniência técnica dessas alterações.* Ou seja, deverá a ANTT encaminhar ao DNIT toda a documentação relativa aos procedimentos de incorporação e desincorporação de bens, para que seja analisada pela área técnica competente, e depois devolvida à ANTT para que esta celebre os aditivos acaso necessários.

Assim, é nenhuma a competência desta Procuradoria quanto à análise jurídica de aditivos aos contratos de arredamento vinculados ao serviço ferroviário concedido, visto que deverão ser celebrados no âmbito da ANTT.

Outrossim, por ocasião de quaisquer análises técnicas solicitadas ao DNIT sobre os referidos contratos de arrendamento, também não se vislumbra a necessidade de serem ditas análises submetidas a exame desta Procuradoria.

Brasília, 13 de outubro de 2009.

DESPACHO/PFE/DNIT Nº 00162/2010

Dívida Tributária da Extinta RFFSA –
Obrigação *Propter Rem*.

A matéria jurídica de que cuida este processo envolve obrigação *propter rem*, assim definidas aquelas que nascem de um direito real do devedor sobre determinada coisa.

Segundo ensina Arnold Wald, essas obrigações derivam da vinculação de alguém a certos bens, sobre os quais incidem deveres decorrentes da necessidade de manter-se a coisa. Adiante concluiu: *"as obrigações reais, ou propter rem, passam a pesar sobre quem se torne titular da coisa. Logo, sabendo-se quem é o titular, sabe-se quem é o devedor"* (*Obrigações e Contratos*, p. 60).

No caso, trata-se de débito decorrente do imposto sobre a propriedade predial e territorial urbana (IPTU) incidente sobre a propriedade de imóveis que pertenciam à extinta Rede Ferroviária Federal S/A (RFFSA).

A obrigação de pagamento do IPTU é uma obrigação *propter rem*, visto que possui como fato gerador a propriedade, o domínio útil ou a posse de bem imóvel urbano (art. 32, do CTN). Portanto, contribuinte do imposto é o proprietário do imóvel (art. 34, do CTN). Ademais, dispõe o CTN que *"os créditos tributários relativos a impostos cujo fato gerador seja a propriedade, o domínio útil ou a posse de bens imóveis, e bem assim os relativos a taxas pela prestação de serviços referentes a tais bens, ou a contribuições de melhoria, sub-rogam-se na pessoa dos respectivos adquirentes, salvo quando conste do título a prova de sua quitação"* (art. 130). São, assim, pessoalmente responsáveis pelo crédito tributário *"o sucessor a qualquer título..."* (inciso II, do art. 131, do CTN.)

Essa é a regra geral que, todavia, no caso em apreço, comporta exceção.

Refiro-me, ao fato de a Lei nº 11.483/07 ter determinado que a União, a partir de 22.01.2007, é a sucessora da extinta RFFSA nos direitos, *obrigações* e *ações judiciais*, exceto aquelas de natureza trabalhista (inciso I, do art. 2º). A lei, ao eleger a União como sucessora das *obrigações* da RFFSA, sem excepcionar aquelas de natureza tributária, investiu a sucessora como responsável pelo seu cumprimento.

Assim, forçoso é concluir que em todas as demandas ajuizadas até 22.01.2007, que tenham por objeto o pagamento do IPTU devido sobre os imóveis da extinta RFFSA, a responsável pelo cumprimento da obrigação tributária é a União, sendo, portanto, legitimada passiva nas respectivas ações.

Ao DNIT caberá responder, na qualidade de sucessor patrimonial dos bens da extinta RFFSA que lhe foram transferidos, pelas obrigações tributárias vencidas e não pagas a partir de 22.01.2007.

Estou, portanto, de acordo com as conclusões da Nota PGF/Contencioso nº 106/2009 e da Informação SJ/PFE/DNIT nº 00014/2010.

Brasília, 09 de fevereiro de 2010.

DESPACHO/PFE/DNIT Nº 00342/2010

Remoção de Edificações sobre a
Faixa de Domínio da Ferrovia.

A consulta oriunda dessa Diretoria envolve a necessidade da remoção de casas construídas em *bem imóvel não operacional* da extinta RFFSA, integrantes da faixa de domínio da Ferrovia EF-369, no trecho Ourinhos – Apucarana – Maringá – Cianorte, entre os Km 334/656. Relata que nesses imóveis será realizado o prolongamento do rebaixamento da via férrea no perímetro urbano do Município de Maringá, no Estado do Paraná, conforme Convênio de Cooperação Técnica e Financiamento DIT/TT nº 234/2003, firmado entre o DNIT e a Prefeitura Municipal de Maringá.

Observo, ainda, que as referidas casas estariam ocupadas por servidores da extinta RFFSA, consoante Termos de Permissão de Uso de Imóvel, que instruem o processo.

Esses os fatos.

Inicialmente, é relevante ficar esclarecido que, dentre os bens *imóveis* da extinta RFFSA, somente os *operacionais* é que tiveram a propriedade transferida ao DNIT (art. 8º, inciso I, da Lei nº 11.483, de 31.05.2007), cabendo à União (SPU) a propriedade dos bens imóveis *não operacionais* (art. 2º, inciso II, da Lei nº 11.483/2007).

O conceito de bens móveis e imóveis *operacionais* é dado pela mesma lei, quando declara que serão assim considerados aqueles vinculados aos contratos de arrendamento celebrados pela extinta RFFSA, bem como aqueles delegados a Estados ou Municípios para operação ferroviária (art. 22).

Assim, segundo informa essa Diretoria, os imóveis em apreço, mesmo integrando a faixa de domínio da Ferrovia EF-369, não possuem natureza operacional, visto que não estão vinculados a nenhum contrato de arrendamento e também não foram delegados a Estados ou Municípios para operação ferroviária.

Desse modo, as casas construídas nos imóveis *não operacionais* pertencem ao proprietário do solo, no caso a própria União (SPU), consoante o princípio da acessão vertical consagrado nos arts. 1.253 e 1.255, do Código Civil Brasileiro.

Os seus ocupantes, ex-servidores da extinta RFFSA, não possuem, no caso, qualquer direito de preferência ou de aquisição desses imóveis, sendo inaplicável na espécie o disposto no §1º do art. 10, arts. 12 e 13, todos da Lei nº 11.483/2007, visto que os imóveis integram a faixa de domínio da Ferrovia EF-369, não se destinando, portanto, à alienação (parágrafo único do art. 16, da Lei nº 11.483/2007).

Consequentemente, havendo o interesse público na utilização desses imóveis para a obra inicialmente referida, deverão os Termos de Permissão de Uso ser cancelados e seus ocupantes serem desalojados das respectivas casas, no prazo de 60 (sessenta) dias, sem que disso decorra qualquer indenização ou ressarcimento financeiro (itens 3 e 8 dos Termos de Permissão de Uso constantes dos autos), sob pena de a desocupação ser promovida pela via judicial.

Caberá à União (SPU) promover a notificação aos ocupantes, bem assim formalizar os termos de entrega ou cessão provisórios desses bens ao DNIT, com a futura substituição por instrumentos definitivos (art. 21, da Lei nº 11.483/2007).

Finalmente, considerando que no documento de fls. 06 é declarado que as casas foram construídas pela Prefeitura Municipal (de Maringá???), oriento no sentido de obter da referida municipalidade declaração renunciando expressamente a qualquer direito de indenização pelas casas que serão demolidas.

Brasília, 05 de abril de 2010.

DESPACHO/PFE/DNIT Nº 00387/2010

Termo de Guarda e Vigilância —
Bem Ferroviário Operacional.

Retornam os autos com os esclarecimentos prestados por essa Diretoria, informando que a proposta envolve a *"uma autorização para a mudança de local de utilização de bens, que continuarão a pertencer ao DNIT. Bem como passarão a ter uma utilidade pública ao propiciar implantação de um projeto turístico, que gerará empregos e atuará na preservação da memória ferroviária"* (fls. 88/90).

Anteriormente, a matéria havia sido apreciada por esta PFE/ DNIT (fls. 69/72) sob o enfoque de doação dos bens móveis relacionados na solicitação de fls. 02/03, formulada pelo Consórcio Intermunicipal para implementação do Projeto Maria Fumaça/Trem Republicano.

Agora, com a manifestação de fls. 88/90, ficou esclarecido que a pretensão é a lavratura do *"Termo de Guarda de Bem Imóvel"*, cuja minuta se encontra às fls. 84/87, mediante o qual o referido Consórcio *"se responsabilizará, por meio de Cláusula expressa, pela conservação e guarda dos bens e assume para si todas as despesas pela retirada, transporte e realocação dos materiais de superestrutura"* (fls. 89).

Segundo o Laudo de fls. 52/54, os bens que compõem o material da superestrutura do trecho ferroviário compreendido entre o Estaleiro de Solda de Trilhos e a Estação de Batovi, integrante do Ramal Rio Claro Velho/SP – Batovi/SP, foi classificado como antieconômico.

Consta, ainda, que mediante a Resolução nº 2.809, de 16.07.2008, a Agência Nacional de Transportes Terrestres (ANTT), autorizou a Concessionária Ferrovias Bandeirantes S.A. (FERROBAN) a proceder à desativação daqueles bens do respectivo contrato de arrendamento (fls. 59).

Todavia, a mesma autorização condicionou a desativação "ao pagamento, pela FERROBAN, ao Departamento Nacional de Infra-Estrutura de Transportes – DNIT, de indenização correspondente ao valor dos danos causados ao trecho ferroviário, no período que esteve sob a guarda da Concessionária" (art. 2º).

De acordo com a informação de fls. 61, a referida indenização, até 08.12.2009, não havia sido paga, sendo objeto do Processo Administrativo nº 50600.006002/2008-88.

À luz dos fatos ora relacionados, observo o seguinte:

Quanto à possibilidade de transferir as atribuições de guarda e vigilância ao Consórcio, mediante o pretendido Termo, supõe se encontrarem ditos bens já incorporados ao patrimônio ferroviário do DNIT, o que já se deu consoante o disposto no art. 8º, incisos I e III, da Lei nº 11.483/2007.

Todavia, embora do patrimônio da Autarquia, tais bens ainda não se encontram na condição de *não operacionais*, de modo a permitir a transferência da sua guarda e vigilância ao Consórcio, visto que os *bens operacionais* só se tornam *não operacionais* após a desativação dos mesmos dos respectivos contratos de arrendamento ferroviário (art. 22, da Lei nº 11.483/2007), o que só irá ocorrer, no caso, quando do pagamento da indenização devida pela FERROBAN ao DNIT (art. 2º da Resolução ANTT nº 2.809/2008).

Vale dizer, até que ocorra o efetivo pagamento da indenização, os bens continuam sob a responsabilidade exclusiva da FERROBAN, porque ainda considerados *operacionais*, inclusive quanto a sua guarda e vigilância.

Não obstante, o DNIT, na qualidade de proprietário dos referidos bens, não pode aguardar indefinidamente que a FERROBAN cumpra a sua obrigação e lhe pague a indenização devida. Diante do não pagamento e, também, do descumprimento dos deveres de guarda e vigilância, deve o DNIT adotar as medidas administrativas tendentes ao exercício do seu direito e de preservação da incolumidade e integridade do patrimônio público, inclusive pela via judicial.

Daí por que considero como necessária manifestação expressa dessa Diretoria quanto à fase em que se encontra o pagamento da referida indenização, bem como sobre as atuais condições de guarda e vigilância em que se encontram os bens em questão, até porque as fotografias de fls. 55/57 dão conta do mais absoluto abandono, em detrimento da incolumidade e integridade do patrimônio público.

Assim, caso a indenização devida ainda não tenha sido paga ao DNIT, e visando definir, no tempo e no espaço, as responsabilidades sobre os bens em questão, recomendo que o Termo de Guarda seja celebrado com a participação da FERROBAN, responsável até então pela guarda e vigilância dos mesmos bens, sem prejuízo da cobrança, ainda que judicial, da indenização por ela devida ao DNIT.

Quanto à regularidade da instrução processual, oriento no sentido de o DNIT solicitar ao Consórcio Público Intermunicipal a Lei de Ratificação do Protocolo de Intenções aprovada pela Câmara Municipal da Estância Turísticas de Itu, conforme previsto na Cláusula 5 do respectivo Protocolo, e obter junto à ANTT manifestação sobre a possibilidade de o Consórcio ou seu contratado explorar o serviço ferroviário em questão.

Finalmente, oriento no sentido de que deverão ser transcritos na minuta do Termo de Guarda os bens descritos a fls. 03.

Brasília, 19 de abril de 2010.

DESPACHO/PFE/DNIT Nº 00549/2010

Cessão de Uso de Bem Ferroviário.

Entendo que não é possível ser celebrado o Contrato de Cessão de Uso cuja minuta está às fls. 05/14.

Com efeito, o imóvel cuja cessão de uso é pretendida é de natureza *operacional*, vale dizer, integra o contrato de arrendamento de bens vinculados à prestação do serviço público de transporte ferroviário firmado pela Concessionária.

Consequentemente, *enquanto operacional*, o imóvel só pode ser utilizado na prestação do serviço público objeto do Contrato de Concessão, sendo expressamente vedada a sua cessão, total ou parcial, a qualquer título, sem prévia autorização da RFFSA, atualmente DNIT/ANTT (Cláusula Primeira e Parágrafo Terceiro do Contrato de Arrendamento de fls. 39).

Evidentemente que a *"prévia autorização"* supõe a manutenção da *natureza operacional* do bem, até porque a cessão de uso não desvincula o bem do Contrato de Arrendamento. No entanto, o destino que se pretende dar ao referido bem é para atender *"a finalidade exclusiva de desenvolvimento de atividades sociais, turísticas e/ou culturais, por parte da PREFEITURA"* (Cláusula Segunda do Contrato de Cessão de Uso a fls. 06), o que não constitui o escopo do Contrato de Concessão.

Estar-se-ia, assim, de modo indireto, desvinculando o bem do serviço concedido, não obstante permanecer o mesmo no Contrato de Arrendamento. Não vejo possibilidade legal para esse proceder.

Assim, oriento no sentido de que o DNIT *não deve firmar o Contrato de Cessão de Uso de fls. 05/14*, sugerindo, em resposta à carta de fls. 02, que a cessão de uso do imóvel em questão poderá ser realizada *diretamente pela Autarquia*, desde que, previamente, seja promovida a desvinculação do mesmo imóvel do Contrato de Arrendamento, mediante termo aditivo a ser celebrado junto à ANTT, passando-o, desse modo, à condição de bem imóvel *não operacional*.

Brasília, 09 de junho de 2010.

DESPACHO/PFE/DNIT Nº 00768/2010

DNIT. Bens Transferidos da Extinta RFFSA.

A propósito do expediente de fls. 88/89, oriundo do Supervisor de Operações da Superintendência Regional no Estado do Rio de Janeiro, bem assim da análise promovida pelo Parecer retro, cumpre-me esclarecer algumas questões que entendo pertinentes.

Em primeiro lugar, o conceito de bem operacional se destina, exclusivamente, aos bens, tanto móveis como imóveis, que foram transferidos para o patrimônio do DNIT por força do disposto no art. 8º, da Lei nº 11.483/2007.

Assim, consideram-se bens operacionais aqueles que se encontram vinculados aos contratos de arrendamento celebrados pela extinta RFFSA e que, atualmente, são geridos e administrados, indiretamente, pela ANTT e, diretamente, pelas empresas concessionárias do serviço público ferroviário federal, uma vez que os arrendamentos são instrumentos acessórios aos contratos de concessão.

Também são considerados bens operacionais, os móveis e imóveis ferroviários delegados aos Estados ou Municípios para operação ferroviária.

Nesse sentido, confira-se o disposto no art. 22, da Lei nº 11.483/2007:

> *"Art. 22. Para os fins desta Lei, consideram-se bens operacionais os bens móveis e imóveis vinculados aos contratos de arrendamento celebrados pela extinta RFFSA, bem como aqueles delegados a Estados ou Municípios para operação ferroviária."*

Desse modo, o conceito de bem operacional possui como única finalidade esclarecer que se trata de um bem ferroviário que está sendo utilizado, efetivamente, para a prestação do serviço público ferroviário federal, tanto diretamente pelo próprio titular do bem, no caso o DNIT, como indiretamente pela prestadora do serviço público concedido ou os Estados e Municípios.

Assim, as mutações que o bem ferroviário sofre passando da condição de operacional para não operacional, ou vice-versa, não importam em alienação, vale dizer, o bem permanece sendo de propriedade do DNIT, independente da sua utilização ou não no serviço público ferroviário. Se for utilizado será operacional. Se não for, deve ser classificado como não operacional no acervo da Autarquia.

No caso deste processo, o bem móvel de interesse da Concessionária é um guindaste rodoferroviário – NPB 3200964, que, segundo a instrução deste processo, se encontra *"sem uso e estacionado desde maio de 2001... não recebeu manutenção, encontrando-se em estado precário de conservação. Para que possa voltar a ser utilizado irá passar por uma completa manutenção custeada pela MRS Logística"* (fls. 47).

Portanto, é nenhuma a interferência da legislação mencionada pelo Supervisor de Operação/SRERJ, a fls. 88, sobre a questão de que se ocupa este processo, justo porque o assunto possui disciplina própria, como supra mencionado.

Evidentemente que, se o referido guindaste está atualmente sob a responsabilidade de algum servidor do DNIT, deverá ser promovida a respectiva baixa, com a anotação de que o mesmo passou à condição de bem móvel operacional, sob a responsabilidade da ANTT e MRS Logística S/A.

Outrossim, também observo que não está elencado dentre as atribuições da Diretoria Colegiada autorizar as mutações referidas — de operacional para não operacional e vice-versa —, visto que, como já aludi, não se trata de alienação ou aquisição de bens (art. 12, inciso VII, do Regimento Interno), mas de mera destinação de um bem ferroviário ao uso público, o que me parece envolver a competência da própria Diretoria de Infraestrutura Ferroviária (art. 92, inciso I, do Regimento Interno).

Finalmente, esclareço que, por força do disposto no inciso XVII, do art. 82, da Lei nº 10.233/2001, compete ao DNIT exercer o controle patrimonial e contábil dos bens ferroviários operacionais e não operacionais que lhe foram transferidos, concorrentemente com a ANTT (§4º do art. 82, da Lei nº 10.233/2001).

Desse modo, penso que seja aconselhável que a Coordenação de Administração Patrimonial, no âmbito da DAF, participe do procedimento e realize as anotações de estilo quanto ao destino público que se está dando ao referido guindaste.

Quanto à minuta do Termo de Entrega a fls. 87, aconselho o detalhamento das condições físicas e operacionais em que se encontra o referido guindaste, bem assim que a MRS Logística S/A se obriga a promover, com recursos próprios, a recuperação do mesmo, de modo que possa ser utilizado no âmbito do contrato de concessão mantido com a ANTT e sob as condições previstas no respectivo contrato de arrendamento.

No mais, não me parece que o procedimento careça de qualquer outra providência administrativa, podendo, assim, após as anotações de praxe pela DAF/DNIT, ser promovida a entrega e retirada do guindaste pela MRS Logística S/A, mediante a prévia assinatura do respectivo Termo de Entrega com as sugestões ora propostas, remetendo-se cópia para a ANTT.

Brasília, 08 de outubro de 2010.

DESPACHO/PFE/DNIT Nº 00833/2010

Origem dos Bens Ferroviários da Extinta RFFSA.

Consoante Despacho/Procuradoria/DNIT nº 768/2010, restou consignado que a DIF/DNIT fez juntar aos autos cópia da Escritura Pública de Compra e Venda lavrada em 20 de abril de 1910, constando como Outorgante Vendedor a Fazenda Federal da República dos Estados Unidos do Brasil e, como Outorgante Compradora, *The Leopoldina Railway Company, Limited*, tendo por objeto um terreno na Avenida do Mangue, no Rio de Janeiro/RJ, com a área de cento e dezesseis mil, cento e vinte e cinco metros quadrados (fls. 125/128).

Consta também nos autos certidão expedida pelo Cartório do Registro de Imóveis, 1º Ofício, no Rio de Janeiro/RJ, comprovando o registro da referida Escritura Pública (fls. 129).

Evidenciou-se, assim, que o bem descrito na referida Escritura era, em 1910, de propriedade da *The Leopoldina Railway Company, Limited*, o que permite concluir que passou o mesmo a integrar o patrimônio da extinta RFFSA, consoante já me manifestei no Parecer/FMRD/PFE/DNIT nº 01675/2009, cujo histórico dessa mutação jurídica patrimonial abaixo reproduzo:

> *"Breve Histórico sobre a Origem e o Desenvolvimento das Estradas de Ferro no Brasil.*
>
> *4. As Estradas de Ferro no Brasil têm as suas origens ligadas, ainda que indiretamente, a iminente invasão de Portugal pelas tropas de Napoleão Bonaparte, em 1807, quando a Corte Portuguesa fugiu para o Brasil sob a escolta da Marinha Inglesa. No meio do caminho, na então província de Salvador, o Príncipe Regente D. João VI assinou, em 28/01/1808, a Carta Régia de abertura dos portos brasileiros, e o Brasil "que por três séculos tinha sido uma terra misteriosa e proibida para os estrangeiros, agora se abria ao mundo. Seus portos, até então restritos aos navios de Portugal — e só de Portugal — estavam, finalmente, autorizados a receber embarcações de outros países." (Laurentino Gomes — 1808 – Ed. Planeta – p. 203)*
>
> *5. A abertura dos portos brasileiros fazia parte de um acordo estabelecido com os ingleses e que, em 1810, foi consolidado em um Tratado, que transformou a Inglaterra em aliado preferencial nas relações comerciais da colônia portuguesa convertida em sede da monarquia, com duração ilimitada e condições perpétuas*

e imutáveis, tanto que, mesmo quando D Pedro I declarou a Independência do Brasil em 1822, o mesmo foi integralmente mantido. (op. cit., p. 208 usque 210).

6. *Assim, por quase um século e meio os interesses ingleses no Brasil determinaram inúmeras transformações sociais, econômicas e, também, nos transportes, onde, a partir do final do Século XIX e até meados do Século XX, o predomínio das estradas de ferro sobre as de rodagem era marcante. Esse quadro só foi alterado quando da nova geografia de poder emoldurada com o fim da 2ª Guerra Mundial, em 1945.*

7. *A partir de então, o Brasil ingressa, definitivamente, na era rodoviária, com a instituição do Fundo Rodoviário Nacional e a criação do Departamento Nacional de Estradas de Rodagem – DNER, pelo Decreto-Lei 8.463, de 27 de dezembro de 1945. Em 1956, à semelhança do ocorrido em 1808, abrem-se as portas para se instalar no Brasil a indústria automobilística estrangeira, principalmente a norte-americana.*

8. *Antes, porém, ainda na República Velha, os ideais que determinaram a celebração do Tratado de 1810 ainda persistiam e foram responsáveis pelo Decreto Presidencial n. 2.797, datado de 14 de janeiro de 1898, concedendo autorização à "The Leopoldina Railway Company Limited" para funcionar no Brasil e explorar o transporte ferroviário, podendo, para esse fim, adquirir direitos sobre terras situadas em qualquer parte do território nacional.*

9. *Mas, em 1950, ou seja, 52 anos após a concessão, e já sob a pressão da explosão rodoviária, a "Leopoldina Railway" foi encampada pelo Governo Brasileiro. A operação se fez mediante a autorização objeto da Lei nº 1.288, de 26 de dezembro daquele ano e se reportou aos termos de um Acordo celebrado em Londres, pela União e a Concessionária, em 26 de maio de 1949 (anexo).*

10. *Na Cláusula Segunda do mencionado Acordo ficou estabelecido que:*

"2. O Governo concorda em comprar e a Companhia concorda em vender, na data da venda:

*a) O conjunto integral do sistema ferroviário no Brasil, compreendendo concessões e direitos similares, **terras**, edifícios, **via permanente**,..."*

11. *Com fundamento nesses atos, o negócio se efetivou mediante Escritura Pública, lavrada nas Notas do Cartório do 1º Ofício do Rio de Janeiro, então Distrito Federal. Fez-se a rescisão da Concessão de 1898 e a transferência para o Governo Brasileiro de todos os bens, direitos e obrigações da Companhia inglesa. Em decorrência, a Leopoldina — fosse como serviço, fosse como patrimônio — passou a ser coisa pública.*

12. *A 16 de março de 1957, todavia, a Lei nº 3.115 determinou a transformação de todas as Empresas Ferroviárias da União em uma Sociedade de Economia Mista, vindo, então, a ser constituída a Rede Ferroviária Federal S/A. Dita Sociedade teve seus Estatutos aprovados pelo Decreto nº 42.385, de 30 de setembro de 1957.*

13. *Conforme consta da Ata da sessão pública de constituição da R.F.F. S/A a União — única acionista que, inicialmente, integralizou capital — transferiu para a Sociedade todos os terrenos, prédios, trilhos, etc., pertencentes à Leopoldina que passaram a ser sua em 1950.*

14. Do exposto até aqui se concluiu, necessariamente, que as terras (ou direitos a ela relativos) que compunham o leito das ferrovias, foram incorporadas ao patrimônio da R.F.F. S/A.

15. Mas ocorre que, em 1992, a R.F.F. S/A foi incluída no Programa Nacional de Desestatização, ensejando estudos, promovidos pelo Banco Nacional de Desenvolvimento Econômico e Social – BNDES, que recomendaram a transferência para o setor privado dos serviços de transporte ferroviário de carga. Essa transferência foi efetivada no período 1996/1998, de acordo com o modelo que estabeleceu a segmentação do sistema ferroviário em seis malhas regionais, sua concessão pela União por 30 anos, mediante licitação, e o arrendamento, por igual prazo, dos ativos operacionais da RFFSA aos novos concessionários,

16. A R.F.F. S/A foi dissolvida de acordo com o estabelecido no Decreto nº. 3.277, de 07 de dezembro de 1999, alterado pelo Decreto nº. 4.109, de 30 de janeiro de 2002, pelo Decreto nº. 4.839, de 12 de setembro de 2003, e pelo Decreto nº. 5.103, de 11 de junho de 2004.

17. Sua liquidação foi iniciada em 17 de dezembro de 1999, por deliberação da Assembléia Geral dos Acionistas e foi conduzida sob responsabilidade de uma Comissão de Liquidação, cujo processo foi supervisionado pelo Ministério do Planejamento, Orçamento e Gestão, através do Departamento de Extinção e Liquidação – DELIQ.

18. O processo de liquidação da R.F.F. S/A implicou na realização dos ativos não operacionais e no pagamento de passivos. Os ativos operacionais (infra-estrutura, locomotivas, vagões e outros bens vinculados à operação ferroviária) foram arrendados às concessionárias operadoras das ferrovias: Companhia Ferroviária do Nordeste – CFN; Ferrovia Centro Atlântica – FCA; MRS Logística S.A; Ferrovia Bandeirantes – Ferroban; Ferrovia Novoeste S. A.; América Latina e Logística – ALL e Ferrovia Teresa Cristina S. A., competindo a R.F.F. S/A a fiscalização dos ativos arrendados.

19. Posteriormente, a R.F.F. S/A foi extinta, mediante a Medida Provisória n. 353, de 22 de janeiro de 2007, convertida na Lei nº 11.483, de 31 de maio de 2007, dispondo o seu art. 2º, inciso II, que os bens imóveis da extinta R.F.F. S/A ficam transferidos para a União. Pelo Decreto nº 6.018, de 22 de janeiro de 2007, foi autorizado pelo art. 5º, inciso V, a transferência desses mesmos bens ao Departamento Nacional de Infra-Estrutura de Transportes – DNIT, Autarquia Federal criada pela Lei nº 10.233, de 05 de junho de 2001, vinculada ao Ministério dos Transportes."

Resta, portanto, demonstrado que todos os bens (terrenos, prédios, trilhos etc.) que pertenceram à The Leopoldina Railway Company, Limited foram transferidos para a União em 1950 e desta para a RFFSA, em 1957. Estas mutações jurídico patrimoniais não se efetivaram perante o Cartório do Registro de Imóveis porque se deram por força de lei, consoante assinalei na transcrição supra.

Todavia, para os efeitos da doação pretendida neste processo, ainda remanesce a dúvida sobre ser, de fato, o terreno ou área mencionada na

Escritura de fls. 125/128 como aquele ora denominado de *"Pátio Praia Formosa/RJ"*, o que deverá ser esclarecido e certificado expressamente pela DIF/DNIT.

Não obstante, penso que a dúvida não inviabiliza desde logo a análise solicitada quanto à possibilidade jurídica da doação pretendida e o procedimento a ser adotado pela Administração, pelo que restituo os autos para este fim.

Brasília, 25 de novembro de 2010.

DESPACHO/PFE/DNIT Nº 00620/2011

Bem Imóvel em Condomínio –
Doação à União.

Inicialmente, é relevante ficar esclarecido que, dentre os bens *imóveis* da extinta RFFSA, somente os *operacionais* é que tiveram a propriedade transferida ao DNIT (art. 8º, inciso I, da Lei nº 11.483, de 31.05.2007), cabendo à União (SPU) a propriedade dos bens imóveis *não operacionais* (art. 2º, inciso II, da Lei nº 11.483/2007). O conceito de bens móveis e imóveis *operacionais* é dado pela mesma lei, quando declara que serão assim considerados aqueles vinculados aos contratos de arrendamento celebrados pela extinta RFFSA, bem como aqueles delegados a Estados ou Municípios para operação ferroviária (art. 22).

No caso deste processo, o que se deduz do Despacho de fls. 038/2011/CGPF/DIF, às fls. 95/96, é que se trata de um único imóvel, denominado de *"Pátio Ferroviário de Praia Formosa"*, localizado na Zona Portuária da cidade do Rio de Janeiro/RJ, que se encontrava arrendado à Ferrovia Centro Atlântica, e que foi do mesmo desvinculado com a aprovação da ANTT.

Segundo a mesma informação, este imóvel possui uma área total de 116.025m², com uma parte não operacional e outra, que era operacional, de 76.969m².

Acontece que a Lei nº 11.483/2007 não disciplinou os casos dos imóveis que possuíssem uma parte da sua área como operacional e outra não operacional. Apenas declarou que os primeiros seriam de propriedade do DNIT e os segundos da União, geridos pelo SPU. Sendo assim, o imóvel em apreço é de propriedade tanto do DNIT como da União (SPU), *em condomínio*, por força do uso operacional e não operacional que possuía ao tempo em que entrou em vigor a Lei nº 11.483/2007. E se assim é, está sujeito à disciplina legal prevista no art. 1.314, do Código Civil Brasileiro, que prescreve:

> *"Art. 1.314. Cada condômino pode usar da coisa conforme sua destinação, sobre ela exercer todos os direitos compatíveis com a indivisão, reivindicá-la*

de terceiro, defender a sua posse e alhear a respectiva parte ideal, ou gravá-la. Parágrafo único. Nenhum dos condôminos pode alterar a destinação da coisa comum, nem dar posse, uso ou gozo dela a estranhos, sem o consenso dos outros."

Desse modo, inexiste qualquer óbice para que o DNIT promova a doação da sua parte ideal do imóvel, que era operacional, com a extensão de 76.969m², para a própria condômina União (SPU), até porque, como serviço público da própria União erigido em Autarquia, todos os seus bens vinculam-se à própria União, bem assim porque essa forma de alienação está autorizada pela alínea "b" do inciso I, do art. 17, da Lei nº 8.666/93, e a destinação pretendida decorre de atribuição expressamente prevista no inciso XVIII, do art. 82, da Lei nº 10.233/2001.

Portanto, uma vez satisfeitas as demais exigências legais, como a prévia avaliação da área do imóvel que será doada e a justificativa quanto ao interesse público existente, poderá ser viabilizada a formalização da doação à União (SPU), mediante escritura pública (art. 108, do CCB), cuja minuta deverá ser previamente submetida à análise desta Procuradoria e, posteriormente, aprovada pela Diretoria Colegiada (art. 12, VI e VII, do Regimento Interno da Autarquia).

Brasília, 20 de abril de 2011.

DESPACHO/PFE/DNIT Nº 02041/2011

Regularização Fundiária.
Comunidade Quilombola.

Complemento o Despacho *retro* com as seguintes considerações. Segundo noticia o processo, o INCRA está promovendo a regularização fundiária das terras dos Remanescentes das Comunidades dos Quilombos de Alto da Serra do Mar, localizadas nos Municípios de Rio Claro e Angra dos Reis, no Estado do Rio de Janeiro, com fundamento no art. 68 dos Atos das Disposições Transitórias da Constituição Federal e segundo o disposto no Decreto nº 4.887/2003.

Para tanto, elaborou um Relatório Técnico de Identificação e Delimitação (RTID) e Memorial Descritivo (fls. 07/12), onde vem declarado que a descrição do perímetro a ser regularizado inicia-se *"no limite com a Ferrovia Centro Atlântica"* e com a mesma *"confronta"* em variadas medidas.

Apenas em dois pontos específicos é declarado que:

"... deste, segue com azimute de 322º01'59" e distância de 6,06 m., cortando a Ferrovia Centro Atlântica, até o vértice 185 de coordenadas N 7.469.977,816m. e E 579.263,753m. (fls. 11)
"... deste, segue com azimute de 149º45'32" e distância de 6,03 m., cortando a Ferrovia Centro Atlântica, até o vértice 1 de coordenadas N 7.470.264,620m. e E 580.432,327m, ponto inicial da descrição deste perímetro. (fls. 12)

Todavia, pelo Despacho nº 084/CGPF/DIF (fls. 23/24), é afirmado o seguinte:

"A poligonal do quilombo Alto da Serra indica que as terras demarcadas ficam dos dois lados da linha férrea, ou seja, a ferrovia ficará dentro do quilombo. Esta situação não é recomendada, uma vez que, certamente, em razão disso, haverá a circulação de pessoas e veículos por sobre a linha férrea, comprometendo a segurança, tanto das pessoas quanto da ferrovia."

Parece-me que houve equívoco na análise promovida pela Diretoria de Infraestrutura Ferroviária.

Com efeito, o que está declarado no Memorial Descritivo é que a área quilombola delimitada *"confronta"* com a Ferrovia, o que significa dizer que ela está limitada pela faixa de domínio ferroviária, portanto, não invadindo a área pública de uso comum afetada à prestação do serviço de transporte ferroviário, como, inclusive, se vê da planta de fls. 13, onde a Ferrovia Centro Atlântica está situada *no limite* da área delimitada como ocupada pela comunidade quilombola.

Somente nos momentos acima referidos é que se faz referência a duas *travessias* da Ferrovia, a qual, observados os critérios e a regulamentação para tanto destinadas a garantir a segurança da própria comunidade quilombola, não vejo como suficiente para comprometer a integridade e intangibilidade da área pública de uso comum afetada ao serviço público ferroviário federal.

Aliás, não poderia ser de outro modo, visto que o que é assegurado pela Constituição Federal é que *"aos remanescentes das comunidades dos quilombos que estejam ocupando suas terras é reconhecida a propriedade definitiva, devendo o Estado emitir-lhes os títulos respectivos"* (art. 68, do ADCT).

Ora, no caso em apreço, não é possível admitir que o mesmo espaço territorial esteja sendo ocupado pela Ferrovia e a referida comunidade quilombola. A toda evidência, as terras ocupadas pela comunidade quilombola não se confundem com a faixa de domínio da Ferrovia, estando, na realidade, à sua margem.

Os dois *"cortes"* mencionados no Memorial Descritivo podem ser solucionados mediante a anotação no título que deverá ser expedido pelo INCRA de que as travessias na faixa de domínio da Ferrovia Centro Atlântica ficam sujeitas e deverão observar a regulamentação existente, de modo a não expor a risco e comprometer a segurança da própria comunidade quilombola e do serviço público ferroviário que é realizado no local.

Outrossim, recomenda-se também constar do título do INCRA a observância pela comunidade quilombola do disposto no art. 4º, III, da Lei nº 6.766/93, que proíbe qualquer construção a menos de 15 (quinze) metros do limite da faixa de domínio das ferrovias.

Brasília, 21 de outubro de 2011.

SEÇÃO 3

ORIENTAÇÕES SOBRE LICITAÇÃO E CONTRATOS

PARECER/FMRD/PFE/DNIT Nº 01695/2008

Inobservância de Prazos para a
Divulgação de Erratas ao Edital.

As manifestações jurídicas objeto dos Pareceres retro indicam a impossibilidade da lavratura do termo aditivo proposto em virtude de vício durante o procedimento licitatório que deu origem ao contrato, consistente na inobservância de prazos para a divulgação de erratas ao edital, o que teria prejudicado o caráter competitivo do certame.

Não obstante, verifico que, quando da análise e manifestação desta Procuradoria por ocasião da homologação da licitação, concluiu-se favoravelmente à celebração do contrato, sem que fosse apontada qualquer mácula procedimental, especialmente quanto à inobservância dos prazos para a publicação das erratas ao edital (fls. 246 *usque* 247).

Também não se extrai da instrução processual qualquer inconformismo de quaisquer interessados na contratação sobre os supostos prejuízos ao caráter competitivo do certame, o que seria de se esperar porque sói ocorrer em casos semelhantes.

Assim, bem sopesados os fundamentos elencados nos Pareceres *retro*, cujas judiciosas considerações sobre o cumprimento dos prazos destinados à divulgação dos atos licitatórios merecem a devida e regular atenção e observância, não vislumbro os fatos apontados como suficientes para produzir os efeitos propostos, máxime para anular a licitação realizada e, consequentemente, a contratação.

Penso que, ao contrário, deve prevalecer o interesse público na continuidade da avença em homenagem ao *princípio da segurança jurídica*, até porque esta Procuradoria Especializada, ao seu tempo e modo, manifestou-se favoravelmente à contratação.

Assim, não se pode retornar ao exame de questões que já foram analisadas e aprovadas pela própria Procuradoria, gerando para a Administração instabilidade e insegurança jurídica nas relações constituídas, aprovando para, posteriormente, desaprovar o que já foi feito. Estaríamos procedendo, em última análise, mais como um auditor do que propriamente como um Advogado Público, o qual, a meu juízo, deve procurar ministrar, assistir e orientar o administrador com soluções para os problemas jurídicos que lhe são submetidos, de modo que possam avançar e serem concretizados os programas e as políticas públicas definidas.

Com efeito, o processo foi submetido à Procuradoria para que fosse analisada a pretensão de formalização de termo aditivo relativo à revisão de projeto em fase de obras. Esse, portanto, o objeto da análise e manifestação jurídica. Todas as demais questões abordadas quando do solicitado exame, escapam ao âmbito da análise requerida, justo porque já foram anteriormente apreciadas e decididas pelo Procurador Chefe desta Especializada.

Ademais, não se pode simplesmente ignorar os efeitos jurídicos gerados e produzidos em favor do Contratado, que poderiam ser opostos à Administração, em detrimento do interesse público quanto à execução do objeto contratado.

Por outro prisma, os princípios que norteiam a divulgação dos atos licitatórios se destinam, precipuamente, a oferecer aos interessados a oportunidade de contratar com a Administração. No entanto, o que dos autos emerge é que nenhum interessado se insurgiu quanto à inobservância de prazos, pelo que entendo que seria agora, após ter sido o contrato celebrado há quase dois anos, ofensiva ao princípio da razoabilidade a decisão de declarar a nulidade da licitação, com consequências funestas, principalmente, senão exclusivamente, para o próprio interesse público.

Outrossim, mesmo diante de situações onde a análise jurídica se defronte com vícios que possam macular a avença administrativa, é preciso que o Advogado Público leve em consideração o *princípio da segurança jurídica*, cuja observância decorre do disposto no art. 2º da Lei nº 9.784, de 29.01.1999, e já foi consagrado em decisões do Supremo Tribunal Federal, como essas abaixo transcritas:

"Na hipótese, a matéria evoca, inevitavelmente, o princípio da segurança jurídica. Esse princípio foi consagrado na Lei nº 9.784, de 29 de janeiro de 1999, que regula o processo administrativo no âmbito da Administração Pública Federal, tanto em seu artigo 2º, que estabelece que a Administração Pública obedecerá ao princípio da segurança jurídica, quanto em seu artigo 54, que fixa o prazo decadencial de cinco anos, contados da data em que foram praticados os atos administrativos, para que a Administração possa anulá-los. Em diversas oportunidades esta Corte manifestou-se pela aplicação desse princípio em atos administrativos inválidos, como subprincípio do Estado de Direito, tal como nos julgamentos do MS 24.268, DJ 17.09.04 e do MS 22.357, DJ 05.11.04, ambos por mim relatados." (RE nº 466.546-8/RJ; Relator Ministro Gilmar Mendes; Julgamento 14.02.2006; Segunda Turma; DJ, 17 mar. 2006)

"Desde sempre a melhor doutrina destacou, especialmente a partir das experiências européias, que, em razão das exigências axiológicas antes referidas — e, também, do devido processo legal —, na anulação de ato administrativo devem ser considerados, como parte do problema jurídico a equacionar, a existência, de um lado, da "possibilidade de haver-se como legítimo ato nulo ou anulável, em determinadas e especialíssimas circunstâncias, bem como a constituição, em tais casos, de direitos adquiridos, e, de outro lado, considerando-se exaurido o poder revisional ex officio da Administração, após um prazo razoável." (REALE. Revogação e anulamento do ato administrativo, p. 67-73. Recurso Extraordinário nº 218.141. AgR/SP, parte do Voto proferido pelo Ministro Rel. Gilmar Mendes)

Finalmente, sobre o aditivo proposto, uma vez supridas as informações, motivações e justificativas suscitadas no Parecer nº 1.676/2008, com as alterações sugeridas na respectiva minuta, entendo que estaria em condições de ser celebrado.

Brasília, 17 de novembro de 2008.

PARECER/FMRD/PFE/DNIT Nº 01757/2008

Correção Monetária e Juros de Mora.
Incidência independente de Ajuste Contratual.

Em se tratando de pagamentos feitos com atraso, são devidas tanto as parcelas de correção monetária como as de juros moratórios.

Quanto à correção monetária o próprio Acórdão TCU – Plenário nº 1.503/2003, transcrito no Parecer retro, admite a sua incidência mesmo quando não prevista no edital ou no Contrato. É que, como consignado, trata-se de *"preservar o poder aquisitivo da moeda"*, de mera atualização monetária, decorrente *"de inadimplemento de obrigações contratuais"*, conforme consignado pelo art. 15, da Lei nº 10.192/2001.

Quanto ao índice a ser aplicado, oriento que deverá ser aquele que resulte em menor correção, à falta de expressa estipulação contratual.

Sobre os juros moratórios, cabem duas observações:

a) Em primeiro lugar, juros de mora jamais na história do Direito foi considerado pena ou penalidade. Quanto a esse aspecto, há manifesto equívoco na orientação do TCU, citada no Parecer *retro*.

Trata-se de fruto civil, que decorre de todo e qualquer negócio jurídico, e são devidos pelo *"inadimplemento da obrigação, positiva e líquida, no seu termo"* (art. 397, do CCB).

A propósito, desde 1916 ensinava Clóvis Beviláqua, ao comentar o art. 60, do antigo Código Civil Brasileiro, que: *"Fructus são as utilidades, que a coisa, periodicamente, produz. Frutus est quidquid ex re nasci et renasci solet. São riquezas, normalmente, produzidas pelo capital. Dizem-se: naturais, quando resultam do desenvolvimento próprio, da força orgânica da coisa; industriaes, se devidos a intervenção do esforço humano sobre a natureza; e civis, quando são rendimentos tirados da utilização da coisa frugifera, por outrem, que não o proprietário, como: os juros, os alugueis, os foros, as rendas"* (*Código Civil dos Estados Unidos do Brasil*, p. 307).

Quanto à *mora*, ensinava o Mestre com acurada atualidade que: "é o retardamento na execução da obrigação. Se por culpa do devedor, a mora se diz *solvendi; se por culpa do credor, se denomina accipiendi. É uma das formas de culpa do devedor"* (BEVILÁQUA. *Direito das Obrigações*, p. 107).

Já *pena* ou *penalidade* decorre de *cláusula penal*, que é um instituto jurídico distinto e específico, geralmente pactuada com a estipulação de uma *multa* pelo inadimplemento contratual. Sua exigibilidade, todavia, ao contrário do que se dá com a *correção monetária* e os *juros de mora*, não decorre da lei, mas do contrato, não sendo e não podendo ser presumida, posto que dependente de expressa estipulação pelas partes contratantes.

Não se pode, assim, confundir os *juros de mora* com a *cláusula penal* (art. 408 e seg. do CCB), esta sim sujeita à prévia estipulação entre as partes para que possa ser exigida.

A par desses ensinamentos e aplicando ao caso concreto, concluímos que os *juros de mora* não se constituem em *pena* ou *penalidade*, sendo os rendimentos devidos pelo DNIT ao Contratado, em virtude do retardamento no cumprimento da obrigação de pagar, no prazo ajustado, as parcelas relativas aos serviços executados.

b) A exigibilidade dos *juros de mora* e da *correção monetária* decorre da lei, vale dizer, são devidos independente de ajuste contratual, que no caso até se deu como reconhecido no item 9 do Parecer retro.

Assim, supridos os esclarecimentos quanto ao referido no item 28 do Parecer *retro*, poderá o feito prosseguir para a liquidação do débito.

Brasília, 24 de novembro de 2008.

PARECER/FMRD/PFE/DNIT Nº 00109/2009

Contrato de Manutenção da Sinalização
Rodoviária. Serviço Continuado.

O processo foi analisado por esta Procuradoria em caráter excepcional, visto que em casos semelhantes houve manifestação expressa dessa Diretoria invocando o art. 1º da Portaria nº 448/2008, segundo o qual ficou reservado o direito de exercício pela Administração Central das mesmas atribuições que foram delegadas às Superintendências Regionais pela Portaria nº 311/2007.

Assim, se os contratos do PROSINAL e do PAC devem ser geridos e administrados diretamente pela Administração Central da Autarquia, e não por suas respectivas Superintendências Regionais, isto deve ser expressamente consignado, de modo que sejam excluídos do alcance da Portaria nº 311/2007.

De acordo com o Parecer *retro*, haveria óbices à celebração do termo aditivo pretendido, os quais são resumidos do seguinte modo:

a) Os serviços contratados não teriam a natureza continuada;

b) A instrução processual é deficiente quanto à demonstração da necessidade do aumento da parcela de reajustamento e do valor contratual.

Sobre a natureza continuada dos serviços de sinalização rodoviária

Quanto à natureza continuada dos serviços, penso que constitui matéria já analisada e superada por esta Procuradoria quando da prorrogação do prazo contratual, objeto do aditivo anterior, quando, então, se admitiu a natureza contínua dos serviços de *manutenção* da sinalização rodoviária, excluindo expressamente aqueles destinados a sua *implantação*, à luz do Acórdão nº 1.805/2004 – Plenário, do Tribunal de Contas da União (TCU).

Desse modo, existindo expressa manifestação daquela Corte de Contas admitindo a natureza contínua dos serviços de manutenção da sinalização rodoviária, deve-se prestigiá-la e, consequentemente, atender o interesse público declinado pela Administração de permanecer com a contratação, nos limites temporais consignados pela legislação. Afinal, na atuação consultiva atribuída aos Procuradores Federais o entendimento pessoal deve ceder em virtude da orientação que, com apoio legal, doutrinário e jurisprudencial, mais se acomode aos interesses, que são públicos, da Administração, contribuindo, assim, para a implantação ou a continuidade dos programas e ações governamentais a cargo da Autarquia.

Não obstante, em respeito e atenção ao Ilustre Procurador que subscreve o Parecer retro, não poderia me furtar da análise de suas considerações quando não reconhece a natureza continuada dos serviços contratados, até para que, num esforço derradeiro, possa somar esforços visando à uniformidade do pensamento jurídico desta Procuradoria sobre o tema, cujo dever, na qualidade de Chefe, me é imposto.

Nesse sentido, observo que o Ilustre Procurador inicia sustentando que *"a continuidade não se refere propriamente à forma como o serviço é executado, mas sim à permanente necessidade administrativa de que a utilidade seja oferecida"* e de que na espécie — manutenção da sinalização — *"não há nada que assegure a necessidade de se realizar o mesmo serviço novamente, em caráter contínuo, já que a nova deterioração do material de sinalização equipara-se a uma condição, ou seja, é um evento futuro e incerto"*. Acrescenta, ainda, que *"a natureza continuada equivaleria a afirmar a permanente necessidade de reposição dos respectivos itens de serviço continuamente, o que não me parece correto"*. Finalmente, destaca que, tratar este contrato como de natureza contínua, implica o seguinte questionamento: *"como formular os quantitativos de serviços ao tempo do procedimento licitatório, se não há possibilidade de prever os desgastes na sinalização que advirão futuramente?"*.

Quanto ao aspecto da *"permanente necessidade de reposição dos respectivos itens de serviço continuamente"*, penso que decorre da própria lei, seja no âmbito da disciplina do tráfego e do trânsito rodoviário, seja sob a égide dos deveres institucionais impostos ao DNIT.

Com efeito, prescreve textualmente o Código de Trânsito Brasileiro que:

"Art. 1º (...)

§2º O trânsito, em condições seguras, é um direito de todos e dever dos órgãos e entidades componentes do Sistema Nacional de Trânsito, a estes cabendo, no âmbito das respectivas competências, adotar as medidas destinadas a assegurar esse direito.

§3º Os órgãos e entidades componentes do Sistema Nacional de Trânsito respondem, no âmbito das respectivas competências, objetivamente, por danos

causados aos cidadãos em virtude de ação, omissão ou erro na execução e manutenção de programas, projetos e serviços que garantam o exercício do direito do trânsito seguro.

(...)

Art. 88. Nenhuma via pavimentada poderá ser entregue após sua construção, ou reaberta ao trânsito após a realização de obras ou de manutenção, enquanto não estiver devidamente sinalizada, vertical e horizontalmente, de forma a garantir as condições adequadas de segurança na circulação.

(...)

Art. 90. Não serão aplicadas as sanções previstas neste Código por inobservância à sinalização quando esta for insuficiente ou incorreta.

§1º O órgão ou entidade de trânsito com circunscrição sobre a via é responsável pela implantação da sinalização, respondendo pela sua falta, insuficiência ou incorreta colocação."

Qual se vê dos dispositivos legais acima transcritos, o direito ao trânsito seguro pressupõe, necessariamente, a correta sinalização da via, bem assim a sua *permanente manutenção*, posto que só assim ficará assegurada, *de forma contínua*, a efetiva fruição desse direito. Mais do que isso, estabelece que a responsabilidade por essa atribuição cabe aos órgãos ou entidades com circunscrição sobre a via, exonerando os possíveis infratores quando a sinalização for inexistente, insuficiente ou incorreta.

Ora, não vejo como se possa assegurar o direito ao trânsito seguro sem que o serviço de sinalização viária seja permanentemente garantido. A efetividade daquele direito não se esgota com a implantação do serviço de sinalização, mas se prolonga no tempo. É o próprio uso das rodovias o maior responsável pelo desgaste da sinalização, especialmente quando horizontal, onde, também por força das intempéries climáticas, se exige a permanente manutenção, como, *v.g.*, o avivamento das pinturas de eixo e de bordo da pista de rolamento ou a reposição de taxas refletivas. Mesmo relativamente à sinalização vertical, é também comum e natural o seu desgaste, depredação ou remoção clandestina, além de sofrerem danos por conta dos acidentes registrados.

Tudo isso recomenda e obriga o DNIT, no âmbito das rodovias federais, a manter intensa, continuada e permanente atuação, de modo a preservar e manter a sinalização que implantou. Em razão disso, a própria Lei nº 10.233/2001, que criou a Autarquia, se encarregou de prescrever:

"Art. 4º São objetivos essenciais do Sistema Nacional de Viação:

I – dotar o País de infra-estrutura viária adequada;

II – garantir a operação racional e segura dos transportes de pessoas e bens;

§1º Define-se como infra-estrutura viária adequada a que torna mínimo o custo total do transporte, entendido como a soma dos custos de investimentos, de manutenção e de operação dos sistemas.

§2º Entende-se como operação racional e segura a que se caracteriza pela gerência eficiente das vias, dos terminais, dos equipamentos e dos veículos, objetivando tornar mínimos os custos operacionais e, conseqüentemente, os fretes e as tarifas, e garantir a segurança e a confiabilidade do transporte.

(...)

Art. 80. Constitui objetivo do DNIT implementar, em sua esfera de atuação, a política formulada para a administração da infra-estrutura do Sistema Federal de Viação, compreendendo sua operação, manutenção, restauração ou reposição, adequação de capacidade, e ampliação mediante construção de novas vias e terminais, segundo os princípios e diretrizes estabelecidos nesta Lei."

Os dispositivos legais acima transcritos deixam claro que ao DNIT compete assegurar uma infraestrutura *adequada* para permitir uma operação racional e *segura* do tráfego e do trânsito rodoviário. A par disso, difícil é imaginar que uma rodovia possa ser considerada *adequada e segura* sem sinalização, ou com a mesma deficiente. Também difícil é imaginar que, uma vez implantada a sinalização, ela possa permanecer adequada de modo indefinido e permanente, sem a contínua e regular, *v.g.*, reposição de equipamentos ou revisão da pintura das faixas. É da própria natureza do serviço de sinalização o seu contínuo acompanhamento, visto que a lei proíbe e não permite a sua *"falta, insuficiência ou incorreta colocação"*.

Não foi, portanto, por coincidência, que o Regimento Interno do DNIT se esmerou em cuidar do assunto, tratando do serviço de sinalização em numerosos dispositivos, quais sejam: art. 90, incisos III, XII, XIII, XIV, XVI, XVII, XVIII, XX, XXI, XXII, XXIII, XXIV, XXVII, XXVIII, XXX, XXXIX, LXI, LXVII e LXVIII; art. 115, incisos XXII, XXVII, XXIX, XXX, demonstrando, induvidosamente, que a atividade reclama permanente acompanhamento, exigido pelo desgaste natural do próprio serviço posto à disposição e para garantir a segurança dos usuários da rodovia.

Tanto assim que os dispositivos regimentais erigiram à condição de programa institucional os denominados *"Planos Anuais de Trabalho de Sinalização"*, vale dizer, não se trata de serviço cuja contratação possa se sujeitar ao critério discricionário de conveniência e oportunidade a juízo do Administrador, mas que deve ser prestado de forma contínua e permanente, de modo a assegurar e garantir o direito ao trânsito seguro imposto por lei.

Aliás, atento à necessidade legal de ser garantida a fruição do direito ao trânsito seguro, particularmente considero de natureza contínua não apenas os serviços de sinalização, mas todo e qualquer serviço vinculado à *manutenção ou conservação* da infraestrutura rodoviária federal. Do mesmo modo que a *"falta, insuficiência ou incorreta colocação"* da sinalização compromete o direito ao trânsito seguro, também as demais deficiências na pista de rolamento e serviços outros na faixa de domínio da rodovia impedem o seu regular exercício.

Não foi por outras razões que os Ilustres Ministros do Tribunal de Contas da União (TCU), em Seção Plenária, no Acórdão nº 1.805/2004, acompanharam o Voto do Ministro Relator Adilson Motta, cujas conclusões, por sua relevância e clarividência, recomendam a transcrição dos seguintes trechos:

"A sinalização é fator fundamental para a segurança dos usuários das rodovias. Uma boa sinalização evita acidentes de toda espécie.

Como tal, e para que se tenha uma sinalização adequada, deve-se ter continuamente, sem interrupção, 24 horas por dia, 7 dias por semana, 30 dias por mês e 365 dias por ano a manutenção da rodovia como sendo cada estrada um sistema fechado, que só deveria funcionar (leia-se ser colocada à disposição da sociedade) se todas as suas partes estivessem adequadamente preparadas, como nos sistemas de informática.

(...)

Entendo que falta, exatamente, continuidade na prestação dos serviços de manutenção. E nesse sentido, contratos de sinalização rodoviária de natureza contínua seriam, no meu entendimento, os mais adequados para a real segurança dos usuários das rodovias, visto que mais ágeis e mais econômicos para o Erário.

(...)

... mesmo após concluída a sinalização rodoviária, pode-se ter necessidade dos mesmos serviços no dia seguinte à inauguração da rodovia, uma vez que acidentes, incêndios na vegetação próxima à via ou mesmo atos de vandalismo poderão danificar o sistema de sinalização. Exatamente a inexistência de um serviço continuado tem deixado a sinalização viária de nossas estradas federais entregue ao acaso.

Além disso, deve-se lembrar do tratamento dado às empresas concessionárias, uma vez que nos contratos de concessão firmados com os Entes Federais reconhece-se que a manutenção, inclusive a sinalização das vias, é serviço de natureza contínua. Ou seja, por que não dar o mesmo tratamento às estradas sob gestão do poder público?

Com efeito, dever-se-ia dar o mesmo tratamento a ambas as situações.

(...)

Exatamente para o caso da sinalização rodoviária estaria caracterizada a satisfação de necessidades públicas permanentes de serviço a ser prestado, já que seu atendimento, evidentemente, não exaure prestação semelhante no futuro, por se tratar de manutenção preventiva e corretiva da via, semelhante aos serviços de segurança e patrulhamento.

Com efeito, o serviço rodoviário por si só é de natureza contínua em sua essência e, da mesma forma, a manutenção das vias, lato sensu, deve também ser considerada como tal. Ou seja, ao se falar, evidentemente, de serviços de qualidade a serem prestados aos usuários das rodovias, não há como desconsiderar tais realidades.

Não há descontinuidade dos serviços, tampouco necessidades esporádicas e incertas, porque além da manutenção corretiva há que se considerar a manutenção preventiva, esta fundamental para que se tenha um serviço de qualidade e com a segurança requerida pelos usuários. A manutenção preventiva para o caso da sinalização deve incluir, inclusive, a supervisão permanente do estado de conservação da sinalização, a limpeza da vegetação da via, como também das placas e a recuperação de faixas e outras utilidades horizontais. (...)

A par da manutenção preventiva, inclusive limpeza das vias quanto à vegetação que encobre a sinalização vertical — e que deve ser permanentemente acompanhada —, há que se considerar exatamente a necessidade de se reparar trechos em pior estado de conservação de forma célere, tempestiva, sem que haja descontinuidade da segurança do usuário, que paga impostos e merece ter atendidas suas necessidades de tráfego.

Assim, os serviços deverão ser prestados ao longo de toda a rodovia, independentemente de ter ocorrido sinistro ou dano à sinalização, não se vislumbrando ser a manutenção da sinalização rodoviária apenas uma ação reativa, mas, e fundamentalmente — deve-se desenvolver esse padrão cultural — uma ação pró-ativa, preventiva, pois da maneira como é realizada hoje, a manutenção das rodovias deixa a desejar sob todos os aspectos, já que se passam meses e até mesmo anos sem que haja qualquer reparo de sinalização danificada e, ainda, sem que se mantenha a qualidade da sinalização, elemento fundamental para a preservação de vidas humanas.

Há que se frisar, também, para o fato de que celeridade na prestação dos serviços discutidos neste processo é fator fundamental para a qualidade do serviço prestado, isto é, não se pode esperar que uma licitação futura, ou mesmo a assinatura futura de contrato específico vá garantir a segurança do cidadão que trafega quotidianamente em nossas rodovias, cabendo destacar, como muito bem alertou o eminente Ministro-Relator a quo, que as rodovias transportam 96% dos viajantes no Brasil.

Com regras claras e estáveis há que se supor que o princípio da continuidade do serviço público restará preservado, com diminuição de custos para a Administração e maior qualidade para o usuário, estando a segurança implícita no quesito qualidade. Para tanto, deve-se confiar na capacidade técnica e seriedade dos gestores responsáveis por tão importante segmento dos serviços públicos, bem assim na vontade política de se resolver problemas de tão grave envergadura. (...)"

Outro aspecto enfocado pelo Ilustre Procurador é quanto ao fato de os desgastes sofridos pela sinalização constituir, a seu juízo, *"um evento futuro e incerto"*, o que impediria a possibilidade, no procedimento licitatório que deu origem ao contrato, de serem estimados os respectivos quantitativos de serviço necessários ao cabo do prazo inicialmente previsto.

Permito-me, com todas as vênias, discordar sobre ser o desgaste sofrido pela sinalização um evento *"futuro e incerto"*. Pelo oposto, considero-o *certo e simultâneo* à própria execução do serviço, justo porque não se sinaliza uma rodovia intrafegável, caso em que seria admissível aquele entendimento. O que provoca o desgaste é exatamente o uso da rodovia. O tráfego não é interrompido por ocasião do serviço, mas se mantém permanentemente intenso e fluindo durante toda a sua execução, provocando, consequentemente, o desgaste dos serviços realizados, mesmo com observância às normas e especificações de qualidade. Também as intempéries climáticas respondem em boa dose pelos desgastes ocorridos. Ora, tais fatores não podem ser considerados futuros ou incertos, são contemporâneos à realização do serviço e gozam de certeza absoluta quanto a sua ocorrência.

Por isso mesmo não é necessária qualquer estimativa por ocasião da licitação. Quando da prorrogação o que se dá, na realidade, é uma nova etapa dos mesmos serviços contratados. Aliás, não poderia ser diferente, sob pena de alteração do objeto contratual, o que é vedado pela lei.

Destarte, por ocasião do vencimento do contrato, o que se faz é a renovação do que foi adredemente contratado, à luz dos quantitativos originais, porque os serviços de sinalização devem se repetir continuamente enquanto existir a rodovia e o seu respectivo tráfego.

Por tudo isso, entendo que não reconhecer como contínuos os serviços de manutenção da sinalização rodoviária equivale a tornar ineficaz o direito ao trânsito seguro.

Sobre o aumento de valor contratual

O aumento de valor proposto para a nova etapa decorrente da prorrogação implementada deve corresponder àquele que foi objeto da proposta atualizada da Contratada, considerando-se o necessário desconto por ela oferecido, de modo a assegurar a vantagem econômica e financeira na manutenção da contratação, em detrimento de nova licitação, como exigido pelo disposto no inciso II do art. 57, da Lei nº 8.666/93.

Parece-me, assim, que o desconto oferecido pela Contratada atende a exigência legal da *"obtenção de preços e condições mais vantajosas para a Administração"*, já que os serviços permanecerão sendo prestados por valores inferiores àqueles que foram obtidos no procedimento licitatório que deu origem ao contrato, sofrendo, apenas, a sua atualização monetária. Portanto, se os preços iniciais foram considerados vantajosos quando da primitiva contratação, porque não seriam agora quando inferiores?

De qualquer sorte, o critério do desconto escolhido pela Administração em substituição a uma pesquisa mercadológica é fato que se circunscreve ao seu juízo discricionário, de conveniência e oportunidade, e por isso integra o mérito da decisão, pela qual é responsável.

Sobre a correção da previsão de reajustamento contratual

Quanto às medidas corretivas implementadas na previsão de reajustamento contratual, considero matéria estranha ao âmbito jurídico, como enfatizado, inclusive, no Parecer retro, já que envolve procedimento técnico atrelado ao sistema de medição do DNIT, que teria gerado, segundo a Diretoria de Infraestrutura Rodoviária, *"inconsistências"*. Sendo assim, até prova em contrário, devem ser consideradas procedentes as justificativas apresentadas para proceder às correções apontadas, em homenagem ao princípio da presunção da verdade que milita em favor da Administração, gerando os novos valores apurados que são, tanto quanto aquele indicado para o aumento do valor contratual, de responsabilidade exclusiva da Diretoria gestora do contrato.

Finalmente, relativamente à minuta de termo aditivo apresentada, parece-me estar de acordo com o modelo padrão adotado pelo DNIT, contendo as cláusulas necessárias aos ajustes pretendidos e com fundamentação legal adequada, pelo que poderá ser submetida à aprovação da Diretoria Colegiada, visando a sua formalização.

Antes, porém, deverá ser verificada a disponibilidade orçamentária para fazer face aos aumentos que serão implementados, bem assim serem juntadas aos autos as declarações de responsabilidade fiscal e de preenchimento, pela Contratada, das condições de habilitação e qualificação exigidas na licitação, conforme o disposto no art. 55, inciso XIII, da Lei nº 8.666/93, em especial a sua regularidade fiscal e/ou no SICAF (caso tenha optado por este cadastro).

Brasília, 23 de janeiro de 2009.

PARECER/FMRD/PFE/DNIT Nº 01561/2009

Cessão de Contrato.

Trata-se da análise dos procedimentos adotados pelo Estado do Amazonas para restabelecer o ritmo das obras e serviços de engenharia, relacionados aos Convênios nºs 111/05, 135/05, 140/05, 139/05, 263/05, celebrados com o DNIT, que geraram os Contratos nºs 012/06, 014/06, 018/06, 021/06 e 037/06, cujo objeto é a construção de Terminais Hidroviários no Estado do Amazonas.

Ocorre que, segundo se extrai do processo, as Contratadas não cumpriram as etapas parciais dos cronogramas físicos definidos para a consecução dos objetos, o que levou a Administração Estadual a promover a cessão dos contratos a outras empresas.

De acordo com os Termos de Cessão firmados, o Estado do Amazonas, na condição de contratante do pacto originário, é representado pelo Secretário de Estado de Infraestrutura, figurando como anuente, e as primitivas contratadas como cedentes.

Conforme advertido no Parecer retro, não há nos autos notícia de que os convênios em apreço tiveram os seus prazos prorrogados. A análise que se segue considera que eles foram prorrogados, devendo a Administração juntar ao processo os respectivos termos aditivos de prorrogação.

Aproveito para ressaltar que é imprescindível que os processos encaminhados a esta Procuradoria estejam devidamente instruídos, de forma mais completa possível, a fim de se evitarem análises equivocadas, já que o Procurador Federal somente pode considerar, em seu exame, a documentação juntada aos autos.

A consulta formulada pela DAQ/DNIT decorre da seguinte disposição presente em todos os Convênios:

"CLAUSULA QUINTA – DA FISCALIZAÇÃO
(...)
Parágrafo Primeiro – Os projetos básicos, editais de licitações, contratos e seus aditivos, ordens de serviços, projeto executivo, alterações necessárias e demais assuntos pertinentes deverão ser providenciados

e propostos pela CONVENENTE e encaminhados para manifestação da Comissão Paritária, e aprovado pelo Diretor de Infraestrutura Aquaviária/DNIT."

Após a emissão do Parecer *retro*, esta Chefia solicitou à DAQ/ DNIT que suprisse a instrução do processo com outros documentos necessários à análise jurídica, o que foi atendido com o esclarecimento em Nota Técnica de que a aprovação ou não das cessões realizadas seria promovida após a manifestação desta Procuradoria. Em decorrência, foram juntados ao processo os seguintes documentos: a) editais de licitação; b) pareceres jurídicos da SEINF/AM; c) Nota Técnica da DAQ/ DNIT, objeto do Memorando nº 408/2009/DAQ.

Do exame jurídico da cessão

A propósito do assunto, a Lei nº 8.666, de 21 de junho de 1993, dispõe que:

> *"Art. 78. Constituem motivo para rescisão do contrato:*
> *(...)*
> *VI – a subcontratação total ou parcial do seu objeto, a associação do contratado com outrem, a cessão ou transferência, total ou parcial, bem como a fusão, cisão ou incorporação, não admitidas no edital e no contrato;"*

Sobre a correta interpretação desse dispositivo legal, existem divergências doutrinárias sobre a possibilidade ou não da cessão contratual. Dentre os expoentes que defendem uma posição mais liberal, cito o consagrado Professor Leon Frejda Szklarowsky, que elaborou aprofundado estudo sobre o tema, acostado a este parecer. Nessa mesma linha, parece ter sido o entendimento do Tribunal de Contas da União, qual se vê do Acórdão nº 1.978/2004 – Plenário, também anexo, onde consta a seguinte determinação:

> *"9.2.1. observar estritamente o disposto no art. 78, inciso VI, da Lei 8.666/1993, quanto à vedação de subcontratação total ou parcial do objeto do contrato, a associação do contratado com outrem, a cessão ou transferência, total ou parcial, bem como a fusão, cisão ou incorporação, quando não admitidas no edital e no instrumento contratual dele decorrente, observando, ainda, o entendimento firmado por este Tribunal mediante a Decisão 420/2002/TCU-Plenário."*

Não obstante abalizadas lições em contrário, filio-me à corrente doutrinária mais liberal, no sentido de que a legislação, em especial o art. 78, inciso VI, da Lei nº 8.666/93, admite a possibilidade da cessão do contrato, desde que por ele autorizada e, *principalmente*, pelo edital que lhe deu origem.

O adjetivo grifado não foi em vão. Com efeito, assim como o edital deve observar a lei, o contrato não pode contrariar o edital. O edital e o contrato são duas faces da mesma moeda, que é a lei. Uma vez atendidos os pressupostos legais, o edital passa a ser a lei do contrato, considerando-se não escritas as cláusulas contratuais que o contrariem. Esses conceitos de tão comezinhos dispensam maiores citações legais ou doutrinárias.

Daí por que, para responder à consulta, passo ao exame dos editais e respectivos contratos celebrados.

No caso, os editais dispõem que:

"Seção 14 – DAS CONDIÇÕES DO CONTRATO DE EXECUÇÃO.
(...)
4. É vedada a cessão total do contrato. A licitante Contratada não poderá subcontratar parcialmente as obras e os serviços objeto deste Edital, sem prévia autorização por escrito da Contratante."

Por sua vez, estabelecem os contratos o seguinte:

CLÁUSULA DÉCIMA QUINTA:
DA SUBCONTRATAÇÃO:
"A contratada não poderá ceder ou subcontratar parcial ou totalmente, as obras e serviços, objeto deste contrato, sem a prévia autorização do contratante, ressalvando-se que, quando concedida a subcontratação, obriga-se a contratada a celebrar o respectivo termo de contrato com inteira obediência aos termos do contrato original firmado com o contratante e sob a sua exclusiva responsabilidade, reservando-se, ainda, o contratante o direito de, a qualquer tempo, dar por terminado o subcontrato, sem que caiba a subcontratada motivos para reclamar indenizações ou prejuízos."

De pronto, observo que há manifesta contrariedade entre o que vem disposto no edital em confronto com a redação contratual. Enquanto que o edital proíbe, taxativamente, a cessão *total* do contrato, o próprio contrato, *a contrario sensu*, a admite, visto que subordina "à prévia autorização do contratante".

Portanto, não foi, como deveria, observada a redação contida no edital quando da elaboração da minuta de contrato e do próprio instrumento em que formalizou-se a relação obrigacional primitiva, pelo que considero como não escrita a cláusula contratual em apreço, prevalecendo para todos os efeitos legais a redação primitiva do edital.

Por outro lado, não procede o argumento defendido pela Assessoria Jurídica da Convenente no sentido que a hipótese seria de *cessão parcial* do contrato e, consequentemente, haveria permissivo editalício e contratual, desde que autorizada pela Contratante.

Com efeito, tanto no edital como no contrato não se cuida desse tipo de cessão. O que está consignado no edital é a possibilidade da *subcontratação parcial*, que é possível. Já a menção à *subcontratação total*, prevista apenas no contrato, não possui respaldo legal, seja porque não autorizada pelo edital que lhe deu origem, seja porque equivale à cessão ou sub-rogação do contrato.

Assim, não há que se cogitar de *cessão parcial*. A cessão será sempre total, ou não ocorrerá. O que a legislação permite ocorrer, desde que previsto no edital e no contrato, é a *subcontratação*, que no âmbito dos contratos administrativos só se admite quando *parcial*.

Os institutos jurídicos não se confundem. Enquanto a *subcontratação* envolve, apenas e tão somente, o cometimento a terceiros de partes da execução do objeto, mantendo-se o vínculo primitivo com a contratada, na *cessão* há a despedida integral da contratada da relação contratual, que é substituída por um terceiro, com quem passará o contratante a manter nova relação contratual, ainda que sob a égide dos direitos e obrigações primitivos.

Confira-se, a propósito, o que dispõe a Lei nº 8.666/93 sobre a subcontratação:

> *"Art. 72. O contratado, na execução do contrato, sem prejuízo das responsabilidades legais e contratuais, poderá subcontratar partes da obra, serviço ou fornecimento, até o limite admitido, em cada caso, pela Administração."*

Relativamente à cessão, ensina a doutrina que:

> *"A cessão opera-se pela transferência ou substituição da contratada por outra. O cessionário coloca-se na posição da contratada, assumindo a sua postura. A pessoa do contratado substitui-se para todos os efeitos, sub-rogando-se o cessionário em todos os seus direitos e obrigações..." (Leon Frejda Szklarowsky. Subcontratação e Cessão de Contratos Administrativos, anexo)*

Portanto, a cessão realizada e noticiada nos autos foi, de fato e de direito, *total*, e não *parcial*, como consta das Cláusulas Primeiras dos Termos de Cessão. Na verdade, como as obras já se encontravam em andamento, por ocasião da cessão, a mesma teria sido considerada *parcial* porque, a partir dela, não envolveria mais a parte das obras já executadas, mas sim o remanescente. Todavia, o conceito jurídico da cessão de direitos e obrigações, como já visto, não é quanto ao que foi ou será executado no contrato, mas sim quanto à *transferência das obrigações e direitos decorrentes de um contrato para um terceiro, que substitui o contratado primitivo para todos e quaisquer efeitos legais*. Sobre isso, é farta a citação doutrinária contida no estudo jurídico anexo a este parecer.

Para se chegar a essa conclusão, basta a leitura dos Termos de Cessão, cujas cláusulas são claríssimas quanto a atribuir, *exclusivamente*, à Cessionária (a nova Contratada) todo e qualquer direito ou obrigação decorrente do contrato, visto que foi *"substituída a pessoa da CEDENTE pela da CESSIONÁRIA, no tocante aos mesmos direitos e obrigações objeto da cessão" (parágrafo segundo da Cláusula Primeira)*.

Não posso, assim, considerar a cessão como *parcial*, como fez a Assessoria Jurídica do Convenente, justo porque nenhuma obrigação ou direito restou reservado à Cedente (primitiva Contratada), exceto o suposto direito de reassumir o contrato em caso de rescisão contratual com a Cedente (parágrafo quarto da Cláusula Décima Quinta), o que reforça o meu entendimento de que a cessão foi efetivamente *total*.

Assim, diante da manifesta contrariedade aos editais, seria uma irresponsabilidade profissional admitir como regulares as cessões operadas pelo Convenente ou orientar a DAQ/DNIT para que as aprove.

Embora consciente das implicações administrativas que esta manifestação possa causar, com o retardamento de obras que, reconheço, são de extrema relevância menos para a Administração e muito mais para as comunidades locais que necessitam, e não é de hoje, de tratamento mais digno e humano, é preciso conferir um mínimo de segurança jurídica no desenvolvimento desse projeto, a fim de que não sofra solução de continuidade por conta de intervenções dos órgãos de controle externo, especialmente do Tribunal de Contas da União, com a responsabilização dos gestores por atos não amparados na legislação que disciplina os contratos.

Pelo exposto, face a situação narrada pelo Estado do Amazonas, bem assim as respeitáveis considerações formuladas pela DAQ/DNIT, penso que a solução legal mais adequada e responsável é o Estado do Amazonas tornar sem efeito as cessões realizadas, promover a rescisão contratual com a primitiva Contratada e instaurar novo procedimento licitatório, de modo que se possa dar continuidade aos Convênios celebrados.

Brasília, 20 de agosto de 2009.

PARECER/FMRD/PFE/DNIT Nº 01771/2009

Prazo Contratual. Ordem de Início e de
Paralisação. Natureza Jurídica.

Trata-se de solicitação da Diretoria de Planejamento e Pesquisa/
DNIT, visando à análise, por parte desta Procuradoria Federal Especializada, dos aspectos legais da minuta do Primeiro Termo Aditivo
de Rerratificação, Paralisação, Redução de Prazo, Reinício, Restituição
de Prazo, Redução de Valor e Vinculação de Nota de Empenho ao
Contrato PP-047/2009-00, às fls. 1428/1430, celebrado com o Consórcio
RODOPROJ.

O objeto do referido contrato é a elaboração de projeto básico
e executivo de engenharia para as obras de restauração da rodovia
BR-135/MG — CREMA — 2ª etapa.

Através do item 24 do Parecer/EOS/PFE/DNIT nº 01605/2009
(fls. 1434/1438), a ilustre Procuradora Federal considerou que a publicação do extrato de retificação do prazo de vigência (fl. 1413) implicou
alteração do prazo de vigência contratual, que demandaria a devida
motivação, bem como a lavratura de termo de aditamento.

Quanto ao ponto, deve ser esclarecido o seguinte: Não houve
a referida alteração! O prazo de vigência, consoante a Cláusula Sexta
do contrato, "é de 180 (cento e oitenta) dias consecutivos, contados a
partir da data do recebimento da Ordem de Serviço (...)". Esse prazo
permanece o mesmo, pelo que não há que se falar de termo aditivo. O
que houve foi a alteração da data de *recebimento da Ordem de Serviço*,
que passou a ser do dia 1º.04.2009 (fl. 1399), daí por que correta a errata
publicada no *DOU*, a fls. 1413.

Posiciona-se também a ilustre Procuradora no sentido de que a
ordem de paralisação do contrato, levada a efeito em 15.05.2009, não tem
o condão de suspender a vigência contratual, o que somente ocorreria
quando formalizado o devido aditamento.

Quanto ao tema, é relevante considerar que os contratos celebrados
pelo DNIT, como o presente, não estabelecem uma data ou termo para
terem início, da mesma forma que não preveem uma data final ou termo
para serem concluídos. O prazo contratual é, na realidade, estipulado

em determinado número de dias consecutivos, cujo início da contagem se dá por ocasião da *"ordem de início"* expedida pela Administração.

Assim, quando se propõe a lavratura de um aditivo de paralisação, como o dos autos, não se está alterando o contrato ou modificando o prazo contratual, que permanece com a mesma quantidade de dias estabelecido na origem. O aditivo se presta, apenas, para documentar, de forma ordenada, o evento ou mutação sofrida na *contagem* do prazo contratual, que permanece o mesmo.

Repita-se, tecnicamente não seria o caso de aditivo ao contrato, posto que não se está alterando ou modificando nenhuma cláusula contratual, diversamente do que ocorre quando se trata de prorrogação do prazo, situação que provoca, aí sim, uma alteração substantiva do prazo inicialmente contratado.

É, preciso, portanto, atribuir à *"ordem de paralisação"* a mesma força jurídica que é reconhecida à *"ordem de início"*, até porque além de regularem o mesmo fato jurídico — *contagem do prazo contratual* — são emanados da própria Administração, titular da presunção de legitimidade dos atos que pratica.

Do mesmo modo que a *"ordem de início"* dá início à contagem do prazo contratual, sem que se produza qualquer aditivo, o que faz a *"ordem de paralisação"* é suspender aquela contagem. São fatos jurídicos que, embora decorrentes do contrato, não lhe alteram a essência ou qualquer cláusula, mas, apenas, disciplinam e ditam o ritmo dos serviços ou obras pactuadas.

Cabe ainda explicar que, por não ocorrerem num mesmo momento, seria procedimento mais indicado proceder à paralisação e ao reinício dos serviços através de termos aditivos distintos e não através do mesmo instrumento, como proposto. Contudo, no presente caso, o Termo Aditivo prevê data futura para o reinício dos serviços (21.09.2009), pelo que entendo possível a lavratura de um só instrumento para os dois atos.

Quanto ao item 5 do Parecer/EOS/PFE/DNIT nº 01605/2009 (fls. 1434/1438), ratifico que, embora não incumba a esta Procuradoria imiscuir-se nas questões relativas à valoração da motivação dos atos da Administração, a aprovação do Termo Aditivo em análise fica condicionada à apresentação, pela Administração, das razões que motivam a necessidade da paralisação e redução de prazo do contrato.

Por fim, nos itens 26 e 27 do Parecer supracitado, a Procuradora Federal impugnou a redução de valor pretendida, por ultrapassar o limite legal de 25% e também porque seria decorrente de alteração do objeto contratado, o que infringiria o princípio da competitividade do certame licitatório.

Quanto ao ponto, diante das explicações aduzidas na Nota Técnica nº 123/2009 para a inclusão e para a supressão de alguns trechos rodoviários (fls. 1443/1444), parece-me que a alteração pretendida seria possível através de acordo entre as partes contratantes, nos moldes do que dispõe a Lei nº 8.666/93:

> "Art. 65. Os contratos regidos por esta Lei poderão ser alterados, com as devidas justificativas, nos seguintes casos:
>
> (...)
>
> II – por acordo das partes:
>
> (...)
>
> b) quando necessária a modificação do regime de execução da obra ou serviço, bem como do modo de fornecimento, em face de verificação técnica da inaplicabilidade dos termos contratuais originários;
>
> (...)
>
> §2º Nenhum acréscimo ou supressão poderá exceder os limites estabelecidos no parágrafo anterior, salvo:
>
> (...)
>
> II – as supressões resultantes de acordo celebrado entre os contratantes."

Assim, sugiro que a Contratada se manifeste nos autos, quanto à sua anuência ou não acerca da redução de valor pretendida, antes da lavratura do Termo Aditivo em análise.

Caso a contratada concorde com a supressão de trechos rodoviários inicialmente previstos no objeto do contrato, diminui-se a extensão do projeto a ser elaborado, pelo que entendo ser logicamente explicável que se demande menor tempo para a sua execução, como menciona a Nota Técnica nº 100/2009 (fl. 1420). Assim, a redução de prazo aludida no Termo Aditivo em comento também seria cabível. Em decorrência, se modificará também o prazo a ser restituído, como prevê o Termo Aditivo apresentado.

Conforme já mencionado, a referida supressão implicaria também redução de valor do contrato. Por isso, é natural que se proceda à anulação da antiga nota de empenho, posto que contemplava o valor inicialmente previsto no contrato para a vinculação da nova nota. Portanto, o aditamento para vinculação da nota de empenho também depende da concordância da Contratada acerca da citada supressão.

Diante do exposto, desde que atendidas às recomendações apontadas, ou justificada a impossibilidade de seu atendimento, poderá a Administração aprovar e assinar o Termo Aditivo examinado.

Brasília, 09 de setembro de 2009.

PARECER/FMRD/PFE/DNIT Nº 01954/2009

Inobservância de Parecer Jurídico.

O presente foi encaminhado a esta Chefia para que houvesse pronunciamento acerca da inobservância das orientações jurídicas externadas por essa Unidade Jurídica.

Inicialmente, cumpre tecer algumas considerações acerca da natureza dos atos de administração consultiva, notadamente o parecer jurídico.

O parecer, de um modo geral, é a manifestação de órgãos técnicos sobre assuntos levados à sua consideração. Visam elucidar, informar ou sugerir providências administrativas nos atos da Administração.

Assim, todo parecer contém um juízo de valor de quem o emite que, *salvo expressa determinação legal*, não vincula a Autoridade Administrativa responsável pela decisão, que poderá adotar ou não a mesma opinião. Sublinhe-se, por oportuno, que o agente a quem incumbe opinar, via de regra, não tem poder decisório sobre a matéria que lhe é submetida, visto que coisas diversas são opinar e decidir.

Advogado, Procurador, Assessor Jurídico ou Diretor Jurídico, enquanto atuam como instância consultiva não aprovam ou desaprovam os atos da Administração, não ordenam despesas, não gerenciam, arrecadam, guardam ou administram quaisquer bens, dinheiros ou valores públicos.

Confira-se, a propósito, o Regimento Interno do DNIT, que atribui à Procuradoria apenas *"prestar assessoria... nos assuntos de natureza jurídica; examinar e emitir pareceres sobre atos normativos"*. Em nenhum momento confere a Procuradoria aos seus membros o poder de decidir sobre os assuntos ou matérias que são submetidas à sua análise.

No âmbito legislativo, a Lei Complementar nº 73, de 10.02.1993, que institui a Lei Orgânica da Advocacia-Geral da União, prescreve que às consultorias jurídicas cabe assessorar as Autoridades administrativas e examinar, prévia e conclusivamente, os textos dos editais de licitação, como os dos respectivos contratos ou instrumentos congêneres, atos de inexigibilidade ou de dispensa de licitação. *Porém, em nenhum momento estabelece o poder vinculativo dessas manifestações.*

De igual modo, a Medida Provisória nº 2.229-43, de 06.09.2001, que criou a carreira de Procurador Federal, também não atribuiu aos pareceres ou manifestações dos respectivos titulares caráter vinculativo, limitando-se a prescrever as atividades de consultoria e assessoramento jurídico, bem assim de assistência no controle interno da legalidade dos atos.

No âmbito doutrinário, confira-se a lição de Hely Lopes Meirelles:

"Pareceres administrativos são manifestações de órgãos técnicos sobre assuntos submetidos à sua consideração. O parecer tem caráter meramente opinativo, não vinculando a Administração ou os particulares à sua motivação ou conclusões, salvo se aprovado por ato subseqüente. Já então, o que subsiste como ato administrativo, não é o parecer, mas sim o ato de sua aprovação, que poderá revestir a modalidade normativa, ordinária, negocial, ou punitiva." (Direito administrativo brasileiro, p. 185)

Desse modo, vale aqui o Voto proferido pelo Ministro Relator Carlos Veloso quando, em hipótese análoga, considerou que:

"O Parecer emitido por procurador ou advogado de órgão da administração pública não é ato administrativo. Nada mais é do que a opinião emitida pelo operador do direito, opinião técnico-jurídica, que orientará o administrador na tomada da decisão, na prática do ato administrativo, que se constitui na execução ex officio da lei... É dizer, o parecer não se constitui no ato decisório, na decisão administrativa, dado que ele nada mais fez senão informar, elucidar, sugerir providências administrativas e serem estabelecidas nos atos de administração ativa. Posta assim a questão, é forçoso concluir que o autor do parecer, que emitiu opinião não vinculante, opinião a qual não está o administrador vinculado, não pode ser responsabilizado solidariamente com o administrador, ressalvado, entretanto, o parecer emitido com evidente má-fé, oferecido, por exemplo, perante administrador inapto." (Supremo Tribunal Federal. MS nº 24.073/DF. Plenário, 06.11.2002. DJ, 31 out. 2003)

Mais recentemente, o STF voltou a decidir sobre o tema, quando do exame da responsabilidade de Procurador de Autarquia:

"(...)
II. No caso de que cuidam os autos, o parecer emitido pelo impetrante não tinha caráter vinculante. Sua aprovação pelo superior hierárquico não desvirtua sua natureza opinativa, nem a torna parte do ato administrativo posterior do qual possa eventualmente decorrer dano ao erário, mas apenas incorpora sua fundamentação ao ato.
III. Controle externo: É lícito concluir que é abusiva a responsabilização do parecerista à luz de uma alargada relação de causalidade entre seu parecer e o

ato administrativo do qual tenha resultado dano ao erário. Salvo demonstração de culpa ou erro grosseiro, submetida às instâncias administrativo-disciplinares ou jurisdicionais próprias, não cabe a responsabilização do advogado público pelo conteúdo de seu parecer de natureza meramente opinativa." (MS nº 24.631-6/ DF. Plenário, 09.08.2007. Relator Ministro Joaquim Barbosa)

A questão acima submetida à decisão do STF envolvia manifestação jurídica que foi seguida pela Administração e, ainda assim, a Suprema Corte não reconheceu qualquer vinculação entre o parecer e o ato administrativo para efeito de responsabilizar o Procurador.

No caso do procedimento licitatório narrado pela manifestação de fls. 865 e seguintes, a Administração optou por não seguir a orientação da Procuradoria, que teria recomendado a anulação do procedimento. Ora, se assim ocorreu, com maior razão nada pode ser atribuído à conduta da Procuradoria, tendo a Administração avocado para si a responsabilidade pela contratação.

Desse modo, o fato de a Procuradoria ter considerado o procedimento passível de anulação não pode, agora, obstar a análise jurídica do aditivo proposto ao contrato, simplesmente porque a Administração não estava e não está obrigada, embora seja recomendável, a seguir a orientação jurídica.

Todavia, antes de encerrar, lamento registrar que o episódio noticiado nestes autos, bem assim outros tantos, vem revelando, sobretudo, uma total desarmonia entre a nossa Unidade Jurídica e a Superintendência Regional, mesmo após sucessivas trocas de Superintendentes, fato que não registro nas demais Unidades Jurídicas desta Especializada e, principalmente, na sede da PFE, onde a Administração tem se esmerado em seguir com atenção e cuidado as recomendações desta Chefia.

Portanto, no momento, cabe a esta Unidade Jurídica local proceder à análise do aditivo proposto e, caso entender necessário, fazer menção ao desatendimento à recomendação anteriormente exarada.

Brasília, 05 de outubro de 2009.

PARECER/FMRD/PFE/DNIT Nº 02004/2009

Assinatura de Contrato oriundo de Licitação
realizada há mais de 8 anos.

Vem o presente a esta Procuradoria para análise e manifestação acerca da proposta de autorização para lavratura e assinatura de contrato com a empresa Tamasa Engenharia S.A.

Trata-se de uma licitação concluída em setembro de 2001, cujo contrato não foi assinado devido à inexistência de recursos orçamentários para realização da obra. Devido à inclusão de verbas no OGU/2009, a Diretoria propôs a assinatura do contrato com a segunda colocada naquele certame, uma vez que a primeira colocada não concordou em manter a proposta apresentada à época.

O valor da proposta a PI era de R$10.892.616,96 (dez milhões, oitocentos e noventa e dois mil, seiscentos e dezesseis reais e noventa e seis centavos), e não há informação nos autos acerca de sua atualização, ainda que tenha sido disponibilizada verba orçamentária no valor de R$18.200.000,00 (dezoito milhões e duzentos mil reais).

Não há na legislação pátria impedimento legal para a assinatura de contrato decorrido certo tempo da licitação. Entretanto, ainda que se mantenham as condições apresentadas na proposta, entendo que a contratação deveria ser melhor ponderada pela Administração.

Com efeito, não consta dos autos informação sobre a atualidade do projeto aprovado à época da licitação. Mesmo em se tratando de obra de implantação, deverá a Administração considerar se as condições atuais do trecho permanecem tal qual foram concebidas quando da feitura do projeto, até para justificar a manutenção dos preços da proposta pela futura contratada e não sujeitar a avença a futuras revisões de projeto por conta do tempo decorrido entre a licitação e a data da contratação.

É preciso, assim, que conste dos autos declaração da Administração de que o lapso de 08 anos decorridos desde a aprovação do projeto não comprometeu as condições da época em que foi elaborado o projeto, tendo as mesmas se mantido, para a atual implantação, visto que eventuais aditivos de revisão de projeto pressupõem a presença de eventos *supervenientes* à contratação.

Melhor seria que o DNIT não assumisse o risco de uma contratação com base em uma licitação realizada em 2001, sendo mais segura a realização de nova licitação.

Todavia, considerando que o parecer desta Procuradoria reveste-se de caráter meramente opinativo, não vinculando a Administração, caso se decida pela contratação é necessário que conste dos autos declaração expressa de que o projeto encontra-se atual, até para que se dê efetivo cumprimento ao previsto no §1º do artigo 8º da Instrução de Serviço DG nº 07/2007.

Brasília, 13 de outubro de 2009.

DESPACHO/PFE/DNIT Nº 01080/2009

Inadimplência Fiscal do Contratado.

Encaminho este processo para ciência e manifestação, esclarecendo que, nos termos do art. 71 e §1º, da Lei nº 8.666/93, os Contratados do DNIT são os únicos e exclusivos responsáveis pelos encargos fiscais decorrentes da execução dos contratos, não podendo ser transferida para o DNIT, em caso de inadimplência, a responsabilidade pelo pagamento ou retenção do valor devido a título de tributos, nem onerar ou restringir o objeto dos respectivos contratos.

Assim, a existência de eventual lei municipal atribuindo aquelas responsabilidades ao tomador dos serviços é de aplicação restrita às pessoas jurídicas de direito privado, não alcançando as autarquias, como o DNIT, até porque conflitaria com o disposto na legislação que disciplina a contratação no setor público.

Brasília, 14 de outubro de 2009.

DESPACHO/PFE/DNIT N° 01301/2009

Análise de Procedimento Licitatório.

Versam os autos sobre procedimento licitatório realizado na modalidade de Concorrência Pública, tipo menor preço, realizado pela Superintendência Regional no Estado do Mato Grosso, cujo objeto consiste na contratação de empresa especializada para execução de obras de construção e pavimentação da Rodovia BR-364/MT, trecho Div. GO/MT – Div. MT/RO, subtrecho Novo Diamantino – Entr. MT-170 (Itanorte), segmento do Km 720,3 ao Km 799,3, com a extensão de 79,3 Km.

Conforme observado no Parecer retro, a fls. 1583, a Superintendência não submeteu a minuta do edital ao exame da Unidade Jurídica local desta PFE/DNIT, sob o fundamento de que a única Procuradora em exercício naquela Unidade Jurídica se encontrava de férias.

Tal fato, todavia, não justifica a ausência da manifestação jurídica, visto que, como tenho orientado em situações semelhantes, deveria o processo, instruído com a respectiva minuta do edital, ser submetido a exame junto à PFE/DNIT na Administração Central.

Releva esclarecer que a previsão legal de análise jurídica prévia contida no parágrafo único do art. 38, da Lei n° 8.666/93, visa minimizar riscos e assegurar à Administração condições satisfatórias de segurança jurídica para a realização do certame. Entretanto, a sua falta não compromete a legalidade do procedimento, máxime quando a minuta atende as prescrições legais.

Nesse sentido, considero oportunas as declarações de fls. 138 e 1575, onde a Administração Regional afirma que *"o edital foi elaborado pela Seção de Cadastro e Licitações desta Superintendência Regional em conformidade com Minuta de Edital Padrão vigente no âmbito do DNIT para as Obras de Construção Rodoviária"*. Tal declaração, que goza da presunção de veracidade e legitimidade, permite concluir que a minuta do edital foi produzida em condições de regularidade, estando, portanto, apta aos fins pretendidos.

O certame foi iniciado nos moldes estabelecidos no art. 38 da Lei n° 8.666, de 21 de junho de 1993, com a indicação sucinta de seu objeto, do recurso para a despesa, como também autorização para licitar.

O Senhor Superintendente Regional, às fls. 1575/1576, informa que o processo atende ao art. 38 da Lei nº 8.666/93, quanto aos aspectos formais de licitação no DNIT, solicitando desta Procuradoria a análise sob os aspectos legais do procedimento.

Consoante publicação no *Diário Oficial da União* de fls. 1573, a vencedora do certame foi a Construtora Sanches Tripolini Ltda., pelo valor global de R$132.826.908,80.

Há, nos autos, a autorização da abertura do processo licitatório e demais atos necessários à contratação, consoante Portaria de Delegação nº 09, de 08.01.2009, da Diretoria Colegiada (fls. 14). Quanto à modalidade de licitação escolhida, qual seja, concorrência, verifico que está em consonância com o art. 23, da Lei nº 8.666/93.

Consta nos autos a Portaria nº 69, de 17.04.2009, que aprovou o Projeto Executivo das Obras de Construção e Pavimentação da Rodovia BR-364, no trecho objeto do procedimento licitatório (fls. 34); a Declaração de Responsabilidade Técnica sobre elaboração e adequação do orçamento, às fls. 37/39; e as Declarações dos responsáveis pela elaboração da lista de serviços e quantitativos exigidos para fins de habilitação técnico-operacional e técnico-profissional, respectivamente às fls. 40 e 41.

Observa-se que consta a Declaração de Existência de Recursos Orçamentários, de fl. 1578. A declaração exigida pela Lei de Responsabilidade Fiscal encontra-se às fls. 55 e 1579, em cumprimento ao que dispõe o art. 16, I, da Lei Complementar nº 101/2000.

Consta, ainda, o ato de designação da Comissão de Licitação, para fins de cumprimento do disposto nos artigos 38, III, e 51, da Lei nº 8.666/93, a fls. 142.

O aviso de licitação foi devidamente publicado no *Diário Oficial da União*, em 30 de abril de 2009 (fl. 147), bem assim no Diário de Cuiabá da mesma data (fls. 148).

Posteriormente, foi publicado, em 07.05.2009, Aviso de Retificação (fls. 150), que se destinou apenas a suprir a omissão no edital da data e horários em que a documentação e propostas deveriam ser entregues, sendo certo que na publicação do Aviso de Licitação de fls. 147/148 constam a mesma data e horário.

Entretanto, a fls. 151, o Presidente da Comissão de Licitação informa em 08.05.2009, que *"constatou erro cometido na publicação do edital no site do DNIT na internet e no Portal <www.comprasnet.com.br>"*, tanto em relação às quantidades como à não admissão de somatórios de atestados, propondo a publicação da 1ª Errata do Edital nº 206/2009, cujo Aviso foi publicado em 11.05.2009, passando a entrega da documentação e propostas para o dia 10.06.2009, observado, portanto, o intervalo mínimo de 30 (trinta) dias previsto na alínea "a", do inciso II, do §2º, do art. 21, da Lei nº 8.666/93.

Quanto ao desenvolvimento do procedimento, observo que houve interposição de impugnação ao Edital pela Serviterra — Serviços de Terraplenagem e Pavimentação Ltda. (fls. 215/225), o qual foi julgado improcedente (fls. 227/229). Também consta dos autos, às fls. 230/235, decisão do Tribunal de Contas da União (TCU), datada de 16.06.2009, que determinou a suspensão do procedimento licitatório, inclusive para fins de adjudicação e assinatura do contrato, até que o Tribunal decida quanto ao mérito da representação objeto do Processo TC-011.789/2009-7.

Embora a Comissão de Licitação tenha promovido, à época, a suspensão do procedimento (fls. 239/240), o mesmo foi retomado em 13.08.2009 sem que conste dos autos qualquer notícia quanto ao desfecho da representação no âmbito do TCU. Nem mesmo por ocasião da Ata de Julgamento das Propostas de fls. 1563/1565, é feita qualquer remissão àquele incidente e seu respectivo desfecho.

A fim de sanar essa omissão, colhemos no sítio do TCU na internet a decisão anexa, objeto do Acórdão nº 1.546/2009 – Plenário, mediante o qual o Tribunal revogou, em 15.07.2009, a medida cautelar que suspendeu o procedimento licitatório, determinando uma série de providências, seja no âmbito da habilitação e julgamento das propostas, como também durante a execução do futuro contrato.

Diante do exposto, verifico que o desenvolvimento do procedimento licitatório ocorreu de forma regular. Não obstante, proponho que:

a) No Relatório Final da Comissão de Licitação a mesma se pronuncie sobre as determinações do Tribunal de Contas da União, objeto do Acórdão nº 1.546/2009, quanto ao procedimento licitatório;

b) Inexistindo os óbices constantes do item 9.2.1. do Acórdão nº 1.546/2009 e após a homologação do certame, adjudicação do contrato e sua celebração, observe a Superintendência Regional as determinações contidas no mesmo Acórdão quanto ao início e execução da obra contratada.

O presente opinativo toma como premissas a veracidade e exatidão das informações contidas nos autos, de responsabilidade exclusiva da Administração, fundando sua análise nos dispositivos normativos adequados ao caso concreto apresentado.

Brasília, 24 de novembro de 2009.

PARECER/FMRD/PFE/DNIT Nº 02379/2009

Reajuste do Valor Contratual. Paralisação do Contrato.

Em face do Parecer/ACPV/PFE/DNIT nº 02221/2008-22, remeto o feito com as considerações que se seguem.

A ilustre Procuradora opina, no item 4, pela anulação da 1ª Apostila de Inclusão da Parcela de Reajustamento ao Contrato (fl. 471), visto que o reajustamento em questão não seria permitido por lei, por tratar-se de contrato com prazo de vigência inferior a um ano.

Para melhor entendimento da matéria, deve-se considerar que a Lei nº 10.192/2001, evocada pela Procuradora Federal, foi editada em um momento ímpar do país, em que havia a necessidade de se manter uma estabilidade econômica duramente conquistada. A finalidade da vedação do reajuste em contratos com prazo inferior a um ano era desindexar a economia, de forma a consolidar o Plano Real.

Adentrando o mérito da questão da inclusão de cláusula de reajustamento para aqueles contratos com prazo inferior a um ano, cumpre destacar o entendimento consagrado no Acórdão nº 474/2005-Plenário do Tribunal de Contas da União, em resposta a consulta do Ministério dos Transportes:

> *"A interpretação sistemática do inciso XXI do art. 37 da Constituição Federal, do art. 3º, §1º, da Lei 10.192 e do art. 40, inciso XI, da Lei 8.666/93 indica que o marco inicial, a partir do qual se computa o período de um ano para a aplicação de índices de reajustamento previstos em edital, é a data da apresentação da proposta ou a do orçamento a que a proposta se referir, de acordo com o previsto no edital."*

Note-se que a Corte de Contas não considera, para a admissão do reajuste, um ano da vigência contratual, mas sim a decorrência do anuênio a contar da data da proposta de preço ou do orçamento a que a proposta se referir. Isso se justifica pelo fim precípuo do reajustamento, que é assegurar a manutenção do equilíbrio econômico-financeiro do contrato, mantendo-se a relação original entre encargos e vantagens da relação contratual.

Depreende-se que o máximo de defasagem de preços que o contratado deve suportar é aquela referente a um ano (art. 28 da Lei nº 9.069/95 e art. 2º da Lei nº 10.192/01). Impor mais do que isso, o que ocorreria na questão aqui tratada caso não se admitisse a 1ª Apostila em comento, implicaria a quebra do equilíbrio contratual.

Segundo leciona Marçal Justen Filho, na obra *Comentários à Lei de Licitações e Contratos Administrativos*, a intangibilidade da equação econômico-financeira *"corresponde à necessidade de manutenção, durante todo o período da contratação, da relação original entre encargos e vantagens patrimoniais assegurados ao particular"*.

No caso em exame, a data-base da proposta é 07.09.2007 e a 1ª Apostila, a fls. 471, foi formalizada em 31.12.2008. Assim, entendo como regular o procedimento, uma vez que o reajuste foi promovido após o transcurso do prazo de um ano desde a apresentação da proposta.

Superados os questionamentos acerca da regularidade da Apostila de Reajustamento de Preços, verifico que o Contrato PP-040/08-00 encontra-se paralisado desde o dia 20.01.2009, em virtude da Ordem de Paralisação à fl. 479.

Note-se que, na ocasião da emissão daquela Ordem de Paralisação, vigorava o entendimento jurídico manifestado na Cota ao Parecer/PCBA/PGE/DNIT nº 00130/2008 que trata da previsão legal para que a Administração possa determinar a interrupção da execução do objeto contratado e a sua posterior retomada, consoante os termos do inc. III, do §1º do art. 57, e §5º do art. 79, ambos da Lei nº 8.666/93:

> *"Em que pese a distinção entre a denominação estatuída pelo legislador no §5º do citado art. 79, e aquela adotada usualmente pela Autarquia, denominada de Restituição de Prazo, acreditamos não haver prejuízo na substituição de uma por outra, uma vez que ao restituir o prazo contratual, estar-se-á promovendo a sua dilatação para o futuro pelo período do saldo remanescente, que tem o mesmo significado ou efeito da prorrogação de prazo.*
>
> *Evidentemente, deve-se reconhecer que sempre que a Administração realizar a lavratura dos termos aditivos de suspensão e restituição de prazo contemporaneamente à expedição das respectivas ordens, esta providência representa um ganho não só na eficiência e controle desses atos, mas também em relação à sua publicidade, já que os seus extratos deverão ser publicados na imprensa oficial, conforme previsto no parágrafo único do art. 61, da Lei nº 8.666/93.*
>
> *Todavia, e consoante demonstrado, a ausência desta providência imediata não implica na extinção do contrato por decurso de prazo, (...), salvo se houver a expedição da competente ordem de reinício dos serviços e o correspondente termo aditivo não for lavrado dentro do período de prazo a ser restituído."*

Essa orientação, portanto, fez com que a Administração não providenciasse na ocasião o Termo Aditivo de Paralisação, considerando como suficiente a ordem escrita do fiscal do contrato suspendendo os serviços contratados.

Todavia, em virtude de reiteradas manifestações do Tribunal de Contas da União (TCU) considerando necessária a formalização, mediante Termo Aditivo, da interrupção do prazo contratual, foi editada em 19 de maio de 2009 a Instrução de Serviço DG nº 06, publicada no Boletim Administrativo nº 20/2009, determinando que logo após a ordem de paralisação seja o Termo Aditivo de Paralisação (TAP) formalizado.

Evidentemente que não se pode admitir que uma Autarquia como DNIT, responsável por centenas de contratos, possa conviver com uma instabilidade jurídica quanto à regularidade temporal dos seus atos. Há que se ter um mínimo de segurança jurídica para que as ações governamentais possam ser validamente realizadas e concluídas a tempo e modo.

Assim, considerando que a Ordem de Paralisação objeto deste contrato se deu antes da vigência da IS/DG nº 06/2009, deve prevalecer, em respeito ao princípio legal da segurança jurídica, o entendimento jurídico que então vigorava no sentido de que o referido ato era bastante para determinar a interrupção do prazo contratual.

Ademais, sempre defendi a tese jurídica de que a ordem de paralisação interrompe a vigência do prazo contratual, independentemente da formalização do respectivo aditivo de paralisação.

Mesmo após a edição da IS/DG nº 006/2009, que propus ao Senhor Diretor-Geral, não abdico deste entendimento, até porque sendo o prazo de vigência contratado em dias, como é exemplo o destes autos, a ordem de paralisação não o modifica nem o altera, mas simplesmente interrompe a sua *contagem*. O prazo contratado permanece o mesmo, pelo que, *tecnicamente*, não seria o caso de ser produzido um aditivo que em nada, absolutamente nada, irá alterar ou modificar o que foi contratado.

Assim, continuo entendendo que a *ordem de paralisação* possui a mesma força jurídica que o contrato atribui para a *ordem de início*, visto que ambas possuem a mesma natureza jurídica, posto que visam, sobretudo, ditar o ritmo de trabalho contratado, prerrogativa exclusiva da Administração Pública.

Por isso, com as vênias de meus ilustres colegas Procuradores, não consigo ver na formalização do Termo Aditivo de Paralisação após a data prevista para conclusão do contrato qualquer agressão frontal ou direta ao disposto no parágrafo único do art. 61, da Lei nº 8.666/93.

O que reza este dispositivo é que o *aditivo*, para ter eficácia, deverá ser publicado resumidamente na imprensa oficial.

Ora, considera-se *aditivo* ao contrato todo instrumento que contém em suas disposições *alterações ou modificações do que foi contratado*. Como a ordem de paralisação não altera ou modifica o prazo contratual, que permanece o mesmo, justo porque é ele contratado em dias, não é possível considerar, *tecnicamente*, o Termo Aditivo de Paralisação como um aditivo ao contrato.

Nesse sentido, colhemos o conceito de Termo Aditivo utilizado pela Universidade Federal do Rio Grande do Sul (disponível em: <http://www.ufrgs.br/relinter/convenios_interno2.htm>):

> *"TERMO ADITIVO – CONCEITO: Instrumento jurídico suplementar, que passa a integrar o documento principal o qual poderá ser um Convênio, Contrato e/ou Protocolo de Cooperação. Devem constar as cláusulas ou itens a serem alterados pelo Termo e as demais permanecendo em vigor. É empregado na prorrogação do prazo de vigência, ajuste do valor ou outras alterações previstas em lei preservando-se o objeto do documento principal."*

É certo afirmar que o TAP altera a data de vencimento do contrato. Todavia, essa alteração não é contratual, porque o contrato não estabelece a data de seu vencimento. O que o contrato estabelece é o seu prazo de vigência, em dias, não uma data certa para terminar. Como se vê, também sob esse aspecto, o TAP não altera ou modifica qualquer cláusula contratual.

Portanto, se o TAP não é, *tecnicamente*, um aditivo ao contrato, *porque nada altera ou modifica o que foi contratado*, não pode estar sujeito às disposições do parágrafo único do art. 61, da Lei nº 8.666/93. Serve, apenas, para formalizar, de forma ordenada e cronológica, as interrupções que ocorreram durante a vigência contratual, nada mais!

Na realidade, como aludi inicialmente, a formalização do TAP foi motivada por decisões do TCU que insistem em determinar que o DNIT deve assim proceder. Até então, vigorava na Autarquia a orientação jurídica de que a mesma não era necessária. E, de fato, continuo entendendo que não é, porém julgo prudente que o DNIT mantenha um arquivo cronológico ordenado das interrupções sofridas pelo prazo contratual, razão porque foi proposta a edição da referida Instrução.

Voltando ao caso em exame, apesar de considerar, como exposto, que à época da emissão da Ordem de Paralisação ao presente Contrato sua formalização através de aditivo não era exigida, noto, como ressalta a ilustre Procuradora em seu parecer (item 7), que tal ato não se encontra motivado nos autos.

Considerando que a motivação dos atos administrativos é condição para sua validade, oriento no sentido de que, por ocasião do Relato à Diretoria Colegiada, essa Diretoria apresente a motivação da Ordem de Paralisação emitida.

Além disso, não posso olvidar-me de recomendar, mais uma vez, que, doravante, quando de eventual Ordem de Paralisação, a Administração promova *incontinenti* o aditamento do contrato, a fim documentar nos autos, de forma ordenada, o evento ou mutação sofrida na *contagem* do prazo contratual.

Após as considerações *supra*, passo à análise do 1º Termo Aditivo de Suspensão e Restituição de Prazo e Aumento da Parcela de Reajustamento de Preços.

A minuta proposta aposta às fls. 554/556 dos autos encontra-se de acordo com o padrão usualmente utilizado pelo DNIT e de acordo com as informações constantes dos autos. Contudo, quanto ao aumento da parcela de reajustamento, verifico que o expediente de fls. 557/558 não justifica tecnicamente a sua necessidade, nem demonstra os cálculos utilizados para se chegar ao valor de aumento que se pretende implementar. Assim, recomendo que o feito seja sanado quanto ao ponto.

Somente depois de atendidas todas as recomendações ora exaradas, poderá a minuta ser aprovada e celebrada, sem necessidade de retorno dos autos a esta Procuradoria.

Brasília, 02 de dezembro de 2009.

DESPACHO/PFE/DNIT N° 00100/2010

Exigência no Edital de Licitação do Registro
do Compromisso Particular de Consórcio.

Por conta de procedimento licitatório disciplinado pelo Edital
n° 0764/2009, consulta esta Coordenação sobre a procedência ou não do
questionamento formulado por Ductor Implantação de Projetos S/A,
empresa interessada em participar do certame, vazado nos termos do
Fax anexo ao Memorando n° 32/2010/CGCL, de 14.10.2010.

Em síntese, entende a referida empresa que deverá ser suprimida
do Edital a exigência prevista no item 13.9.1 de que o compromisso
particular de constituição do consórcio seja registrado no Cartório de
Títulos e Documentos.

Argumenta no sentido de que a exigência contrariaria a libe-
ralidade das empresas de firmarem o compromisso por instrumento
particular, uma vez que *"um compromisso particular, ao ser registrado em
cartório de registro de títulos e documentos, torna-se público"* (sic).

O raciocínio é daqueles que, na Grécia antiga, era cunhado
como *sofisma*. Os *Sofistas* foram duramente combatidos pelo Filósofo
Sócrates, justo porque *sofismar* consiste em dar aparência de verdade
ao que é falso.

Em primeiro lugar, nenhum documento particular se transfor-
ma em público porque foi registrado em cartório. O registro é que é
público, porque tudo que nele se contém passa a ser de conhecimento
e acesso público.

Em segundo lugar, documento ou instrumento público só será
aquele *lavrado* nos cartórios, ofícios, serventias ou repartições públicas,
pelos respectivos oficiais ou agentes públicos, independente de registro
em qualquer cartório.

Assim, o fato de o Edital exigir o registro do compromisso particular de consórcio no Cartório de Títulos e Documentos não afasta, inibe
ou restringe a possibilidade de o mesmo compromisso ser produzido
em documento público ou particular, como garantido pelo art. 33, I,
da Lei n° 8.666/93. Se a opção for por documento particular, ele assim
permanecerá mesmo após ter sido registrado no referido Cartório. O
que se tornará público é o seu *conhecimento* e *acesso* a qualquer pessoa.

Por outro lado, embora o art. 33, I, da Lei nº 8.666/93 não faça a exigência contida no Edital, a mesma decorre do disposto no art. 127, I, da Lei nº 6.015, de 31.12.1973, que dispõe sobre os registros públicos, e, também, do disposto no art. 221, do Código Civil Brasileiro, *verbis:*

> *"Art. 127. No Registro de Títulos e Documentos será feita a transcrição:*
> *I – dos instrumentos particulares, para a prova das obrigações convencionais de qualquer valor;*
> *(...)*
> *Art. 221. O instrumento particular, feito e assinado, ou somente assinado por quem esteja na livre disposição e administração de seus bens, prova as obrigações convencionais de qualquer valor; mas os seus efeitos, bem como os da cessão, não se operam, a respeito de terceiros, antes de registrado no registro público."*

Como se observa, o registro exigido pelo Edital se destina a *comprovar* as obrigações assumidas no compromisso particular pelos consorciados e *produzir efeitos jurídicos em relação a terceiros*, como o próprio DNIT, na qualidade de promotor da licitação, bem assim em relação aos demais participantes do certame.

Portanto, oriento no sentido de ser respondido à empresa Ductor Implantação de Projetos S/A que a exigência do registro prevista no item 13.9.1, do Edital nº 764/2009, não compromete ou restringe a possibilidade de escolha prevista no art. 33, I, da Lei nº 8.666/93, estando a mesma amparada no art. 127, I, da Lei nº 6.015/73, e no art. 221, do CCB.

Brasília, 15 de janeiro de 2010.

PARECER/FMRD/PFE/DNIT Nº 00314/2010

Contrato de Supervisão de Obra – Prorrogação.

Em face das considerações contidas no Parecer retro, encaminho o presente para conhecimento e providências, devendo ser atendidas as recomendações que seguem. De acordo com o que expõem os autos, o pedido de prorrogação pela contratada encontra-se às fls. 01-02 do Processo nº 50604.3000258/20010-65, e a manifestação da área técnica, às fls. 319-321 do Processo nº 50600.002981/2002-17, manifestação esta que se limita a reproduzir o teor do pedido, sem análise ou motivação da necessidade de prorrogação. Não há também concordância expressa do Sr. Superintendente Regional com a prorrogação solicitada, apenas o encaminhamento à CGCONT.

Com relação à prorrogação de prazo, por mais 240 dias, a Minuta do 8º Termo Aditivo traz como fundamento legal o artigo 57, §1º, inciso I da Lei nº 8.666/93.

Informa a empresa JBR Engenharia Ltda. que o pedido de prorrogação de prazo se dá em virtude da prorrogação do contrato PG-141/2001-00, do qual é supervisora. Informa que aquele contrato foi prorrogado por 180 dias e requer ainda mais 60 dias de prorrogação para acompanhar a instalação da sinalização viária, que será feita por uma terceira empresa.

Ora, como acessório que é, o contrato de supervisão deve guardar proporcionalidade no que toca ao prazo a ser prorrogado, tendo em vista o contrato que está sendo alvo de supervisão. Cabe à Administração conferir o perfeito nexo causal e temporal entre o contrato de supervisão e o contrato de obras supervisionado. É necessário que haja manifestação expressa da Administração colacionando as razões que levaram à prorrogação do contrato de obras que é objeto da supervisão do contrato em análise, estabelecendo o vínculo causal e temporal para embasar a prorrogação solicitada, não somente a mera repetição dos argumentos da contratada.

Verifico que, conforme informação da contratada (fls. 01-02 do Processo nº 50604.3000258/20010-65), o contrato das obras foi prorrogado por 180 dias e a prorrogação da supervisão está sendo requerida por 240 dias, uma vez que haveria a necessidade de acompanhar a sinalização da BR, serviço a ser realizado por outra empresa.

Após análise do Edital de Licitação, observo que não há referência à supervisão da sinalização, mas tão somente das obras. Assim, não subsiste razão para que haja prorrogação do contrato por mais de 180 dias, prazo de prorrogação da obra. Conceder o prazo adicional para supervisão dos serviços de sinalização implicaria alteração do objeto inicialmente avençado.

Uma vez que a informação de que seriam necessários mais 60 dias de prorrogação de prazo para supervisionar os serviços de sinalização partiu da contratada, e que a Administração não se manifestou expressamente a respeito da questão, deverá essa Diretoria justificar nos autos a necessidade da prorrogação adicional, caso entenda que não implicará alteração de objeto.

Caso contrário, deverá ser alterada a minuta, reduzindo-se o prazo de prorrogação para os 180 dias correspondentes à prorrogação do prazo de execução das obras.

Superada a questão do prazo de prorrogação do contrato por 180 ou 240 dias, tenho reiteradamente destacado a necessidade da presença de algum dos requisitos previstos no §1º do artigo 57 da Lei nº 8.666/93, para fins de prorrogação contratual. Ocorre que, no caso específico dos serviços de supervisão, gerenciamento e fiscalização — serviços ditos acessórios em relação a um principal — há a possibilidade de prorrogação simplesmente com base no que dispõe o inciso I c/c o §2º, ambos do art. 57 da Lei nº 8.666/93.

A questão foi discutida no âmbito do Tribunal de Contas da União por ocasião da Decisão nº 90/2001 – 1ª Câmara, onde restou estabelecido, quanto ao tema, que:

> "16. Na realidade, os serviços de supervisão de obras já se iniciam com uma data preestabelecida a partir da qual eles não serão mais úteis, qual seja, a do término das obras de engenharia a que se vinculam. Concluídas as obras, a Administração deve dispensá-los, por não terem mais proveito.
> (...)
> 24. Com razão, conquanto estritamente não se constitua num produto final, o serviço de supervisão está compreendido no projeto. Nada mais natural, aliás, levando-se em conta que esse tipo de serviço atrela-se de tal modo à obra que a sua falta impede a consecução do objeto principal. De outro lado, também não há supervisão sem a existência da obra respectiva, que ao terminar produz a extinção daquele serviço. Essa relação de interdependência demonstra o que desde antes era perceptível pelo senso comum: que o serviço de supervisão integra a própria obra a que se vincula.
> (...)
> 27. Sendo assim, tem-se uma primeira observação de que os contratos para serviços de supervisão contam com a possibilidade de dispor de um prazo de duração

mais delongado do que o usual (no caso em exame, o prazo inicial era de 18 meses), permitindo melhor adequação ao tempo requerido para conclusão da obra.

(...)

29. Realmente, a coincidência dos prazos dos contratos de execução e de supervisão da obra, como fator de um bom planejamento, parece-me algo que deva ser buscado, porque, em suma, ambas as avenças dizem respeito ao mesmo objeto, que se traduz na materialização da rodovia. Diria até que, de acordo com o artigo 8º, caput, da Lei nº 8.666/93, é uma coisa imperiosa, haja vista a necessidade de que todo serviço seja sempre planejado em sua totalidade, considerando as previsões de início e fim."

Nesse caso discutido pelo Tribunal de Contas da União (TCU), não se exigiu a incidência conjugada do inciso I do artigo 57 com algum dos requisitos previstos no §1º do dispositivo. Entretanto, nesse caso específico, que atua como paradigma diante do pleito de prorrogação sob exame, ficou claramente destacado pela Corte de Contas o necessário vínculo de acessoriedade entre os serviços de supervisão e um contrato principal, bem como a necessidade de que tais contratos de fiscalização, dado o inegável vínculo de acessoriedade, acompanhem a vigência dos contratos ditos principais.

Assim, para que o presente pleito de aumento de prazo seja juridicamente admitido com base no art. 57, inc. I e §2º da Lei nº 8.666/93, cabe à Administração: a) comprovar a inclusão do objeto do contrato de supervisão no Plano Plurianual; b) explicitar se possui interesse na pretendida prorrogação e justificar por escrito seus motivos; e c) demonstrar sua vantajosidade.

De qualquer modo, por tratar-se de matéria eminentemente técnica, fica a cargo desta Diretoria a concordância com a proposição, devendo esta, caso entenda estarem presentes os requisitos legais, fundamentar a pretensão e aprovar o aditivo.

Por fim, ressalta-se a necessidade de verificação constante da regularidade da contratada e a observância da disponibilidade orçamentária em cada exercício correspondente, nos termos do artigo 60 da Lei nº 4.320/64 e do artigo 16 da Lei Complementar nº 101/00.

Por oportuno, acrescento que o exame jurídico, em tela, baseou-se nas informações técnicas produzidas, e nos documentos que integram o feito. Assim, releve-se que a motivação, justificativas e todos os dados técnicos são da inteira responsabilidade dessa Superintendência, que deverá ter plena certeza da exatidão de sua proposta.

Diante do exposto, a aprovação do aditivo está condicionada ao atendimento integral das recomendações contidas neste opinativo.

Brasília, 1º de março de 2010.

DESPACHO/PFE/DNIT Nº 00335/2010

Alteração de Consórcio. Possibilidade.

Não obstante as judiciosas considerações do Parecer *retro*, bem assim daquele oriundo da Unidade Jurídica da PFE/DNIT/MG, que concluíram pela impossibilidade de alteração e consequente dissolução do Consórcio Construtor Muriaé, detentor do Contrato UT-06-025/02-00, que tem por objeto a implantação e pavimentação da Rodovia BR-265/MG, entendo de modo divergente.

Com efeito, ainda que as disposições do edital, do contrato ou mesmo da Lei nº 8.666/93 terminantemente proibissem a pretendida alteração contratual, o que não é o caso, seriam todas essas normas absolutamente inconstitucionais.

Digo isso porque prescreve, textualmente, a Constituição Federal no seu art. 5º, inciso XX, que *"ninguém poderá ser compelido a associar-se ou a permanecer associado"*.

Por associação entende-se, inclusive, o consórcio entre duas ou mais empresas, conforme leciona Jessé Torres Pereira Junior (*Comentários à Lei de Licitações e Contratações da Administração Pública*, 7. ed.). Ademais, o próprio Parecer retro, confirma esse conceito (itens 5 e 8).

Desse modo, à luz do preceito constitucional, não poderia ser aceita qualquer disciplina editalícia, contratual ou legal, que vedasse a despedida de uma das consorciadas do consórcio, porque isto representaria a obrigação de as consorciadas permanecerem associadas.

E assim não é! Como bem salientou o Parecer *retro*, o Edital nº 0344/01-06, que deu origem ao Contrato UT-06-0025/02-00, expressamente admite alterações de constituição ou composição do consórcio desde que com prévia anuência do Contratante (item 14.9.8).

Quanto a isso não se pode opor o disposto no item 5.1 do Contrato de Constituição do Consórcio, ou a regra editalícia do item 14.9.5, como citados no Parecer *retro*, justo porque, uma vez interpretadas de cumprimento e observância obrigatória, teriam que ser consideradas inconstitucionais, à luz do inciso XX, do art. 5º da Constituição Federal.

Trata-se, na verdade, de regras comuns e naturais em associações dessa natureza, cujos objetivos, a princípio, devem ser mantidos enquanto durar a avença pública, não querendo isso dizer que essa associação não possa sofrer mutações subjetivas durante a sua existência. Por sua vez, a Lei nº 8.666/93, quando tratou das mutações subjetivas na avença pública (art. 78, inciso VI), também permite a alteração desde que admitidas no edital ou no contrato.

Por outro lado, o Acórdão nº 2.603/2007 do Tribunal de Contas da União, citado no arrazoado de fls. 238/248 e transcrito, no que interessa, pelo Parecer *retro*, apreciou questão semelhante à destes autos, tendo considerado regular a lavratura de aditivo contratual com a Construtora Beter, na qualidade de sucessora de um anterior consórcio que havia sido dissolvido na vigência de um contrato público.

Aliás, nem poderia ser diferente. Imagine manter a Administração um contrato onde os contratados não mais possuem interesses comuns no contrato. Qual a conveniência administrativa em obrigar a manutenção de uma associação onde a comunhão de esforços deixou de existir? Sem falar no risco de a obra não ser concluída pelo desinteresse de uma das consorciadas. É certo que existem garantias pela inexecução ou execução irregular do avençado. Mas é para executar garantias que o contrato foi celebrado? Evidentemente que não.

O que interessa para a Administração é a conclusão adequada do contrato, a conclusão da obra com o grau de excelência exigido. O interesse público a ser perseguido é nesse sentido, pouco importando quem a realizou. Se a obra poderá ter continuidade com as mesmas garantias e condições exigidas no procedimento licitatório e não havendo prejuízo para a sua regular execução, por que negar a alteração?

Portanto, em assuntos desse jaez, o interesse público imediato que deve ser protegido é se a alteração irá comprometer a regular execução do contrato ou o cumprimento adequado das obrigações contratuais. Por isso, tal qual fez o TCU no Acórdão nº 2.603/2007, oriento que a Administração antes de anuir com a alteração contratual pretendida verifique:

a) A observância pela empresa remanescente dos requisitos de habilitação de que trata o art. 27, da Lei nº 8.666/93, segundo as condições originalmente previstas no edital;

b) Assegure-se quanto a restarem mantidas todas as condições estabelecidas no contrato original; e

c) Certifique-se quanto à inexistência de prejuízo para a adequada execução do objeto pactuado em virtude da dissolução do consórcio.

Brasília, 31 de março de 2010.

DESPACHO/PFE/DNIT Nº 00267/2010

Compromisso de Constituição de Consórcio.
Denúncia por um dos Consorciados.
Revogação da Denúncia.

Após a minha manifestação de fls. 2.952/2.953, a empresa Planex Engenharia Ltda. firmou correspondência revogando a denúncia do compromisso de constituição do Consórcio Rodoviário nº 101, celebrado com a empresa Sanerio Engenharia Ltda. (fls. 01, do Processo Administrativo nº 50607.000739/2010-41, apenso).

Desse modo, a apreciação jurídica que ora se impõe é sobre a validade e eficácia da referida revogação, bem assim sobre alguns incidentes ocorridos no procedimento licitatório, de modo a subsidiar as decisões administrativas que ao final serão sugeridas.

Com efeito, a comprovação da formalização de compromisso, por instrumento público ou particular, é pressuposto obrigatório para a *participação* de empresas em consórcio nas licitações públicas (art. 33, I, da Lei nº 8.666/93). Esse compromisso vincula os consorciados não apenas reciprocamente, mas também perante a Administração, uma vez que tal condição encontra-se prevista nos editais de licitação do DNIT, em especial no Edital nº 178/09 (item 13.9.1), destinado à contratação da execução das obras de restauração na Rodovia BR-101/RJ, trecho: Div. ES/RJ – Div. RJ/SP, subtrecho: Entr. BR-494 – Div. RJ/SP, Segmento: Km 477,5 – Km 594,2.

Ocorre que, em 14.07.2009, a empresa Planex Engenharia Ltda., integrante do Consórcio Rodoviário nº 101, comunicou ao DNIT a sua denúncia ao termo de compromisso de constituição do consórcio, sob a alegação de que a proposta de preços apresentada pela empresa líder do consórcio — Sanerio Engenharia Ltda. — não contou com a assinatura ou concordância da Denunciante e *"coloca em risco até mesmo eventual execução do contrato de licitação face a impossibilidade financeira para custear os preços ofertados"* (fls. 2.894/2.896).

Idêntico comunicado já havia sido dirigido pela Denunciante, em 10.07.2009, à sua consorciada — Sanerio Engenharia Ltda. (fls. 2.916/2.917).

Não obstante esses gravíssimos incidentes que, a meu juízo, eram suficientes para, no mínimo, interromper o procedimento licitatório, em 07.08.2009 o mesmo prosseguiu, com o julgamento das propostas de preços, ocasião em que foi declarado vencedor do certame o referido Consórcio, com a proposta no valor total de R$55.573.180,06. Em segundo lugar ficou a empresa Almeida e Filho Terraplenagem Ltda., com o valor de R$57.511.475,10 (fls. 2.878/2.879).

O resultado do julgamento foi publicado na imprensa oficial de 27.08.2009 (fl. 2.880). Porém, no *Diário Oficial* do dia seguinte, esse mesmo resultado foi tornado sem efeito (fls. 2.883).

Paralelamente ao procedimento licitatório, tramitava junto à Justiça Federal um Mandado de Segurança cujo objeto consistia no reconhecimento de que o Consórcio Rodoviário nº 101 preenchia as condições de habilitação exigidas pelo Edital nº 178/09, o que, de fato, veio a ser obtido consoante a r. sentença de fls. 2.945/2.946.

Entretanto, qual se vê da r. sentença, a matéria versada no procedimento judicial consistiu na verificação da validade de atestados apresentados pelo Consórcio para a comprovação de experiência anterior na realização de obras como as de que se ocupa o Edital nº 178/09.

Em nenhum momento a r. sentença aborda, aprecia ou decide sobre o incidente referente à denuncia do compromisso de constituição do consórcio. Apenas concluiu que os atestados apresentados pelo Consórcio Rodoviário nº 101 atendiam as exigências editalícias para efeito de considerá-lo habilitado no certame. Nada mais!

Assim, a matéria de que se ocupa esta manifestação é estranha ao procedimento judicial, situando-se, apenas, no âmbito administrativo. Vale dizer, os fatos pelos quais serão recomendadas as decisões neste procedimento licitatório não descumprem ou contrariam a r. sentença, exatamente porque não foram por ela julgadas.

Feita esta breve digressão, retomo o fio da meada.

A análise que se segue deve ser iniciada com o seguinte questionamento: Se, na ocasião em que denunciou o compromisso de constituição do Consórcio Rodoviário nº 101, a empresa Planex Engenharia Ltda. informou, categoricamente, a *inviabilidade econômica e financeira* da proposta apresentada por sua consorciada Sanerio Engenharia Ltda., por quais razões estaria essa mesma proposta agora, com a revogação da denúncia, em condições de cumprir as obrigações do futuro contrato? Não se sabe, pois a carta de revogação da denúncia não apresenta esses indispensáveis esclarecimentos.

Ao contrário, o que se pode concluir, valendo-se das próprias palavras utilizadas pela empresa Denunciante é que a proposta apresentada pelo Consórcio Rodoviário nº 101 coloca em risco *"até mesmo eventual execução do contrato de licitação face a impossibilidade financeira para custear os preços ofertados"* (fls. 2.928).

Ora, o silêncio absoluto da Denunciante na carta de revogação da denúncia sobre esse importantíssimo aspecto demonstra a insinceridade de propósitos da empresa Planex Engenharia Ltda., seja quanto à própria denúncia, seja quanto à revogação.

Igualmente, o silêncio da empresa Sanerio Engenharia Ltda., líder do Consórcio Rodoviário nº 101, sobre as gravíssimas afirmações contidas na denúncia de sua consorciada, também está a revelar a insinceridade da proposta de preços que apresentou à Comissão de Licitação.

Mais do que isso. A correspondência endereçada a esta Diretoria pela empresa Sanerio Engenharia Ltda., contida nos autos do Processo Administrativo nº 50600.002593/2010-38, além de não desmentir ou infirmar tudo que foi declarado na denúncia pela sua consorciada — Planex Engenharia Ltda. —, e sob o pretexto da decisão judicial que não tratou deste incidente, termina por consignar manifestação contendo ameaças ao próprio DNIT de que, caso a Autarquia não celebre o contrato com o Consórcio Rodoviário nº 101, o assunto será levado ao conhecimento do Ministério Público Federal e ao Tribunal de Contas da União.

Em mais de vinte e cinco anos de vida pública jamais tomei conhecimento de tamanha arrogância, como se os graves fatos ora noticiados fossem divorciados da exclusiva atuação do próprio Consórcio ou das empresas que o integram.

Por certo, o assunto deve ser conhecido pelo Ministério Público Federal, não pela ameaça feita, mas por haver fundadas suspeitas de ocorrência neste procedimento licitatório dos tipos penais descritos nos arts. 90 e 93 da Lei nº 8.666/93.

Mas, voltando ao tema da revogação da denúncia, é ainda necessário consignar que não basta para os fins pretendidos, como fez a empresa Planex Engenharia Ltda., apenas declarar ratificados os atos praticados pela empresa líder Sanerio Engenharia Ltda.

Com efeito, para que restassem insuspeitas e incontroversas as declarações da Denunciante, cumpria à empresa Planex Engenharia Ltda. explicitar, em detalhes, por que razão não mais procedem os fatos que motivaram a denúncia, por que razão a proposta apresentada deixou de possuir os vícios que afirmou existir, visto que extremamente graves e impeditivos da apresentação e aceitação pelo DNIT de proposta de preços válida e eficaz.

Não tendo assim agido e considerando que a sua consorciada Sanerio Engenharia Ltda. também sobre aquelas declarações *silenciou, admitindo-as como verdadeiras* (art. 111, do Código Civil Brasileiro), entendo que a revogação da denúncia ao compromisso de constituição do Consórcio Rodoviário nº 101 é destituída de qualquer validade e eficácia jurídica.

Consequentemente, permanecem subsistentes e não infirmados por quaisquer das empresas acima mencionadas os motivos que determinaram a denúncia do compromisso de constituição do Consórcio Rodoviário nº 101, os quais comprometem irreversivelmente a validade e eficácia da proposta de preços apresentada.

Diante desse quadro, como deve o DNIT proceder?

De acordo com a disciplina legal e a minha anterior manifestação de fls. 2.952/2.953, o aproveitamento da segunda melhor proposta é possível, visto que a primeira, além de ostentar grave e inafastada suspeita de insinceridade, foi apresentada por licitante que não reúne as condições editalícias para a celebração do contrato, vale dizer, não está amparado por compromisso válido e eficaz de se constituir em consórcio, como exige o Edital nº 178/09.

Mas, devo confessar, tenho sérias dúvidas quanto a ser esta a melhor, a mais conveniente e, sobretudo, oportuna solução para esta licitação.

Na realidade, os incidentes ocorridos durante todo o procedimento e aqui resumidamente mencionados oferecem solo fértil para demoradas demandas judiciais, que poderão impedir a regular execução do contrato, em detrimento da supremacia e da indisponibilidade do interesse público, independente daquele com quem seja a avença celebrada.

Essa conclusão mais se justifica diante do contido na correspondência dirigida a esta Diretoria pela empresa Almeida e Filho Terraplenagem Ltda., que apresentou a segunda melhor proposta de preços, a evidenciar o seu inconformismo com a possibilidade da contratação do Consórcio Rodoviário nº 101 (fls. 2.957/2.958).

Ora, o interesse que deve prevalecer neste procedimento não é o privado, mas sim o público, sobre o qual devem os licitantes se subordinar, atuando de forma leal, sincera, honesta e, sobretudo, com prestígio ao princípio da moralidade. Segundo a conhecida lição de Francis-Paul Bénoit, o interesse geral deve informar a contratação com *"o particular melhor qualificado, em melhores condições e para obter o melhor resultado possível"* (*Le Droit Administratif Français*, p. 608). Penso que o nível de litigiosidade que informa este procedimento licitatório, com o desprezo pelos princípios que deveriam norteá-lo, torna aquele desiderato público, na espécie, impossível de ser alcançado.

Por isso que, privilegiando a supremacia e a indisponibilidade do interesse público, oriento que o assunto seja submetido ao conhecimento da Diretoria Colegiada para que, avocando a competência delegada à Superintendência Regional no Estado do Rio de Janeiro para promover a licitação objeto do Edital nº 178/09, delibere no seguinte sentido:

a) Pelas razões e incidentes ocorridos e relatados nesta manifestação e com fundamento no art. 49, da Lei nº 8.666/93, revogue o referido procedimento licitatório;

b) Se ainda presentes os motivos que determinaram a referida licitação, determine que novo procedimento seja realizado no âmbito da sede da Autarquia; e,

c) Finalmente, com fundamento no art. 102, da Lei nº 8.666/93, determine a extração de cópias dos Processos Administrativos nºs 50607.000771/09-92, 50607.000739/2010-41 e 50600.002593/2010-38 para encaminhamento ao Ministério Público Federal, a fim de ser examinada a possibilidade de denúncia pelos crimes definidos nos arts. 90 e 93, da Lei nº 8.666/93.

Brasília, 15 de abril de 2010.

DESPACHO/PFE/DNIT Nº 00543/2010

Vigência e Fluência dos Prazos Contratuais.

Entendo que não é o caso de ser autorizado e celebrado o termo aditivo proposto, que tem por objeto a suspensão e restituição de prazo ao Contrato de Empreitada TT-062/2010-00, celebrado com o Consórcio Barbosa Mello – FIDENS – HAP – CONVAP.

Com efeito, o contrato foi celebrado no dia 20.01.2010, prescrevendo a sua Cláusula Sexta que vigorará por 540 (quinhentos e quarenta) dias consecutivos, *"contados a partir da data de recebimento da Ordem de Serviço..."*.

Acontece que o extrato do instrumento contratual foi publicado na imprensa oficial no dia 22.01.2010 (fls. 461) e neste *mesmo dia* foi emitida a *"Ordem de Paralisação"* de fls. 465.

Indago: Como é possível paralisar algo que não teve início? Onde está a *"Ordem de Serviço"* que dá início à contagem do prazo contratual?

Se não houve a *"Ordem de Serviço"* para dar início à contagem do prazo contratual, esse prazo não se iniciou e, portanto, foi absolutamente ineficaz a *"Ordem de Paralisação"*.

É oportuno esclarecer que, nos contratos celebrados pelo DNIT, a vigência do contrato não se confunde com a fluência do prazo contratual. A vigência diz respeito à eficácia do contrato, e esta é disciplinada na Cláusula Décima Quarta do contrato. Ela se inicia a partir da data da publicação do extrato do instrumento no *Diário Oficial*, como corretamente consignado a fls. 461.

Entretanto, a contagem do prazo contratual é disciplinada por regra específica, que só considera o mesmo iniciado a partir da *"Ordem de Serviço"* (Cláusula Sexta).

Desse modo, pode haver, sem que importe em qualquer ilicitude ou irregularidade, como é exemplo este processo, um contrato válido e eficaz, cujo prazo de execução não tenha se iniciado porque não foi dada a *"Ordem de Serviço."*

É comum, inclusive, situação semelhante acontecer com a própria lei, por conta do fenômeno jurídico da *vacatio legis*, período no qual a lei existe e é válida, porém só se torna obrigatória a partir de determinada data após a sua publicação.

Quanto à *"Ordem de Reinício de Serviços"* de fls. 464, deverá ser considerada, para todos os fins e efeitos jurídicos, como a *"Ordem de Serviço"* de que trata a Cláusula Sexta do Contrato, devendo assim declarar expressamente no processo a Superintendência Regional.

Brasília, 04 de junho de 2010.

DESPACHO/PFE/DNIT Nº 00556/2010

Responsabilidade Fiscal do Contratado.

Aprovo o Parecer/GNM/PFE/DNIT nº 00925/2010, por seus próprios e jurídicos fundamentos.

Com efeito, a prevalecer o entendimento de que pode ser exigido do DNIT o pagamento pelos tributos decorrentes da atividade contratada, como responsável principal ou subsidiário, ruiria por terra e seria letra morta o disposto no art. 71 e §1º da Lei nº 8.666/93.

A propósito deste dispositivo legal, leciona Marçal Justen Filho que:

> *"A Administração Pública não se transforma em devedora solidária ou subsidiária perante os credores do contratado. Mesmo quando as dívidas se originarem de operação necessária à execução do contrato, o contratado permanecerá com o único devedor perante terceiros."* (Comentários à Lei de Licitações e Contratos Administrativos, p. 566)

Ora, uma das dívidas que se originam da execução do contrato em apreço é o pagamento pelo Contratado do Imposto sobre Serviços de Qualquer Natureza (ISSQN) devido ao Município de São Gonçalo do Araguaia/PA. Referido imposto, por decorrer da própria atividade contratada, é classificado como *despesa indireta* (as que não expressam *diretamente* nem o custeio do *material* nem o dos *elementos operativos sobre o material — mão de obra, equipamento-obra, instrumento-obra* etc.), tais como aquelas destinadas à administração central, em parcela rateada para o objeto do contrato; custos de capital financeiro contraído no mercado; margem de incerteza e o lucro, e como tais integrantes de parcela da proposta de preços conhecida como BDI (Bonificação de Despesas Indiretas).

Sobre a composição do BDI, o Tribunal de Contas da União possui jurisprudência sistematizada que só não permite a inclusão dos tributos de natureza direta e personalística, que oneram pessoalmente o contratado, não devendo ser repassados à contratante, como o Imposto de Renda de Pessoa Jurídica (IRPJ) e a Contribuição Social sobre o Lucro Líquido (CSLL).

Vale dizer, em se tratando de ISSQN, o valor devido ao Município de São Gonçalo do Araguaia/PA integra o valor do contrato celebrado com Contratado, sendo, portanto, reembolsado pelo DNIT como despesa indireta.

Assim, admitir que o DNIT tenha a obrigação de pagar, como devedor principal ou subsidiário, a obrigação fiscal do contratado, não apenas contraria a Lei de Licitações e Contratos Administrativos, como impõe um grave prejuízo ao Erário Público, posto que faria com que a Autarquia pagasse duas vezes pela mesma despesa indireta: uma ao contratado e outra ao Município.

Poder-se-ia até admitir que, havendo saldo contratual, ou seja, crédito do contratado junto ao DNIT por conta dos serviços prestados, a Autarquia descontasse desse valor aquele que fosse devido ao Município a título do ISSQN devido. Todavia, vejo essa alternativa como um perigoso precedente, que a um só tempo criaria a falsa crença de que o DNIT tenha essa obrigação e desestimularia o Contratado a honrar, como impõe a lei, a sua obrigação fiscal.

Por tudo isso e louvando-me nas judiciosas considerações do Parecer ora aprovado, oriento essa Unidade Jurídica para que promova a impetração de Mandado de Segurança visando ver declarada a ilegalidade do Auto de Infração de fls. 03.

Brasília, 15 de junho de 2010.

DESPACHO/PFE/DNIT Nº 00580/2010

Alteração da Minuta Padrão
de Edital de Licitação.

Aprovo a conclusão objeto do Parecer retro, acrescentando as seguintes considerações:

A questão jurídica objeto do Recurso Administrativo apresentado pela Licitante Froylan Engenharia Projetos Comércio Ltda. gira em torno da inobservância pela Licitante CBEMI (Construtora Brasileira e Mineradora Ltda.), declarada vencedora do certame, do disposto no item 14.4 do Edital nº 028/2010-19, de fls. 127 e seguintes, uma vez que teria deixado de apresentar à Comissão, por meio de *"impressão em papel"*, a Planilha de Composição de Preço Unitário, tendo, apenas, fornecido a mesma em meio digital eletronicamente protegido, conforme também previsto no mesmo item do Edital.

Ocorre que essa regra do Edital nº 028/2010-19 não está de acordo com a Minuta Padrão aprovada pela Diretoria Colegiada para as obras e serviços que se pretende contratar. Nos termos do item 14.4 da Minuta Padrão, a Planilha de Composição de Preço Unitário deve ser apresentada *exclusivamente* em meio digital (CD ou DVD) devidamente protegido (fls. 61), sem qualquer exigência de *"impressão em papel"*. Justamente por isso, prescreve o item 14.9 da Minuta Padrão que a *"Licitante que tiver oferecido o menor preço terá suas planilhas de composição de preço unitário impressas e conferidas pela Comissão..."*.

Qual se vê, as regras contidas na Minuta do Edital Padrão são absolutamente compatíveis e complementares, não gerando qualquer dúvida na sua aplicação. Mais do que isso, estão, também, atualizadas e adequadas ao momento tecnológico alcançado pela Administração Pública na seleção e contratação de empresas, onde se antevê para breve a instituição do processo digital ou virtual, já em voga no âmbito do próprio Poder Judiciário, tradicionalmente apegado a formalismos e práticas cartoriais.

Por tudo isso, preocupei-me em saber a origem e, principalmente, a forma de implementação no Edital nº 028/2010-19 da exigência de *"impressão em papel"* das Planilhas, já que não consta da Minuta do Edital Padrão aprovado pela Diretoria Colegiada desta Autarquia.

Observei, então, que a ideia partiu, para minha surpresa, da própria Unidade Jurídica desta PFE/DNIT junto à Superintendência Regional, cuja Chefia, mediante o Parecer nº 19/2010-PFE/DNIT/MS-AF, datado de 03.02.2010, e constante às fls. 140/154 do Processo Administrativo nº 50619.000005/2010-22, aprovou a Minuta de Edital que lhe foi encaminhada para análise, elaborada de acordo com Minuta Padrão (fls. 40 e seguintes), *"desde que promovidas as alterações sugeridas"* (item 60). Entre as alterações sugeridas por aquela Chefia, consta a do item 14.4, em nome da transparência e controle (*sic*), deveria ser incluída a exigência da *"impressão em papel"* das Planilhas de Composição de Preço Unitário (itens 23 e 24 do Parecer).

Entretanto, além de esta Chefia não estar de acordo com a sugestão feita pelo Procurador Chefe Local, pelos motivos já declinados no item 3 supra, o fato é que houve-se a Procuradoria Local com absoluta e intolerável inobservância da Instrução de Serviço PFE/DNIT/008, de 28.10.2009, anexa a esta manifestação, onde está previsto que:

"Art. 3º A alteração na minuta do edital de licitação quando decorrente de novo entendimento jurídico, não poderá ser realizada senão mediante prévia aprovação pela Diretoria Colegiada.

Parágrafo único – No caso previsto neste artigo, e sem prejuízo da aprovação jurídica da minuta do edital de licitação, se conforme o edital padrão, deverá o Setor de Consultoria ou a Unidade Jurídica junto à Superintendência, em autos apartados, submeter ao Procurador Chefe Nacional a alteração proposta devidamente fundamentada, a qual, uma vez aprovada, será encaminhada à Diretoria Colegiada para deliberação, visando modificar o edital padrão."

Portanto, é terminantemente proibido serem realizadas alterações nos editais de licitação que estejam de acordo com a minuta do Edital Padrão sem prévio conhecimento do Procurador Chefe Nacional e decisão da Diretoria Colegiada.

Todavia, os autos revelam que nada disso foi observado, tendo o Superintendente Regional aprovado as alterações sugeridas, de forma indevida, pela Procuradoria Local (fls. 326 do Processo Administrativo nº 50619.000005/2010-22), em desacordo com a Portaria de Delegação que lhe foi outorgada (fls. 03), onde está expresso que o Edital deve ser elaborado de acordo com a minuta padrão.

Estes fatos viciaram por completo todo o procedimento licitatório, visto que desenvolvido sob a disciplina de um Edital de Licitação elaborado, aprovado e publicado em desacordo com as normas administrativas e os poderes conferidos ao Superintendente Regional do DNIT, levando os Licitantes a se obrigarem por exigência que não deveria ter sido feita, porque em desacordo com as normas da Autarquia.

Assim, não antevejo sequer a possibilidade de a irregularidade ser sanada, mediante convalidação das alterações realizadas. Primeiro porque se estaria criando perigoso precedente para, no futuro, ser o Edital Padrão alterado a critério das Superintendências Regionais, o que, em nome da uniformidade e regularidade de procedimentos, não me parece acertado. Segundo, porque a alteração que produziu todo o litígio administrativo é, com efeito, absolutamente, equivocada, visto que a exigência exclusiva da mídia eletrônica protegida, tal como previsto na Minuta Padrão, não compromete o princípio da transparência ou o controle dos atos administrativos, visto que a qualquer tempo poderão as planilhas serem impressas e rubricadas por todos os Licitantes.

Por tudo isso, Senhor Diretor Executivo, recomendo que, com fundamento no art. 49, da Lei nº 8.666/93, a Diretoria Colegiada, por avocação dos poderes delegados, anule o procedimento licitatório, uma vez que o Edital nº 028/2010-19 deixou de observar, de forma insanável, a minuta do Edital Padrão.

Outrossim, informo que a Unidade Jurídica desta PFE/DNIT/MS será advertida, por escrito, para que futuras alterações dos Editais de Licitação submetidas a sua análise observem estritamente o contido na Instrução de Serviço PFE/DNIT nº 008/2010.

Brasília, 02 de agosto de 2010.

DESPACHO/PFE/DNIT Nº 00603/2010

Ordem de Início e de Paralisação do
Prazo Contratual. Termo Aditivo ao Contrato.

Sem prejuízo das considerações objeto do Despacho anterior, da lavra do Setor de Consultoria desta PFE/DNIT, e considerando que o Parecer de fls. 412/415, considerou o contrato extinto em virtude do explanado no seu item 20, devem ser promovidas as seguintes considerações adicionais.

Em uma análise preliminar, a legislação apontaria para a necessidade de se declarar extinto o contrato por decurso de prazo. Ocorre, entretanto, que essa análise exclusivamente literal implicaria um prejuízo muito maior para a Administração, o que nos conduz à necessidade de uma interpretação sistemática e mesmo teleológica do normativo legal à luz dos princípios administrativos e atento, sobretudo, à finalidade do ajuste.

Como adiante será demonstrado, à época em que foi emitida a ordem de paralisação de fls. 59 (01.11.2004), era usual no DNIT a lavratura de termo aditivo de suspensão e restituição de prazo somente quando da emissão da ordem de reinício dos trabalhos, e não logo após a interrupção, como hoje vigora. Ainda que o procedimento fosse passível de críticas, penso que não pode constituir razão única e suficiente para justificar a extinção da avença, pois isto poderá dar causa a prejuízo muito maior para a Administração, por não ter sido o objeto contratual ainda concluído.

Assim, diante de situações onde a análise jurídica se defronte com vícios que possam macular a avença administrativa, é preciso que o Advogado Público leve em consideração o *princípio da segurança jurídica*, cuja observância decorre do disposto no art. 2º da Lei nº 9.784, de 29.01.1999, e já foi consagrado em decisões do Supremo Tribunal Federal, como essa abaixo transcrita:

> *"Na hipótese, a matéria evoca, inevitavelmente, o princípio da segurança jurídica. Esse princípio foi consagrado na Lei nº 9.784, de 29 de janeiro de 1999, que regula o processo administrativo no âmbito da Administração Pública*

Federal, tanto em seu artigo 2º, que estabelece que a Administração Pública obedecerá ao princípio da segurança jurídica, quanto em seu artigo 54, que fixa o prazo decadencial de cinco anos, contados da data em que foram praticados os atos administrativos, para que a Administração possa anulá-los. Em diversas oportunidades esta Corte manifestou-se pela aplicação desse princípio em atos administrativos inválidos, como subprincípio do Estado de Direito, tal como nos julgamentos do MS 24.268, DJ 17.09.04 e do MS 22.357, DJ 05.11.04, ambos por mim relatados." (RE nº 466.546-8/RJ). Relator Ministro Gilmar Mendes. Julgamento 14.02.2006. Segunda Turma. DJ, 17 mar. 2006)

No mesmo sentido confira-se ainda recente decisão do Superior Tribunal de Justiça:

"Os administrados não podem sujeitar-se indefinidamente à instabilidade da autotutela do Estado e de uma convalidação dos efeitos produzidos, quando, em razão de suas conseqüências jurídicas, a manutenção do ato servirá mais ao interesse público de que sua invalidação. Nem sempre a anulação é a solução, pois o interesse da coletividade pode ser melhor atendido pela subsistência do ato tido por irregular. Então a recomposição da ordem jurídica violada condiciona-se primordialmente ao interesse público. Já a Lei nº 9.784/1999 tem lastro na importância da segurança jurídica no Direito Público, enquanto estipula, em seu art. 54, o prazo decadencial de 5 anos para a revisão do ato administrativo e permite, em seu art. 55, a manutenção da eficácia mediante convalidação. Esse último artigo diz respeito à atribuição de validade a atos meramente anuláveis, mas pode ter aplicação excepcional a situações extremas, como a que resulta grave lesão a direito subjetivo, não tendo seu titular responsabilidade pelo ato eivado de vício, tal como se dá na seara de atos administrativos nulos e inconstitucionais." (RMS nº 24.339-TO. Rel. Min. Napoleão Nunes Maia Filho, julgado em 30.10.2008)

Como ponderei inicialmente, à época da ordem de paralisação de fls. 59, vigorava nesta PFE/DNIT e era observada pela Administração a orientação oriunda da Advocacia-Geral da União, contida na Nota nº 00033/2002 que dispunha:

"Ante o exposto, despicienda é a lavratura de aditamento contratual para "formalizar" a suspensão do contrato, pois esta ocorre direta e indissociavelmente da ordem de paralisação. Despiciendo, da mesma forma, e por silogismo lógico, lavrar-se novo aditamento para determinar o reinício dos serviços, ou apenas para se fixar o novo termo final."

No mesmo sentido foi a Cota ao Parecer/PCBA/PGE/DNIT nº 00130/2008, versando sobre a previsão legal para que a Administração possa determinar a interrupção da execução do objeto contratado e a sua posterior retomada, consoante os termos do inc. III, do §1º do art. 57, e §5º do art. 79, ambos da Lei nº 8.666/93.

> *"Em que pese a distinção entre a denominação estatuída pelo legislador no §5º do citado art. 79, e aquela adotada usualmente pela Autarquia, denominada de Restituição de Prazo, acreditamos não haver prejuízo na substituição de uma por outra, uma vez que ao restituir o prazo contratual, estar-se-á promovendo a sua dilatação para o futuro pelo período do saldo remanescente, que tem o mesmo significado ou efeito da prorrogação de prazo.*
>
> *Evidentemente, deve-se reconhecer que sempre que a Administração realizar a lavratura dos termos aditivos de suspensão e restituição de prazo contemporaneamente à expedição das respectivas ordens, esta providência representa um ganho não só na eficiência e controle desses atos, mas também em relação à sua publicidade, já que os seus extratos deverão ser publicados na imprensa oficial, conforme previsto no parágrafo único do art. 61, da Lei nº 8.666/93.*
>
> *Todavia, e consoante demonstrado, a ausência desta providência imediata não implica na extinção do contrato por decurso de prazo, (...), salvo se houver a expedição da competente ordem de reinício dos serviços e o correspondente termo aditivo não for lavrado dentro do período de prazo a ser restituído."*

Essas orientações, enquanto vigoraram, fizeram com que a Administração do DNIT não providenciasse a lavratura de Termos Aditivos de Paralisações logo após a respectiva ordem, que era considerada como suficiente, visto que subscrita pelo fiscal do contrato, suspendendo os serviços contratados.

Todavia, em virtude de reiteradas manifestações do Tribunal de Contas da União (TCU) considerando necessária a formalização da paralisação, mediante Termo Aditivo, foi editada em 19 de maio de 2009 a Instrução de Serviço DG nº 06, publicada no Boletim Administrativo nº 20/2009, determinando que logo após a ordem de paralisação seja o Termo Aditivo de Paralisação (TAP) formalizado.

Evidentemente que não se pode admitir que uma Autarquia como DNIT ou qualquer outra entidade da Administração Pública responsável por centenas de contratos, possa conviver com uma instabilidade jurídica quanto à regularidade temporal dos seus atos. Há que se ter um mínimo de segurança jurídica para que as ações governamentais possam ser validamente realizadas e concluídas a tempo e modo.

Assim, considerando que a ordem de paralisação de fls. 59 se deu antes da vigência da IS/DG nº 06/2009, deve prevalecer, *em respeito ao princípio legal da segurança jurídica (art. 2º, da Lei nº 9.784, de 29.01.1999)*, o entendimento jurídico que então vigorava, oriundo da própria AGU, no sentido de que o referido ato — ordem de paralisação — era bastante para determinar a interrupção do prazo contratual.

Aliás, é importante ressaltar que também o Tribunal de Contas da União (TCU) entendeu, por ocasião do Acórdão nº 832/2004 – TCU – Plenário, que a ordem de paralisação dada a um contrato do DNIT em 08.08.2002 (contrato PG-204/00) foi suficiente para interromper a vigência contratual que expiraria em 14.08.2002, *tanto que determinou a Autarquia, em 30.06.2004, que promovesse a lavratura do termo aditivo de paralisação.*

Na realidade, são inúmeros os Acórdãos do TCU onde se faz referência à ordem de paralisação promovida pela Administração e, em sua grande maioria, sem qualquer menção à necessidade de formalização da suspensão da vigência contratual por termo aditivo. Em outros Acórdãos, como são exemplos os abaixo listados, o TCU expressamente considera a ordem de paralisação como suficiente para a interrupção do prazo contratual, também não fazendo qualquer alusão à necessidade de termo aditivo para formalizá-la:

Acórdão nº 583/2003 – Plenário

"3.14. Justificativas quanto à prorrogação:

O contrato em questão encontrava-se paralisado desde 01/05/2002, conforme Ordem de Paralisação 001/02 (anexo), com amparo legal no art. 57, §1º, inciso III, da Lei nº 8.666/93.

Em 16/05/2002, a empresa solicitou a prorrogação da vigência do contrato através do ofício nº 000152, encaminhado ao Diretor de Infra-Estrutura Terrestre do DNIT. Ressalte-se que na data do pedido o contrato estava paralisado e não extinto.

E, uma vez paralisada a execução contratual, há a prorrogação automática de sua vigência por período equivalente ao que esteve paralisado, conforme o disposto no art. 79, §5º, da mesma lei acima citada:

"§5º Ocorrendo impedimento, paralisação ou sustação do contrato, o cronograma de execução será prorrogado automaticamente por igual tempo;"

Sendo assim, verifica-se que não ocorreu qualquer tipo de irregularidade, posto que o contrato não se extinguiu e, caso a prorrogação do contrato venha a ser efetivada, nenhum óbice haverá.

3.15 Análise:

O documento encaminhado pelo responsável para subsidiar sua justificativa (fl. 97, v. 6) dá conta de ter havido a paralisação por ordem da administração, suspendendo, desse modo, a execução do contrato. Ademais, conforme documentos disponibilizados, só houve medições de serviços por conta do referido contrato até o mês de abril de 2002. Dessa forma, entendo justificado o ponto de audiência. (...)"

Acórdão n° 676/2004 – Plenário

"CONTRATO: PG-128/1998
Irregularidade: alterações indevidas de projeto.
Descrição/Fundamentação: Em 10/07/1998, foi assinado o Contrato n°
PG-128/1998, com a empresa C. R. Almeida S/A – Engenharia de Obras, para
execução de 36,7 Km de obras de implantação e pavimentação na BR-153/PR,
trecho Tibagi/Alto Paraná no Estado do Paraná (lote 2), possuindo o valor
total de R$19.873.522,95.

Iniciada a obra em 11/08/1998, foi devidamente paralisada em 01/01/1999,
consoante a Ordem de Paralisação de Serviços n° 05, de 18/12/1998, ou seja,
está com o contrato suspenso há cerca de 5 anos.

Mesmo com a suspensão contratual, a empreiteira, em 24/10/2002, por meio
do Ofício CE n° 045/2002, protocolou o 1° Relatório de Revisão do Projeto.
Sustenta em seu pleito que tal revisão é necessária devido 'ao indeferimento das
licenças ambientais por parte do IAP/PR, para exploração tanto das jazidas de
rocha, como da jazida de solo indicadas no projeto'; ademais, alega que a revisão
'contempla também as composições de preços unitários dos serviços novos'.

Em consulta às alterações propostas pela empresa, verifica-se que os serviços
de Pavimentação tiveram substanciais incrementos, passando de um total de
R$6.527.171,22, para R$9.992.316,07, perfazendo um acréscimo na ordem
de 53,09%. No mesmo sentido, os serviços de "Fornecimento de Material
Betuminoso" e "Transporte de Material Betuminoso" tiveram incrementos
relevantes, na ordem de 59,70% e 79,72%, respectivamente.

Tendo em vista que o contrato ainda está suspenso, aliado ao fato da mencionada
revisão ainda carecer de aprovação por parte do DNIT, propomos que o DNIT e
a 9ª UNIT encaminhem a este Tribunal, no prazo de 30 dias, a contar da
aprovação ou não, do 1° Relatório de Revisão do Projeto referente ao Contrato
n° PG-128/1998, celebrado com a empresa C. R. Almeida S/A Engenharia
de Obras, cópia da análise realizada em relação às alterações propostas pela
empresa."

Acórdão n° 756/2003 – Plenário

"A obra encontra-se paralisada desde 01/04/2002. Seguindo orientações*
do Grupo de Trabalho Especial da Advocacia Geral da União (Nota
n° 00033/2002), a 19ª UNIT não celebrou Termo Aditivo para formalizar a
paralisação. No referido documento, a AGU manifestou-se conclusivamente
da seguinte forma: 'Ante o exposto, despicienda é a lavratura de aditamento
contratual para 'formalizar' a suspensão do contrato, pois esta ocorre direta e
indissociavelmente da ordem de paralisação. Despiciendo, da mesma forma, e
por silogismo lógico, lavrar-se novo aditamento para determinar o reinício dos
serviços, ou apenas para se fixar o novo termo final'. A título de informação,
resta um saldo contratual de 108 dias.
(...)

A equipe de auditoria, após observar que as obras em questão já foram objeto de fiscalização nos exercícios de 2001 e 2002, não tendo sido observados indícios de irregularidades graves, conclui que também no presente ano não se verificou irregularidade ou impropriedade, propugnando pelo arquivamento dos autos (fl. 28)."

Acórdão nº 866/2006 – Plenário

"20. O Sr. Carlos Roberto de Oliveira, de acordo com os elementos das fls. 438/468, esclarece que a ordem de paralisação foi expedida com o objetivo de evitar que o contrato tivesse sua vigência encerrada em 21/3/2002, na expectativa de ser atendido o pedido de prorrogação de prazo contratual, estipulado em 25/1/2002, que tramitou sucessivamente no DNER, no DNIT e no Ministério dos Transportes. A demora na autorização para essa prorrogação fez com que, somente a partir de 1º/4/2003, o reinicio da execução dos serviços viesse a se processar.

21. Avaliamos que procedem as argumentações do responsável. Conforme se verifica às fls. 258/315, o titular da Diretoria de Engenharia Rodoviária do DNER, em 5/2/2002, autorizou a prorrogação de contrato solicitada. Pouco tempo depois, o Decreto nº 4128/2002 foi editado, com fundamentação na Lei nº 10.233, de 5/6/2001, dando-se início à inventariança do DNER, justamente no dia em que o processo acabava de retornar ao 17º Distrito/ES/DNER para a feitura do aditivo (13/2/2002). As diversas tramitações que aconteceram a partir disso fizeram com que não se conseguisse providenciar a formalização do termo antes de 21/3/2002. Parece-nos aceitável que o gestor, ao constatar essa dificuldade, fizesse a suspensão temporária da execução contratual de modo a evitar o fim da vigência. Quando fez a paralisação descrita, o dirigente não dispunha de elementos que pudessem levá-lo a prever que o pedido de prorrogação demoraria tanto tempo para obter nova aprovação. Em nosso juízo, resta constatado que o único erro cometido pelo gestor ouvido em audiência, neste caso, foi o de não ter formalizado, no respectivo processo, uma exposição dos motivos que o levaram a, unilateralmente, interromper a prestação dos serviços, sendo pertinente a elaboração de determinação com o intuito de se evitar a repetição dessa omissão."

Como se observa no *Acórdão nº 756/2003 – Plenário*, do próprio *Tribunal de Contas da União*, ficou consignado que a orientação jurídica oriunda da própria Advocacia-Geral da União, ao tempo da ordem de paralisação, era no sentido de que não havia a necessidade de formalização do termo aditivo, *verbis*:

"Seguindo orientações do Grupo de Trabalho Especial da Advocacia Geral da União (Nota nº 00033/2002), a 19ª UNIT não celebrou Termo Aditivo

para formalizar a paralisação. No referido documento, a AGU manifestou-se conclusivamente da seguinte forma: "Ante o exposto, despicienda é a lavratura de aditamento contratual para 'formalizar' a suspensão do contrato, pois esta ocorre direta e indissociavelmente da ordem de paralisação. Despiciendo, da mesma forma, e por silogismo lógico, lavrar-se novo aditamento para determinar o reinício dos serviços, ou apenas para se fixar o novo termo final". A título de informação, resta um saldo contratual de 108 dias."

Ademais, sempre defendi a tese jurídica de que a ordem de paralisação interrompe a vigência do prazo contratual, independentemente da formalização do respectivo aditivo de paralisação.

Mesmo após a edição da IS/DG nº 006/2009, que propus ao Senhor Diretor-Geral, não abdico deste entendimento, até porque sendo o prazo de vigência contratado em dias, como é exemplo o destes autos, a ordem de paralisação não o modifica nem o altera, mas simplesmente interrompe a sua *contagem*. O prazo contratado permanece o mesmo, pelo que, *tecnicamente*, não seria o caso de ser produzido um aditivo que em nada, absolutamente nada, irá alterar ou modificar o que foi contratado.

Assim, continuo entendendo que a *ordem de paralisação* possui a mesma força jurídica que o contrato atribui para a *ordem de início*, visto que ambas possuem a mesma natureza jurídica, posto que visam, sobretudo, ditar o ritmo de trabalho contratado, prerrogativa exclusiva da Administração Pública.

Por isso, com as vênias de meus ilustres colegas Procuradores, não consigo ver na formalização do Termo Aditivo de Paralisação após a data prevista para conclusão do contrato qualquer agressão frontal ou direta ao disposto no parágrafo único do art. 61, da Lei nº 8.666/93. O que reza este dispositivo é que o *aditivo*, para ter eficácia, deverá ser publicado resumidamente na imprensa oficial.

Ora, considera-se *aditivo* ao contrato todo instrumento que contém em suas disposições *alterações ou modificações do que foi contratado*. Como a ordem de paralisação não altera ou modifica o prazo contratual, que permanece o mesmo, justo porque é ele contratado em dias, não é possível considerar, *tecnicamente*, o Termo Aditivo de Paralisação como um aditivo ao contrato.

Nesse sentido, colhemos o conceito de Termo Aditivo utilizado pela Universidade Federal do Rio Grande do Sul (disponível em: <http://www.ufrgs.br/relinter/convenios_interno2.htm>):

"TERMO ADITIVO – CONCEITO: Instrumento jurídico suplementar, que passa a integrar o documento principal o qual poderá ser um

Convênio, Contrato e/ou Protocolo de Cooperação. Devem constar as cláusulas ou itens a serem alterados pelo Termo e as demais permanecendo em vigor. É empregado na prorrogação do prazo de vigência, ajuste do valor ou outras alterações previstas em lei preservando-se o objeto do documento principal."

É certo afirmar que o TAP altera a data de vencimento do contrato. Todavia, essa alteração não é contratual, porque o contrato não estabelece a data de seu vencimento. O que o contrato estabelece é o seu prazo de vigência, em dias, não uma data certa para terminar. Como se vê, também sob esse aspecto, o TAP não altera ou modifica qualquer cláusula contratual.

Portanto, se o TAP não é, *tecnicamente*, um aditivo ao contrato, *porque nada altera ou modifica o que foi contratado*, não pode estar sujeito às disposições do parágrafo único do art. 61, da Lei nº 8.666/93. Serve, apenas, para formalizar, de forma ordenada e cronológica, as interrupções que ocorreram durante a vigência contratual, nada mais!

Na realidade, conforme aludi inicialmente, a formalização do TAP foi motivada por recentes decisões do TCU, que insistem em determinar que o DNIT assim proceda. Até então, vigorava na Autarquia a orientação jurídica de que a mesma não era necessária. E, de fato, continuo entendendo que não é. Porém, julgo prudente que o DNIT mantenha um arquivo cronológico ordenado das interrupções sofridas pelo prazo contratual, razão porque foi proposta a edição da referida Instrução.

Por essas razões e, fundamentalmente, em nome do princípio da segurança jurídica, é que considero que o presente contrato não se encontra expirado.

Quanto ao mais, ratifico a manifestação contida no Despacho de fls. 417, devendo esta Diretoria, previamente à aprovação do termo aditivo pela Diretoria Colegiada, encaminhar à Procuradoria os esclarecimentos naquele Despacho propugnados.

Brasília, 06 de agosto de 2010.

DESPACHO/PFE/DNIT Nº 00611/2010

Licitação. Erro no Projeto. Anulação.

Consulta o Senhor Diretor-Geral do DNIT sobre *"a possibilidade de revogação do Edital n. 115/2010-00, por razões de interesse público decorrente de fato superveniente devidamente comprovado, considerando para fins de atendimento do disposto no art. 49 (1ª parte) da Lei nº 8.666/93, como justificativas as irregularidades apontadas pelo TCU, bem como a necessidade de correção de falhas elencadas pela área técnica"* (fls. 111).

Na mesma consulta é informado que:

- O Edital nº 115/2010-00 objetiva a contratação de empresa especializada para a realização de obras de melhoramento e adequação de capacidade e segurança do Anel Rodoviário de Belo Horizonte/MG, nas rodovias BR-040/262/381/MG, administradas pelo DNIT;

- Em 16.07.2010 o DNIT foi comunicado da Decisão Cautelar exarada pelo Excelentíssimo Senhor Ministro Raimundo Carreiro, cuja cópia está às fls. 20/25, determinando que o DNIT suspenda o procedimento licitatório até que o Tribunal decida sobre o mérito da questão, que envolve a ocorrência de impropriedades de quantitativos e preços definidos no Projeto de Engenharia que informa o procedimento licitatório; e

- Houve por parte da própria área técnica do DNIT o reconhecimento de erros no projeto que montam à cifra de R$42 milhões de reais.

Qual se vê, o projeto base das obras que estão sendo licitadas contém erros que encarecem significativamente o seu valor, o que, de acordo com a Decisão Cautelar do TCU, infringe os dispositivos da Lei nº 8.666/93, como também os princípios constitucionais da economicidade e eficiência.

Ora, de acordo com o conceito legal de projeto básico, este deve retratar o conjunto de elementos necessários e suficientes, com o nível de precisão adequado, para caracterizar a obra ou o serviço. Se esse nível de precisão não é adequado, porque o projeto contém erros que interferem na composição dos custos, evidentemente que estamos diante de uma licitação irregular, a demandar não a sua revogação, mas sim a sua anulação.

Com efeito, prescreve o art. 49, da Lei nº 8.666/93:

> *"A autoridade competente para a aprovação do procedimento somente poderá revogar a licitação por razões de interesse público decorrente de fato superveniente devidamente comprovado, pertinente e suficiente para justificar tal conduta, devendo anulá-la por ilegalidade, de ofício ou por provocação de terceiros, mediante parecer escrito e devidamente fundamentado."*

Desse modo, oriento no sentido de que o assunto seja submetido à Diretoria Colegiada para que delibere quanto à anulação do procedimento licitatório objeto do Edital nº 115/2010-00, sendo a decisão comunicada ao Tribunal de Contas da União.

Brasília, 13 de agosto de 2010.

DESPACHO/PFE/DNIT Nº 00652/2010

Uso do Pregão para Contratar Obras e
Serviços de Engenharia.

Preliminarmente

Revejo a manifestação jurídica anterior, nos termos adiante
consignados.

Desde logo verifico, entretanto, que o objeto declarado na minuta
do edital está em desacordo com o que vem declarado em diversos
documentos constantes do processo.

Nesse sentido, observei a fls. 08 que a contratação pretendida
destina-se a execução das *"obras de construção de acesso e instalações de
fronteira na Rodovia BR-156/AP, no Município do Oiapoque/AP"*.

Desse modo, parece-me que essa redação é que deverá constar
da minuta do edital, contrato e outros documentos pertinentes à contratação pretendida.

Quanto às demais recomendações contidas no Parecer de fls.
224/228, deverão ser atendidas naquilo em que não contrariarem a
análise jurídica adiante exposta.

Da análise jurídica sobre a licitação pretendida

A questão jurídica sobre a possibilidade da utilização do Pregão
como modalidade licitatória para a contratação pelo DNIT de obras de
engenharia desafia, à primeira, o exame da legislação que disciplina o
referido certame.

Com efeito, estabelece a Lei nº 10.520, de 17.07.2002, que:

> *"Art. 1º Para aquisição de bens e serviços comuns, poderá ser adotada a licitação
> na modalidade de pregão, que será regida por esta Lei.*
>
> *Parágrafo único. Consideram-se bens e serviços comuns, para os fins e efeitos
> deste artigo, aqueles cujos padrões de desempenho e qualidade possam ser
> objetivamente definidos pelo edital, por meio de especificações usuais no
> mercado."*

Como se observa, a lei não veda, expressamente, a utilização do Pregão para obras ou serviços de engenharia. Exige, apenas, que os bens ou serviços a serem licitados sejam *"comuns"*, vale dizer: *"aqueles cujos padrões de desempenho e qualidade possam ser objetivamente definidos pelo edital, por meio de especificações usuais no mercado".*

O conceito legal de *"comum"* deixa a desejar, levando o intérprete a considerações subjetivas e que, por isso mesmo, podem variar. Com efeito, definir objetivamente no edital os *padrões de desempenho e qualidade* não é atributo específico do Pregão. Penso que, em toda e qualquer modalidade licitatória, o edital deve conter os padrões de desempenho e qualidade esperada. Quanto às *especificações usuais no mercado* para os padrões de desempenho e qualidade, poderiam ser, no caso do DNIT, o próprio projeto básico/executivo que deverá detalhar por completo todas as especificações exigidas para a obra, como, também, as próprias normas e instruções vigentes na Autarquia para a realização de obras e serviços de engenharia, amplamente conhecidas no mercado da construção de obras de infraestrutura de transportes.

Como se vê, não há por parte da lei que criou a modalidade licitatória Pregão qualquer restrição explícita para a sua utilização na contratação de obras e serviços de engenharia, desde que possam ser consideradas de natureza *"comum"*, nos termos do parágrafo único do art. 1º, da Lei nº 10.520/2002.

Na realidade, a restrição consta do Decreto nº 3.555, de 08.08.2000, que visou regulamentar as Medidas Provisórias nºs 2.026 e 2.182, que se transformaram na Lei nº 10.520/2002.

No referido Decreto é disposto que:

> *"Art. 5º A licitação na modalidade de pregão não se aplica às contratações de obras e serviços de engenharia, bem como às locações imobiliárias e alienações em geral, que serão regidas pela legislação geral da Administração."*

Houve, assim, expressa vedação para utilização do Pregão na contratação de obras e serviços de engenharia, remetendo-as para os demais certames disciplinados na Lei nº 8.666/93.

Quanto a esta proibição, há, por parte da doutrina e, inclusive, do próprio Tribunal de Contas da União (TCU), manifestações que consideram que a vedação não possui eficácia, justo porque não constou das Medidas Provisórias e da própria Lei que institui o Pregão. Não se poderia, assim, por ato regulamentar — como são os Decretos do Poder Executivo — ser proibido o que por lei não foi.

Parece assistir razão a este entendimento. Com efeito, em todas as edições das Medidas Provisórias que antecederam a Lei nº 10.520/2002 vinha disposto o §2º do art. 1º que prescrevia:

"O regulamento disporá sobre os bens e serviços comuns de que trata este artigo."

À luz deste dispositivo, estaria delegada à regulamentação a imposição de restrições, como a contida no art. 5º do Decreto nº 3.555/2000. Entretanto, este dispositivo não restou aprovado quando da conversão da última Medida Provisória — MP nº 2.182-18/2001 — na Lei nº 10.520/2002, visto que aquela disposição não foi mantida, sendo transformado o antigo §1º em parágrafo único do art. 1º, da Lei nº 10.520/2002.

Vale dizer, a delegação contida nas Medidas Provisórias e que serviu de fundamento para a proibição de contratar obras e serviços de engenharia mediante o Pregão não foi mantida na Lei nº 10.520/2002, pelo que a disposição contida no art. 5º do Decreto nº 3.555/2000 não poderia subsistir porque sem amparo na Lei nº 10.520/2002.

É certo que, posteriormente, foi editado o Decreto nº 5.450, de 31.05.2005, dispondo que:

"Art. 6º A licitação na modalidade de pregão, na forma eletrônica, não se aplica às contratações de obras de engenharia, bem como às locações imobiliárias e alienações em geral."

Novamente se observa aqui a regulamentação criando restrições ao uso do Pregão para contratações de obras de engenharia, padecendo, consequentemente, dos mesmos vícios da regulamentação anterior. A diferença agora é que, primeiro, a restrição é, apenas, para a *"forma eletrônica"*, podendo, assim, ser admitida a forma presencial. Segundo, que a restrição alcançaria, somente, as *"obras de engenharia"*, e não os *"serviços de engenharia"*.

Desse modo, essa última regulamentação não proíbe expressamente a utilização do Pregão, sob a forma presencial, para a contratação de obras de engenharia, mas somente quanto à forma eletrônica.

O Tribunal de Contas da União vem admitindo a possibilidade de ser utilizada a modalidade licitatória sob a forma de Pregão *apenas para serviços de engenharia* que possam ser considerados como *"comuns"*, ou seja, *"aqueles cujos padrões de desempenho e qualidade possam ser objetivamente definidos pelo edital, por meio de especificações usuais no mercado"* (parágrafo único do art. 1º, da Lei nº 10.520, de 10.07.2002).

Quanto às *"obras de engenharia"*, as referências encontradas se referem a situações muito específicas onde o percentual, em relação aos serviços, é muito inexpressivo, tendo considerado como *"serviço comum de engenharia"* as seguintes situações:

a) Assistência técnica, operação e manutenção, em caráter preventivo e corretivo, com fornecimento de peças, materiais e componentes, de aparelhos de ar-condicionado de janela e centrais de ar-condicionado (*AC-2272-48/06-P*);

b) Escavação e remanejamentos (*AC-2079-41/07-P*);

c) Manutenção corretiva nos equipamentos denominados Fechadura de Retardo (FR), Fechadura Módulo Teclado (FMT), Fechadura Mecânica de Cofres e de Casa Forte (FCCF) (*AC-2482-49/07-P*).

Por outro lado, encontramos referência sobre a impossibilidade de contratação de serviços de engenharia para acompanhamento e fiscalização da execução das obras de construção do aproveitamento hidrelétrico de Simplício (*AC-1615/2008*).

Ora, se para a supervisão ou auxílio à fiscalização de uma obra de engenharia não foi admitida a utilização do Pregão, a lógica recomendaria que, com maior razão, não poderia ser utilizado o procedimento para a contratação da própria obra pública.

Interessa, assim, a análise dos fundamentos que informaram a decisão do TCU para inadmitir a utilização do Pregão na hipótese acima referida. O Voto condutor do Acórdão, proferido pelo Ministro Benjamin Zymler, restou assim redigido:

Voto do Ministro Relator

"Cuidam os autos de representação, com pedido de medida cautelar, encaminhada pela Associação Brasileira de Consultores de Engenharia – ABCE, nos termos do art. 113, §1º da Lei nº 8.666/93, contra edital licitatório de Furnas Centrais Elétricas S.A. (PE.DAQ.G. 0413.2007), em razão da utilização de modalidade pregão para a contratação de serviços de "engenharia do proprietário para acompanhamento e fiscalização da execução das obras de construção do aproveitamento hidrelétrico de Simplício – queda única". Aduz o representante que tais serviços não poderiam ser qualificados como comuns e, por via de conseqüência, haveria impedimento à realização de licitação na modalidade pregão por contrariar o art. 1º da Lei nº 10.520/03.

2. Ao avaliar o objeto licitado, em rito de cognição sumária, considerei atendidos os pressupostos do fumus boni iuris e do periculum in mora e determinei cautelarmente à Furnas Centrais Elétricas S.A que se abstivesse de celebrar o contrato referente ao Pregão Eletrônico PE.DAQ.G. 0413.2007, até que este Tribunal decidisse no mérito acerca da modalidade de licitação utilizada, nos termos do art. 276 do Regimento Interno do TCU.

3. Após a oitiva de Furnas Centrais Elétricas S.A. e da empresa Marte Engenharia Ltda., vencedora do certame sub examine, a Secex-RJ manifestou-se no sentido da impossibilidade da contratação, por meio de licitação na modalidade pregão, dos serviços de engenharia do proprietário para acompanhamento e fiscalização da execução das obras de construção do aproveitamento hidrelétrico de Simplício – queda única. Diante disso, propôs determinar à Furnas que não proceda a contratação da empresa vencedora do certame.

4. Verifica-se, portanto, que a questão fulcral dos autos refere-se à adequação, ou não, da realização de licitação na modalidade pregão para contratação de serviços de engenharia do proprietário para acompanhamento e fiscalização da execução das obras de construção do aproveitamento hidrelétrico de Simplício.

5. Registro, preliminarmente, que acolho a instrução da unidade técnica e adoto os fundamentos ali expendidos como razões de decidir, sem prejuízo das seguintes considerações.

6. O pregão, instituído pela Lei nº 10.520/2002, é modalidade licitatória adequada à aquisição de bens e serviços comuns, definidos como "aqueles cujos padrões de desempenho e qualidade possam ser objetivamente definidos pelo edital, por meio de especificações usuais no mercado".

7. Para Marçal Justen Filho, "o bem ou serviço é comum quando a Administração não formula exigências específicas para uma contratação determinada, mas se vale dos bens ou serviços tal como disponíveis no mercado" (Pregão: Comentários à Legislação do Pregão Comum e Eletrônico – 4a ed., São Paulo: Renovar, 2005, p. 26). Aduz ainda o doutrinador: "bem ou serviço comum é aquele que se apresenta sob identidade e características padronizadas e que se encontra disponível a qualquer tempo, num mercado próprio. Bem por isso, a regra é que obras e serviços de engenharia não se enquadrem no âmbito de "bens e serviços comuns". (Ob. cit., p. 30)

8. Já Benedicto de Tolosa Filho esclareceu que "a licitação na modalidade pregão destina-se à aquisição de bens e serviços comuns, estes definidos como de padrão e tendo a característica de desempenho e qualidade que possam ser estabelecidos de forma objetiva, ou seja, sem alternativas técnicas de desempenho dependentes de tecnologia sofisticada." (Pregão. Uma nova modalidade de licitação. Rio de Janeiro: Forense, 2003. p. 9). Nesse mesmo sentido manifestou-se Arídio Silva: "Trata-se, portanto, de bens e serviços geralmente oferecidos por diversos fornecedores e facilmente comparáveis entre si, de modo a permitir a decisão de compra com base no menor preço" (Desvendando o Pregão Eletrônico. Rio de Janeiro: Revan, 2002. p. 34).

9. Observe-se que a definição legal atribuída aos "bens e serviços comuns" é imprecisa, provocando, em muitos casos, dúvidas quanto ao enquadramento de determinados bens ou serviços. Para apurar o conceito de serviço comum colimado pela Lei nº 10.520/02, deve-se analisar a estrutura e finalidade do pregão vis-à-vis aos preceitos da licitação na forma definida pela Lei nº 8.666/93.

10. A licitação destina-se a garantir a observância do princípio constitucional da isonomia e a selecionar a proposta mais vantajosa para a Administração e será processada e julgada em estrita conformidade com os princípios básicos da legalidade, da impessoalidade, da moralidade, da igualdade, da publicidade, da probidade administrativa, da vinculação ao instrumento convocatório e do julgamento objetivo, nos termos do art. 3º do Estatuto de Licitações e Contratos.

11. A proposta vantajosa agrega (a) preços economicamente satisfatórios e exeqüíveis, (b) o cumprimento pelo licitante vencedor das obrigações contratuais assumidas e (c) a aquisição de bens e serviços em tempo hábil ao atendimento do interesse público.

12. A competição e a conseqüente busca dos melhores preços à Administração são fundamentos de qualquer modalidade licitatória. A Lei de Licitações e Contratos visa, além da competição, garantir que a contratada possua condições de honrar as obrigações assumidas perante o Poder Público. Esta é a razão da existência da prévia fase de habilitação, cuja função é avaliar a capacidade do licitante para suprir os encargos inerentes ao objeto licitado. Em complemento, o art. 48, II, da referida lei exige a desclassificação de proposta com preços inexeqüíveis. Destarte, a Lei nº 8.666/93 preza a competição e a segurança na contratação.

13. Por outro lado, o pregão, procedimento simplificado, foi criado para imprimir celeridade ao processo de aquisição e ampliar a competição entre os interessados no contrato, gerando forte estímulo à redução de preços sem, entretanto, constituir instrumentos para que sejam descartadas propostas inexeqüíveis. O que diferencia o pregão é a estruturação procedimental — a inversão das fases de habilitação e julgamento, bem como a possibilidade de renovação dos lances pelos licitantes — a forma de elaboração de propostas — por escrito, verbal ou por via eletrônica — e o universo de possíveis participantes — os quais não precisam estar inscritos em cadastro.

14. No pregão são mitigados os requisitos de participação, fato justificável em razão da aptidão desse instrumento licitatório para aquisição, unicamente, de bens e serviços comuns. Dessa forma, a lei resguardou a aplicação do pregão aos bens e serviços comuns pois o risco de inadimplemento do contratado é reduzido.

15. A aplicação do pregão aos bens e serviços incomuns representa risco à segurança contratual, pela possibilidade de conduzir a Administração à celebração de contrato com pessoa sem qualificação para cumpri-lo ou pela aceitação de proposta inexeqüível.

16. Por essa razão, em situações que sejam necessárias medidas mais cautelosas para segurança do contrato, em razão dos riscos decorrentes de inadimplência da contratada ou da incerteza sobre a caracterização do objeto, deve o gestor preterir o pregão em favor de outras modalidades licitatórias cercadas de maior rigor formal.

17. O gestor, ao classificar bens e serviços como comuns, deve se certificar de que a descrição do objeto é suficientemente clara a ponto de não suscitar dúvidas, no afã do procedimento concorrencial do pregão, acerca das especificações do objeto ofertado pelos licitantes. Ademais deverá observar a complexidade das especificações não encetará insegurança ao adimplemento contratual pelos potenciais contratados em face da inexistência da habilitação prévia.

18. Não se nega que, com o advento do Decreto nº 5.450/2005, restou, em tese, possibilitada a contratação de serviços de engenharia por meio de pregões. Contudo, não foi afastada a exigência de que sejam esses serviços enquadráveis como comuns. Até porque, tal exigência decorre expressamente do art. 1º da Lei nº 10.520/2002.

19. Da identificação dos serviços objeto do pregão por meio do Termo de Referência anexo ao Edital PE.DAQ.G.0413.2007, verifico haver atividades, a seguir transcritas, que permitem a conclusão de que não se trata de "serviços comuns": a) aferição mensal da conformidade dos eventos executivos, dentro da programação de implantação das obras e serviços, para a emissão total ou parcial, da medição física e financeira e sua liberação para aprovação final de Furnas;

b) elaborar processos licitatórios para contratação das obras e serviços sob a responsabilidade do Departamento de Construção de Geração Térmica;

c) supervisionar a execução de todas as etapas das obras, assegurando que as contratadas de Furnas estejam atendendo integralmente ao projeto, às especificações técnicas, ao programa da qualidade e aos requisitos contratuais;

d) analisar os procedimentos executivos das contratadas de Furnas para a execução das obras;

e) acompanhar e fazer com que se cumpram o projeto, as especificações técnicas e os contratos, inclusive quanto aos materiais industrializados ou produzidos na obra;

f) avaliar e opinar sobre adequações de projeto, visando a otimização das atividades, mantendo Furnas sempre informada sobre tais questões;

g) dar suporte a Furnas para solucionar problemas de ordem técnica e executiva relativos às obras, sempre observando a documentação contratual;

h) acompanhar as inspeções técnicas, fornecendo os subsídios solicitados por Furnas;

i) execução do controle tecnológico de concreto e execução de ensaios laboratoriais de concreto e geotecnia;

j) operação de laboratórios de tecnologia de concreto e geotecnia;

k) acompanhamento técnico para controle da qualidade dos materiais de construção (agregados, concreto, aço par armadura e emendas, veda-juntas, água, aditivos, solos, filtros, transições e rochas), restrito às atividades que englobam os serviços de controle de produção do concreto e ensaios de laboratório;

l) elaboração de relatórios técnicos, abrangendo as atividades e dados relativos ao controle da qualidade dos materiais de construção da obra, incluindo análises estatísticas dos resultados dos ensaios realizados na obra os quais serão incorporados ao relatório mensal de gestão da qualidade da obra e ao data-book;

m) analisar e elaborar alternativas técnicas e/ou econômicas para obras e serviços;

n) elaborar documentos técnicos complementares e de canteiro de obras; e

o) analisar e emitir parecer sobre relatórios técnicos recebidos;

20. Vê-se pois que não se trata de serviços padronizáveis ou de "prateleira", mas sim sujeitos a intensa atividade intelectual com razoável grau de subjetivismo, os quais precisam atender demandas específicas e complexas da Administração, afastando-se do conceito de especificações usuais do mercado.

21. Destaque-se, por fim, que o fato de estarem os serviços vinculados a diversas normas técnicas não é suficiente para caracterizá-los como comuns, pois mesmo

os serviços de engenharia evidentemente complexos como projetos de alta tecnologia (v.g. desenvolvimento de semicondutores) estão sujeitos a diferentes normas técnicas. Nesses casos as normas estabelecem padrões mínimos a serem seguidos, mas de forma alguma modulam os serviços em sua totalidade de forma a ser possível considerá-los padronizados ou usuais de mercado.

22. Em razão dos motivos apresentados, concluo, em conformidade com o posicionamento da unidade técnica, pela impossibilidade de contratação de serviços de engenharia do proprietário para acompanhamento e fiscalização da execução das obras de construção do aproveitamento hidrelétrico de Simplício – queda única, por meio de licitação na modalidade pregão.

23. Ante o exposto, Voto por que o Tribunal adote o Acórdão que ora submeto à deliberação deste Colegiado.

TCU, Sala das Sessões, em 13 de agosto de 2008.

BENJAMIN ZYMLER

Relator"

Como se vê, no Voto proferido avulta como a principal dificuldade de adoção do Pregão para contratação de obras e serviços de engenharia a necessidade de ser garantida, sobretudo, a segurança na contratação, que é caracterizada, segundo o mesmo Voto, pela possibilidade de a Administração *"avaliar a capacidade do licitante para suprir os encargos inerentes ao objeto licitado"*, bem assim a exequibilidade de sua proposta de preços, reduzindo, assim, possíveis riscos de inadimplemento do futuro contratado.

Entretanto, examinando a Lei nº 10.520/2002, que disciplina o Pregão, observo que os seus arts. 3º e 4º estabelecem que o edital deverá conter:

a) A necessidade de justificativa da contratação (art. 3º, I);

b) A definição precisa do objeto do certame (art. 3º, I e II);

c) As exigências de habilitação (art. 3º, I);

d) Os critérios de aceitação da proposta (art. 3º, I);

e) As sanções por inadimplemento (art. 3º, I);

f) As cláusulas contratuais (art. 3º, I);

g) A fixação de prazos (art. 3º, I);

h) Os elementos técnicos (art. 3º, III);

i) O orçamento (art. 3º, III);

j) Divulgação no DOU, inclusive em jornal de grande circulação, nos casos de "vulto da licitação" (art. 4º, I);

k) Prazo para o recebimento das propostas, que não poderá ser *inferior* a 8 (oito) dias (art. 4º, V);

l) Critério de julgamento pelo menor preço (art. 4º, X);

m) Observância à habilitação jurídica, qualificação técnica e econômico-financeira (art. 4º, XIII);
n) Possibilidade de interposição de recursos (art. 4º, XVIII); etc.

Com efeito, diante das exigências supra listadas, parece-me que não há muita divergência do que se dá com as demais modalidades licitatórias, sendo inclusive lícito a Administração formular no Pregão o atendimento do disposto no art. 30, da Lei nº 8.666/93 — *qualificação técnica* — consoante previsto no inciso XIII, do art. 4º, da Lei nº 10.520/2002, bem assim os critérios previstos no §1º, do art. 48, da Lei nº 8.666/93 — *exequibilidade das propostas* — e exigir a garantia de execução prevista no art. 56, da Lei nº 8.666/93 — *caução* —, ambas com fundamento no art. 9º, da Lei nº 10.520/2002.

Essas duas últimas exigências — *critérios para aferir a exequibilidade das propostas e a prestação de caução* —, além de não terem sido expressamente vedadas pelo art. 5º, da Lei nº 10.520/2002, trarão, sem dúvida, maior segurança na contratação, afastando, assim, aquelas propostas que poderiam se mostrar passíveis de inadimplemento contratual.

De qualquer modo, a diferença mais expressiva para as demais modalidades licitatórias é que, no Pregão, as propostas são analisadas antes da habilitação, sendo somente apreciadas as condições jurídicas, técnicas, financeiras e econômicas do licitante vencedor. Ora, isto não me parece ser suficiente para afastar a possibilidade do uso do Pregão para obras ou serviços de engenharia, ou expor a Administração Pública a riscos de inadimplemento contratual.

Lembro apenas que, no âmbito dos contratos de concessão do serviço público, extremamente complexos, é admitida essa inversão de fases com o oferecimento de lances, tal como no Pregão, e nem por isso é possível considerar que nesses contratos, por conta da inversão de fases, fique a Administração Pública exposta a riscos de inadimplemento contratual, até porque o descumprimento do contrato é fato que informa e pode estar presente em qualquer avença administrativa, independente do procedimento licitatório que a gerou.

Nesse sentido, estabelece a Lei nº 8.987/1995:

"Art. 18-A O edital poderá prever a inversão da ordem das fases de habilitação e julgamento, hipótese em que: (Incluído pela Lei nº 11.196, de 2005)
I - encerrada a fase de classificação das propostas ou o oferecimento de lances, será aberto o invólucro com os documentos de habilitação do licitante mais bem classificado, para verificação do atendimento das condições fixadas no edital; (Incluído pela Lei nº 11.196, de 2005)
II - verificado o atendimento das exigências do edital, o licitante será declarado vencedor; (Incluído pela Lei nº 11.196, de 2005)

III - inabilitado o licitante melhor classificado, serão analisados os documentos habilitatórios do licitante com a proposta classificada em segundo lugar, e assim sucessivamente, até que um licitante classificado atenda às condições fixadas no edital; (Incluído pela Lei nº 11.196, de 2005)

IV - proclamado o resultado final do certame, o objeto será adjudicado ao vencedor nas condições técnicas e econômicas por ele ofertadas." (Incluído pela Lei nº 11.196, de 2005)

Com efeito, os contratos de concessão envolvem, principalmente no âmbito rodoviário, estudos aprofundados e um programa de exploração da rodovia por 25 (vinte e cinco) anos, a demandar detidas análises pela Comissão de Licitação, tanto em relação ao tráfego projetado como sobre a possibilidade de as receitas atenderem, a contento, as despesas que serão assumidas, via de regra com obras e serviços de engenharia de grande vulto.

Assim, a sistemática adotada para a contratação das concessões, que no âmbito rodoviário envolvem obras de engenharia complexas e de grande vulto, não difere muito do que ocorre no Pregão disciplinado pela Lei nº 10.520/2002, pelo que entendo que, guardadas as mesmas garantias e seguranças, não haveria impedimento para a contratação de obras e serviços de engenharia rodoviária segundo a disciplina prevista na Lei nº 10.520/2002, com a vantagem de acelerar significativamente o procedimento e oferecer à Administração Pública preços menores em suas contratações.

Há, todavia, necessidade de o edital conter algumas regras que considero relevantes:

a) O Pregão deverá ser realizado sob a forma presencial;

b) O prazo para apresentação das propostas deve ser superior a 8 (oito) dias;

c) As exigências de habilitação jurídica, técnica e econômica devem ser compatíveis com aquelas exigidas nas concorrências ou tomadas de preços para obras ou serviços de engenharia;

d) Deverá prever a análise de exequibilidade das propostas apresentadas;

e) Deverão ser vedadas as exigências previstas no art. 5º, da Lei nº 10.520/2002;

f) Deverá ser exigida a prestação de caução.

Sobre o assunto, acosto a este parecer estudo que me foi fornecido pela Consultoria Jurídica do Ministério dos Transportes (Conjur), da lavra do Tribunal de Contas do Estado de Pernambuco, versando sobre o *"Uso do Pregão nas Obras e Serviços de Engenharia: Legalidade e Economicidade".* Embora o referido estudo tenha dado ênfase para as contratações realizadas através de *"convite"*, o trabalho contém importantes considerações sobre o tema.

Portanto, a adoção do Pregão para obras e serviços de engenharia não é algo incontroverso na doutrina e jurisprudência, havendo, como mencionei, expressa decisão do TCU contrária à sua utilização, bem assim um segundo estudo que me foi apresentado, de autoria do Professor da Faculdade de Direito da USP, Benedicto Porto Neto, manifestando-se também contrário à utilização do pregão para obras e serviços de engenharia, por considerar que a construção de obra não se insere no conceito de *bem* ou de *serviço*, inclusive de natureza comum.

Quanto à natureza *comum*, reporto-me ao conceito estabelecido no §1º do art. 1º da Lei nº 10.520/2002, inicialmente analisado.

Já quanto não ser a obra um *bem*, penso que, juridicamente, é possível assim ser caracterizada a construção que se pretende contratar. Com efeito, segundo o art. 79, do nosso Código Civil Brasileiro, são considerados *bens* imóveis o solo e tudo quanto se lhe incorporar natural ou *artificialmente*. Ora, a contratação de determinada obra rodoviária, representa a aquisição de um bem imóvel, visto que, uma vez concluída, assim tornar-se-á por acessão artificial ou industrial. Nesse sentido, leciona Carlos Roberto Gonçalves:

> *"Acessão artificial ou industrial é a produzida pelo trabalho do homem. São as construções e plantações. É tudo quanto o homem incorporar permanentemente ao solo, como a semente lançada à terra, os edifícios e construções, de modo que não se possa retirar sem destruição, modificação, fratura ou dano."* (Direito civil: parte geral, p. 85)

À luz, portanto, das informações e análises ora apresentadas, deve o DNIT ajustar a minuta do edital às recomendações ora exaradas, instruindo o processo consoante propugnado no Parecer anterior e, sobretudo, aquilatar os riscos da decisão que deverá ser adotada para a modalidade licitatória da obra em questão, aferindo, inclusive, não apenas a urgência na sua realização, mas, sobretudo, a possibilidade de eventuais impugnações dos órgãos de controle ou de terceiros, em virtude do ineditismo que representa a sua realização pela sistemática do Pregão, inclusive como precedente para as demais obras e serviços de engenharia rodoviária que serão, no futuro, contratadas.

Brasília, 13 de setembro de 2010.

DESPACHO/PFE/DNIT Nº 00696/2010

Contrato de Natureza Continuada.
Limite para Aumento de Valor.

Consulta essa Coordenação-Geral, nos termos do Memorando
nº 1.862/2010-CGMRR, de 22.09.2010, sobre o seguinte:

"Em se tratando de contratos de natureza contínua como são os contratos de manutenção (conservação/recuperação) que se renovam cada ano de vigência com novo valor igual ao inicial contratado, há questionamentos de outros setores do DNIT sobre a possibilidade do aumento de 25% ser feito a cada etapa do contrato (se necessário), uma vez que cada etapa se trata de um novo pacto respeitada as condições iniciais e desde que se justifique o aumento considerado. Solicitamos encaminhar a Procuradoria Federal Especializada junto a Sede para dirimir a dúvida frequentemente levantada pelas Superintendências."

Esclarece, ainda, a Coordenadora da CGMRD que: *"Esta Coordenação tem efetuado acréscimo de valor aos contratos de até 25% uma única vez durante os 05 (cinco) anos".*

Entendo como correto o procedimento que vem sendo adotado pela CGMR/DIR, desde que os acréscimos sejam necessários e devidamente justificados.

Quanto à dúvida suscitada pelas Superintendências, cumpre esclarecer o seguinte.

Os contratos cujo objeto consiste em serviços de natureza contínua são aqueles que envolvem a permanente necessidade de atendimento a uma necessidade pública ou, como ensina o Professor Marçal Justen Filho, *"abrange serviços destinados a atender necessidades públicas permanentes, cujo atendimento não exaure prestação semelhante no futuro... O que é fundamental é a necessidade pública permanente e contínua a ser satisfeita através de um serviço"* (*Comentários à Lei de Licitações e Contratos Administrativos*, 5. ed., p. 485).

Assim, os serviços a que alude a consulta podem e são considerados de natureza contínua, justo porque visam atender a necessidade pública de conservação e manutenção das rodovias federais que, por si só, se constituem no serviço público oferecido aos seus milhares de usuários, cuja garantia de trânsito seguro configura tanto um direito do usuário (§2º do art. 1º do Código de Trânsito Brasileiro), como uma obrigação da entidade responsável pela administração da rodovia que, em se tratando de segmentos federais, é de responsabilidade do DNIT. Este é, também, o entendimento firmado pelo Tribunal de Contas da União, consoante trecho do Acórdão abaixo transcrito:

"9.2.1. (...), em contratos de conservação rodoviária, a orientação de que a prorrogação de prazo fundamentada no art. 57, inciso II, da Lei nº8.666/1993 pode ser efetuada, desde que com a finalidade de garantir preços e condições mais vantajosas à Administração, acompanhada das devidas motivações, em consonância com o interesse público e com o princípio da economicidade, não se admitindo que sejam inseridos, nos planos de trabalho anuais, itens novos não-previstos no orçamento original do contrato, uma vez que tal fato descaracteriza o conceito de serviços de prestação continuada; em outras palavras, aqueles instrumentos devem manter os mesmos itens e preços unitários contidos no orçamento do contrato original, permitindo-se, apenas, que sejam incluídos os quantitativos necessários para fazer frente à respectiva prorrogação de prazo, referentes aos períodos de interesse da Administração; (...)" (AC-1626-34/07-P. Sessão: 15.08.2007. Relator: Ministro Augusto Nardes)

Por outro lado, não se pode confundir as *etapas* de um contrato com a sua *vigência* ou *alterações* de que o mesmo necessita. São fatos absolutamente distintos, cuja ocorrência pode se dar independente dos demais. Senão, vejamos:

De fato, em se tratando de contratos cujo objeto consiste na prestação de serviços de natureza contínua, como os de conservação/ manutenção de rodovias, a Lei nº 8.666/93 admite que possam ter prazo de vigência de *até* 60 (sessenta) meses (inciso II, do art. 57). Todavia, embora seja permitida a contratação original por esse prazo, no DNIT vigora a prática de serem celebrados por prazo de 1 (um) ano, com a possibilidade de ser prorrogado.

Assim, uma vez estabelecido o prazo do contrato, esse mesmo prazo corresponde à sua *vigência*. Transcorrido, portanto, esse prazo, vencida estará a sua vigência e, consequentemente, extinto o contrato.

O mesmo contrato, além do prazo de vigência, poderá possuir prazos para o cumprimento pelo Contratado de determinadas e específicas *etapas* de execução contratual, que não se confundem com o prazo de vigência, embora possam até ser coincidentes. Sobre o prazo das etapas de execução do contrato, dividiu a Lei nº 8.666/93 em três espécies, a saber: a) de início; b) de conclusão; e c) de entrega, admitindo, também, que podem sofrer prorrogações (§1º do art. 57).

Outro fenômeno jurídico contratual são as *alterações* ou *modificações* ao contrato, que podem ser de natureza unilateral ou por acordo entre as partes, quando presente qualquer das situações previstas no art. 65, da Lei nº 8.666/93. Dentre as previsões legais, existe aquela em que o contratado fica obrigado a aceitar, nas mesmas condições contratuais, os acréscimos ou supressões de obras ou serviços, desde que não ultrapassem o percentual de 25% (vinte e cinco por cento) do valor inicial atualizado do contrato (§1º).

Essas alterações ou modificações contratuais, todavia, não se confundem com a prorrogação do prazo de vigência do contrato, visto que implicam no poder, exorbitante do direito comum, que a Administração possui de aperfeiçoar ou melhorar a prestação do serviço que foi contratado, a fim de atender o interesse público e desde que presente, após a realização da licitação e da contratação inicial, a superveniência de motivo que a justifique.

A esse respeito, é precisa a lição do Professor Marçal Justen Filho:

> *"A hipótese de prorrogação não se confunde com a de modificação contratual. A prorrogação consiste em renovar uma certa contratação para que tenha vigência por período posterior àquele originalmente previsto. Em termos jurídicos, a prorrogação não é uma modificação contratual. É o mesmo contrato reiniciando sua vigência e vigorando por outro prazo. Já a modificação se caracteriza quando o conteúdo das obrigações das partes é alterado." (Op. cit., p. 487)*

Vistos esses conceitos, não é possível ser admitido que, com a prorrogação do prazo de vigência de um contrato cujo objeto consiste na prestação de serviço contínuo, se estaria celebrando um novo contrato. O contrato é o mesmo, a sua vigência é que foi aumentada para um período maior do que aquele em que foi inicialmente celebrado.

Ora, se o contrato é o mesmo, as alterações ou modificações que eventualmente ele deva sofrer, limitadas a 25% (vinte e cinco por cento) do valor inicial atualizado, vigoram para todo o período da sua vigência, vale dizer, para o prazo inicialmente contratado e as suas sucessivas prorrogações.

Portanto, a hipótese ventilada na consulta não possui amparo legal, porque a cada prorrogação não se está celebrando um novo contrato, mas apenas aumentando o prazo da sua vigência.

Admitir-se a hipótese aludida implicaria a possibilidade de a contratação sofrer alterações ou modificações que poderiam representar absurdos acréscimos ou supressões de até 125% (cento e vinte cinco por cento) do valor inicial atualizado, o que representaria um completo abandono das obrigações que foram inicialmente contratadas.

Assim, respondendo objetivamente à consulta, oriento no sentido de ser mantida a metodologia atualmente aplicada por essa Coordenação-Geral, de modo que o limite de 25% (vinte e cinco por cento) do valor inicial atualizado do contrato deve ser considerado para todo o período de vigência contratual, e não individualmente para cada período de prorrogação eventualmente realizada.

Quanto ao conteúdo desses acréscimos, deve essa Coordenação observar o Acórdão do TCU antes transcrito, segundo o qual não é admitida a inserção nos Planos de Trabalho anuais de *"itens novos não-previstos no orçamento original do contrato, uma vez que tal fato descaracteriza o conceito de serviços de prestação continuada; em outras palavras, aqueles instrumentos devem manter os mesmos itens e preços unitários contidos no orçamento do contrato original, permitindo-se, apenas, que sejam incluídos os quantitativos necessários para fazer frente à respectiva prorrogação de prazo, referentes aos períodos de interesse da Administração"*.

Desse modo, se esgotado o limite de 25% (vinte e cinco por cento) ainda no primeiro período de vigência do contrato, e em havendo necessidade incontornável de o mesmo contrato sofrer novas alterações ou modificações nos períodos subsequentes, não haverá outra alternativa para a Administração senão rescindir o contrato e promover nova licitação.

Brasília, 24 de setembro de 2010.

DESPACHO/PFE/DNIT Nº 00699/2010

Alteração Contratual. Motivação.
Ato Privativo da Administração.

Em resumo, o Parecer retro entende inviável a alteração contratual pretendida sob o fundamento de que a mesma não se encontra justificada e não foi consignada em previsão legal específica.

Em primeiro lugar não constitui obrigação da Administração indicar em qual dispositivo legal pretende fundamentar a alteração. Essa obrigação pertence à Procuradoria, que é o órgão de assessoramento jurídico. Cumpre à Administração, apenas, relatar os fatos pelos quais entende justificada a alteração que quer fazer, e ao Procurador fazer incidir sobre esses fatos as previsões legais que lhe são próprias.

Por outro lado, diversamente do que entendeu o Ilustre Procurador subscritor do Parecer *retro*, se encontra nos autos o documento de fls. 1.121, subscrito pelo Servidor Fiscal do Contrato no qual se manifesta *"de acordo com as mudanças propostas pela empresa na 1ª Revisão de Projeto em Fase de Obras"*. Segundo o mesmo documento, a empresa a que o Servidor Fiscal se refere não é a Contratada, mas sim a Supervisora do contrato, que é responsável pela apresentação de propostas como a que é objeto deste processo.

Além disso, também às fls. 1.127/1.128v., o Chefe do Serviço de Engenharia e o próprio Superintendente Regional aprovaram a revisão proposta.

Assim, não posso, com efeito, desmerecer essas manifestações para dizer, como no Parecer retro, que a alteração pretendida não se encontra justificada pela Administração. São as mesmas oriundas da Administração, firmadas pelos servidores que detêm a gestão do contrato e que, portanto, devem merecer a necessária credibilidade, até porque assumiram, por esses atos, a responsabilidade pelas alterações pretendidas.

Volto mais uma vez a frisar, como em outras manifestações a respeito, que não pode e não deve o Procurador emitir juízo de valor sobre as motivações ou justificativas apresentadas pela Administração. Não é esse o papel da Procuradoria, sob pena de se tornar o Procurador *solidariamente responsável* pela feitura do ato. Cabe ao Procurador sim verificar se o ato administrativo pretendido se encontra motivado ou justificado, já que a motivação é requisito essencial para a sua perfeição. Todavia, não pode adentrar no seu mérito, que envolve, na espécie questões de natureza técnica e de quantificação de valores, por cuja exatidão responde, exclusivamente, a Administração.

Observo, outrossim, que, na manifestação de fls. 1.128, restou declarado pela Administração que foi observado, com a revisão, o limite legal de 25% previsto no §1º do art. 65, da Lei nº 8.666/93, visto que o reflexo financeiro representa 11,57% do valor do contrato a preços iniciais.

Portanto, considerando que no Parecer retro não foram apontados outros óbices para a formalização da alteração, entendo como sanados aqueles suscitados em virtude dos documentos supramencionados.

Quanto à minuta do Termo Aditivo, oriento no sentido de ser inserido na fundamentação o disposto no art. 65, inciso I, alínea "a", visto que se trata de alteração motivada por revisão de projeto em fase de obras.

Relativamente à instrução, recomendo sejam observadas as orientações costumeiramente prestadas pela Unidade Jurídica da PFE/DNIT em situações semelhantes, relacionadas, em especial, ao atendimento da Lei de Responsabilidade Fiscal e à apresentação das declarações quanto à existência de recursos orçamentários para suportar a despesa.

Brasília, 24 de setembro de 2010.

DESPACHO/PFE/DNIT Nº 00735/2010

Conclusão da Licitação.

Os autos retornam após atendimento da solicitação objeto do Despacho de fls. 83, quando indaguei sobre em que fase se encontrava o procedimento licitatório quando foi anulado pela Diretoria Colegiada, de modo a verificar se teria havido algum prejuízo à ampla defesa dos licitantes, como propugnado no Parecer de fls. 81/82.

Em resposta, informa a Direx/CGCL às fls. 85/86 que, *"apesar de ter sido dado publicidade do resultado final do julgamento, o mesmo não foi homologado e nem o bem adjudicado"*.

Sendo assim, filio-me à corrente doutrinária e jurisprudencial citada no Parecer de fls. 81/82, segundo a qual *"se a licitação não foi concluída não existe direito adquirido e, portanto, não há necessidade de contraditório e ampla defesa"*.

Com efeito, o art. 43 da Lei nº 8.666/93, ao dispor sobre o procedimento da licitação, inclui no mesmo, no inciso VI, a *"deliberação da autoridade competente quanto à homologação e adjudicação do objeto da licitação"*, deixando ver, assim, que o procedimento licitatório só se concluiu com estes atos administrativos que, no âmbito do DNIT, são privativos da Diretoria Colegiada (inciso V, do art. 12, do Regimento Interno).

Ademais, a própria doutrina citada no Parecer de fls. 81/82 também assim se posiciona, consoante a transcrição abaixo:

> *"Tradicionalmente, conceitua-se a adjudicação como o ato formal da Administração que, pondo fim ao procedimento licitatório, atribui ao vencedor o objeto da licitação... A homologação não significa ainda o encerramento do procedimento licitatório. A adjudicação promove a constituição de expectativa para o licitante vencedor de contratar com a Administração."* (Comentários à Lei de Licitações e Contratos Administrativos, 5. ed., p. 407, 408)

Desse modo, considerando que a anulação do certame ocorreu antes da adjudicação, não tendo havido sequer a homologação do julgamento, considero dispensável o contraditório e a ampla defesa, podendo ser adotadas as medidas administrativas preconizadas no item 2 da consulta dessa Diretoria-Geral.

Brasília, 30 de setembro de 2010.

NOTA TÉCNICA/PFE/DNIT Nº 002/2010

Obras e Serviços de Engenharia para a
Infraestrutura de Transportes. Atividade fim do DNIT.
Obrigatoriedade de contração com a iniciativa privada.

Tenho observado que, em variados pareceres, invocando decisões do
Tribunal de Contas da União (TCU), esta Procuradoria tem recomendado
ao DNIT que declare que a atividade que se pretende contratar *"não
competem precipuamente a setores técnicos desta Autarquia, constituindo
atividade fim dela própria"*. Observo que essa exigência tem sido mantida,
inclusive, quando da análise de minutas de editais para a contratação
das atividades fim do DNIT de projetar, construir, restaurar, manter,
ampliar a capacidade ou operar etc. a infraestrutura de transportes.

O entendimento subliminar seria no sentido de que estariam
proibidas as contratações que tivessem por objeto a execução, dentre
outras, dessas atividades fim do DNIT.

Um dos Acórdãos do TCU onde a questão envolvendo as atividades fim do DNIT foi tratada é o de nº 2.632/2007 – Plenário, do qual
foi Relator o Ministro Augusto Nardes. Pelo que se depreende daquela
decisão, a atividade-fim que teria sido contratada com a iniciativa
privada e foi objeto da decisão envolvia o planejamento, a gestão e o
controle dos contratos celebrados pelo DNIT (item 49.4, do Acórdão).

Não se tratava, portanto, das atividades fim de projetar, construir,
restaurar, manter, ampliar a capacidade ou operar etc. a infraestrutura
de transportes. De qualquer sorte, como são inúmeros os Acórdãos do
TCU versando, em geral, sobre atividades fim do DNIT, é necessária
a presente abordagem quanto a estar ou não o DNIT proibido de
contratar com a iniciativa privada a execução das atividades fim de
projetar, construir, restaurar, manter, ampliar a capacidade ou operar
etc. a infraestrutura de transportes.

A orientação contida nos Pareceres inicialmente referidos
decorre, por certo, da clássica dicotomia acadêmica lecionada por Sergio
de Andréa Ferreira *"... entre os encargos administrativos realizados pela
própria Administração, denominados de execução direta, em face daqueles em*

que a Administração procura desobrigar-se da realização material de tarefas executivas, recorrendo, sempre que possível, à execução indireta mediante contrato, desde que exista, na área, iniciativa privada" (*Direito Administrativo Didático*, p. 212-213).

Entretanto, em que pese o DNIT ser uma entidade que tem por atribuição implementar a política para a infraestrutura de transportes estabelecida pelo Governo Federal, em especial quando oriunda do Ministério dos Transportes, a referida orientação tem me chamado a atenção pelo fato de ser amplamente conhecido, inclusive dos Procuradores mais antigos em atividade nesta PFE/DNIT, que a Autarquia não dispõe de máquinas, equipamentos e pessoal para a realização de projetos ou obras de engenharia rodoviária, ferroviária ou aquaviária.

A dúvida cresce de importância quando verifico que a memória rodoviária registra que, desde a década de 1960, as atividades vinculadas à administração das rodovias federais, que era desenvolvida pelo extinto DNER, sempre foram realizadas mediante a contratação de projetos, obras ou serviços técnicos de engenharia rodoviária junto à iniciativa privada.

Mas não foi sempre assim. Deve ser recordado que, a partir de 1945, diante da necessidade de a União prover o estabelecimento, a conservação e o melhoramento progressivo das estradas de rodagem de interesse geral, o então Departamento Nacional de Estradas de Rodagem (DNER) foi erigido em pessoa jurídica, com autonomia administrativa e financeira propiciada pelo Fundo Rodoviário Nacional, com a competência de *executar* ou fiscalizar todos os serviços técnicos e administrativos concernentes a estudos, projetos, especificações, orçamentos, locação, construção, reconstrução e melhoramentos das estradas compreendidas no Plano Rodoviário Nacional, inclusive pontes e demais obras complementares (Decreto-Lei nº 8.463, de 27.12.1945).

Para tal desiderato, que desafiou o esforço gigantesco de muitas gerações, o então DNER dispunha de uma estrutura técnica e administrativa modelar, consoante previsto no Decreto nº 20.164, de 07.12.1945, que aprovou o seu Regimento Interno.

Bem a propósito, o estatuto regimental aprovado pelo Decreto nº 20.164, de 07.12.1945, logo no seu art. 1º dispunha que o DNER tinha *"por finalidade a construção, conservação, melhoramentos e polícia das estradas de rodagem federais, competindo-lhe, dentre outras atribuições"*:

"(...)

III – executar ou fiscalizar todos os serviços técnicos e administrativos concernentes a estudos, projetos, especificações, orçamentos, lotação, construção, reconstrução e melhoramentos das estradas compreendidas no Plano Rodoviário Nacional, inclusive pontes e demais obras complementares;

IV - conservar permanentemente as estradas de jurisdição federal, quer diretamente, quer por delegação aos departamentos rodoviários dos Estados;"

Note-se que, quando os serviços não eram realizados *"diretamente"* pelo corpo técnico do DNER, eram eles delegados aos departamentos rodoviários dos Estados. Nenhuma menção havia à *execução indireta,* mediante contratos celebrados com a iniciativa privada.

O mesmo Regimento criou duas grandes Divisões no DNER. Uma denominada de Divisão de Estudos e Projetos (DEP), e outra denominada Divisão de Construção e Conservação (DCC), bem como um Laboratório Central (LC) e os Serviços de Administração (SA) e de Equipamento Mecânico (arts. 2º e 4º).

Na DEP eram *"elaborados"* projetos de estradas, pontes e demais obras de arte. Já à DCC competia *"realizar"* a construção e melhoramentos das estradas federais, inclusive pontes e demais obras de arte, bem assim a sua respectiva conservação.

Quanto ao Laboratório Central, competia-lhe *"proceder"* a ensaios de materiais empregados nas obras; *"efetuar"* o serviço de controle de dosagem racional e da resistência dos concretos de cimento *Portland; "fazer"* sondagens, estudos de solo e *"realizar"* prova de carga nas pontes.

Já o Serviço de Equipamento Mecânico era responsável pela *"assistência técnica"* a máquinas e veículos do então DNER para as obras; a sua *"reparação", "conservação",* mediante inspeções periódicas; *"proceder"* à montagem das máquinas, além de *"fabricar"* peças e treinar mecânicos, motoristas e operadores de equipamento mecânico para os serviços de terraplenagem.

Como se percebe, a realidade de então era bem diferente da atual. Os verbos utilizados impunham uma conduta *executiva direta e imediata do próprio DNER,* sem qualquer auxílio ou colaboração de entidades privadas para a sua realização, até porque, naquele tempo, pouquíssimas eram as empresas especializadas em obras e serviços rodoviários. Empresas que hoje são reconhecidas como de grande porte na área da engenharia tiveram o seu surgimento ao final da década de 1930, como o Grupo Camargo Correa (1939); a Construtora Norberto Odebrecht (1944); Mendes Júnior ou a Queiroz Galvão, ambas de 1953. Já no âmbito de projetos, a fundação da Associação Brasileira de Consultoras de Engenharia (ABCE) data de 1966, sendo que as empresas mais antigas, como Sondotécnica, Copavel ou Proenge, dentre tantas outras, só surgiram na década de 1960.

O extinto DNER, que chegou a possuir um total de *35 mil servidores*, e os principais Departamento Rodoviários Estaduais eram verdadeiras *entidades-escola*, onde as empresas privadas recém-criadas vinham colher conhecimento e experiência.

Entretanto, no curso de todo um processo de substanciais alterações e supressões no suporte financeiro do extinto DNER, a Autarquia se viu forçada a dar início, já na década de 1960, aos procedimentos de transferência da execução de suas atividades para a iniciativa privada, optando pela forma de *"execução indireta"* das obras e serviços, mediante a contratação de empresas particulares. Sobre esse fenômeno, confira-se o histórico contido na obra *Concessão e Administração de Rodovias*, que publiquei, em 2009, pela Editora Nota Dez.

Digo fenômeno porque chegamos ao fim de uma época. O Estado poderoso que tudo previa e provia já não existe mais. Desde então, a participação da iniciativa privada na execução das obras e serviços de infraestrutura de transportes é decisiva, visto que o Poder Público deixou de possuir condições materiais para atender os reclamos da sociedade, passando a necessitar do auxílio e colaboração da iniciativa privada para o desenvolvimento e execução de suas políticas públicas, das suas obras, dos seus projetos, sobretudo quando destinados à prestação de serviços públicos que possuam nítida natureza econômica e possam ser realizados de forma mais ágil e vantajosa pelo particular.

Daí por que a alternativa que se mostrou mais adequada para viabilizar a retomada de eficácia na administração das rodovias federais foi a adoção de modelos político-econômicos que tendem a privilegiar soluções administrativas apoiadas nas *"descentralizações de atribuições"* do Governo Federal, transferindo-as para outras esferas de Poder ou mesmo para o setor privado, mediante a celebração de contratos administrativos. Estão aí para confirmar esta conclusão os incontáveis contratos celebrados pelo DNIT e, também, pela ANTT, prevendo, neste último caso, a própria administração do serviço público rodoviário e ferroviário federal pela iniciativa privada, mediante contratos de concessão.

Esse comando decorre da própria Constituição Federal:

"Art. 37. A administração pública direta e indireta de qualquer dos Poderes da União, dos Estados, do Distrito Federal e dos Municípios obedecerá aos princípios de legalidade, impessoalidade, moralidade, publicidade e eficiência e, também, ao seguinte:

(...)

XXI – ressalvados os casos especificados na legislação, as obras, serviços, compras e alienações serão contratados mediante processo de licitação pública que assegure igualdade de condições a todos os concorrentes, com cláusulas que estabeleçam obrigações de pagamento, mantidas as condições efetivas da proposta, nos termos da lei, o qual somente permitirá as exigências de qualificação técnica e econômica indispensáveis à garantia do cumprimento das obrigações."

Assim, considero de suma importância uma análise mais detida da lei que criou o DNIT, a fim de identificar os dispositivos legais que exigem ou facultam ao DNIT a execução das suas *atividades finalísticas* mediante *administração direta*, ou seja, por seus próprios meios e corpo técnico de servidores, e não através da contratação de projetos e obras junto à iniciativa privada.

Antes, porém, deve ser registrada referência especial a um dos brasileiros mais notáveis da política brasileira, com expressivos e reconhecidos serviços prestados ao país na área de transportes, o atual Senador Eliseu Resende, que foi o Relator, na Câmara dos Deputados, do projeto de lei que veio a se transformar na Lei nº 10.223/2001, que criou o DNIT.

Isso se deveu, sobretudo, à experiência, conhecimento e vivência administrativa acumulada pelo Ilustre Senador quando exerceu os cargos públicos de Diretor-Geral do extinto DNER (1967/1974) e de Ministro dos Transportes (1979/1982). Como Diretor-Geral, se destacou pelas seguintes ações: a) construiu e pavimentou 30.000km de estradas federais, implantando o Programa de Integração Nacional; b) idealizou e construiu a Ponte Rio-Niterói; c) idealizou e construiu a Rodovia Transamazônica, responsável pela conquista e colonização da Região Amazônica; d) no período de dois anos pavimentou os 2.000km da Rodovia Belém-Brasília; e e) construiu a Rodovia Rio-Santos e a Passarela de Aparecida do Norte. Como Ministro dos Transportes, a sua biografia registra a criação do Programa de Mobilização Energética e de Integração das Modalidades de Transporte e a construção da Via Expressa do Rio de Janeiro (RJ) a Juiz de Fora (MG).

Estes fatos são importantes porque, nos períodos em que o Senador Eliseu Resende ocupou os cargos públicos mencionados, todas aquelas realizações só foram possíveis com o concurso direto da iniciativa privada, mediante a celebração de inúmeros contratos administrativos.

Assim, se fosse o caso de dotar o futuro DNIT das condições de executar, diretamente e por seus próprios meios e pessoal, as suas atividades finalísticas, por certo tal fato não passaria despercebido pelo então Ilustre Relator e hoje Senador da República. Teria o engenheiro e então notável Deputado Federal Eliseu Resende, com absoluta convicção, feito inserir no texto competências desse jaez.

É, portanto, arrimado nos fatos até aqui expostos que passo à análise da Lei nº 10.233, de 05.06.2001, que prescreve:

"Art. 80. Constitui objetivo do DNIT implementar, em sua esfera de atuação, a política formulada para a administração da infra-estrutura do Sistema Federal de Viação, compreendendo sua operação, manutenção, restauração ou reposição, adequação de capacidade, e ampliação mediante construção de novas vias e terminais, segundo os princípios e diretrizes estabelecidos nesta Lei."

O dispositivo contém dois comandos muito relevantes: o primeiro estabelece como objetivo do DNIT a responsabilidade de *"implementar"* a política traçada pelo Ministério dos Transportes para a *"administração"* da infraestrutura do Sistema Federal de Viação. O segundo determina que a implementação deve observância aos princípios e diretrizes estabelecidas na Lei nº 10.233/2001.

O verbo *"implementar"* é sinônimo de executar, praticar, prover (*Novo Dicionário Aurélio da Língua Portuguesa*, p. 922). Assim, na minha leitura, o DNIT possui como *atividade finalística* a execução da *"administração"* daquela política.

E como se executa essa administração? O segundo comando do dispositivo legal responde a esta indagação, estabelecendo que será *"segundo os princípios e diretrizes estabelecidos nesta Lei"*.

Mas quais são estes princípios e diretrizes? Os artigos 11 e 12, da Lei nº 10.233/2001, oferecem a resposta:

"Art. 11. O gerenciamento da infra-estrutura e a operação dos transportes aquaviário e terrestre serão regidos pelos seguintes princípios gerais:

I - preservar o interesse nacional e promover o desenvolvimento econômico e social;

II - assegurar a unidade nacional e a integração regional;

III - proteger os interesses dos usuários quanto à qualidade e oferta de serviços de transporte e dos consumidores finais quanto à incidência dos fretes nos preços dos produtos transportados;

IV - assegurar, sempre que possível, que os usuários paguem pelos custos dos serviços prestados em regime de eficiência;

V - compatibilizar os transportes com a preservação do meio ambiente, reduzindo os níveis de poluição sonora e de contaminação atmosférica, do solo e dos recursos hídricos;

VI - promover a conservação de energia, por meio da redução do consumo de combustíveis automotivos;

VII - reduzir os danos sociais e econômicos decorrentes dos congestionamentos de tráfego;

VIII - assegurar aos usuários liberdade de escolha da forma de locomoção e dos meios de transporte mais adequados às suas necessidades;

IX - estabelecer prioridade para o deslocamento de pedestres e o transporte coletivo de passageiros, em sua superposição com o transporte individual, particularmente nos centros urbanos;

X - promover a integração física e operacional do Sistema Nacional de Viação com os sistemas viários dos países limítrofes;

XI - ampliar a competitividade do País no mercado internacional;

XII - estimular a pesquisa e o desenvolvimento de tecnologias aplicáveis ao setor de transportes.

Art. 12. Constituem diretrizes gerais do gerenciamento da infra-estrutura e da operação dos transportes aquaviário e terrestre:

I - descentralizar as ações, sempre que possível, promovendo sua transferência a outras entidades públicas, mediante convênios de delegação, ou a empresas públicas ou privadas, mediante outorgas de autorização, concessão ou permissão, conforme dispõe o inciso XII do art. 21 da Constituição Federal;

II - aproveitar as vantagens comparativas dos diferentes meios de transporte, promovendo sua integração física e a conjugação de suas operações, para a movimentação intermodal mais econômica e segura de pessoas e bens;

III - dar prioridade aos programas de ação e de investimentos relacionados com os eixos estratégicos de integração nacional, de abastecimento do mercado interno e de exportação;

IV - promover a pesquisa e a adoção das melhores tecnologias aplicáveis aos meios de transporte e à integração destes;

V - promover a adoção de práticas adequadas de conservação e uso racional dos combustíveis e de preservação do meio ambiente;

VI - estabelecer que os subsídios incidentes sobre fretes e tarifas constituam ônus ao nível de governo que os imponha ou conceda;

VII - reprimir fatos e ações que configurem ou possam configurar competição imperfeita ou infrações da ordem econômica."

Observo que, em ambos os dispositivos legais acima transcritos, está previsto que a administração das *atividades finalísticas* do DNIT é executada mediante o *"gerenciamento"* da infraestrutura de transportes, impondo-se a *"descentralização"* das ações para outras entidades públicas, empresas públicas ou *"privadas"*.

Em outras palavras, os princípios e diretrizes estabelecidos para a execução das *atividades finalísticas* do DNIT, constantes dos incisos I a XII, do art. 11, e II a VII, do art. 12, devem ser observados mediante a *"descentralização"* das respectivas ações, inclusive para as *"empresas privadas"*, posto que isto estabelece a Lei nº 10.233/2001.

Portanto, à primeira vista, não se pode concluir que as *atividades finalísticas* do DNIT devem ser executadas por seus próprios meios e pessoal, visto que isto não foi estabelecido pela lei da sua criação. Muito ao contrário, os dispositivos acima transcritos determinam a *"descentralização"* das suas atribuições, inclusive para *"empresas privadas"*.

Mais adiante, o artigo 82 da mesma Lei, no que importa, estabelece que:

> *"Art. 82. São atribuições do DNIT, em sua esfera de atuação:*
>
> *(...)*
>
> *IV - administrar, diretamente ou por meio de convênios de delegação ou cooperação, os programas de operação, manutenção, conservação, restauração e reposição de rodovias, ferrovias, vias navegáveis, terminais e instalações portuárias fluviais e lacustres, excetuadas as outorgadas às companhias docas;*
>
> *V - gerenciar, diretamente ou por meio de convênios de delegação ou cooperação, projetos e obras de construção e ampliação de rodovias, ferrovias, vias navegáveis, terminais e instalações portuárias fluviais e lacustres, excetuadas as outorgadas às companhias docas, decorrentes de investimentos programados pelo Ministério dos Transportes e autorizados pelo Orçamento Geral da União;*
>
> *(...)*
>
> *VIII - firmar convênios, acordos, contratos e demais instrumentos legais, no exercício de suas atribuições;*
>
> *(...)*
>
> *XIV - projetar, acompanhar e executar, direta ou indiretamente, obras relativas a transporte ferroviário ou multimodal, envolvendo estradas de ferro do Sistema Federal de Viação, excetuadas aquelas relacionadas com os arrendamentos já existentes;"*

Acrescente-se que, além dos convênios de delegação ou cooperação acima referidos, o DNIT também promove a *"descentralização"* de suas *atividades finalísticas* por meio de Termo de Compromisso ou Termo de Cooperação, consoante o previsto na Lei nº 11.578, de 26.11.2007, e Portaria Interministerial MP/MF/MCT nº 127, de 29.05.2008.

De qualquer modo, o artigo 82 da Lei nº 10.233/2001 confirma, com apenas uma única exceção, que as atribuições cometidas pela Lei ao DNIT são de natureza *administrativa* e *gerencial*, sendo executadas mediante a *"descentralização"* das ações, inclusive para a iniciativa privada, não envolvendo, portanto, a execução direta de projetos ou obras rodoviárias ou aquaviárias.

A exceção consiste, única e exclusivamente, no âmbito das *obras ferroviárias ou multimodal*, uma vez que o inciso XIV do art. 82, da Lei nº 10.233/2001, atribui ao DNIT a responsabilidade de *"projetar, acompanhar e executar, direta ou indiretamente"* estas obras.

Todavia, este inciso não constou do texto original da Lei nº 10.233/2001. Foi incluído por força da Lei nº 11.314/2006, em virtude do procedimento de extinção da Rede Ferroviária Federal S/A (RFFSA) que, por certo, poderia até possuir essa competência, dada a estrutura organizacional de que dispunha quando em plena atividade.

Entretanto, o inciso XIV do art. 82 é um *"estranho no ninho"*, visto que está em desacordo com os princípios, diretrizes e atribuições estabelecidos na própria Lei nº 10.233/2001, especialmente aquele que determina a *"descentralização"* das ações, inclusive para a iniciativa privada, cabendo ao DNIT a *"administração"* e *"gerência"* de *"projetos e obras ferroviárias"*, consoante previsto nos incisos I, do art. 12, e IV e V, do art. 82, da mesma Lei.

Há, na verdade, um conflito de regras, não se compatibilizando a possibilidade de o DNIT executar diretamente projetos e obras ferroviárias ou multimodais com a simultânea imposição da execução dessas mesmas atividades, na mesma lei, de forma *"descentralizada"*, inclusive pela iniciativa privada, até porque, como já referido, não foi o DNIT estruturado para a execução direta, com seus próprios meios e pessoal, de projetos ou obras de infraestrutura de transportes.

Deve, portanto, ser modificada a redação do inciso XIV, do art. 82, da Lei nº 10.233/2001, para que passe a constar o seguinte:

> *"XIV - administrar, direta o indiretamente, a execução de projetos e de obras relativas a transporte ferroviário ou multimodal, envolvendo estradas de ferro do Sistema Federal de Viação, excetuadas aquelas relacionadas com os arrendamentos já existentes;"*

De qualquer modo, enquanto não promovida esta alteração legislativa, nem por isso estaria o DNIT obrigado a realizar diretamente projetos e obras no âmbito ferroviário ou multimodal. A uma porque o inciso XIV, do art. 82, não impõe essa necessidade, tanto que admite a execução indireta dessa *atividade fim*. A duas porque, em se tratando de preceito *incompatível* com os princípios, diretrizes e atribuições contidas na própria Lei nº 10.233/2001, como anteriormente demonstrado, não seria ele dotado de eficácia plena e autônoma, mas sim subordinada a uma interpretação sistêmica da própria Lei nº 10.233/2001, o que, por si só, afasta a sua aplicação.

Retomando a análise da Lei nº 10.233/2001, observo também a fidelidade do texto aos princípios, diretrizes e atribuições consigna das ao DNIT, visto que ao prever a obrigatória *"descentralização"* de suas *atividades fim*, inclusive para a iniciativa privada, a mesma lei se preocupou em aconselhar à Autarquia quanto à forma de contratação, prescrevendo:

> *"Art. 83. Na contratação de programas, projetos e obras decorrentes do exercício direto das atribuições de que trata o art. 82, o DNIT deverá zelar pelo cumprimento das boas normas de concorrência, fazendo com que os procedimentos de divulgação de editais, julgamento de licitações e celebração de contratos se processem em fiel obediência aos preceitos da legislação vigente, revelando transparência e fomentando a competição, em defesa do interesse público."*

Observo que o conselho era desnecessário, uma vez que a própria lei que disciplina as licitações e contratações no âmbito da Administração Pública Federal já faz aquelas exigências (Lei nº 8.666/1993). Então, considerando que a lei não deve conter palavras inúteis, qual teria sido a razão para que a Lei nº 10.233/2001 expressasse aqueles aconselhamentos?

A resposta é uma só: a Lei nº 10.233/2001 assim procedeu porque o DNIT *deve* executar as suas *atividades fim* de projetar, construir, manter, restaurar, operar, repor, adequar ou ampliar a capacidade no âmbito da infraestrutura de transportes mediante licitação e contratação junto à iniciativa privada.

Assim, a interpretação sistemática da Lei nº 10.233/2001 é no sentido de que o DNIT deve, *sempre*, promover a contratação junto à iniciativa privada para a execução das obras, projetos e serviços decorrentes de suas atribuições, seja porque a sua lei de criação não lhe obrigou à execução direta dessas atividades, seja porque não é dotado de máquinas, equipamentos, laboratórios, projetistas e servidores de um modo geral que possam executar diretamente essas mesmas atividades.

Concluindo, entendo como absolutamente equivocada e dispensável a exigência contida em alguns pareceres desta Procuradoria de que a Administração do DNIT deve declarar, por ocasião da análise de minutas de editais para contratação de obras, projetos e serviços de engenharia, que as atividades *"não competem precipuamente a setores técnicos desta Autarquia, constituindo atividade fim dela própria"*.

As atividades a serem contratadas competem de fato e de direito ao DNIT, como *atividade fim* da Autarquia, até porque se não competissem não poderiam sequer serem contratadas. Porém, a Lei nº 10.233/2001 *não obriga* a Autarquia a exercê-las diretamente, *impondo sempre* a contratação com a iniciativa privada.

Brasília, 13 de outubro de 2010.

DESPACHO/PFE/DNIT Nº 00806/2010

Rescisão de Contrato Suspenso.

Registro, inicialmente, que comungo do mesmo entendimento jurídico dessa Procuradoria manifestado no Parecer de fls. 986/990, até porque o fato de o prazo contratual estar suspenso não compromete a sua vigência. Aliás, o contrato só poderia ter sido suspenso se estivesse vigente, e não é a suspensão do prazo contratual que afasta a vigência do contrato.

Na realidade, não se deve confundir a vigência de um contrato com a fluência do seu prazo contratual. São fatos jurídicos absolutamente distintos, sendo o segundo pressuposto necessário do primeiro, e não o contrário. A vigência significa existência do contrato, enquanto que a fluência do prazo contratual importa na sua execução. Assim, um contrato pode estar vigente e não estar sendo executado, como é o caso deste processo.

Este raciocínio é tão óbvio que não seria admissível a licitação e a celebração de um novo contrato com o mesmo objeto de outro que está suspenso, justo porque ele está em vigor, está vigente. A sua execução é que se encontra interrompida.

De modo que, para que se formalize a rescisão contratual, que irá acarretar a extinção do contrato, não é necessário que o mesmo esteja sendo executado, ou seja, que o seu prazo esteja fluindo, mas sim que esteja vigente, vale dizer, que o contrato, embora suspenso, exista no mundo jurídico.

Ademais, no caso destes autos, retomar a execução do contrato com a celebração de um Termo Aditivo de restituição de prazo equivale, na prática, a renúncia pela Contratada do direito que possui e foi invocado a rescindir o contrato, em virtude da dilação do prazo de suspensão superior ao consignado na legislação.

Todavia, como tenho ressaltado em manifestações anteriores em outros processos, as decisões oriundas da Diretoria Colegiada do DNIT são soberanas, não podendo esta Procuradoria negar-lhes efeitos, ainda que tenha orientado anteriormente em sentido contrário. Nesse sentido, invoco o disposto no art. 12, da Estrutura Organizacional da PFE/DNIT, que preconiza:

"Art. 12 As manifestações da Procuradoria Federal Especializada decorrentes do disposto no parágrafo único do art. 38, da Lei nº 8.666, de 21 de junho de 1993, aprovando ou não minutas de editais, contratos, convênios, termos aditivos ou instrumentos congêneres, bem assim sobre dispensa ou inexigibilidade de licitação, não vinculam nem estabelecem, conforme prescreve o artigo 265 do Código Civil Brasileiro, solidariedade com a Administração, prevalecendo, em qualquer caso e para todos os efeitos legais, as aprovações e as autorizações administrativas da Diretoria Colegiada do DNIT ou de seus delegados."

Consequentemente, considerando que no Relato nº 348/2010 (fls. 968/970) foi proposta e aprovada pela Diretoria Colegiada a preliminar restituição de prazo para, só então, ser promovida a rescisão contratual amigável, encaminho este processo a fim de que se proceda à análise dos Termos Aditivos de fls. 978/982, respectivamente de restituição de prazo e de rescisão amigável.

Entretanto, recomendo que tanto a celebração do Termo Aditivo de Restituição de prazo como o de rescisão contratual se façam de modo *simultâneo*, na mesma data, bem assim a respectiva publicação, de modo a não restarem quaisquer dúvidas sobre a legalidade desses atos.

Brasília, 03 de novembro de 2010.

DESPACHO/PFE/DNIT Nº 00831/2010

Projeto Básico e Executivo.

Aprovo o Parecer/TCO/PFE/DNIT nº 1815/2010, com a seguinte ressalva.

Refiro-me à exigência contida nos itens 22 e 23 do Parecer, onde se aponta a inexistência de *projeto básico* para a realização da obra que se pretende contratar. Observo, todavia que, a fls. 12, consta que foi aprovado o *projeto executivo* da referida obra, mediante Portaria nº 1.290, de 12.11.2010.

Embora a Lei nº 8.666/93 faça distinção entre o *projeto básico* e o *executivo*, ela própria reconhece que o *projeto executivo* é *"o conjunto dos elementos necessários e suficientes à execução completa da obra, de acordo com as normas pertinentes da Associação Brasileira de Normas Técnicas – ABNT"* (inciso X, do art. 6º).

No âmbito do DNIT, o Glossário de Termos Técnicos Rodoviários igualmente define o *projeto executivo* como:

> *"PROJETO EXECUTIVO Projeto que reúne os elementos necessários e suficientes à execução completa da obra, detalhando o projeto básico."*

Os conceitos legais e regulamentares se assemelham. A única diferença é que na lei o *projeto executivo* deve atender as normas da ABNT, e no conceito regulamentar o *projeto executivo* deve *detalhar* o *projeto básico*.

Ora, detalhar é *"narrar minuciosamente; minudenciar; particularizar: Referiu a caso com muita exatidão, detalhando aspectos mais significativos"* (*Novo Dicionário Aurélio da Língua Portuguesa*, p. 580).

Evidentemente que os conceitos acima permitem presumir que o *projeto executivo* é algo muito superior ao *projeto básico*, visto que possuiria um nível de detalhamento da obra que faltaria ao *projeto básico*.

Em outras palavras, o *projeto executivo* teria todos os requisitos que a Lei nº 8.666/93 exige para o projeto básico (alíneas "a" até "f" do inciso IX, do art. 6º) com maior precisão, detalhamento e minúcia.

Assim, considerando estes aspectos, e desde que a Administração confirme a presunção objeto do parágrafo anterior, entendo que a licitação poderá ser autorizada pela Diretoria Colegiada.

Brasília, 23 de novembro de 2010.

DESPACHO/PFE/DNIT Nº 00050/2011

Subcontratação. Mão de obra.
Responsabilidade Fiscal.

Aprovo as conclusões do Parecer/GNM/PFE/DNIT nº 39/2011, com as seguintes considerações adicionais.

Em virtude de recente consulta oriunda da Superintendência Regional em Minas Gerais, orientei que as subcontratações previstas no art. 72, da Lei nº 8.666/93 são aquelas que envolvem a transferência de *parte da obra, serviço* ou *fornecimento* que foi contratado, nos limites admitidos pela Administração.

Assim, a mera execução das obras, serviços ou fornecimento por mão de obra fornecida por terceiro à Contratada não caracteriza a *"subcontração"* quando o objeto do contrato não previr o fornecimento de mão de obra, ou seja, quando a mão de obra necessária à execução da obra, serviço ou fornecimento não for parte do objeto contratual.

Isto porque, a expressão *"subcontratação"* deriva do que foi *"contratado"*. Se o objeto do contrato não envolve o fornecimento de mão de obra, mas sim a realização de uma obra ou um serviço, evidentemente que a mão de obra fornecida por terceiros à Contratada não caracteriza *"subcontratação"*. Em caso contrário, vale a mesma regra, se o objeto do contrato for o fornecimento de *"mão de obra"*, não poderá ser subcontratada a realização de uma obra ou serviço.

Assim, o que determina e legitima a legalidade de uma subcontratação é o fracionamento do *objeto contratual*, nos limites permitidos.

Orientei ainda que, quanto à responsabilidade trabalhista, fiscal e previdenciária, há regra expressa na Lei nº 8.666/93 (art. 71 e §1º) que, segundo recente decisão do STF, é constitucional, devendo, todavia, a Administração não se descurar da fiscalização contratual, sob pena de responder por omissão (*culpa in vigilando*).

Daí por que já recomendei à Administração do DNIT que exija, *mensalmente*, de seus contratados e eventuais subcontratados *declaração*, *por escrito*, de que estão cumprindo os encargos trabalhistas, fiscais e previdenciários decorrentes do contrato.

À luz, portanto dessas orientações, recomendo sejam incluídas na 2ª Apostila de Subcontratação, às fls. 196/197, as seguintes cláusulas:

3.1. A Subcontratação ora autorizada não envolve o mero fornecimento, pela Subcontratada à Contratante, de mão de obra para a execução dos serviços contratados descritos no item 3.

3.2. A Contratante e a Subcontratada estão obrigadas a apresentar à fiscalização do DNIT declaração mensal de que, relativamente aos seus empregados, foram satisfeitos os encargos com a contribuição previdenciária devida, o FGTS, o pagamento de salários, gratificação natalina, férias e respectivo adicional, horas-extras, vale transporte e auxílio alimentação, estes três últimos quando devidos.

Brasília, 19 de janeiro de 2011.

DESPACHO/PFE/DNIT Nº 00125/2011

Obra de Emergência.
Dispensa de Licitação. Pressupostos.

Aprovo a conclusão do Parecer/GFA/PFE/DNIT nº 231/2011, com ressalva quanto às orientações contidas nos itens 16 e 28, pelos motivos adiante expostos.

Com efeito, no item 16 do Parecer consta a seguinte orientação:

> *"16. Deve-se demonstrar a urgência e que a possível realização de procedimento licitatório não permitisse a obtenção de propostas mais vantajosas à Administração."*

De fato e de direito, a urgência na contratação deve ficar efetivamente demonstrada. Disso não sobra qualquer dúvida. Entretanto, a segunda parte da orientação parece estar criando uma nova modalidade de dispensa que, a meu juízo, seria até impossível de ser atendida.

Na realidade, não se contrata diretamente porque é mais vantajoso para a Administração, pelo menos sob o ângulo econômico e financeiro; nem existe permissivo legal que autorize este procedimento. Por outro bordo, é evidente que o procedimento licitatório irá oferecer propostas mais vantajosas. Este, aliás, é um dos seus principais objetivos.

Resta, portanto, concluir que a contratação direta, especialmente aquelas decorrentes de situações de emergência, como a noticiada neste processo, envolvem, necessariamente, valores superiores àqueles que seriam oferecidos em um procedimento licitatório, onde a só existência da competição determina propostas mais vantajosas para a Administração.

Entendo, portanto, que a orientação contida na segunda parte do item 16, supra transcrito, não é pertinente, quiçá factível!

Relativamente à orientação contida no item 28 do mesmo Parecer, foi assim prescrita:

> *"28. Deve a Administração, preliminarmente, elaborar Projeto Básico condizente com o disposto no artigo 6º, inciso IX, c/c artigo 7º, "caput" e §9º, todos da Lei nº 8.666/93, devidamente aprovado."*

De fato, surpreendeu-me a orientação, até porque os Procuradores Federais que subscreveram o Parecer em comento sabem que o DNIT contrata a execução de projetos básicos e executivos, sendo mesmo rotineira a submissão a análises da Procuradoria minutas de editais de licitação para esses serviços.

Depois, me pergunto como seria possível atender a uma situação de emergência se tivesse a Autarquia que, preliminarmente, licitar o projeto básico? Ou teria, então, que dispensar também esta licitação, e contratar diretamente a execução desse serviço? Para essa segunda dispensa teria, então, que possuir também um projeto básico para o contrato de execução de projeto básico... e assim sucessivamente. De qualquer modo, mesmo que contratada a execução do projeto básico e durante a sua execução e aprovação, a situação de emergência inicial não poderia ser atendida. *Ora, se tudo isto tivesse que ser feito, é evidente que não estaríamos diante de uma situação de emergência!!!*

Portanto, me parece razoável e atende, sobretudo ao bom senso, que a contratação na espécie observe rigorosamente a previsão legal do inciso IV, do art. 24, da Lei nº 8.666/93, vale dizer, que o escopo das obras/serviços que terão que ser realizados no prazo de 180 (cento e oitenta) dias se restrinja àquilo que for necessário para afastar ou impedir riscos de prejuízos ou comprometimento da segurança em geral. Tudo mais que, embora possa ser útil ou mesmo necessário, mas que possa aguardar atendimento posterior em contrato devidamente licitado, não deverá integrar o escopo dos serviços contratados diretamente.

Brasília, 03 de março de 2011.

DESPACHO/PFE/DNIT Nº 00468/2011

Prorrogação Contratual. Fortes Chuvas.

Aprovo a manifestação objeto do Despacho/TCO/Procuradoria/ DNIT nº 259/2011, com a seguinte ressalva:

Com efeito, nos itens 3 e 4 o referido Despacho solicita que a Administração comprove que *"as fortes chuvas na região"* teriam sido *"atípicas, extraordinárias e imprevisíveis"* para autorizar a prorrogação contratual, à luz do disposto no art. 57, §1º, inciso II, da Lei nº 8.666/93.

Em primeiro lugar, não reconheço no DNIT competência legal para exercer atividades vinculadas ao exercício de previsão climática.

Em segundo lugar, por mais de uma vez esta Procuradoria já se manifestou no sentido de que as situações descritas nos incisos do §1º do art. 57 se referem aos *prazos das etapas*, e não propriamente do prazo contratual. Este está regulado no *caput* do art. 57 e seus respectivos incisos, que condiciona a duração dos contratos — leia-se vigência — à existência de créditos orçamentários.

Em terceiro lugar, o contrato em apreço se destina a realizar obras de pavimentação da BR-163, no Estado do Pará, vale dizer, em plena selva amazônica, cuja instabilidade climática é pública e mundialmente reconhecida, somente permitindo a execução de obras e serviços em pouquíssimos meses do ano.

Assim, a ocorrência de chuvas torrenciais naquela região, a toda evidência, não é um *"fato excepcional ou imprevisível"*. Justo pelo contrário, trata-se de fato futuro e certo quanto a sua ocorrência.

Acontece que, insisto em dizer, estamos no âmbito de um contrato de pavimentação de uma rodovia na selva amazônica, cujos serviços não se esgotam ou possam ser concluídos em poucos meses ou mesmo antes que os períodos de chuva na região aconteçam. Prova disso que o prazo original previsto para a conclusão dos trabalhos foi estabelecido em 600 (seiscentos) dias consecutivos, vale dizer, sem interrupção.

Ademais, em se tratando de obras e serviços rodoviários não é exagero lembrar que as mesmas não permitem, durante a sua execução, qualquer tipo de proteção contra intempéries. Assim, no caso em apreço, de duas uma: ou se contrata a execução da obra ou não se contrata.

Certo é que não é possível à Administração prever ou adivinhar quando ela será efetivamente concluída, justamente porque não é possível impedir ou evitar que as chuvas na região aconteçam, provoquem a paralisação da obra e, consequentemente, exijam a prorrogação do prazo inicialmente contratado.

Tudo isto permite concluir que as chuvas que se abatem em determinada época do ano sobre a região onde o contrato está sendo executado, embora previsíveis, são inevitáveis. Caracterizam-se, no âmbito jurídico, como caso fortuito ou força maior, nos precisos termos do parágrafo único do art. 363, do Código Civil Brasileiro, *verbis*:

"Art. 393. (...)
Parágrafo único. O caso fortuito ou de força maior verifica-se no fato necessário, cujos efeitos não era possível evitar ou impedir."

Esta circunstância, sem dúvida, autoriza a alteração do prazo contratual, de modo a prorrogá-lo para que se cumpra o seu objeto, independente da demonstração — *que é impossível de ser atendida* — solicitada nos itens 3 e 4 do Despacho mencionado, *ex vi* do disposto no art. 65, inciso II, alínea "d", da Lei nº 8.666/93, *verbis*:

"Art. 65. Os contratos regidos por esta Lei poderão ser alterados, com as devidas justificativas, nos seguintes casos:
(...)
II – por acordo das partes:
(...)
d) para restabelecer a relação que as partes pactuaram inicialmente entre os encargos do contratado e a retribuição da administração para a justa remuneração da obra, serviço ou fornecimento, objetivando a manutenção do equilíbrio econômico-financeiro inicial do contrato, na hipótese de sobrevirem fatos imprevisíveis, ou previsíveis porém de conseqüências incalculáveis, retardadores ou impeditivos da execução do ajustado, ou, ainda, em caso de força maior, caso fortuito ou fato do príncipe, configurando álea econômica extraordinária e extracontratual."

Brasília, 1º de abril de 2011.

DESPACHO/PFE/DNIT Nº 00997/2011

Erro na Licitação. Princípio da Segurança Jurídica.

Consoante observei na instrução deste processo, o erro cometido durante o procedimento licitatório ocorreu quase três anos atrás, sendo reconhecido pela Administração (fls. 1.210/1.214).

Consistiu na inobservância ao Edital, especificamente quanto ter-se ignorado o critério de pontuação das indicações particulares introduzidos pela 1ª Errata.

Este erro, ademais, fez com que as propostas de menor preço, tanto do Lote 1 como do Lote 2 fossem preteridas, sagrando-se vencedoras as Licitantes que, em ambos os lotes, apresentaram propostas de maior valor.

O contrato de fls. 1.116/1.123 foi celebrado em 08.12.2009 e estabeleceu um prazo de 720 dias consecutivos para a elaboração de projeto executivo de engenharia para a implantação do trecho ferroviário Imbituba – Araquari, no Estado de Santa Catarina, relativamente ao Lote 2 do Edital. Quanto ao contrato do Lote 1, não localizei nos autos, mas devo presumir que foi celebrado na mesma época e pelo mesmo prazo, porque assim prescrevia o Edital nº 101/2008-00.

Ambas as avenças, segundo informa a Nota Técnica nº 01/2011-CGOFER/DIF, estão em andamento, tendo sido desenvolvidas até fevereiro/2011 "todas as atividades constantes da Fase Preliminar". Informa, ainda, o mesmo documento que *"Os Consórcios, de acordo com as fases definidas pelo cronograma de projeto, iniciaram a Fase de Projeto Básico com a contratação do vôo, de modo a executar a atividade de Aerofotogrametria"*. Há também a informação prevendo que o término do projeto é para dezembro/2011.

Diante da irregularidade reconhecida pela Administração no procedimento licitatório, que influenciou, decisivamente, o resultado do certame, fazendo com que fossem celebrados os contratos com Licitantes que não poderiam ter sido considerados vencedores, deverão ser ponderados, com equilíbrio, alguns fatores para subsidiar a decisão da Diretoria Colegiada quanto ao prosseguimento ou não das contratações realizadas.

Dentre outros, tenho como relevante ser considerada a fase em que se encontram os serviços contratados; os recursos financeiros despendidos; a possibilidade de atraso na realização dos projetos e, consequentemente, da obra que lhe seguirá; o pagamento de indenizações pelo rompimento dos contratos (parágrafo único do art. 59, da Lei nº 8.666/93); o desinteresse já manifestado pelos Licitantes preteridos em assumir os serviços contratados; os custos que envolveriam uma nova licitação, em relação ao que foi contratado etc.

Todas estas questões e outras, a critério da Administração, estão a merecer a devida e serena reflexão, de modo que a decisão a ser adotada possa atender ao interesse público e aos princípios da razoabilidade e da segurança jurídica, segundo o qual as avenças realizadas, mesmo sendo inválidas, poderiam ser mantidas. Nesse sentido, vejo como oportuna a lição que integrou Acórdão proferido pelo Superior Tribunal de Justiça, que abaixo reproduzo:

"Nesse panorama, tem-se por correta a assertiva de que a Administração atua conforme o princípio da legalidade (art. 37 da CF/1988), que impõe a anulação de ato que, embora fruto da manifestação da vontade do agente público, é maculado por vício insuperável... No entanto, o poder-dever de a Administração invalidar seus próprios atos é sujeito ao limite temporal delimitado pelo princípio da segurança jurídica. Os administrados não podem sujeitar-se indefinidamente à instabilidade da autotutela do Estado e de uma convalidação dos efeitos produzidos, quando, em razão de suas conseqüências jurídicas, a manutenção do ato servirá mais ao interesse público de que sua invalidação. Nem sempre a anulação é a solução, pois o interesse da coletividade pode ser melhor atendido pela subsistência do ato tido por irregular... Então a recomposição da ordem jurídica violada condiciona-se primordialmente ao interesse público. Já a Lei nº 9.784/1999 tem lastro na importância da segurança jurídica no Direito Público, enquanto estipula, em seu art. 54, o prazo decadencial de 5 anos para a revisão do ato administrativo e permite, em seu art. 55, a manutenção da eficácia mediante convalidação. Esse último artigo diz respeito à atribuição de validade a atos meramente anuláveis, mas pode ter aplicação excepcional a situações extremas, como a que resulta grave lesão a direito subjetivo, não tendo seu titular responsabilidade pelo ato eivado de vício, tal como se dá na seara de atos administrativos nulos e inconstitucionais." (STJ. RMS nº 24.339-TO, Rel. Min. Napoleão Nunes Maia Filho, julgado em 30.10.2008. Precedentes citados do STF: MS nº 26.560-DF, DJ, 22 fev. 2008; do STJ: RMS nº 18.123-TO, DJ, 30 maio 2005; RMS nº 14.316-TO, DJ, 02 ago. 2004, e RMS nº 13.952-TO, DJ, 09 dez. 2003)

No mesmo sentido, colhemos a decisão do Supremo Tribunal Federal que, mesmo se defrontando com situação de absoluta invalidade do ato administrativo, se pronunciou pela sua manutenção, em atenção ao princípio da segurança jurídica, consoante ementa abaixo transcrita:

> *"Na hipótese, a matéria evoca, inevitavelmente, o princípio da segurança jurídica. Esse princípio foi consagrado na Lei nº 9.784, de 29 de janeiro de 1999, que regula o processo administrativo no âmbito da Administração Pública Federal, tanto em seu artigo 2º, que estabelece que a Administração Pública obedecerá ao princípio da segurança jurídica, quando em seu artigo 54, que fixa o prazo decadencial de cinco anos, contados da data em que foram praticados os atos administrativos, para que a Administração possa anulá-los. Em diversas oportunidades esta Corte manifestou-se pela aplicação desse princípio em atos administrativos inválidos, como subprincípio do Estado de Direito, tal como nos julgamentos do MS 24.268, DJ 17.09.04 e do MS 22.357, DJ 05.11.04, ambos por mim relatados." (RE nº 466.546-8/RJ. Relator Ministro Gilmar Mendes. Julgamento 14.02.2006. Segunda Turma. DJ, 17 mar. 2006)*

Segundo essas lições e de acordo com a situação em apreço, a segurança jurídica traduziria a absoluta boa-fé com que se houve a Administração ao promover as contratações com os Licitantes que lhe foram indicados pelo resultado, ainda que viciado, do procedimento licitatório. Por outro lado, os contratados, até onde se sabe, também se houveram de boa-fé ao contratar com a Administração, visto que não emerge dos autos qualquer prova em sentido contrário. Assim, as contratações celebradas há quase três anos gozavam, até serem questionadas, de estabilidade e da segurança jurídica decorrente de um procedimento licitatório concluído e homologado pela Diretoria Colegiada.

Não obstante, a decisão que vier a ser adotada pela Administração, mantendo ou anulando os contratos celebrados, deve ser precedida de manifestação dos contratados, não propriamente para se defenderem ou exercerem o contraditório, posto que não há acusação formal contra os mesmos, mas sim deduzirem as suas considerações sobre o eventual desfazimento do processo licitatório que deu origem às contratações, bem assim sobre as consequências daí advindas ao direito que lhes foi assegurado de realizar os serviços contratados (§2º do art. 49, da Lei nº 8.666/93).

Outrossim, a boa-fé com que se houve a Administração ao celebrar as contratações não pode ser confundida com os atos dos seus agentes que incorreram no confessado erro durante o procedimento licitatório, pelo que é de rigor a apuração do fato pela Corregedoria, a fim de definir as responsabilidades funcionais decorrentes.

Brasília, 18 de maio de 2011.

DESPACHO/PFE/DNIT Nº 01089/2011

Contrato Suspenso. Alterações Contratuais.

Aprovo, com ressalva, o Parecer/RBM/PFE/DNIT nº 656/2011, pelas razões adiante expostas.

Com efeito, segundo o Parecer referido (itens 26/28), não haveria possibilidade legal de ser promovido o termo aditivo proposto em virtude do seguinte:

> *"27. Entendo que, por força do último termo aditivo, a vigência do contrato está suspensa, razão pela qual não se pode promover nenhuma modificação no contrato. Por isso, o aditamento aqui proposto é inviável juridicamente."*

Com efeito, o que está suspenso é a contagem do prazo contratual, e não a sua vigência, cujo término estava previsto para 20.02.2011. Vale dizer, em virtude da regular suspensão do prazo contratual, mediante ordem de paralisação (fls. 587) e lavratura do respectivo termo aditivo (fls. 594/595), o contrato permanece existindo, porém não é executado ou produz os seus regulares efeitos.

E, se o contrato existe, pode ser alterado, até porque não foi invocado pelo subscritor do referido Parecer qualquer dispositivo legal ou regulamentar que contrarie esse entendimento.

Ademais, consoante se observa da ordem de paralisação de fls. 587, o motivo declinado para a suspensão dos serviços contratados foi, justamente, a necessidade de a Administração promover as análises necessárias para a revisão de projeto que ora se pretende formalizar pelo aditivo submetido a exame da Procuradoria.

Assim, diante da possibilidade de ser expirado o prazo do contrato durante aquelas análises, parece-me ter a Administração atuado com acerto, suspendendo a contagem do prazo contratual, de modo que pudesse promover as análises sem açodamentos ou precipitações.

Desse modo, entendo como possível a celebração do termo aditivo proposto durante a suspensão do prazo contratual. Quanto ao mais, reporto-me ao referido Parecer.

Brasília, 19 de maio de 2011.

DESPACHO/PFE/DNIT Nº 01143/2011

Subcontratação. Pressupostos.

Considerando que a questão jurídica da possibilidade, no caso, da subcontratação, já foi exaustivamente analisada por esta Procuradoria, avoquei para minha análise o presente feito. Com efeito, segundo a declaração de fls. 393/394, teriam sido atendidas todas as recomendações formuladas anteriormente pela Procuradoria, especialmente quanto à necessidade de a subcontratação ser formalizada mediante termo aditivo, cuja minuta de fls. 390/392 atende ao padrão utilizado pela Autarquia.

Ademais, a subcontratação, desde que admitida no edital e no contrato (inciso VI do art. 77, da Lei nº 8.666/93) e autorizada pela Administração é possível, permanecendo o Contratado, todavia, com as responsabilidades contratuais e legais por toda a obra ou serviço contratado (art. 72, da Lei nº 8.666/93).

A relação estabelecida entre o contratado e subcontratado é daquelas conhecidas como *res inter alios*, posto que, para a Administração, permanece o contratado com a responsabilidade *integral* sobre o conjunto das obras e serviços que foram com ele contratados. O que se autoriza é apenas a execução de parte da obra ou serviço por terceiro, sob a responsabilidade direta e pessoal do contratado.

Sendo assim, não me parece razoável exigir que o subcontratado possua todas as condições técnicas que foram requeridas do Contratante no procedimento licitatório que deu origem ao contrato. Se assim fosse, estar-se-ia, na prática, realizando uma nova licitação para a subcontratação, o que não é contemplado nem exigido por lei.

Assim, penso que as comprovações de regularidade fiscal, trabalhista e de capacidade financeira são suficientes para comprovar a idoneidade da subcontratada, servindo para minimizar os riscos que envolvem este tipo de ocorrência durante a execução contratual.

Com estas considerações, entendo que o assunto está apto para ser submetido à deliberação da Diretoria Colegiada.

Brasília, 26 de maio de 2011.

DESPACHO/PFE/DNIT Nº 01388/2011

Alteração do Representante Legal da Contratada.

Aprovo o Parecer/ACPV/PFE/DNIT nº 794/2011, com as seguintes ressalvas:
Considero inaplicáveis na espécie o §10 do art. 30 e inciso XIII, do art. 55, ambos da Lei nº 8.666/93, bem assim o Acórdão do TCU citado no Parecer, visto que não se trata de substituição do *responsável técnico*. A alteração pretendida envolve, apenas, a alteração do *representante legal da Contratada*, o qual não está sujeito à comprovação de experiência equivalente ou superior do responsável técnico, exceto se reunidas na mesma pessoa aquelas atribuições.

No caso, todavia, o instrumento contratual é claro ao dispor em seu preâmbulo que o Sr. Armando Freire Figueiredo, que está sendo substituído, era apenas o representante legal, cabendo ao Sr. José Aníbal da Silva, que permanece, a responsabilidade técnica (fls. 438/444).

Também não procede o alegado no Parecer de que os autos não se encontram instruídos com os motivos da substituição. Com efeito, está declarada no próprio Parecer e consta a fls. 548 a informação de que o Sr. Armando Freire Figueiredo "não pertence mais ao quadro da empresa", bem assim que o Sr. Maurício Dias Fernandes é o atual representante legal da Contratada.

A esse respeito, os documentos de fls. 535 e 536 são esclarecedores, dando conta que o então representante legal renunciou ao emprego que ocupava na Contratada.

Assim, considero motivada a alteração pretendida.

Finalmente, recomendo alteração na minuta do 2º Termo Aditivo de fls. 544/545, no item 2 Do Fundamento Legal, *para excluir* o art. 65, I, alínea "a", da Lei nº 8.666/93, uma vez que não se está promovendo qualquer modificação do projeto ou das especificações.

Brasília, 10 de junho de 2011.

DESPACHO/PFE/DNIT Nº 01519/2011

Orçamento Incorreto. Anulação da Licitação.

Trata-se de determinação do Senhor Diretor-Geral suspendendo o procedimento licitatório objeto do Edital nº 394/2010-00, tendo por objeto a contratação da execução das obras de derrocamento no Rio Tocantins, no Estado do Pará, *"até que se concluam os procedimentos necessários a sua anulação"* (fls. 2.052).

Publicado o Aviso de Suspensão do procedimento licitatório (fls. 2.053), o processo foi encaminhado a esta Procuradoria para manifestação jurídica (fls. 2.054 e 2.058).

Registro que, de acordo com a publicação de fls. 1.886, embora proclamado o resultado do julgamento da licitação, a mesma não foi ainda homologada pela Diretoria Colegiada.

Com efeito, a suspensão determinada pelo Senhor Diretor-Geral teve por fundamento a declaração contida no Memorando nº 347/2011/DAQ (fls. 2.051), onde é afirmado pelo Senhor Diretor de Infraestrutura Aquaviária:

> *"Durante as análises técnicas para as respostas aos questionamentos colocados pelo TCU, no Relatório acima citado, foram constatadas que existem inconsistências nos coeficientes de improdutividade dos equipamentos considerados nas composições formadoras de preços unitários do orçamento do Edital, as quais deverão ser corrigidas. Estas medidas corretivas modificarão de forma substancial o valor final do orçamento básico do Edital."*

Portanto, o que se declara é que o orçamento elaborado pelo DNIT para a licitação em apreço está incorreto e que as correções *"modificarão de forma substancial"* o seu valor final, não se precisando que inconsistências foram essas e nem se as modificações irão aumentar ou diminuir o valor final do que foi orçado.

No encaminhamento do processo, a CGCL/DIREX também pede a oitiva desta Procuradoria, *"com vias a anulação do procedimento licitatório do Edital 394/2010"*, no que é acompanhada pelo Diretor Executivo (fls. 2.054).

Ora, não é à toa que a Lei nº 8.666/93 declara que as obras e os serviços somente poderão ser licitados quando existir orçamento detalhado em planilhas que expressem a composição de todos os seus custos unitários (inciso I do §2º do art. 7º).

Esta regra é dirigida, a princípio, à Administração, a fim de que possa, com o grau de precisão adequado e exigido naquele momento, verificar e declarar a existência de recursos orçamentários que assegurem o pagamento das obrigações decorrentes de obras ou serviços a serem executados no exercício financeiro em curso, de acordo com o respectivo cronograma (inciso II do §2º do art. 7º).

Mas, na atual modelagem legal das licitações públicas, a existência de um orçamento detalhado é também de grande interesse dos prováveis licitantes, posto que será com base nos custos aferidos pela Administração que as suas propostas serão apresentadas e, ao final, celebrado o contrato com aquela que se mostrar mais vantajosa para a Administração.

Desse modo, concluído o procedimento licitatório com a escolha do licitante que irá contratar com a Administração, haverá uma simbiose entre o orçamento e a proposta vencedora. Este fenômeno permite concluir que o contrato foi celebrado com o inicial equilíbrio econômico e financeiro.

Assim, qualquer erro ou omissão no orçamento da Administração gera, necessariamente, um desequilíbrio na equação econômica e financeira inicial do futuro contrato, viciando o procedimento e contaminando a proposta vencedora e todas as demais apresentadas no certame.

O contrato, então nascido desequilibrado, terá que ser rescindido, visto que eventuais reequilíbrios econômicos e financeiros estão vinculados pela lei a fatos supervenientes à contratação, e não à licitação. Como se vê, um orçamento incorreto compromete tanto a legalidade do procedimento licitatório, como o inicial equilíbrio econômico e financeiro do futuro contrato.

Daí por que não vejo como possível ser aproveitada a licitação objeto deste processo. A Administração declara, textualmente, que o orçamento inicial não está correto. Consequentemente, a proposta vencedora, que evidentemente se louvou no orçamento inicial, também não pode estar correta, assim como todas as demais oferecidas. Se levada a efeito a contratação, teremos um contrato desequilibrado do ponto de vista econômico e financeiro, que não irá permitir correções futuras, tanto em favor da Administração como do contratado.

Por tudo isso, aprovo a conclusão do Parecer/EOS/PFE/DNIT nº 854/2011, acrescentando a necessidade de ser observado, na espécie, o seguinte procedimento:

a) A DAQ/DNIT deverá esclarecer detalhadamente o erro apontado no orçamento que serviu de base para a licitação, informando a diferença de valor decorrente, para mais ou para menos, cuja manifestação deverá ser aprovada pelo respectivo Diretor;

b) A CGCL/DIREX deverá intimar todos os Licitantes para os fins do disposto no §3º do art. 49, da Lei nº 8.666/93;

c) Havendo manifestação de um ou alguns dos Licitantes, deverão a CGCL/DIREX e a DAQ/DNIT emitir Nota Técnica, aprovada pelo respectivo Diretor, apreciando as manifestações dos Licitantes, sendo, então, o processo submetido à análise da Procuradoria;

d) Não ocorrendo manifestação de qualquer dos Licitantes, poderá o processo evoluir à Diretoria Colegiada para deliberação sobre a anulação da Licitação.

Brasília, 27 de junho de 2011.

DESPACHO/PFE/DNIT Nº 01815/2011

Atividade Fim do DNIT e
Atividade dos seus Servidores.

Aprovo o Despacho/TCO/Procuradoria/DNIT nº 741/2011, com os seguintes esclarecimentos sobre a questão relativa à *atividade fim* do DNIT, em virtude das orientações contidas entre os itens 8/11 do Parecer/ACMC/PFE/DNIT nº 997/2011.

Como já consignei em manifestações anteriores, inclusive na Nota Técnica PFE/DNIT nº 002/2010, a *atividade fim* do DNIT é executar a política de transportes definida pelo Ministério dos Transportes no âmbito da respectiva infraestrutura rodoviária, ferroviária e aquaviária, como prescreve o art. 80, e segundo os princípios e diretrizes traçadas nos arts. 11 e 12, todos da Lei nº 10.233/2001.

E como DNIT executa essa *atividade fim?* Também na referida Nota Técnica deixei consignado que, por fatores históricos e legais, ela é executada mediante a *obrigatória* contratação, junto à iniciativa privada, dos projetos, obras ou serviços afins.

Portanto, o que procurei esclarecer com a referida Nota Técnica foi que o quadro de pessoal do DNIT não projeta, não realiza obras ou presta serviços de infraestrutura de transportes.

O que fazem, então, os servidores do DNIT? Esses servidores *administram ou gerenciam contratos* celebrados com a iniciativa privada para a execução da *atividade fim* do DNIT, consoante prescrito no art. 82, incisos IV e V, da Lei nº 10.233/2001. Essa atividade dos servidores do DNIT — *administrar e gerenciar contratos* — é uma *atividade meio*, que visa à realização da *atividade fim* do DNIT. Para melhor compreensão do assunto, cito dois exemplos:

a) Qual é a *atividade fim* do IBAMA? Entre outras, certamente é licenciar, sob o ponto de vista ambiental, empreendimentos de iniciativa pública ou privada, através dos seus próprios servidores. Com certeza, não se contrata uma empresa privada para licenciar obras no IBAMA. Assim, a *atividade fim* do IBAMA se confunde com a própria atividade funcional dos seus servidores;

b) Qual a atividade fim do INSS? Entre outras, certamente é conceder benefícios previdenciários aos seus segurados. Com certeza, não se contrata uma empresa privada para conceder esses benefícios no INSS. Assim, a *atividade fim* do INSS se confunde com a própria atividade funcional dos seus servidores.

Portanto, como as atividades funcionais dos servidores do DNIT não se confundem com a *atividade fim* da Autarquia, que é realizada de forma indireta, mediante a contratação junto à iniciativa privada, devo ressalvar as orientações contidas nos itens 8/11 do Parecer/ACMC/PFE/DNIT nº 997/2011, visto que a contratação pretendida — *execução das obras de duplicação da Rodovia BR-116/RS* — não compete aos servidores do DNIT.

Feitos estes breves esclarecimentos, encaminho o processo com as recomendações jurídicas consignadas no Despacho aprovado.

Brasília, 28 de julho de 2011.

DESPACHO/PFE/DNIT Nº 01889/2011

Fornecimento de Celulares aos Motoristas
Contratados. Alteração Qualitativa.

É por demais conhecida e aplicada a possibilidade legal de a Administração Pública alterar os contratos que celebra, de modo a preservar o interesse público e a natureza jurídica da contratação, sem descaracterizar o seu objeto e, especialmente, mantendo o equilíbrio econômico e financeiro da avença, cuja proteção exige o art. 37, inciso XXI, da Constituição Federal.

Assim, enquanto que nas relações jurídicas privadas os contratos, via de regra, submetem-se ao princípio do *pacta sunt servanda*, que se traduz pela força obrigatória, tangenciando a imutabilidade do avençado, no âmbito dos contratos públicos a situação se inverte, onde prevalece a regra da mutabilidade contratual, como uma das prerrogativas conferidas pela lei à Administração Pública, derrogatória das disposições do direito comum.

Dentre as possibilidades legais, confere o art. 65, inciso I, alínea "a", da Lei nº 8.666/93, o poder de a Administração Pública, justificadamente, alterar o contrato *"quando houver modificação do projeto ou das especificações, para melhor adequação técnica aos seus objetivos"*.

Trata-se do que, na doutrina, denomina-se como *alteração qualitativa das condições de execução do contrato*, mediante a qual a Administração modifica as cláusulas regulamentares, vale dizer, aquelas que dispõem sobre o modo de sua execução, sem, evidentemente, desnaturar o objeto do que foi contratado.

Feitas essas considerações iniciais, observo que a pretensão do DNIT de incluir no Contrato nº 146/2011 a obrigação de a Contratada fornecer aparelhos móveis celulares aos motoristas contratados, de modo a permitir a comunicação com as autoridades e servidores transportados, é exemplo de alteração qualitativa necessária ao aperfeiçoamento do serviço contratado.

Como ponderei no Despacho/PFE/DNIT nº 01870/2011 (fls. 802/803), o objeto do contrato em apreço é a *prestação de serviços de motoristas para conduzirem os veículos oficiais da Autarquia,* especialmente no transporte de autoridades e servidores. Assim, não me parece que a inclusão ou acréscimo, no limite legal, daquela obrigação, altere o objeto do contrato. *Ele continuará sendo o mesmo.* O que será alterado é a *forma de sua execução,* com a inclusão de um item de serviço não previsto, expressamente, no Termo de Referência que deu origem ao contrato, muito embora o mesmo Termo contenha um item referente a "Uniformes/*Equipamentos*" (sublinhei).

Nesse sentido, vejo que uma das prescrições contratuais para a adequada prestação do serviço é aquela exigida no Termo de Referência que instruiu o Pregão nº 600/2010, que deu origem ao Contrato nº 146/2011, segundo a qual os Motoristas devem se trajar, em serviço, com uniformes. *Esta obrigação não é o objeto do contrato, mas apenas uma forma de sua execução.* Do mesmo modo, penso que nada impediria que o Termo de Referência estabelecesse que os motoristas devessem dispor de telefones móveis celulares para permitir a comunicação com as Autoridades e Servidores transportados ou com outros destinos afetos ao serviço contratado, incumbindo à Contratada a sua aquisição. Também nesse caso, estaríamos diante de uma forma de *execução do contrato.*

Assim, do mesmo modo que os uniformes dos motoristas foram previstos expressamente no Termo de Referência, como *"Insumos de Mão de obra"* (Anexo II-A- Mão de obra), os aparelhos celulares poderiam ser considerados dentre os *"equipamentos"* mencionados no mesmo item C do referido Termo, até porque a Cláusula Segunda do Contrato nº 146/2011 determina que a Contratada deverá alocar todos os "equipamentos" necessários para a realização dos serviços.

Como se vê, essa alteração diz respeito ao *modus faciendi* da execução contratual, não desnaturando ou modificando o objeto do contrato. Diferente seria, *v.g.,* se o DNIT tivesse contratado o fornecimento de telefones fixos e pretendesse alterar para telefones móveis celulares. Ou se a Autarquia tivesse contratado, como é o caso, a prestação de serviços de motorista e pretendesse alterar para a prestação de serviços de vigilante. Nesses casos, sim, haveria manifesta alteração do objeto contratual, o que é vedado pela lei.

Diante da absoluta convicção de que a alteração ora pretendida guarda sintonia com a adequada execução de contratos dessa espécie, me encarreguei de realizar pesquisa no âmbito dos demais órgãos da Administração Pública Federal, na busca de um precedente. Como resultado, encontrei, no âmbito do Ministério da Saúde, o Termo de Referência que serviu de base para a Licitação nº 106/2007, cujo objeto é a *"locação de um automóvel, com motorista"* (*doc. anexo*). Dentre as especificações dos serviços — *cláusulas regulamentares* — me defrontei com a seguinte:

> *"2.1. A empresa deverá apresentar proposta para os seguintes serviços:*
> *(...)*
> *2.1.4. Telefone celular ou sistema de radio comunicação para que o motorista possa ser contatado pelo Projeto."*

Outro exemplo obtive no Pregão Eletrônico nº 45/2010, realizado pela Advocacia-Geral da União, tendo por objeto *"a prestação de serviço de locação de veículos com motorista para o transporte de documentos e de servidores"* (doc. anexo). No Termo de Referência respectivo, consta o seguinte:

> *"4.5. Os motoristas dos veículos deverão portar aparelho de comunicação tipo Nextel ou "similar", de propriedade da Contratada.*
> *(...)*
> *8. DAS OBRIGAÇÕES DA CONTRATADA*
> *(...)*
> *8.23. Fornecer a seus empregados aparelhos de comunicação tipo Nextel ou "similar" para cada veículo;*
> *8.24. Fornecer ao Serviço de Transporte da Contratante 02 (dois) aparelhos de comunicação tipo Nextel ou "similar" que servirão de base para o contato com os motoristas contratados;*
> *(...)*
> *8.26. Submeter, de imediato, para conferência e identificação pela Contratante, as CTPS devidamente preenchidas e assinadas juntamente com a relação nominal dos empregados que atuarão na execução dos serviços, mencionando os respectivos endereços e telefones residenciais e celulares, atualizando prontamente quaisquer alterações desses dados;"*

Observo que nesta contratação a AGU se encarregou de exigir, além do aparelho de comunicação objeto do item 8.23, supra descrito, que os motoristas possuam também aparelhos celulares, exatamente para permitir a pronta comunicação entre eles e as pessoas transportadas.

O último exemplo, que me parece insuspeito, porque oriundo de um órgão de controle direto do próprio DNIT, colhi no âmbito do Tribunal de Contas da União (TCU). Trata-se do Contrato nº 72/2007, que se encontra em vigor até 12.12.2011, que tem por objeto "a prestação do serviço de locação de veículos com motorista" (doc. anexo), cujo Anexo I dispõe:

"14. DAS OBRIGAÇÕES NA PRESTAÇÃO DOS SERVIÇOS:
A Contratada deverá, na prestação dos serviços:
(...)
14.6. Disponibilizar aparelhos de comunicação tipo celulares, nextel ou similares
para os condutores usarem durante a prestação dos serviços."

Desse modo, como demonstram os exemplos acima mencionados, a disponibilidade pelos motoristas de aparelhos móveis de comunicação é da própria essência da execução dos serviços que são prestados em contratos cujo objeto envolva a prestação de serviços de motoristas, constituindo mesmo uma obrigação de natureza *regulamentar*.

Por tudo isso, não vejo razão nas manifestações jurídicas que me antecederam para suscitarem óbices à pretendida alteração contratual, visto que, se é possível a inclusão de item desta natureza no termo de referência e mesmo no contrato inicialmente firmado, evidentemente que é possível a sua inclusão posterior em contrato daquela mesma natureza que deixou, inadvertidamente, de contemplá-lo, uma vez que a providência é *"para melhor adequação técnica aos seus objetivos"* (art. 65, inciso I, alínea "a", da Lei nº 8.666/93), desde que observado o limite legal previsto no §1º do mesmo dispositivo.

Sobretudo quando observo que, quase diariamente, esta Procuradoria se defronta e aquiesce com alterações do gênero nos contratos mantidos pela Autarquia, especialmente envolvendo obras rodoviárias, com modificações do projeto que serviu para a licitação e a contratação, de modo a incluir novos itens de serviço, nos limites legais.

Assim, à semelhança do que ocorre no âmbito dos contratos de obras, onde se admite a inclusão de novos itens de serviço não previstos no projeto ou nas especificações originais, *"para melhor adequação técnica aos seus objetivos"*, penso que a mesma possibilidade, porque não vedada e permitida pela lei, pode ser aplicada aos contratos de serviço.

É claro que, para promover a alteração contratual, o DNIT deve se cercar de algumas garantias, tais como: os aparelhos a serem adquiridos devem ser os mais baratos disponíveis no mercado, posto que seriam destinados apenas para permitir a comunicação entre as autoridades e servidores transportados e os motoristas, e vice-versa; as faturas mensais do consumo da linha telefônica devem ser submetidas ao fiscal do contrato, a fim de atestar as chamadas realizadas; ao final do contrato, os aparelhos devem ser entregues ao DNIT em perfeito estado de uso e conservação, a fim de que possam ser utilizados em futuras contratações da mesma espécie; etc.

Portanto, parece-me que a pretensão do DNIT, em termos jurídicos, envolve uma *alteração qualitativa do serviço contratado*, nos limites legais permitidos, absolutamente necessária e útil para a sua adequada execução, pelo que entendo a mesma como juridicamente possível.

Não obstante, deixo a critério da Administração optar, caso entenda conveniente, por realizar o próprio DNIT a compra dos aparelhos, visando disponibilizar aos motoristas. Nesse caso, entretanto, deverá esta opção ser objeto de processo distinto, com submissão à Procuradoria para análise da forma pela qual pretende promover a referida aquisição.

No mais, reporto-me ao Parecer/EOS/PFE/DNIT nº 1.057/2011 (fls. 795.799), relativamente à questão do plano de saúde.

Brasília, 19 de agosto de 2011.

DESPACHO/PFE/DNIT Nº 01956/2011

Escrever no Processo. Dever da Engenharia.

É preciso de uma vez por todas que a Engenharia do DNIT se convença que a melhor maneira de evitar futuros problemas com os órgãos de controle, como o TCU, a CGU, etc. é escrever no processo os motivos, as razões, enfim por que está adotando esta ou aquela solução. Não será omitindo-se que estará a salvo de reprimendas futuras, muito pelo contrário.

Embora não tenha o Engenheiro, até por formação, o hábito de escrever, no serviço público é preciso que os seus atos e intenções sejam materializados por escrito, não apenas para cumprir uma exigência legal, mas, sobretudo, para que lhe sirvam de proteção no futuro, principalmente quando já estiver aposentado e distante do antigo local de trabalho, dos amigos e dos colegas, que também lá não mais estarão.

O que a experiência demonstra é que eventuais irregularidades do processo administrativo, de contratação, licitação, etc., são constatadas não de imediato, mas muito depois que ocorreram. Se, todavia, o processo não contiver as justificativas ou explicações para se ter adotada esta ou aquela decisão, o engenheiro será responsabilizado por omissão. Pior do que isso, quando chamado, muito tempo depois do fato, para dar explicações sobre a sua conduta na época, por não ter escrito no processo, não mais se lembrará por que agiu daquele modo.

Assim, é preciso uma mudança drástica de cultura. Escrever no processo representa a salvaguarda para problemas futuros.

Por isso aprovei integralmente o Despacho/GFA/Procuradoria/DNIT nº 841/2011.

Brasília, 31 de agosto de 2011.

DESPACHO/PFE/DNIT Nº 02082/2011

Prorrogação não prevista no contrato.

Retornam os autos com solicitação para que esta Procuradoria informe a decisão do TCU mencionada no item 6 do Parecer/DCPT/PFE/DNIT nº 1.482/2011.

Aproveito o ensejo para tecer novas considerações sobre a questão jurídica submetida à análise desta Procuradoria.

De acordo com o Parecer/DCPT/PFE/DNIT nº 1.482/2011, aprovado por esta Chefia, orientou esta Procuradoria que o Contrato nº PP-674/09-00, celebrado com a Fundação Ricardo Franco, não poderia ser prorrogado porque no seu instrumento não ficou estabelecida essa possibilidade.

De fato, consultando a Cláusula Terceira do Contrato em apreço, verifico que não há previsão para a prorrogação contratual, como também não há proibição para que a mesma ocorra.

Surpreendeu-me a omissão, visto que a possibilidade de prorrogação é costumeiramente inserida nos contratos celebrados por essa Autarquia. Imagino que decorreu da contratação direta, sem licitação, uma vez que todos os editais padrões de licitação do DNIT admitem a prorrogação contratual, que consta, inclusive, na minuta contratual.

Assim, suponho que, na espécie, a omissão foi decorrente da utilização de uma minuta de contrato adotado para os casos de emergência, cujo prazo contratual não se prorroga (art. 24, inciso IV, da Lei nº 8.666/93), não havendo, portanto, previsão na minuta para uma eventual prorrogação.

É de se supor, portanto, que a omissão de cláusula dispondo sobre a possibilidade de prorrogação do Contrato nº PP-674/09-00 não foi uma decisão deliberada ou intencional, mas sim um equívoco, até porque ora se pretende justamente o contrário.

Acontece que o Contrato nº PP-674/09-00, embora celebrado com dispensa de licitação (art. 24, inciso XIII, da Lei nº 8.666/93), não teve por fundamento qualquer situação emergencial, pelo que haveria, em tese, a possibilidade de ter o seu prazo de vigência prorrogado, segundo a disciplina legal prevista na Lei nº 8.666/93.

CAPÍTULO 2 | ORIENTAÇÕES GERAIS
SEÇÃO 3 | ORIENTAÇÕES SOBRE LICITAÇÃO E CONTRATOS | 307

Essa disciplina legal, todavia, segundo pude verificar, apenas em um único caso, estabelece que a prorrogação poderá ocorrer *"desde que isso tenha sido previsto no ato convocatório"*. Refiro-me ao disposto no inciso I, do art. 57, da Lei nº 8.666/93, que trata dos contratos que contemplem projetos estabelecidos no Plano Plurianual. Qual se vê, nessa hipótese, o contrato teria que derivar de uma licitação anterior, bem assim ter o seu objeto como parte do Plano Plurianual, o que não é o caso em apreço.

Afora esta situação específica, a disciplina legal prevista na Lei nº 8.666/93, admite a prorrogação contratual, principalmente quando para atender fundado interesse público, sem exigir, de modo expresso, anterior previsão contratual.

Nesse sentido, prescreve a Lei nº 8.666/93 que o prazo de conclusão admite prorrogação (§1º do art. 57), desde que justificada por escrito e previamente autorizada pela autoridade competente para celebrar o contrato (§2º do art. 57), sem aludir expressamente quanto à necessidade de a previsão de prorrogação constar do contrato que será prorrogado.

Observo, outrossim, que o tipo penal contido no art. 92, da Lei nº 8.666/93, só considera crime a prorrogação contratual *"sem autorização em lei, no ato convocatório da licitação ou nos respectivos instrumentos contratuais"*. Desse modo, a utilização pelo legislador da conjunção disjuntiva *"ou"* indica alternativa, vale dizer, desde que a prorrogação tenha sido realizada por força de autorização legal, não haveria o crime caso a mesma não estivesse prevista no instrumento contratual.

Entretanto, esse entendimento não é o adotado pelo Tribunal de Contas da União (TCU), segundo o qual para que possa ocorrer a prorrogação do prazo de vigência contratual há que existir prévia autorização no próprio contrato:

> *"15.5. Nessas condições, considerando entendimentos manifestados por este Tribunal, consoante se observa, por exemplo, nos Acórdãos 3.564/2006 – 1ª Câmara (item 9.2.4) e 31/2008 – 1ª Câmara (item 1.3.2.3), que dão conta da necessidade de existência de cláusula contratual com previsão expressa de possibilidade de prorrogação da vigência, consideram-se irregulares as prorrogações verificadas."* (Acórdão nº 3.351/2011. Segunda Câmara. Relator Ministro Aroldo Cedraz)

Embora o Acórdão se refira a serviços de natureza contínua, o que não é o caso em apreço, o entendimento manifestado e acima reproduzido é dotado de tal amplitude que teria aplicação a qualquer contrato, independente da natureza do objeto contratado.

Foi por isso que o Parecer inicialmente mencionado concluiu pela impossibilidade da prorrogação, visto que esta Procuradoria deve prover a Administração do DNIT não apenas com o que supõe ser juridicamente o mais correto, mas, sobretudo, com o entendimento do TCU sobre o assunto. Afinal é a referida Corte de Contas que detém o poder legal de impor sanções ao DNIT e aos seus Gestores, de modo que é prudente, tanto quanto possível, procurar observar o seu entendimento.

Portanto, concluo no sentido de que a Lei nº 8.666/93 não exige expressamente que o contrato possua cláusula dispondo sobre a prorrogação de prazo para que a mesma possa ser feita, desde que observadas as demais exigências legais, muito embora assim não entenda o TCU.

Assim, deverá essa Diretoria decidir se existem motivos suficientes de interesse público que justificam a prorrogação em apreço, não apenas para atender a disposição legal, mas, sobretudo, para agir em desacordo com o entendimento do Tribunal de Contas da União (TCU), expondo-se, consequentemente, a eventuais sanções. No mais, ratifico as orientações contidas no Parecer/DCPT/PFE/DNIT nº 1.482/2011, que deverão ser supridas caso se decida pela prorrogação contratual.

Brasília, 28 de outubro de 2011.

DESPACHO/PFE/DNIT Nº 02140/2011

Término do Prazo Contratual. Remanescente
de Obra. Necessidade de Nova Licitação.

Com fundamento na Instrução de Serviço PFE/DNIT nº 003,
de 10 de novembro de 2010, revejo a manifestação objeto do Parecer
nº 297/2011/AGU/PGF/PFE/DNIT/PR (fls. 76/81).
Com efeito, trata-se de análise jurídica sobre o interesse do DNIT
de contratar diretamente o remanescente de obra pública, em virtude
da extinção do Contrato nº SR/PR – 003/2009-00, por decurso do prazo
contratual, com fundamento no inciso XI, do art. 24, da Lei nº 8.666/93.
O Parecer mencionado concluiu pela impossibilidade da contratação pretendida porque não houve rescisão contratual, mas sim a
extinção do prazo do Contrato nº SR/PR – 003/2009-00 sem que as obras
contratadas fossem concluídas.
Considerou ainda o Parecer que casos como esses já foram
analisados pelo Tribunal de Contas da União (TCU), concluindo aquela
Corte de Contas que:

*"2. A dispensa de licitação prevista no art. 24, XI, da Lei nº 8.666/93 aplica-se
apenas aos casos de rescisão contratual, não podendo ser utilizada quando a
extinção do contrato opera-se em razão do término do prazo pactuado." (Acórdão
nº 211/2008 – Plenário)*

No caso em apreço, embora não se tenha formalizado uma rescisão
contratual, os autos informam que a obra pública objeto do Contrato
nº SR/PR – 003/2009-00 não foi concluída no prazo contratualmente
estipulado por supostas inadimplências atribuíveis tanto à Contratada
como ao DNIT (vd. Decisão Judicial de fls. 66/72).
Assim, a extinção do contrato se deu com inobservância à cláusula
contratual que estabelecia prazo para a conclusão da obra, o que daria
ensejo a uma rescisão contratual (art. 78, I, da Lei nº 8.666/93).
Acontece que não se pode rescindir um contrato que está extinto
pelo decurso do seu prazo de vigência, simplesmente porque esse fato
fez com que o mesmo deixasse de existir. Por outro lado, não se pode

considerar a extinção do prazo de vigência como forma de rescisão contratual, justo porque esta exige manifestação formal, emoldurada por um dos modos previstos no art. 79, da Lei nº 8.666/93

Desse modo, no caso em apreço, a rescisão por descumprimento do prazo contratual teria que ocorrer antes da extinção do contrato, com base nas projeções da própria Administração e no ritmo de trabalho com que vinha sendo executado pela Contratada.

Todavia, as informações prestadas pela Superintendência Regional do DNIT/PR (fls. 82/83), conquanto substanciosas em defesa do interesse público quanto à necessidade da imediata retomada das obras remanescentes, não esclarecem por que motivo a rescisão contratual não foi formalizada antes de expirado o prazo contratual ou por que o prazo de vigência não foi prorrogado para permitir a conclusão das obras. Sobre esses aspectos, também essa Diretoria nada informou no despacho de fls. 84.

Assim, como não houve, tecnicamente, uma rescisão do contrato, não é possível a contratação direta do remanescente da obra, como pretendido pelo DNIT, não obstante os relevantes e justificados fundamentos alinhados pela Superintendência Regional.

Em razão mesmo desses fundamentos, preocupei-me em encontrar, junto à doutrina ou jurisprudência, algo que permitisse ao DNIT aplicar ao caso, por analogia, a contratação por dispensa prevista no art. 24, inciso XI, da Lei nº 8.666/93, dada a semelhança de situações que produzem idêntico resultado, vale dizer, deixar a obra pública de ser concluída em prejuízo do interesse público.

Entretanto, sou forçado a render-me à voz uniforme no meio jurídico de que as hipóteses contidas no art. 24, da Lei nº 8.666/93 são *numerus clausus*, cuja interpretação restritiva não admite analogia, só podendo ocorrer nas situações expressamente contempladas, como corolário da regra geral de que todo contrato público deve ser objeto de prévia licitação.

Daí por que, revendo a manifestação jurídica objeto do Parecer nº 297/2011/AGU/PGF/PFE/DNIT/PR (fls. 76/81), concluo pela manutenção da sua conclusão, orientando no sentido de a Administração, com urgência, promover nova licitação pública para a conclusão das obras remanescentes.

Brasília, 23 de novembro de 2011

DESPACHO/PFE/DNIT Nº 02152/2011

Recomendações Jurídicas. Enunciado nº 5 da AGU.

Não obstante concordar com o Enunciado nº 5 da AGU, observo que o mesmo apenas orienta que *"não é necessário"* o exame posterior pela Procuradoria sobre o cumprimento pela Administração das recomendações jurídicas constantes de parecer anterior.

Assim, não há qualquer proibição para que o Procurador que emitiu o parecer verifique se as suas recomendações foram atendidas. Aliás, essa tarefa é costumeiramente feita por essa Procuradoria quando de nova análise no processo em momento ulterior por conta de novo pedido.

O que, portanto, a Administração está pedindo é uma antecipação do que normalmente é feito pelo Procurador quando do retorno do processo para nova análise jurídica.

Todavia, em que pese não proibido, o procedimento retarda a deliberação da Diretoria Colegiada de modo, a rigor, desnecessário, como fixado no Enunciado nº 5 da AGU, visto que vigora em favor da Administração o princípio jurídico da legitimidade dos atos administrativos, consoante a lição abaixo transcrita:

"A presunção de legitimidade dos atos administrativos, embora relativa, dispensa a Administração da prova da legitimidade de seus atos na atividade pública. Presumida a legitimidade, cabe ao particular provar o contrário, demonstrando cabalmente que a Administração Pública obrou fora ou além do permitido em lei, isto é, com ilegalidade flagrante ou dissimulada sob a forma de abuso ou desvio de poder. Tal presunção é de fundamental importância para atender o interesse público — que é o norte da Administração Pública — uma vez que possibilita celeridade no cumprimento dos atos administrativos. Assim, na atividade interpretativa há que ser sempre levado em consideração, que até prove em contrário, o ato administrativo é válido, devendo ser cumprido e respeitado pelos seus destinatários até a declaração de sua invalidade pelo Judiciário ou pela própria Administração. Nas palavras de Cassagne (apud Maria Sylvia Zanella Di Pietro, 2000:183): A presunção de legitimidade constitui um princípio do ato administrativo que encontra seu fundamento na presunção de validade que acompanha todos os atos estatais, princípio em que se baseia, por sua vez, o dever do administrado de cumprir o ato administrativo. Se não existisse

esse princípio, toda a atividade administrativa seria diretamente questionável, obstaculizando o cumprimento dos fins públicos, ao antepor um interesse individual de natureza privada ao interesse coletivo ou social, em definitivo, o interesse público." (A interpretação do direito administrativo face aos princípios que o orientam. Elaborado em 01.2004 por Erick Menezes de Oliveira Junior, Advogado, Professor Substituto de Direito Administrativo da UESB)

No mesmo sentido é o entendimento jurisprudencial:

"III – Agravo 89106 2002.02.01.003405-9
Relator: Desembargador Federal Andre Kozlowski
Agravante: Departamento Nacional de Estradas de Rodagem-DNER
Procurador: Alessandra Delia
Agravado: Ministério Público Federal
Origem: Segunda Vara Federal de Campos (200151030025232)
EMENTA
Agravo de Instrumento. Concessão. Privatização de rodovia. Suspeita de ilegalidade Liminar. Suspensão de processo licitatório.
I – Havendo previsão de concessão de provimento liminar de natureza cautelar ou antecipatório no bojo de ação civil pública, afigura-se irrazoável o ajuizamento de cautelar preparatória nesse tipo de ação;
II – A presunção de legitimidade do ato administrativo obsta a que o Judiciário suspenda liminarmente processo licitatório que tenha por objeto a privatização de rodovias pela via da concessão, por mera suspeita de ilegalidade ou de abuso no exercício da discricionariedade inerente à Administração.
ACÓRDÃO
Visto e relatados estes autos em que são partes as acima indicadas.
Decide a Sexta Turma, do Eg. Tribunal Regional Federal da 2ª Região, por unanimidade, dar provimento ao agravo, nos termos do voto do relator, constante dos autos, que fica fazendo parte integrante do presente julgado.
Rio de Janeiro, 18 de dezembro de 2002 (data do julgamento).
André José Kozlowski – Relator"

Portanto, em face do referido princípio jurídico, recomendo que a Diretoria Colegiada credite aos Relatos firmados pelos respectivos Diretores do DNIT o mesmo princípio de legitimidade, o que abreviará a deliberação sobre as matérias postas em votação, sem necessidade de retorno dos processos a esta Procuradoria para nova análise.

Feitas essas considerações, informo que observei no documento de fls. 1.374/1.375, da Coordenação-Geral de Construção Rodoviária, abordagem sobre as recomendações constantes do Parecer/GFA/PFE/

DNIT nº 1.538/2011 (fls. 1.357/1.360), nos itens 24, 25, 26 e 27 do referido Parecer, cabendo à Diretoria Colegiada deliberar se as mesmas são suficientes aos objetivos propostos — *exame de mérito* — ou carecem de maior detalhamento.

Brasília, 30 de novembro de 2011.

SEÇÃO 4

ORIENTAÇÕES SOBRE DESAPROPRIAÇÕES

FAX PFE/DNIT Nº 34/2009

Desapropriação. Considerações Gerais.

Em resposta a consulta formulada por *e-mail* referente às Desapropriações em andamento na BR-265/MG, e em virtude da audiência realizada no Processo de Desapropriação Judicial nº 2008.38.04.001605-8/ Passos – MG, devem ser feitas as seguintes considerações:

Em primeiro lugar, desapropriação não é forma ou meio de *aquisição* da propriedade, mas sim de sua *extinção*, de sua *perda*. Leia-se nesse sentido o disposto no art. 1.275, inciso V, do Código Civil Brasileiro.

A sentença que julga o processo de desapropriação possui natureza *declaratória e condenatória*, visto que ao tempo que declara *extinto* o direito de propriedade, condena o Expropriante ao pagamento da indenização devida pela *perda* da propriedade.

A carta de adjudicação extraída do processo de desapropriação será levada ao Registro de Imóveis para fins meramente *declaratórios*, e não constitutivos de qualquer direito, visando deixar registrado que o imóvel atingido teve a sua propriedade *extinta* e passou a integrar a faixa de domínio de uma rodovia federal, como bem público de uso comum do povo, nos termos do art. 99, inciso I, c/c art. 1.275, V, ambos do Código Civil Brasileiro, sem qualquer vínculo de direito real, já que não existe *posse* ou *propriedade* sobre os bens de uso comum do povo, como se vê do aresto abaixo:

> *"Bens Públicos – Posse – As ruas e praças são bens públicos de uso comum pertencentes a todos, ao povo, à coletividade; só a guarda e a gestão deles é que estão confiadas à Administração Pública. E, pois, não pode esta pretender a posse de tais bens, porque esta implica a idéia de exclusividade e ninguém pode ser excluído do seu uso e gozo. Se esse uso é contra as leis e regulamentos, tem a Administração a seu dispor outros recursos que não os interditos possessórios."*
> *(Rev. Forense, v. XLIV, p. 233; XLV, p. 513)*

A propósito deste assunto, discorri na obra *Aspectos Jurídicos das Rodovias: Tutela do Uso Comum, Concessões Rodoviárias, Responsabilidade Civil, e outros aspectos*, publicada em 1997, pela Editora Mauad, explicitando que:

> *"1.2. A Estrada, conceito e natureza jurídica. A estrada de rodagem, técnica e fisicamente, corresponde à sua faixa de domínio; esta é a "base física sobre a qual assenta uma rodovia, constituída pelas pistas de rolamento, canteiros, obras de arte, acostamentos, sinalização e faixa lateral de segurança, até o alinhamento das cercas que separam a estrada dos imóveis marginais ou da faixa de recuo" (Terminologia Rodoviária, DNER/1986, Vol. I, p. 80/448, verbete 3.616).*
>
> *A faixa de domínio é, portanto, o bem mediante o qual é administrado o serviço público denominado rodovia. Há quem, por amor à ciência jurídica e à dogmática, prefira até ver a estrada como um serviço e não como um bem. Mas, por ora, aceitemos conceituar juridicamente a rodovia como sendo um bem. Segundo a classificação contida no Código Civil Brasileiro, em seu art. 66, a estrada é um bem de uso comum (inciso primeiro), bem de uso público, do domínio público, quer dizer, de todo o povo; coisa do domínio nacional como a chamou Teixeira de Freitas ("Consolidação", art. 52 §1º/1896). Trata-se de bem insuscetível de propriedade, de vincular-se, pelo laço do direito real, a uma vontade ou personalidade (LIMA. Princípios de direito administrativo, p. 75; OCTÁVIO. Do Domínio da União e dos Estados segundo a Constituição Federal, p. 63). O domínio público se caracteriza por um regime jurídico de uma série de prerrogativas e de sujeições tais que o afasta bastante do regime jurídico da propriedade privada (WEIL. Droit administratif, p. 56 apud CRETELLA JUNIOR. Bens públicos , p. 57).*
>
> *Sobre esse bem de uso comum, a estrada de rodagem ou a sua respectiva faixa de domínio, o Estado (latu sensu) não realiza atos de proprietário; só pode ordenar e proibir (WAPAUS apud MAYER. Derecho administrativo Alemán, p. 100). Isto porque a idéia de propriedade envolve a idéia de patrimônio ou de qualquer direito patrimonial, de direito real; a expressão domínio, aqui, todavia, é sinônimo de poder, de dever, dominação ou regulamentação exercida pelo titular daqueles, sem que haja o vínculo civil do direito real. O que existe é afetação administrativa; a detenção física da coisa e a destinação daquela área constitutiva*

da faixa de domínio a um serviço pelo qual responde a Administração Pública das estradas de rodagem.

Se não há propriedade da estrada, não há a sua posse (Código Civil, art. 485).

Se inexiste, juridicamente, a posse da estrada por parte da União ou do DNER (responsável, no âmbito federal, pela administração permanente das rodovias – Decreto-Lei nº 512, de 21/03/69), por outra, também inexiste em favor do particular, visto que inocorre prescrição aquisitiva sobre o bem de uso comum (Decreto-Lei nº 9.760, de 05 de setembro de 1946, art. 200; Súmula n. 340 do STF; e, §3º do art. 183, da Constituição Federal de 1988).

Os bens públicos de uso comum tanto não estão sujeitos ao direito de propriedade por quem quer que seja, que não são passíveis de desapropriação (LAUBADÉRE. Traité elementaire de droit administratif, p. 145). Não se lhes aplica o disposto no art. 2º do Decreto-Lei nº 3.365, de 21 de junho de 1941. São passíveis de desafetação e afetação pelas pessoas de direito público que os administram, sem conotação alguma com a idéia errônea de sua propriedade, de sua posse.

1.3. Constituição. A rodovia é constituída por ato de afetação — ato ou fato da Administração — de determinado segmento de imóvel ao uso comum, destinado ao tráfego e ao trânsito, federais, estaduais ou municipais, independentemente da desapropriação e extinção dos direitos particulares ou públicos subjacentes; ela se materializa com a sua abertura ao trânsito público. Vale aqui a doutrina que considera a estrada, estritamente no âmbito do Direito Administrativo, como um "duto de trânsito", um "serviço". Até que implantada a obra, é certo que ao proprietário do imóvel atingido assiste o direito aos interditos possessórios; desde, porém, que a estrada é inaugurada, aberta ao trânsito e ao tráfego, desde que afetada ao uso comum, a idéia de propriedade e de posse jurídica da área desaparecem e com eles os direitos reais.

Mesmo porque, semelhantemente como se a rodovia fosse uma rua, uma avenida ou uma praça, a desapropriação não é meio de adquirir direitos, mas um dos meios de extingui-los em relação aos imóveis convertidos pela obra em faixa de domínio da estrada (CCB, art. 590).

Sobre o que passou a ser rodovia, nem o particular nem muito menos a entidade que a administra tem propriedade nem posse. Subsistem sim, de parte da Administração, o dever de conservar e policiar a estrada, e de parte do antigo dono e ex-possuidor da área subjacente ao serviço, o direito pessoal à justa indenização em dinheiro pela perda do imóvel, se não ocorrente a prescrição extintiva."

Seguro nestes conceitos, forneço as seguintes orientações:

- As desapropriações deverão efetivar-se mediante acordo ou intentar-se judicialmente, dentro de cinco anos, contados da data da expedição da respectiva portaria declaratória, findo os quais esta caducará. Caso subsistam imóveis para serem desapropriados após a caducidade da portaria, a mesma deverá ser renovada após decorrido o prazo de um ano (art. 10, do Decreto-Lei nº 3.365, de 21.06.1941).

- Considerando que a desapropriação visa à extinção da propriedade imóvel (art. 1.275, V, do CCB), o acordo ou a ação judicial deverá ser promovida em face do *proprietário* do imóvel atingido, assim entendido aquele em cujo nome constar o imóvel no Registro de Imóveis, visto que eventuais cessões de direito ou quaisquer outros títulos translativos do domínio, enquanto não registrados não retiram do alienante a qualidade de proprietário (art. 1.245 e §1º, do CCB);
- Quaisquer ônus ou direitos que recaiam sobre o bem expropriado ficam sub-rogados no preço da indenização. Eventuais dúvidas fundadas sobre o domínio do imóvel expropriado acarretam a permanência em depósito do preço da indenização, ficando ressalvada aos interessados a ação própria para disputá-lo, já que o levantamento do preço requer a prova da propriedade, de quitação de dívidas fiscais que recaiam sobre o bem expropriado e publicação de editais para conhecimento de terceiros (arts. 31 e 34, parágrafo único, ambos do Decreto-Lei nº 3.365/41).
- O pedido liminar na ação de desapropriação possui natureza *instrumental* e *acessória*, e pode deixar de ser formulado se não se configurar a urgência, máxime quando a obra em questão já estiver concluída (art. 15, do Decreto-Lei nº 3.365/41).
- Desse modo, respondo os itens questionados do seguinte modo:
a) No prazo de vigência da portaria declaratória de utilidade pública, deverá ser promovido o acordo ou a ação de desapropriação judicial, objetivando a declaração da extinção da propriedade dos imóveis atingidos necessários às obras e o pagamento da indenização;
b) Prejudicado em face do item anterior;
c) Segue anexa minuta da petição inicial da Ação de Desapropriação que, a meu juízo, poderá ser utilizada.

Brasília, 09 de junho 2009.

PARECER/FMRD/PFE/DNIT Nº 01719/2009

Conteúdo da Portaria Declaratória de Utilidade Pública.

Inicialmente, registro que não procede a exigência constante do Parecer *retro* de que se incluam na minuta da portaria declaratória de utilidade pública os recursos orçamentários que suportarão as despesas com as desapropriações dela decorrentes.

Com efeito, o Decreto-Lei nº 3.365, de 21.06.1941, que dispõe sobre desapropriações por utilidade pública não contém tal exigência, não havendo, outrossim, qualquer norma superveniente que obrigue tal proceder, pelo que prevalece o disposto no art. 5º, inciso I, da Constituição Federal, onde é assegurado que ninguém será obrigado a fazer ou deixar de fazer alguma coisa senão em virtude de lei. Para a Administração essa regra é de natureza impositiva, já que só pode fazer aquilo que a lei determina.

Aliás, nem poderia ser diferente. A portaria declaratória de utilidade pública é o ato administrativo que apenas dá início ao processo de desapropriação. A partir dela, o procedimento se desenvolve por uma série de atos ordenados que irão culminar com a apuração das indenizações que serão efetivamente devidas. Para tanto, deverão ser realizados levantamentos técnicos de dados no campo, elaboração do cadastro imobiliário dos imóveis atingidos, identificação dos proprietários, avaliação dos imóveis e, finalmente, o pagamento das indenizações devidas, mediante procedimento amigável ou judicial. Haverá, ainda, a possibilidade de imóveis serem doados, caso em que não ocorrerá indenização.

Desse modo, nessa etapa inicial do procedimento, a estimativa de valor para atender as desapropriações é prematura e não reflete a despesa efetiva com as desapropriações, posto que dependente das futuras avaliações dos imóveis atingidos. Consequentemente, a inserção daquela estimativa no ato declaratório é não apenas inexigível por lei como também desaconselhável.

Isto, todavia, não afasta o dever de a Administração fazer constar do processo as declarações exigidas pela Lei de Responsabilidade Fiscal quanto à previsão orçamentária das despesas com as desapropriações que ocorrerão em função da portaria declaratória de utilidade pública.

Outrossim, penso ser oportuno tecer algumas considerações sobre a declaração de utilidade pública pretendida.

Com efeito, chamou-me a atenção o fato de a Portaria Declaratória de fls. 36 não fazer qualquer menção *ao projeto geométrico* do alargamento da faixa de domínio da Rodovia BR-153/SP, como tradicionalmente constava das portarias declaratórias editadas pelo extinto DNER.

Aliás, àquele tempo, as portarias não só aprovavam o *projeto geométrico* do novo trecho como, também, declaravam a utilidade pública dos bens imóveis por ele atingidos, sem necessidade de fazer constar do ato cada uma das áreas alcançadas.

Penso que essa referência é relevante porque, segundo aprendi com notáveis engenheiros rodoviários, é o *projeto geométrico* que estabelece a extensão da faixa de domínio do novo trecho rodoviário, vale dizer, da área privada que irá compor, como bem de uso comum do povo, a rodovia e, no caso de sua expansão, da mesma área privada que será incorporada à faixa de domínio já existente. Em ambos os casos, a afetação ao uso público rodoviário se dá com a efetiva conclusão da obra e sua abertura ao tráfego, com a contagem, desde então, do prazo prescricional extintivo do direito às indenizações que seriam devidas aos expropriados.

Daí por que fiquei surpreso com a menção, apenas, ao projeto executivo e ao fato de a antiga tradição ter sido abandonada, sem que exista qualquer registro de sua incorreção ou problemas gerados por aquela metodologia por ocasião das desapropriações.

Assim, caso não constem do projeto executivo as efetivas dimensões da faixa de domínio que será, no caso, expandida, sugiro que essa Diretoria certifique-se dessa informação junto ao *projeto geométrico*, até para que doravante possa ser conhecida e exercida, com todo o vigor, a fiscalização dos novos limites da estrada.

Finalmente, não é demais sempre lembrar que a portaria de fls. 36 e a retificadora de fls. 45 não deve ter por escopo declarar a utilidade pública de bens imóveis que já foram anteriormente assim declarados, exceto quando para suprir a caducidade de ato anterior ocorrido durante a execução da obra nova.

Assim, oriento no sentido de que essa Diretoria redobre a atenção para que não promova a declaração de utilidade pública de bens imóveis que já estejam definitivamente compondo ou incorporados à faixa de domínio da BR-153/SP, em razão da afetação ao uso público desde a sua abertura ao tráfego, independente do fato de terem sido ou não regularmente desapropriados e as indenizações pagas.

Brasília, 31 de agosto de 2009.

PARECER/FMRD/PFE/DNIT N° 02083/2009

Desapropriação promovida e não
ultimada pelo extinto DNER.

A desapropriação, não ultimada, objeto deste processo foi iniciada pelo extinto DNER, objetivando a incorporação do imóvel à faixa de domínio da Rodovia Federal BR-101 – Trecho Div. ES/RJ – Div. RJ/SP, no Estado do Rio de Janeiro.

Segunda consta do Processo n° 20107.012695/85-81, apenso, a desapropriação deixou de ser promovida em virtude da *"insuficiência de recursos"* para pagamento da indenização, sendo certo, outrossim, que a obra rodoviária já se encontra, há mais de 20 (vinte) anos, concluída e aberta ao tráfego.

Bem a propósito, dissertei na obra *Aspectos Jurídicos das Rodovias: Tutela do Uso Comum, Concessões Rodoviárias, Responsabilidade Civil, e outros aspectos*, publicada em 1997, pela Editora Mauad, que:

> *"A rodovia é constituída por ato de afetação — ato ou fato da Administração — de determinado segmento de imóvel ao uso comum, destinado ao tráfego e ao trânsito, federais, estaduais ou municipais, independentemente da desapropriação e extinção dos direitos particulares ou públicos subjacentes; ela se materializa com a sua abertura ao trânsito público. Vale aqui a doutrina que considera a estrada, estritamente no âmbito do Direito Administrativo, como um "duto de trânsito", um "serviço". Até que implantada a obra, é certo que ao proprietário do imóvel atingido assiste o direito aos interditos possessórios; desde, porém, que a estrada é inaugurada, aberta ao trânsito e ao tráfego, desde que afetada ao uso comum, a ideia de propriedade e de posse jurídica da área desaparecem e com eles os direitos reais. Mesmo porque, semelhantemente como se a rodovia fosse uma rua, uma avenida ou uma praça, a desapropriação não é meio de adquirir direitos, mas um dos meios de extingui-los em relação aos imóveis convertidos pela obra em faixa de domínio da estrada (CCB, art. 590).*
>
> *Sobre o que passou a ser rodovia, nem o particular nem muito menos a entidade que a administra tem propriedade nem posse. Subsistem sim, de parte da Administração, o dever de conservar e policiar a estrada, e de parte do antigo dono e ex-possuidor da área subjacente ao serviço, o direito pessoal à justa indenização em dinheiro pela perda do imóvel, se não ocorrente a prescrição extintiva." (p. 21)*

Qual se vê, o decurso do tempo fez extinguir o próprio direito à indenização, o qual, ainda que subsistisse, haveria de ser pleiteado junto à União, visto que sucessora das obrigações do extinto DNER, nos termos do art. 23, do Decreto-Lei nº 512/1969.

Quanto à orientação anterior sobre a regularização do imóvel atingido junto ao Registro de Imóveis, entendo como desnecessária, visto que, no caso, resta inaplicável o *princípio da continuidade* dos registros públicos, a que se sujeitam apenas as mutações jurídico-reais que ocorrem no âmbito da propriedade privada, conferindo aos respectivos títulos a natureza *constitutiva do direito*, o que não se dá na espécie, onde a transcrição teria apenas a *natureza declaratória* (cf. CARVALHO. *Registro de Imóveis*, p. 305, 306).

Pelo exposto, devolvo o feito à origem, orientando no sentido de que o processo seja arquivado.

Brasília, 20 de outubro de 2009.

MENSAGEM ELETRÔNICA PFE/DNIT/2009

Imissão Provisória. Prova da
Propriedade. Inexigível.

Senhores Procuradores Federais.

Em virtude de consultas oriundas das Unidades Jurídicas desta PFE/DNIT nos Estados, informando sobre a deficiência na instrução de processos de desapropriação, especialmente quanto à identificação dos proprietários dos imóveis declarados de utilidade pública, encaminho a presente orientação:

A desapropriação visa atender o interesse público de realização de determinada obra sob a responsabilidade do DNIT.

Dispõe o Decreto nº 3.365/1941 que, quando o proprietário não for conhecido, a citação se fará por edital (art. 18).

O Decreto-Lei nº 3.365/1941 autoriza a imissão provisória independente da citação do réu, mediante o depósito do preço oferecido. Assim, uma vez alegada a urgência na petição inicial e depositada a quantia oferecida, *o juiz não pode se recusar a imitir o DNIT provisoriamente na posse do bem (art. 15 e seu §1º)*.

Dispõe, ainda, o Decreto-Lei nº 3.365/1941 que o levantamento do preço depositado será deferido mediante a prova da propriedade, de quitação de dívidas fiscais e publicação de editais para conhecimento de terceiros, *atos esses de responsabilidade do Expropriado. Havendo dúvida fundada sobre o domínio, o preço ficará em depósito*, ressalvada aos interessados a ação própria para disputá-lo (art. 34 e parágrafo único).

Qual se vê, a prova da propriedade sobre o bem declarado de utilidade pública *não é documento essencial para que seja ajuizada a ação de desapropriação e muito menos ainda para que seja promovida a imissão provisória do DNIT.* Submeter a imissão a essa comprovação é fato que deve ser combatido, até porque privilegia o interesse privado *em detrimento do interesse público na realização da obra.*

Brasília, 20 de outubro de 2009.

DESPACHO/PFE/DNIT Nº 00022/2010

Bens do INCRA – Desapropriação.

Mediante declaração de utilidade pública, todos os bens podem ser desapropriados (art. 2º do Decreto-Lei nº 3.365/41).

Não há na lei qualquer restrição ou impedimento quanto a bens imóveis de propriedade de uma Autarquia Federal, como no caso o INCRA.

A indenização deverá ser em dinheiro, porque assim determina a Constituição Federal (inciso XXIV, do art. 5º), devendo os convênios ou termos de compromisso comportarem o pagamento desta despesa.

A declaração de utilidade pública será por portaria do Diretor-Geral do DNIT, devendo compreender, no todo ou em parte, o imóvel atingido pelo projeto geométrico ou executivo da obra ferroviária.

Quaisquer ônus ou direitos que recaiam sobre o bem declarado de utilidade pública ficam sub-rogados no valor da indenização. Assim, existindo assentados do INCRA em imóvel de sua propriedade atingido pela obra ferroviária, oriento que melhor será o ajuizamento da ação de desapropriação, com a citação do INCRA e a intimação dos assentados, permanecendo o valor da indenização depositado à disposição do juízo (arts. 31 e 34, parágrafo único do Decreto-Lei nº 3.365/41), sem prejuízo da imediata imissão na posse do imóvel.

O INCRA deverá apresentar a certidão atualizada do registro de imóveis, de modo a comprovar a propriedade do imóvel atingido. Havendo concordância com o valor da indenização, lavrar-se-á a escritura pública de desapropriação amigável, com posterior registro da mesma no registro de imóveis. Em caso contrário, a desapropriação deverá seguir o rito judicial, com pedido liminar de imissão na posse.

Essas são, no momento, as orientações que me ocorrem prestar, sem prejuízo da adequada instrução do processo, principalmente com a juntada dos instrumentos de convênio e termos de compromisso mencionados, bem assim da manifestação jurídica dos respectivos órgãos jurídicos dos Estados, em cumprimento ao disposto na Instrução de Serviço DG nº 02, de 26.02.2009, por cópia anexa.

Brasília, 05 de janeiro de 2010.

DESPACHO/PFE/DNIT Nº 00120/2010

Lavratura e Registro das Escrituras de Desapropriação.

Reportando-me ao despacho de fls. 39 *usque* 40, no qual são solicitadas orientações quanto a questões envolvendo a lavratura e registro de escrituras públicas de desapropriação de imóveis para fins de afetação ao serviço público rodoviário federal, passo a tecer as seguintes considerações:

1 Quanto à pretendida declaração de inexigibilidade de licitação

Essa abordagem decorre de dúvida suscitada pela Administração da Superintendência quanto à necessidade de ser declarada a inexigibilidade de licitação para a prestação dos serviços notariais de lavratura de escrituras públicas de desapropriação pelos Cartórios de Notas.

A análise jurídica promovida por essa Unidade Jurídica, mediante a Nota Técnica de fls. 33 *usque* 34, conclui por ser desnecessária a pretendida declaração, sob duplo fundamento, a saber:

a) Serem tabelados os emolumentos cartorários; e

b) Existirem Cartórios que admitem a isenção prevista no Decreto-Lei nº 1.577/77, em favor do DNIT.

Assim, poderia o DNIT promover a contratação dos serviços notariais *diretamente*, celebrando a escritura pública de desapropriação em qualquer Cartório de Notas, com preferência para aqueles onde a isenção for praticada.

Estou de acordo com a conclusão, porém por circunstância diversa.

A rigor, os fundamentos elencados na Nota Técnica, especialmente quanto ao tabelamento dos emolumentos, justificariam exatamente a inexigibilidade de licitação pela ausência de competição (*caput* do art. 25, da Lei nº 8.666/93).

No entanto, considerando que existem cartórios que praticam a isenção, penso que a matéria se acomoda com melhor conforto à dispensa de licitação prevista no inciso II, do art. 24, da Lei nº 8.666/93, visto que, de acordo com a Tabela de Emolumentos/2010 anexa, o valor máximo para a lavratura da escritura (R$3.704,47), não ultrapassa o limite previsto na alínea "a", do inciso II, do art. 23, da Lei nº 8.666/93 (R$4.000,00).

Igualmente ocorre quanto ao registro, porém com o diferencial de que a escritura não poderá ser registrada em qualquer serventia, mas somente naquela com circunscrição sobre o imóvel expropriado, caso em que prevalece a inexigibilidade, por ausência de competição.

Assim, para a lavratura da escritura pode ser adotada a dispensa, enquanto que para o registro da mesma declara-se a inexigibilidade. De qualquer modo, não há que se cogitar de licitação, visto que a contratação direta dos serviços notariais e de registro das escrituras de desapropriação está autorizada pela lei.

2 Quanto ser desnecessária a escritura pública

Sobre este aspecto, a Nota Técnica referida, com arrimo nos arts. 167, inciso I, n. 34; 169 e 172, todos da Lei de Registros Públicos, conclui que não há necessidade de a desapropriação amigável ser promovida por escritura pública, bastando que seja apresentado para registro o *"Termo de Acordo de Desapropriação Amigável"*.

Ocorre que os dispositivos legais mencionados não tratam deste assunto. Cuidam, apenas, de impor a obrigação do registro da desapropriação amigável em virtude de títulos ou atos para os efeitos jurídicos que atribui. Não dispõem, outrossim, sobre a forma de tais títulos ou atos, se por documento público ou particular.

Desse modo, à falta de norma especial, prevalece a regra geral contida no art. 108, do Código Civil Brasileiro, que estabelece:

> *"Art. 108. Não dispondo a lei em contrário, a escritura pública é essencial à validade dos negócios jurídicos que visem à constituição, transferência, modificação ou renúncia de direitos reais sobre imóveis de valor superior a trinta vezes o maior salário mínimo vigente no País."*

Consequentemente, nas desapropriações amigáveis de valor superior a R$15.300 (quinze mil e trezentos reais) — R$ 510,00 x 30 — é obrigatória a celebração da desapropriação amigável por escritura pública.

Quando as desapropriações envolverem valores inferiores a trinta salários mínimos, a lei admite que possa ser feita por instrumento particular, porém considero razoável e oportuno que, mesmo nestes casos, seja utilizada a escritura pública.

Primeiro porque, historicamente, todas as desapropriações amigáveis realizadas pelo extinto DNER ou pelo DNIT sempre foram celebradas por escritura pública, conforme modelos tradicionalmente utilizados. Por outro lado, a fé pública de que são dotadas as escrituras públicas lavradas em notas de tabelião constitui prova plena (art. 215, do CCB), o que assegura à Autarquia maiores garantias jurídicas do que o aludido *"Termo de Acordo"*. Penso, portanto, que não se pode privilegiar o princípio da economicidade, quando em jogo a aplicação do princípio da segurança jurídica.

Desse modo, concluo e determino o seguinte:

a) O serviço público para a lavratura de escritura pública de desapropriação amigável deve ser contratado diretamente, mediante dispensa de licitação (inciso II, do art. 24, c/c alínea "a", do inciso II, do art. 23, ambos da Lei nº 8.666/93);

b) O serviço público de registro da escritura pública de desapropriação amigável deve ser contratado diretamente, mediante declaração de inexigibilidade de licitação (*caput* do art. 25, da Lei nº 8.666/93);

c) Independente do valor da indenização, as desapropriações amigáveis deverão ser lavradas por escritura pública (art. 108 c/c art. 215, do Código Civil Brasileiro).

Brasília, 28 de janeiro de 2010.

DESPACHO/PFE/DNIT Nº 00637/2010

Declaração de Utilidade Pública – Elementos.

Versa este processo sobre retificação da Portaria Declaratória de Utilidade Pública para efeito de desapropriação e afetação a fins rodoviários nº 1.270, de 22.01.2009, em virtude da alteração da titularidade do imóvel atingido e no mesmo ato descrito.

Embora o Parecer conclua pela possibilidade da alteração, entendo que deve prevalecer outra orientação.

Com efeito, a desapropriação é composta dos seguintes elementos: a) o que desapropriar; b) de quem desapropriar; e c) por quanto desapropriar. Dentre estes elementos, apenas o primeiro é imutável. Os demais irão variar no tempo e só serão definitivamente conhecidos por ocasião da conclusão do procedimento, amigável ou judicial.

Assim, do mesmo modo que não se deve fazer constar nos atos declaratórios de utilidade pública o valor da indenização, que sequer é conhecida, mas apenas estimada, também a portaria de declaração de utilidade pública não deve mencionar os nomes dos proprietários do imóvel atingido, visto que a declaração de utilidade pública não impede ou retira do proprietário o direito de livremente alienar o imóvel.

Para a correta compreensão do assunto, transcrevo abaixo a lição do renomado jurista Miguel Seabra Fagundes:

"46 – Da declaração decorrem os seguintes efeitos especiais:

A) autorização implícita para que a autoridade administrativa penetre nos imóveis compreendidos na declaração:

B) início do prazo de caducidade da própria declaração;

C) fixação do estado físico da coisa, sobre a qual será calculado o seu valor e arbitrada a indenização;

D) desobrigação do expropriante do pagamento das benfeitorias voluptuárias, que ainda realize o proprietário;

E) desobrigação, para o expropriante, das benfeitorias úteis, que o proprietário ainda venha a realizar, salvo se autorizadas por ele próprio;

F) impossibilidade de deslocação da coisa exproprianda para circunscrição territorial diferente daquela em que se deve efetuar o expropriamento.

Afora essas restrições o proprietário pode dispor da coisa como quiser, inclusive alienando-a. Neste caso, porém, deve cientificar a autoridade expropriante, pois a ação há de mover-se contra o seu sucessor." (Da desapropriação no direito brasileiro, p. 67 usque 68)

Assim, em virtude de a declaração de utilidade pública não retirar dos proprietários o direito de alienar o imóvel atingido, a menção do nome do proprietário no ato declaratório é não apenas desnecessária como também inadequada, visto que implica, como proposto neste processo, a sucessiva retificação do ato original e subsequentes, toda vez que o bem for alienado antes de ultimada a desapropriação, o que depõe contra o princípio da razoabilidade e da eficiência administrativa.

Desse modo, oriento no sentido de que a Portaria nº 1.270, de 19.10.2009, pode ser retificada, porém para efeito de excluir do seu texto qualquer menção aos seus proprietários.

Brasília, 02 de setembro de 2010.

DESPACHO/PFE/DNIT Nº 00481/2011

Bem Público Municipal –
Desapropriação.

Em atenção ao solicitado a fls. 105, informo que a análise jurídica quanto à natureza jurídica do imóvel que se pretende desapropriar carece da real definição sobre o seu efetivo proprietário. Assim, deverá ser providenciada junto ao Cartório do Registro Imobiliário competente a certidão de registro da matrícula do referido imóvel, a fim de ser constatada a sua verdadeira natureza jurídica, se público ou privado.

Outrossim, acuso o recebimento do Coordenador-Geral de Administração Central/DAF/DNIT, de cópia anexa do *Diário Oficial do Município de Boa Vista*, de 07.04.2011, no qual consta o Decreto Municipal nº 37, de 06.04.2011, mediante o qual foi determinada a ocupação do imóvel em questão pela Secretaria Municipal de Segurança Urbana e Trânsito – SMTS (art. 4º).

Ao que parece, portanto, o referido imóvel seria de propriedade do Município de Boa Vista e estaria alugado ou cedido à empresa VIA, contratada do Município para a execução das obras de construção do Contorno Oeste de Boa Vista, bem assim a Duplicação e Restauração da BR-174/RR, com fundamento no Convênio nº TT-358/2005-00 celebrado entre o DNIT e a Prefeitura Municipal de Boa Vista/RR (fls. 30/36).

Se confirmada essa titularidade pública, o procedimento de desapropriação dependeria de prévia autorização do Congresso Nacional, consoante exigido pelo §2º do art. 2º do Decreto-Lei nº 3.365/41. Tal autorização, entretanto, não impede que o DNIT, mediante portaria do Diretor-Geral, declare *desde logo* a utilidade pública do referido imóvel para o fim de ser desapropriado e afetado à faixa de domínio da Rodovia BR-174/RR.

Aliás, tendo em vista a iminente ocupação do imóvel pela SMTS, com a consequente desmobilização do canteiro da empresa VIA, o que poderá gerar a interrupção da obra pública federal, creio ser aconselhável a edição *imediata* da portaria declaratória de utilidade pública do imóvel que, uma vez publicada, deverá ser *incontinenti* comunicada ao Prefeito Municipal de Boa Vista/RR, visando sustar a ocupação do imóvel pela respectiva Secretaria Municipal.

Em seguida, instruído o processo com a certidão do Registro Imobiliário, deverá o processo retornar a esta Procuradoria para orientação quanto às medidas subsequentes.

Brasília, 12 de abril de 2011.

DESPACHO/PFE/DNIT Nº 01548/2011

Terra Devoluta – Faixa de Fronteira.

Respondendo, objetivamente, à questão formulada a fls. 03, informo que domínio ou a propriedade sobre bens imóveis na faixa de fronteira se resolve, primeiro, com a consulta ao Cartório do Registro de Imóveis competente, a fim de verificar na matrícula do imóvel quem consta como seu proprietário.

Não existe processo de desapropriação de posseiro ou de posse. O que se desapropria é a *propriedade, que é extinta* (art. 1.275, inciso V, do Código Civil Brasileiro), ficando sub-rogados no preço quaisquer ônus ou direitos que recaiam sobre o bem expropriado (art. 31, do Decreto-Lei nº 3.365/41).

Depois, se não constar no RI a matrícula do imóvel em questão — *caso em que deverá ser extraída uma certidão negativa* — deverá, então, ser verificado se o imóvel constitui *"terra devoluta indispensável à defesa das fronteiras"* (inciso II, do art. 20, da Constituição Federal), pertencente à União.

Nesse caso, haveria necessidade de consulta ao Serviço do Patrimônio da União (SPU/MPOG), inclusive para efeito de o DNIT ser imitido na posse do mesmo, sem qualquer pagamento de indenização, visto ser o DNIT um serviço público da própria União personalizado em forma de autarquia federal.

Brasília, 11 de julho de 2011.

DESPACHO/PFE/DNIT Nº 02052/2011

Imissão na Posse. Alegação de Urgência.

De acordo com a Ata de Reunião de fls. 211/212v., as desapropriações objeto destes processos são necessárias para as obras do Contorno Oeste de Cascavel/PR e que em virtude de procedimentos administrativos ainda pendentes, inclusive no âmbito do INCRA — envolvendo a ratificação da titularidade dos imóveis atingidos — ficou acordado que todas as desapropriações deveriam ser homologadas judicialmente.

Encaminhados os processos ao órgão jurídico responsável pela representação judicial do DNIT, o mesmo os fez retornar sob o fundamento de que a fase administrativa não foi exaurida pelo que não haveria *"motivação jurídica para ajuizamento da ação"*.

Ocorre que, conforme consignado na Ata de fls. 211, as desapropriações visam realizar...

> *"uma obra federal do Programa de Aceleração do Crescimento PAC, e que a implantação do Contorno Oeste de Cascavel (rodovia BR-163) tem uma grande importância na redução do tráfego e conseqüente redução do número de acidentes que ocorrem na rodovia BR-277/PR, que é a rota utilizada hoje e inserida no contexto urbano da cidade, combinando o tráfego local com o tráfego de passagem, e que está saturado nos horários de pico. Assim sendo o contorno oeste de Cascavel irá reduzir em cerca de 20 km. o percurso entre as rodovias BR-467 e BR-277, trará melhoria nas condições operacionais do chamado Trevo das Cataratas, que hoje concentra os acessos às rodovias BR-467/BR-163, BR-369, BR-277 e ao centro da cidade de Cascavel."*

Decorre do relato acima reproduzido que a obra em questão é absolutamente prioritária, não só pelo fato de estar incluída no PAC, como também para desafogar o tráfego urbano de Cascavel e, principalmente, minimizar os acidentes que vêm ocorrendo na BR-277/PR. Assim, as providências administrativas ainda pendentes de formalização junto ao INCRA não podem se sobrepor ao legítimo interesse público quanto à imediata liberação dos imóveis atingidos para as obras.

Desse modo, Senhor Superintendente Regional, a fim de viabilizar o ingresso imediato das ações em juízo, com a consequente imissão na posse do DNIT, solicito a Vossa Senhoria proceder consoante o disposto no art. 15, do Decreto-Lei nº 3.365/41, alegando *urgência* e disponibilizando os valores necessários para o depósito judicial da quantia arbitrada nos laudos administrativos.

Após, deverão os autos ser remetidos à representação judicial do DNIT em Cascavel para o imediato ajuizamento das ações de desapropriação, fazendo constar da petição inicial a *urgência* alegada e o pedido de imissão provisória na posse dos imóveis atingidos, bem assim a intimação do INCRA para manifestação quanto às ratificações a seu cargo.

Brasília, 25 de outubro de 2011.

DESPACHO/PFE/DNIT Nº 02108/2011

Jazidas Minerais. Declaração de Utilidade Pública.

Versa este processo sobre consulta oriunda dessa Diretoria sobre a possibilidade legal de o DNIT declarar de utilidade pública para fins rodoviários áreas de jazidas visando emprego do material em suas obras.

A matéria se encontra controvertida, visto que o Tribunal de Contas da União, tem decidido e solicitado a oitiva do DNIT sobre o seguinte:

> *"Previsão constante de item "indenização de jazidas" nos serviços de exploração de bens minerais (areia, brita, jazidas de solo), contrariando o art. 20, inciso IX, da Constituição Federal, os arts. 3º, §1º, e 42, do Decreto-Lei 227/1967 e os arts. 4º e 7º da Portaria DNPM n. 441/2009, resultando num indício de inclusão de item indevido no orçamento no valor de..."* (Acórdão nº 282/2011 – TCU – Plenário. DOU, 09 nov. 2011)

De fato, a Constituição Federal estabelece que os recursos minerais, inclusive os do subsolo, são bens da União, ainda que integrantes de imóvel particular.

Assim, não haveria que se falar em desapropriação de jazidas ou indenização ao particular pela utilização dos materiais delas extraídos necessários a obra pública.

Por outro lado, consoante indicado na decisão do TCU, não estão sujeitos aos preceitos do Código de Minas (Decreto-Lei nº 227/1969) *"os trabalhos de movimentação de terras e de desmonte de materiais in natura, que se fizerem necessários à abertura de vias de transporte, obras gerais de terraplenagem e de edificações, desde que não haja comercialização das terras e dos materiais resultantes dos referidos trabalhos e ficando o seu aproveitamento restrito à utilização na própria obra"* (§1º do art. 3º).

Acresce, ainda, que o assunto está sendo discutido no âmbito do Ministério Público Federal, que teria sugerido a edição pelo DNIT de uma Instrução de Serviço disciplinando a utilização dessas jazidas, consoante a minuta anexa disponibilizada a esta Chefia por essa própria

Diretoria, na qual se alude a um Acordo de Cooperação Técnica que seria ou teria sido celebrado entre o DNIT e o DNPM.

Segundo a referida minuta, seria instituída, por ato declaratório de utilidade pública do DNIT, uma servidão administrativa sobre a área do imóvel particular necessária ao acesso, extração e movimentação do material minerário que será utilizado na execução da obra pública contratada, prevendo, ainda, o direito do proprietário do imóvel onde se encontra a jazida a perceber renda e indenização pelo uso dessa área, entre outras disposições.

Desse modo, considerando todos esses aspectos que envolvem o problema, entendo que não é possível a pretendida desapropriação, devendo essa Diretoria se pronunciar quanto à edição da Instrução de Serviço referida, bem assim sobre o Acordo de Cooperação Técnica aludido, instruindo os autos com a manifestação definitiva do Ministério Público Federal sobre o assunto.

Brasília, 09 de novembro de 2011.

SEÇÃO 5

ORIENTAÇÕES SOBRE CONVÊNIOS E TERMOS

OFÍCIO PFE/DNIT Nº 00037/2008

Aditivo de Convênio Publicado
após o Prazo de Vigência.

Invoco o disposto nos incisos III e IV, do art. 1º, do Regimento Interno desta Consultoria Jurídica, para o fim de solicitar análise e orientação sobre o entendimento jurídico a ser adotado na espécie.

Com efeito, versa o processo sobre o Convênio nº 265/2005-DAQ/DNIT, celebrado entre o Departamento Nacional de Infraestrutura de Transportes (DNIT) e a Secretaria de Estado de Infraestrutura do Governo do Amazonas, com a interveniência do Governo do Estado do Amazonas, tendo por objeto o Apoio Técnico e Financeiro para a execução das obras de construção do Terminal Hidroviário de Manicoré, no Estado do Amazonas.

Referido Convênio foi celebrado em 30.05.2005 com vencimento inicial previsto para 30.09.2006, envolvendo recursos da ordem de R$ 8,4 milhões de reais, sendo 11% (onze por cento) a título de contrapartida do Convenente e o restante de responsabilidade do DNIT.

Desde sua vigência a avença inicial sofreu três alterações, visando prorrogar o prazo inicial e correção de valor.

Ocorre que, submetido à análise desta Procuradoria Federal Especializada o 4º Termo Aditivo, buscando-se nova prorrogação por mais 270 (duzentos e setenta) dias consecutivos, adveio o Parecer/ACL/ PFE/DNIT nº 01201/2008, no qual se concluiu que o prazo de vigência do referido Convênio já se encontra vencido desde 30.09.2006, pelo que inviável a sua prorrogação.

Segundo se extrai do fundamentado arrazoado, o vencimento se deu em virtude de o 1º Termo Aditivo só ter sido regularmente publicado no *Diário Oficial da União* em 05 de dezembro de 2006, embora tivesse sido assinado ainda na vigência do prazo inicial, ou seja, 11.09.2006.

Aduz, ainda, o ilustre Procurador Federal que haveria também impedimento à lavratura do 2º Termo Aditivo, visto que tratou de prorrogação de ofício, não amparada pela disciplina legal da matéria. Quanto a este 2º Termo Aditivo, penso que a matéria se encontra superada em virtude da análise promovida, à época, pelo Parecer/JELF/PGE/ DNIT nº 00477/2007, às fls. 358 *usque* 361, que admitiu a legalidade da prorrogação.

De fato, não pode, em virtude de sucessivas análises jurídicas, produzidas por diferentes Procuradores, esta Procuradoria Federal Especializada gerar para a Administração instabilidade e insegurança jurídica nas relações constituídas, aprovando para, posteriormente, desaprovar o que já foi feito. Penso que a possibilidade de a Administração rever seus próprios atos encontra limites não só temporais, mas também materiais, principalmente quando os tenha praticado respaldada em prévia manifestação jurídica, como na hipótese.

Assim, a solicitação ora feita prende-se, apenas, quanto à correta interpretação jurídica que deve prevalecer sobre a questão suscitada pela publicação do 1º Termo Aditivo, após transcorrido o prazo de vigência inicial do Convênio.

Nesse sentido, sempre defendi a tese de que as publicações exigidas por lei dos atos da Administração, em especial nos contratos e convênios por ela celebrados, destinam-se a produzir eficácia não propriamente para o ato em si, mas principalmente em face de terceiros, ao povo em geral, dando a conhecer os atos decorrentes de suas atividades na condução da coisa pública.

Assim, uma vez firmado o aditivo, esse ato deve possuir algum valor, alguma *eficácia jurídica*, posto que não faz sentido levar a conhecimento público, mediante a sua publicação, algo destituído de qualquer significância anterior. Seria o mesmo que privilegiar o ato *acessório* — publicação no *DOU* — em detrimento da existência e da validade do *principal* — que é o instrumento devidamente assinado, por quem de direito, dentro do prazo de vigência —, o que não pode encontrar eco nos princípios da razoabilidade e da proporcionalidade invocados no Parecer/ACL/PFE/DNIT nº 01201/2008.

Daí por que entendo que, tanto na hipótese dos autos, assim como em todo contrato ou convênio no qual a publicação do respectivo aditivo de prorrogação tenha ocorrido após decorrido o prazo a ser prorrogado, deve prevalecer o entendimento de que o termo é válido, desde que tenha sido firmado na vigência do prazo que se quer prorrogar.

Penso que essa orientação não afasta o dever da Administração de procurar promover, sempre, a publicação do extrato no prazo de vigência que está sendo alterado, de modo que o conhecimento público seja contemporâneo à alteração procedida. Nesse sentido, nesta data, estou solicitando ao Senhor Diretor-Geral do DNIT que oriente as Diretorias Setoriais e Superintendências Regionais que as prorrogações de prazo dos contratos e convênios em geral sejam submetidas à análise da Procuradoria com antecedência, mínima, de 30 (trinta) dias do vencimento do prazo que se pretende prorrogar, de modo a permitir que, tanto a lavratura do aditivo como a publicação do seu extrato, ocorram ainda no prazo a ser prorrogado.

Todavia, o que não se pode é, diante da falta desse dever, chegar a conclusões que comprometam o próprio interesse público pela continuidade da avença celebrada, até porque recentes decisões oriundas do Tribunal de Contas da União (TCU) têm admitido a vigência da contratação mesmo quando a publicação ocorra após expirado o prazo prorrogado (Acórdão nº 790/2006, 1ª Câmara, Sessão de 04.04.2006 e Acórdão nº 1.159/2008, Plenário, Sessão de 18.06.2008) ou até mesmo quando a própria celebração do termo aditivo se deu após aquela data (Acórdão nº 100/2008, Plenário, Sessão de 30.01.2008), neste último caso consignando que a ocorrência *"pode ser saneada por determinação ao Órgão para que só prorrogue prazo de contratos dentro do respectivo prazo de vigência"*.

Como se vê, a regra comporta exceções e por isso submeto o assunto ao criterioso e judicioso exame desta Ilustrada Consultoria Jurídica, a fim de que, munida dos poderes de coordenação dos órgãos jurídicos das entidades vinculadas e de fixação da interpretação da lei a ser uniformemente seguida, fixe a orientação jurídica que deverá ser adotada.

Outrossim, considerando que o atual prazo de vigência do Convênio tem vencimento previsto para o dia 26.09.2008, solicito que a manifestação ora pretendida seja promovida em caráter de *urgência*, de modo que possa, se for o caso, viabilizar em tempo a lavratura e publicação do 4º Aditivo de Prorrogação de Prazo.

Brasília, 25 de agosto de 2008.

DESPACHO/PFE/DNIT Nº 00373/2009

Aumento de Valor. Limites.
Lei nº 8.666/93.

Aprovo o parecer *retro* ressalvando, entretanto, que em relação à observação contida no item 6 acerca do limite para aditivos a Consultoria Jurídica do Ministério dos Transportes já se manifestou, através do Despacho nº 066-2009/MT/CONJUR/CGTA, exarado no Processo nº 50000.004030/2005-17, no sentido de que não se aplica a limitação prevista no art. 65 da Lei nº 8.666/93 aos convênios:

"28. O art. 116 da Lei de Licitações e Contratos Administrativos dispõe que tal norma poderá ser aplicada aos convênios quando houver compatibilidade. Ora, os convênios são firmados para atender interesses comuns do convenente e do concedente, interesses esses que durante a execução do plano de trabalho poderão demandar ajustes, de forma que o objeto previsto seja cumprido da maneira mais eficiente possível. Assim como ocorre nos contratos administrativos, muitas vezes situações imponderáveis ou não previsíveis se apresentam nos convênios, que, se não forem ajustados, poderão comprometer a própria execução do objeto. Para tanto, muitas vezes se faz necessário a realização de acréscimos ou supressões ao inicialmente firmado.

29. O art. 65 da Lei nº 8.666/93 trata dos limites a serem observados nas alterações qualitativas e quantitativas promovidas nos contratos administrativos. Esse dispositivo possui estrita relação com o dever constitucional de licitar (art. 37, inc. XXI, da CF). Isso porque, se não existissem limites a serem observados, a Administração poderia licitar uma determinada quantidade ou qualidade de objeto e, após a contratação, implementar modificações que resultassem na completa desnaturação do que foi licitado, o que caracterizaria burla ao dever de licitar e, por conseguinte, manifesta afronta ao princípio da isonomia.

30. O convênio, diferentemente do contrato administrativo, prescinde de procedimento licitatório. Conforme frisado, trata-se de ajuste marcado pela união de esforços destinados a consecução de um objetivo comum, não havendo vantagem, lucro a ser obtido por que vier a pactuá-lo com a Administração. Desta forma, não haverá necessidade de instaurar competição com vistas a assegurar a isonomia, já que inexiste vantagem a ser disputada.

31. Dessa maneira, observa-se que o fundamento que justifica a necessidade de limites mais rígidos às alterações dos contratos administrativos não está presente nos convênios. Logo, é possível afirmar que o percentual máximo permitido para fins de acréscimo nos contratos administrativos, de 25% ou 50% do valor inicialmente atualizado (o art. 65, §1º, da Lei nº 8.666/93), não é aplicável aos convênios, já que incompatível com sua realidade.

32. Não obstante, como a celebração do convênio pressupõe uma finalidade a ser atingida e um objeto predeterminado, contemplados no plano de trabalho devidamente aprovado (art. 116, §1º, da Lei nº 8.666/93), não poderão ser promovidas alterações que modifiquem a essência do ajuste, sob pena de desvio de finalidade.

33. Desta forma, **entende esta CONJUR/MT que o limite de acréscimo de 25% ou 50% do valor atualizado do ajuste não se aplica aos convênios."**

Feitas estas considerações, e desde que observadas as demais recomendações contidas no parecer *retro*, poderá ser o aditivo aprovado.

Brasília, 29 de maio de 2009.

PARECER/FMRD/PFE/DNIT Nº 01776/2009

Conversão de Convênio em
Termo de Compromisso.

Em face do Parecer/DCPT/PFE/DNIT nº 01752/2009, remeto o feito a essa Diretoria com as considerações que se seguem, a respeito da conversão do Convênio nº 265/2005 em Termo de Compromisso, para a adequação do ajuste às exigências da Lei nº 11.578/2007. Entendo que não há que se falar em necessidade de denúncia ou prestação de contas extraordinária ou antecipada do convênio, que ora deverá ser convertido em Termo de Compromisso.

Devido às lacunas legais existentes na Lei nº 11.578/2009 em relação aos Convênios firmados sob a égide da IN/STN nº 01/97 e da Portaria Interministerial nº 127/2008, surgiram divergências na interpretação do procedimento a ser seguido para formalizar os Termos de Compromisso, nova nomenclatura dada aos anteriores Convênios que tinham como objeto a execução de obras e serviços incluídos no Programa de Aceleração do Crescimento (PAC).

Com efeito, embora a Lei nº 11.578/2007 não tenha disposto expressamente acerca dos ajustes firmados anteriormente à sua edição, não há dúvidas de que as transferências de recursos subsistem, só que agora são tratadas como obrigatórias e não mais como voluntárias, devendo, portanto, haver a adequação do instrumento anterior à nova Lei.

Observe-se que a Lei não trouxe inovações que dificultam o repasse de recursos, muito pelo contrário. O objetivo do legislador foi facilitar as transferências para as obras prioritárias do Governo.

Há que se considerar ainda que a denúncia de um Convênio é ato extremamente complexo, que não depende tão somente da discricionariedade do administrador, envolvendo uma série de procedimentos, especialmente orçamentários. Desta forma, o entendimento de que seria necessária a denúncia dos Convênios preexistentes, caso fosse levado a efeito, esvaziaria por completo a intenção da Lei nº 11.578/2007, que foi facilitar as transferências de recursos da União para a execução das obras e serviços do PAC.

Cumpre também ressaltar que já ficou acordado entre as diretorias desta Casa e a Procuradoria qual procedimento deverá ser adotado para as transferências voluntárias e obrigatórias dentro do DNIT, conforme a ata apresentada às fls. 751/752.

Assim, entendo que cabe, na espécie, a assinatura de um Termo Aditivo de Rerratificação do ajuste que gerou o Convênio, em que conste cláusula acerca da mudança da nomenclatura do ajuste, além de todos os demais requisitos do Termo de Compromisso, devendo a Administração adotar a minuta que segue em anexo.

Quanto à instrução processual, recomendo que sejam atendidas as disposições apontadas nos itens 34, 36 e 38 do Parecer retro, ou justificada a impossibilidade de seu atendimento.

Desta forma, desde que atendidas as recomendações acima, não há óbices para que seja aprovado e firmado o Termo Aditivo de Rerratificação do Ajuste, que deverá utilizar a minuta em anexo, com os ajustes que forem pertinentes a cada Diretoria, o que possibilitará o atendimento à Lei nº 11.578/2007, convertendo o Convênio em Termo de Compromisso.

Brasília, 10 de setembro de 2009.

PARECER/FMRD/PFE/DNIT Nº 01777/2009

Análise do Edital de Licitação
da Entidade Convenente.

Trata-se de solicitação de análise de minuta de Edital referente à contratação de empresa especializada para elaboração de Projeto Executivo de Engenharia para a Construção de Polo Intermodal Regional de Serrana/SP, a ser realizada pela Prefeitura Municipal de Serrana, com a cobertura do Convênio DIF-TT nº 182/2008, firmado entre o DNIT e a Prefeitura Municipal de Serrana/SP.

Inicialmente, cumpre observar que não se encontra juntado ao presente o processo relativo ao Convênio firmado, o que impossibilita a análise da legalidade dos instrumentos a ele vinculados. Em razão disso, a presente manifestação versará tão somente acerca da minuta do Edital, sendo de exclusiva responsabilidade da Administração todos os demais aspectos relativos ao procedimento do convênio.

Como já esclarecido, a manifestação dessa Procuradoria nos casos de contratações oriundas de convênios restringe-se à analise da legalidade dos instrumentos a ele vinculados, como a própria minuta de convênio e seus termos aditivos.

Quanto aos procedimentos licitatórios decorrentes dos convênios, sua legalidade deverá ser verificada e atestada pela assessoria jurídica do próprio convenente, em atenção ao que estabelece a Instrução de Serviço/DG nº 02 de 26.02.2009, cabendo ao DNIT apenas a manifestação acerca do atendimento à determinação de utilização do Edital Padrão.

Verificamos que, às fls. 122, encontra-se juntada a manifestação da Assessoria dos Negócios Jurídicos e Secretaria-Geral da Prefeitura Municipal de Serrana, aprovando a minuta editalícia. Observamos ainda que, consoante declarado pela Administração a fls. 350, a minuta do edital observa, quanto à estrutura e redação, a Minuta Padrão do DNIT, em atendimento ao art. 14, inciso II, da Instrução Normativa nº 01/2007 do Ministério dos Transportes.

Assim sendo, em face da declaração referida, a qual goza da presunção de veracidade, e considerando a análise feita pela Assessoria dos Negócios Jurídicos e Secretaria-Geral da Prefeitura Municipal de Serrana, entendemos que não há óbice à aprovação da minuta apresentada.

Ressaltamos que esta manifestação restringe-se à análise da minuta apresentada, sem que tenha sido verificado nenhum dos procedimentos relativos ao Convênio, que são de responsabilidade da Administração.

Brasília, 10 de setembro de 2009.

DESPACHO/PFE/DNIT Nº 0124/2009

Tipos de Convênio.

O Convênio de que trata este processo não é aquele previsto na Lei nº 9.277, de 10.05.1996, como, equivocadamente, entendeu o Parecer retro.

Com efeito, atualmente se encontram disponíveis para uso da Administração três espécies de convênios, a saber:

a) O previsto na Lei nº 9.277/96, cujo objeto consiste na delegação da rodovia federal para administração e exploração da mesma. Nesse caso, o Estado ou o Município Delegatário assume a obrigação de implantar um sistema de pedágio no trecho delegado, diretamente ou mediante concessão à iniciativa privada. O instrumento é firmado entre a União (Ministério dos Transportes) e o Estado ou Município Delegatário. São exemplos desse tipo de avença os convênios celebrados em 1996 com os Estados do Paraná e do Rio Grande do Sul;

b) Aquele previsto na Instrução Normativa nº 127, de 29.05.2008, do Ministério do Planejamento, Orçamento e Gestão, que trata da execução de programas, projetos e atividades de interesse recíproco que envolvam a transferência de recursos financeiros federais. Nesse caso o instrumento é firmado pelo próprio DNIT. São os mais comuns no DNIT e existem vários em execução, tanto no âmbito rodoviário, como no ferroviário e no aquaviário; e

c) Há, ainda, o convênio previsto no art. 82, incisos IV, V e VIII, da Lei nº 10.233, de 05.06.2001, mediante o qual o DNIT delega ao Estado ou Município os poderes que possui quanto à administração e gerenciamento da rodovia federal, sem qualquer ônus financeiro. Nesse caso, também é o DNIT que firma o instrumento, tendo como exemplo o caso da Avenida Brasil no Rio de Janeiro (BR-101/RJ), que durante muitos anos foi administrada ora pelo Estado, ora pelo Município do Rio de Janeiro.

Advogo, inclusive, que essa espécie de convênio deve ser utilizada toda vez que o trecho federal se tornar de natureza eminentemente urbana, perdendo as características de uma rodovia federal, como etapa anterior à futura transferência do segmento para o âmbito estadual ou municipal, no PNV.

O caso destes autos se enquadra nesta última hipótese e assim foi redigida a minuta de convênio (fls. 51/55), sobre a qual devo, apenas, recomendar seja substituída a expressão *"da concessão"* por *"do convênio"*, constante do inciso IV, da Cláusula Quarta.

No mais, a minuta atende as prescrições legais, podendo o instrumento ser submetido à aprovação da Diretoria Colegiada.

Brasília, 17 de novembro de 2009.

DESPACHO/PFE/DNIT Nº 01375/2009

Prorrogação de Prazo de Convênio.

Não obstante as judiciosas considerações constantes do Parecer retro, é sabido que a disciplina jurídica dos convênios não se submete, integralmente, ao regramento legal previsto para os contratos celebrados pela Administração. Especialmente quanto à alteração da avença original, que compreende, inclusive, a prorrogação de prazos, o tratamento dispensado aos convênios possui regramento próprio, individualizado no art. 15, da Instrução Normativa STN nº 01, de 15.01.1997, segundo o qual são admitidas as alterações *"mediante proposta do convenente, devidamente justificada, a ser apresentada em prazo mínimo, antes do término de sua vigência"*.

A nova regulamentação sobre o assunto não divergiu da anterior, consoante se vê do disposto no Capítulo V, da Portaria Interministerial nº 127, de 29.05.2008, editada pelo Ministério do Planejamento, Orçamento e Gestão, da Fazenda e do Controle e da Transparência.

Assim, não há que ser invocado, na espécie, o disposto no §1º do art. 57, da Lei nº 8.666/93. A uma porque a regulamentação própria de convênios não faz as exigências deste dispositivo; depois porque essa norma legal não envolve propriamente a prorrogação do prazo de vigência de um contrato ou convênio, mas sim das *etapas de prazos* contidas nos referidos instrumentos, o que não é ocaso dos autos. A esse respeito, leciona Marçal Justen Filho:

> *"O artigo dispõe sobre matérias diversas e distintas. A questão da duração dos contratos não se confunde com a prorrogação dos prazos neles previstos para execução das prestações. O prazo de vigência dos contratos é questão atinente à elaboração do ato convocatório; a prorrogação do prazo para execução das prestações é tema relativo à execução do contrato. Portanto, lógica e cronologicamente as questões são inconfundíveis. Tecnicamente, os §§1º e 2º ficariam melhor se inseridos no capítulo destinado a regular a execução dos contratos administrativos."* (Comentários à Lei de Licitações e Contratos Administrativos, p. 482 Informar a edição)

Portanto, jungida a alteração do convênio ao regramento estabelecido na Instrução Normativa, entendo que as justificativas apresentadas pela Administração para a prorrogação, bem assim a documentação colacionada, devem merecer a necessária atenção e credibilidade, não apenas pela presunção de veracidade que milita em seu favor, mas, sobretudo, porque a relevância do empreendimento conveniado exige prudência e equilíbrio na aferição do atendimento ao interesse público quanto à manutenção da avença administrativa.

Por outro bordo, não antevejo como atribuição desta Procuradoria emitir juízo de valor sobre a suficiência ou insuficiência da motivação apresentada pela Administração para a prorrogação. Essa questão envolve o mérito do ato administrativo, sobre o qual são cerradas as portas até mesmo para o Poder Judiciário. Ademais, ao proceder daquele modo, estaria a Procuradoria se solidarizando com as razões apresentadas pela Administração, já que, forçosamente, teria que se manifestar sobre a procedência ou não dos motivos invocados, o que não é possível face o disposto no art. 12, do Anexo à Portaria PFE/DNIT nº 00015, de 23 de outubro de 2009, que expressamente estabelece:

"Art. 12 As manifestações da Procuradoria Federal Especializada decorrentes do disposto no parágrafo único do art. 38, da Lei nº 8.666, de 21 de junho de 1993, aprovando ou não minutas de editais, contratos, convênios, termos aditivos ou instrumentos congêneres, bem assim sobre dispensa ou inexigibilidade de licitação, não vinculam nem estabelecem, conforme prescreve o artigo 265 do Código Civil Brasileiro, solidariedade com a Administração, prevalecendo, em qualquer caso e para todos os efeitos legais, as aprovações e as autorizações administrativas da Diretoria Colegiada do DNIT ou de seus delegados."

O que nos cabe, ao contrário do afirmado no Parecer retro, é verificar se o motivo da prorrogação foi declarado pela Administração, já que é da essência dos atos administrativos a motivação. Sobre esse aspecto, verifico que, no documento de fls. 463 *usque* 465, essa Diretoria concordou com os motivos alegados pelo Convenente para a prorrogação.

Finalmente, não se extrai da INSTN nº 01/97 qualquer limitação temporal para a vigência de um convênio, a qual "deverá ser fixada de acordo com o prazo previsto para a consecução do objeto do convênio" (inciso III, do art. 7º). Qual se vê, a vigência de um convênio está diametralmente vinculada à conclusão do seu objeto.

Desse modo, promovido atendimento do que se pede no Parecer retro no item 42, opino favoravelmente à celebração do aditivo proposto.

Brasília, 09 de dezembro de 2009.

PARECER/FMRD/PFE/DNIT Nº 0262/2009

Aumento de Valor dos Contratos da Convenente.
Reequilíbrio Econômico-Financeiro.

Vêm os autos a esta Procuradoria para análise jurídica da minuta do *"1º Termo Aditivo de Realinhamento e Reajustamento de Preços ao Termo de Compromisso nº 265/2005"*, acostada às fls. 962/964. Em face do Parecer/DCPT/PFE/DNIT nº 02455/2009, que analisou a matéria, remeto os feitos com as considerações que se seguem.

Inicialmente, a fim de melhor auxiliar esta Diretoria na instrução de futuros procedimentos visando ao aumento de valor de convênios/termos de compromisso e contratos, entendo como oportuna a breve explicação que se segue.

I - Reequilíbrio econômico-financeiro dos contratos

O contrato administrativo, como qualquer outro, é celebrado à vista das condições econômico-financeiras existentes no momento da celebração e segundo os objetivos que cada uma das partes busca retirar da avença. São essas condições e objetivos que motivam as partes à realização do negócio, este é o seu intuito na contratação.

Essa é a bem lançada lição de Hely Lopes Meirelles (*Licitação e contrato administrativo*, p. 166):

> *"O contrato administrativo, por parte da Administração, destina-se ao atendimento das necessidades públicas, mas, por parte do contratado, objetiva um lucro, através da remuneração consubstanciada nas cláusulas econômicas e financeiras."*

Todos os Contratos Administrativos são celebrados segundo esses objetivos e condições e supondo-se que estes não variarão substancialmente no futuro. Tais contratos se submetem ao princípio *rebus sic stantibus*, isto é, as obrigações contratuais devem ser interpretadas à luz das circunstâncias e fatos sob os quais foi celebrado. Daí as precisas lições de Carlos Ari Sundfeld (*Licitação e Contrato Administrativo*, p. 238) e de

Celso Antônio Bandeira de Melo (*Curso de Direito Administrativo*, p. 391), asseverando este que de acordo com a cláusula *rebus sic stantibus...*

"... as obrigações contratuais hão de ser entendidas em correlação com o estado de coisas ao tempo em que se contratou. Em conseqüência, a mudança acentuada dos pressupostos de fato em que se embasaram implica alterações que o Direito não pode desconhecer. É que as vontades se ligaram em vista de certa situação, e na expectativa de determinados efeitos totalmente diversos, surgidos à margem do comportamento dos contratantes."

Não houvesse tal princípio, não haveria contratos administrativos, pois a instabilidade lesaria uma ou outra das partes. Por reconhecer essa realidade é que a Lei nº 8.666/93 prevê que as partes podem, por consenso, alterar o contrato para restabelecer a relação que pactuaram inicialmente entre os encargos de um e a retribuição de outro para a justa remuneração da obra, serviço ou fornecimento, objetivando a manutenção do equilíbrio econômico-financeiro ou das cláusulas financeiras iniciais do contrato, na hipótese de sobrevirem fatos imprevisíveis, ou previsíveis porém de consequências incalculáveis, retardadores ou impeditivos da execução do ajustado, ou ainda, em caso de força maior, caso fortuito ou fato do príncipe, configurando álea econômica extraordinária e extracontratual.

É certo, pois, que as condições estabelecidas no momento da proposta deverão ser obedecidas até o término do contrato. Entretanto, se ocorrer alguma modificação que altere as cláusulas econômico-financeiras ou o equilíbrio econômico financeiro, a Administração deverá providenciar, através de termos aditivos a manutenção do que foi pactuado no momento da feitura do contrato, não onerando com isso o particular ou até mesmo a Administração.

A doutrina pátria delimita três situações em que pode ser necessário o restabelecimento do equilíbrio econômico financeiro do contrato, quais sejam:

a) Recomposição

A recomposição de preços deriva de *eventos extraordinários que oneram os encargos do contrato*. Entende-se por *"eventos extraordinários"* a ocorrência de fatos que eram imprevisíveis ou previsíveis, mas de consequências incalculáveis, quando da celebração do instrumento contratual. Tais fatos, para que permitam a recomposição do contrato, devem ser inevitáveis e estranhos à vontade das partes contratuais. Por fim, devem gerar um desequilíbrio econômico-financeiro muito grande no contrato, visto que variações de custos previsíveis, para mais ou para menos, fazem parte do risco da atividade empresarial e constituem a álea normal do empreendimento a ser suportada pelo contratado. Para pleitear a recomposição, a Administração deve demonstrar com clareza, no processo, a ocorrência de fato ou fatos que contenham as características acima descritas.

As alterações dessa natureza, em função da sua imprevisibilidade, não estão consignadas no contrato e alteram, portanto, o instrumento inicial. Por isso, devem ser formalizadas por meio da celebração de termo aditivo ao contrato, respaldado pela comprovação dos fatos que provocaram tais anomalias.

Devido ao seu caráter extraordinário e, por conseguinte, imprevisível, a recomposição de preços pode ser invocada a qualquer tempo, no decorrer da execução do contrato, desde que configurada a situação de desequilíbrio contratual.

b) Reajustamento

O reajustamento decorre da necessidade de alteração dos valores pactuados, em virtude da previsível perda de valor da moeda devido a variações da taxa inflacionária, ocorrida em um determinado período. Tais alterações devem ser efetivadas, portanto, por meio da utilização de índices específicos aplicáveis ao valor contratado que, se previstos no instrumento de contrato, eliminam a necessidade de celebração de termos aditivos, podendo se realizar por simples apostilamento.

Segundo o §1º, do art. 2º, combinado com o §1º, do art. 3º, da Lei nº 10.192/01, o reajustamento dos contratos em que seja parte órgão ou entidade da Administração Pública direta ou indireta da União, dos Estados, do Distrito Federal e dos Municípios somente poderá ser realizado em periodicidade igual ou superior a um ano, contado a partir da data limite para apresentação da proposta ou do orçamento a que essa se referir.

c) Repactuação

O termo repactuação de preços tem sido utilizado, principalmente, para os contratos de serviços de natureza continuada, ou seja, aqueles serviços auxiliares necessários à Administração para o desempenho de suas atribuições, cuja interrupção possa comprometer a continuidade de suas atividades e cuja contratação deva estender-se por mais de um exercício financeiro.

A repactuação destina-se a recuperar os valores contratados em virtude de alterações nos custos do contratado, proporcionadas, em maior grau, por acordos, convenções e dissídios coletivos de trabalho. Vincula-se não a um índice específico de correção, como ocorre nos casos de reajustamento, mas à variação dos custos do contrato. Toma-se como parâmetro a proposta do contratado. Exige-se, portanto, a demonstração analítica da variação dos componentes dos custos do contrato.

Tais ocorrências têm a mesma natureza dos reajustamentos, em função de sua previsibilidade, haja vista que decorrem da necessidade de alteração dos valores pactuados, em virtude, majoritariamente, de mudanças anuais promovidas nas bases salariais utilizadas para compor os preços ofertados referentes à mão de obra contratada para esses serviços.

Nesse contexto, a Instrução Normativa/MOG nº 18/97, que disciplinou a contratação de serviços contínuos, definiu que a repactuação contratual somente será permitida desde que observado o interregno mínimo de um ano, a contar da data da proposta, ou da data do orçamento a que a proposta se referir, ou da data da última repactuação, devendo ser precedida demonstração analítica do aumento dos custos.

Como o reajustamento, decorre de situações previsíveis, podendo estar consignada no instrumento contratual, caso em que é formalizada através de simples apostilamento.

Conforme se depreende do acima exposto, a doutrina não comporta a figura do *"realinhamento de preços"*. O aumento contratual comumente solicitado por esta Diretoria deverá, portanto, corresponder a um dos três institutos acima relacionados.

No caso em exame, parece-me que o aumento do valor decorre da alta nos valores de um insumo específico, elevação essa decorrente de evento extraordinário e imprevisível, sendo a recomposição de preços o instituto correto para restabelecer a relação que as partes pactuaram inicialmente entre os encargos do contratado e a retribuição da Administração, conforme dispõe o art. 65, II, alínea "d", da Lei nº 8.666/93. Contudo, deverá a Administração confirmar tal informação.

II - Aumento de valor dos convênios e termos de compromisso

No caso dos convênios, ainda que o art. 116 disponha que a Lei nº 8.666/93 deve ser subsidiariamente aplicada, isso não quer dizer que estejam os convênios sujeitos a todos os dispositivos aplicáveis aos contratos.

No caso específico das alterações conveniais, a discricionariedade do Administrador é mais ampla, pela própria natureza do ajuste, que muitas vezes contempla a transferência de recursos para execução de programas de governo que abarcam mais de uma obra ou serviço. Assim, seria temerário limitar as possibilidades de alteração àquelas previstas para os contratos, inclusive quanto ao limite de 25% previsto no parágrafo 1º do art. 65 da Lei nº 8.666/93, como defende a ilustre Procuradora no item 16 do Parecer retro.

Importante ressaltar que, diferentemente dos contratos, os convênios são firmados para atender interesses comuns do convenente e do concedente, que são detalhados em um plano de trabalho.

Durante a execução do plano de trabalho a que se vincula o instrumento, ajustes poderão se mostrar necessários, de forma que o objeto previsto seja cumprido da maneira mais eficiente possível. Ajustes, estes, que poderão acarretar aumento do valor conveniado.

A propósito de o valor dos convênios não se subordinar à limitação prevista no §1º do art. 65, da Lei nº 8.666/93, já existe manifestação da Consultoria Jurídica do Ministério dos Transportes, através do Despacho nº 066-2009/MT/CONJUR/CGTA, exarado no Processo nº 50000.004030/2005-17, *verbis:*

> *"28. O art. 116 da Lei de Licitações e Contratos Administrativos dispõe que tal norma poderá ser aplicada aos convênios quando houver compatibilidade. Ora, os convênios são firmados para atender interesses comuns do convenente e do concedente, interesses esses que durante a execução do plano de trabalho poderão demandar ajustes, de forma que o objeto previsto seja cumprido da maneira mais eficiente possível. Assim como ocorre nos contratos administrativos, muitas vezes situações imponderáveis ou não previsíveis se apresentam nos convênios, que, se não forem ajustados, poderão comprometer a própria execução do objeto. Para tanto, muitas vezes se faz necessário a realização de acréscimos ou supressões ao inicialmente firmado.*
>
> *29. O art. 65 da Lei nº 8.666/93 trata dos limites a serem observados nas alterações qualitativas e quantitativas promovidas nos contratos administrativos. Esse dispositivo possui estrita relação com o dever constitucional de licitar (art. 37, inc. XXI, da CF). Isso porque, se não existissem limites a serem observados, a Administração poderia licitar uma determinada quantidade ou qualidade de objeto e, após a contratação, implementar modificações que resultassem na completa desnaturação do que foi licitado, o que caracterizaria burla ao dever de licitar e, por conseguinte, manifesta afronta ao princípio da isonomia.*
>
> *30. O convênio, diferentemente do contrato administrativo, prescinde de procedimento licitatório. Conforme frisado, trata-se de ajuste marcado pela união de esforços destinados a consecução de um objetivo comum, não havendo vantagem, lucro a ser obtido por que vier a pactuá-lo com a Administração.*

Desta forma, não haverá necessidade de instaurar competição com vistas a assegurar a isonomia, já que inexiste vantagem a ser disputada.

31. Dessa maneira, observa-se que o fundamento que justifica a necessidade de limites mais rígidos às alterações dos contratos administrativos não está presente nos convênios. Logo, é possível afirmar que o percentual máximo permitido para fins de acréscimo nos contratos administrativos, de 25% ou 50% do valor inicialmente atualizado (o art. 65, §1º, da Lei nº 8.666/93), não é aplicável aos convênios, já que incompatível com sua realidade.

32. Não obstante, como a celebração do convênio pressupõe uma finalidade a ser atingida e um objeto predeterminado, contemplados no plano de trabalho devidamente aprovado (art. 116, §1º, da Lei nº 8.666/93), não poderão ser promovidas alterações que modifiquem a essência do ajuste, sob pena de desvio de finalidade.

*33. Desta forma, **entende esta CONJUR/MT que o limite de acréscimo de 25% ou 50% do valor atualizado do ajuste não se aplica aos convênios.***"

À Consultoria Jurídica do Ministério dos Transportes, de acordo com o disposto em seu Regimento Interno, compete exercer a *coordenação* tanto dos órgãos como das entidades, como o DNIT, vinculadas àquela Pasta, fixando a interpretação da Constituição, das leis, dos tratados e dos demais atos normativos *a ser uniformemente seguida em suas áreas de atuação e coordenação (art. 1º, incisos III e IV).*

Desse modo, tendo a CONJUR, na qualidade de órgão jurídico **coordenador**, fixado a orientação jurídica acima mencionada, entendo que deve esta Procuradoria *"uniformemente"* seguir essa orientação, até porque não existe no âmbito da AGU/PGF orientação normativa em contrário.

Entretanto, no caso de convênios, não se aplicam as hipóteses de reequilíbrio econômico-financeiro cabíveis para os contratos. Fala-se tão somente em *"aumento de valor"*, que pode ser proposto em virtude da necessidade de alterar o valor do contrato dele decorrente, *este sim sujeito aos limites impostos pelo §1º do art. 65, da Lei nº 8.666/93.*

A Administração deverá esclarecer em Nota Técnica os motivos que fundamentam e justificam o aumento, inclusive com a apuração de valores, mas o Termo Aditivo tratará apenas de aumento de valor convenial.

Os termos de compromisso, por sua vez, seguem lógica semelhante à dos convênios, uma vez que se trata de instrumentos da mesma natureza. Assim, também para eles há de se celebrar simplesmente termo aditivo de aumento de valor, não se falando em recomposição, repactuação nem reajustamento de preços.

Da explicação *supra* pode-se extrair, desde já, que a nomenclatura utilizada para a minuta apresentada às fls. 962/964 encontra-se incorreta.

Recomendo sua substituição pela expressão "*1º Termo Aditivo de Aumento de Valor ao Termo de Compromisso nº 265/05*", já que "*realinhamento*" e "*reajustamento de preços*" são expressões restritas aos contratos. A minuta em exame está fundamentada pela Nota Técnica nº 506/2009-COBRIHIDIDE-CGHEPAQ-DAQ (fls. 950/954). Infere-se do item 3 (fl. 953) que o aumento de valor ora em exame decorre do reequilíbrio econômico-financeiro do Contrato nº 25-A/2007, originado do Termo de Compromisso nº 265/05.

Cumpre destacar que a manifestação desta Procuradoria nos casos de contratações oriundas de convênios ou termos de compromisso restringe-se à analise da legalidade dos instrumentos a ele vinculados, como a própria minuta de convênio/termo aditivo e seus termos aditivos, não se incluindo a análise das minutas contratuais e de seus aditivos, de responsabilidade exclusiva das assessorias jurídicas dos convenentes/entes federados beneficiados.

No caso em tela, não há nos autos a informação de que o reequilíbrio econômico-financeiro do Contrato nº 25-A/2007 foi analisado e aprovado pela assessoria jurídica da SEINF, o que deve ser sanado.

Quanto às razões que o justificam, recomendo que a área técnica, mediante a explicação exarada neste opinativo acerca das três possibilidades de reequilíbrio econômico-financeiro do contrato, esclareça no Relato à Diretoria Colegiada para aprovação da Minuta do 1º Termo Aditivo de qual hipótese se trata *in casu*, demonstrando, além da metodologia utilizada para a obtenção dos valores envolvidos, se o fato ocorrido era previsível ou não.

No que tange à apuração de valor propriamente dita e à metodologia utilizada, esclareço que, por revestir caráter eminentemente técnico, é de competência da Diretoria Gestora, não cabendo a esta Procuradoria imiscuir-se nesta atribuição. Recomendo, contudo, que sejam observadas as disposições dos itens 23 a 26 do Parecer *retro*.

Assim, entendo que o 1º Termo Aditivo ao Termo de Compromisso, em análise, somente poderá ser aprovado e celebrado após atendidas todas as recomendações *supra*, bem como aquelas contidas nos itens 32, 33, 40, 43 e 44 do Parecer retro, ou justificado o seu não atendimento, em caso de impossibilidade técnica.

Brasília, 14 de dezembro de 2009.

PARECER/FMRD/PFE/DNIT Nº 00722/2010

Termos de Cooperação. Reajuste de Valor.

Versa o processo sobre proposta oriunda dessa Diretoria para uniformizar, mediante Instrução de Serviço, metodologia de cálculo das parcelas de reajustamento nos Termos de Cooperação com o Exército Brasileiro.

Com efeito, não cabe ao DNIT essa tarefa.

A assertiva decorre da impossibilidade legal ou regulamentar, já manifestada em diversos pareceres desta Procuradoria, de serem reajustados ou reequilibrados os valores dos Termos de Cooperação, Convênios ou Termos de Compromisso celebrados pela Autarquia.

No caso das parcerias mantidas pelo DNIT com o Exército Brasileiro, elas são realizadas mediante a celebração de Termos de Cooperação, em substituição às antigas Portarias de Destaque Orçamentário. Segundo a Portaria Interministerial MP/MF/MCT nº 127, de 29 de maio de 2008, o Termo de Cooperação é definido como:

"Instrumento de descentralização de crédito entre órgãos e entidades da administração pública federal, direta e indireta, para executar programa de governo, envolvendo projeto, atividade, aquisição de bens ou evento, mediante Portaria ministerial e sem a necessidade de exigência de contrapartida."

Como se vê, mediante o Termo de Cooperação, o DNIT subtrai do seu orçamento determinado valor, constante de rubrica própria, e transfere ou credita esse mesmo valor em favor do orçamento do Exército Brasileiro, a fim de que sejam desenvolvidas, segundo o Plano de Trabalho aprovado pela Autarquia, as atividades objeto do Termo de Cooperação.

Essas atividades podem ser executadas diretamente pelo Exército Brasileiro ou contratadas com terceiros, segundo o disposto na Lei nº 8.666/93. De qualquer modo, os vínculos *contratuais* para a execução dos serviços ou obras se dão exclusivamente entre o Exército Brasileiro e seus contratados, inclusive fornecedores dos materiais necessários aos serviços ou obras objeto do Termo de Cooperação, não assumindo o DNIT qualquer responsabilidade perante os mesmos.

Evidentemente que, em virtude dessas contratações, poderão ocorrer situações em que a Lei nº 8.666/93 e legislação correlata autorizem tanto o reequilíbrio econômico e financeiro dos contratos mantidos pelo Exército Brasileiro, como também a possibilidade de reajustamento do valor contratual.

Essas situações, entretanto, por pertencerem à álea econômica e financeira dos contratos mantidos pelo Exército Brasileiro, não autorizam o reequilíbrio ou o reajustamento do valor do Termo de Cooperação ou do Plano de Trabalho, até porque o crédito que foi transferido e extraído do orçamento do DNIT não está sujeito a essas circunstâncias.

O que deve, então, ser feito é um aumento de valor do Termo de Cooperação para fazer face a um reequilíbrio ou reajustamento contratual que o Exército Brasileiro irá conceder aos seus contratados, mediante termo aditivo ao Termo de Cooperação, instruído pelo correspondente Plano de Trabalho, contendo, discriminadamente, as parcelas que sofreram o aumento de valor.

Consequentemente, se o reequilíbrio ou reajustamento contratual são fatos jurídicos decorrentes da relação mantida exclusivamente entre o Exército Brasileiro e os seus contratados, resta evidente que cabe ao próprio Exército Brasileiro discipliná-los, segundo metodologia de cálculo das parcelas contratuais que deverão ser reequilibradas ou reajustadas.

Desse modo, sugiro que a minuta de fls. 04/13 seja encaminhada ao Exército Brasileiro, como contribuição do DNIT, para a disciplina do assunto.

Brasília, 07 de maio de 2010.

DESPACHO/PFE/DNIT Nº 00571/2010

Sub-rogação Contratual decorrente de Convênio.

Após a manifestação de fls. 783/787 desta PFE/DNIT, o processo retorna para reanálise da proposta de sub-rogação do Contrato nº 002/2007 – SETRAP, celebrado pelo Estado do Amapá, através da Secretaria de Estado dos Transportes, com a empresa Maia Melo Engenharia Ltda., tendo por objeto a execução dos serviços de elaboração de projeto executivo de engenharia para a construção da rodovia BR-156, no Subtrecho Laranjal do Jarí – Entr. BR-210 (A), segmento Km 27, com extensão de 244Km (fls. 627/630).

Referido contrato decorre do Convênio TT-372/2005-00, celebrado entre o DNIT e o Estado do Amapá (fls. 634/640).

Por ocasião da análise jurídica primitiva, ficaram consignados os seguintes óbices para a sub-rogação pretendida:

1. Que o Convênio TT-372/2005-00 não teria previsto a possibilidade de sub-rogação, conforme exige o art. 7º, inciso V, da Instrução Normativa/ STN nº 01/1997.

Entretanto, reexaminando o instrumento do Convênio TT-372/2005-00, observo a fls. 640 que a sua Cláusula Nona contém a aludida redação, tendo sido previsto que:

"Cláusula Nona – Das Disposições Finais. É prerrogativa do CONCEDENTE conservar a autoridade normativa, exercer a supervisão e fiscalização sobre a execução do presente CONVÊNIO e assumir a execução dos serviços previstos no Plano de Trabalho, na ocorrência de fato que venha paralisá-los, a fim de evitar solução de continuidade."

Desse modo, vejo que se encontra suprido o óbice apontado, não subsistindo, assim, o motivo declarado para impedir a sub-rogação pretendida.

2. Que a sub-rogação só poderia ter ocorrido durante a vigência do Convênio TT-372/2005-00, sendo certo que o mesmo teve o seu prazo de vigência expirado em 29.10.2007.

Sobre este aspecto, revejo o entendimento jurídico anterior.

Com efeito, a assunção pelo Concedente da execução dos serviços exige, justo pelo oposto, que o Convênio seja extinto, já que enquanto ele vigorar se encontram delegados à Convenente os poderes que lhe foram transferidos, entre os quais o de contratar os serviços.

É nesse sentido que o assunto foi tratado na IN/STN nº 001/1997 e reproduzido no instrumento do Convênio TT-372/2005-00, como solução para impedir a descontinuidade dos serviços contratados, desde que presente, evidentemente, o interesse público.

Penso mesmo que não há que se cogitar de sub-rogação de contrato celebrado pelo Convenente sem que, previamente, seja o próprio Convênio extinto, já que não haveria sentido na manutenção de um Convênio cujo objeto será executado diretamente pelo Concedente. Com a sub-rogação, esvazia-se, por completo, o objeto do Convênio, não havendo assim possibilidade de o mesmo subsistir. Portanto, é condição inarredável da sub-rogação a prévia extinção do Convênio.

Ademais, não haveria qualquer despesa no âmbito de um Convênio já extinto, como aludido na manifestação jurídica anterior e proibido pelo art. 8º, inciso V, da IN/STN nº 001/1997, justo porque as despesas decorrentes da sub-rogação ocorreriam no âmbito do contrato sub-rogado, por conta da extinção do convênio, pelo que não haveria qualquer efeito futuro no Convênio TT-372/2005-00, até porque ele não mais existiria. O que existe é o contrato que o DNIT deseja ver sub-rogado para si, conforme explicitado no item seguinte.

Consequentemente, também sob esse aspecto, entendo que poderia ser promovida a pretendida sub-rogação.

3. Que o Contrato nº 002/2007 – SETRAP, objeto da sub-rogação pretendida, se encontraria expirado, visto que a ordem de paralisação não foi objeto de termo aditivo ao contrato.

Merece também reparo essa conclusão.

Com efeito, a fls. 768 consta a Ordem de Paralisação de Serviços dada ao Contrato em apreço e datada de 04.04.2007. Como se observa, os serviços contratados foram paralisados dois dias após o início da vigência contratual (02.04.2007), sob o seguinte fundamento:

"Indisponibilidade de recursos financeiros para execução do Contrato n. 002/2007-SETRAP, vinculado ao Convênio n. TT-372/2005, tendo em vista que até a presente data o órgão Concedente (DNIT) não repassou ao Governo do Amapá, recursos financeiros empenhados para a execução do Convênio n. TT-372/2005, pelo qual, no interesse da Administração, AUTORIZO a paralisação dos serviços acima definidos, a partir do dia 04/04/2007."

Quanto ao motivo alegado, é importante ressaltar que, na realidade, o Convênio TT-372/2005 expirou sem que tenham sido repassados quaisquer dos recursos previstos no instrumento, consoante declarado no item 1.3 da Nota Técnica nº 075/2010 contida às fls. 773/777 deste processo. Esta declaração é confirmada pela Coordenadora de Contabilidade/CGOF/DAF/DNIT, consoante se vê a fls. 760.

Observo, assim, que bem se houve a Administração Estadual em não permitir a execução do Contrato nº 002/2007 – SETRAP, visto que não havia a necessária disponibilidade financeira para tanto.

Quanto ter a avença sido extinta por não ter sido lavrado o termo aditivo correspondente, importa ora considerar a Declaração de fls. 794 firmada pelo Secretário de Estado dos Transportes do Amapá, vazada nos seguintes termos:

> *"Declaro para os devidos fins que a Secretaria de Estado dos Transportes, órgão da Administração Direta do Governo do Estado do Amapá, tem como norma lavrar o termo de suspensão de prazo contratual quando da emissão da ordem de reinício, momento em que é celebrado o devido Termo Aditivo de Devolução de Prazo, considerando o contrato suspenso quando da ordem de paralisação. Assim, o Contrato n. 002/2007-SETRAP, cujo objeto trata da Elaboração de Projeto Executivo de Engenharia para a Construção da Rodovia BR-156, no subtrecho Laranjal do Jarí – Entronc. BR-210 (A), segmento Km. 27, com extensão de 244 km., se encontra vigente com o seu prazo suspenso.... Macapá-AP, 18 de junho de 2010."*

Curioso é que também no DNIT era assim, pelo menos até a vigência da Instrução de Serviço DG nº 06, de 19.05.2009.

Em uma análise preliminar, a legislação apontaria para a necessidade de se declarar extinto o contrato por decurso de prazo. Ocorre, entretanto, que essa análise exclusivamente literal implicaria um prejuízo muito maior para a Administração, o que nos conduz à necessidade de uma interpretação sistemática e mesmo teleológica do normativo legal à luz dos princípios administrativos e atento, sobretudo, a finalidade do ajuste.

Com efeito, à época em que foi emitida a Ordem de Paralisação de fls. 768 (04.04.2007), também era usual no DNIT a lavratura de termo aditivo de suspensão e restituição de prazo somente quando da emissão da Ordem de Reinício dos trabalhos, e não logo após a interrupção, como, a partir da IS/DG/006/2009, passou a ser exigido. Ainda que o procedimento fosse passível de críticas, penso que não pode constituir razão única e suficiente para justificar a extinção da avença, pois isto poderá dar causa a prejuízo muito maior para a Administração, por não ter sido o objeto contratual ainda concluído.

Assim, diante de situações onde a análise jurídica se defronte com vícios que possam macular a avença administrativa, é preciso que o Advogado Público leve em consideração o *princípio da segurança jurídica*, cuja observância decorre do disposto no art. 2º da Lei nº 9.784, de 29.01.1999, e já foi consagrado em decisões do Supremo Tribunal Federal, com essa abaixo transcrita:

> *"Na hipótese, a matéria evoca, inevitavelmente, o princípio da segurança jurídica. Esse princípio foi consagrado na Lei nº 9.784, de 29 de janeiro de 1999, que regula o processo administrativo no âmbito da Administração Pública Federal, tanto em seu artigo 2º, que estabelece que a Administração Pública obedecerá ao princípio da segurança jurídica, quanto em seu artigo 54, que fixa o prazo decadencial de cinco anos, contados da data em que foram praticados os atos administrativos, para que a Administração possa anulá-los. Em diversas oportunidades esta Corte manifestou-se pela aplicação desse princípio em atos administrativos inválidos, como subprincípio do Estado de Direito, tal como nos julgamentos do MS 24.268, DJ 17.09.04 e do MS 22.357, DJ 05.11.04, ambos por mim relatados." (RE nº 466.546-8/RJ. Rel. Ministro Gilmar Mendes. Julgamento 14.02.2006. Segunda Turma. DJ, 17 mar. 2006)*

No mesmo sentido confira-se ainda recente decisão do Superior Tribunal de Justiça:

> *"Os administrados não podem sujeitar-se indefinidamente à instabilidade da autotutela do Estado e de uma convalidação dos efeitos produzidos, quando, em razão de suas conseqüências jurídicas, a manutenção do ato servirá mais ao interesse público de que sua invalidação. Nem sempre a anulação é a solução, pois o interesse da coletividade pode ser melhor atendido pela subsistência do ato tido por irregular. Então a recomposição da ordem jurídica violada condiciona-se primordialmente ao interesse público. Já a Lei nº 9.784/1999 tem lastro na importância da segurança jurídica no Direito Público, enquanto estipula, em seu art. 54, o prazo decadencial de 5 anos para a revisão do ato administrativo e permite, em seu art. 55, a manutenção da eficácia mediante convalidação. Esse último artigo diz respeito à atribuição de validade a atos meramente anuláveis, mas pode ter aplicação excepcional a situações extremas, como a que resulta grave lesão a direito subjetivo, não tendo seu titular responsabilidade pelo ato eivado de vício, tal como se dá na seara de atos administrativos nulos e inconstitucionais." (RMS nº 24.339-TO. Rel. Min. Napoleão Nunes Maia Filho. Julgado em 30.10.2008)*

Como declarado pela Administração Estadual, à época da Ordem de Paralisação de fls. 768, à semelhança da sistemática que vigorou nesta PFE/DNIT e era observada pelo DNIT, a orientação oriunda da Advocacia-Geral da União, contida na Nota nº 00033/2002, dispunha que:

"Ante o exposto, despicienda é a lavratura de aditamento contratual para "formalizar" a suspensão do contrato, pois esta ocorre direta e indissociavelmente da ordem de paralisação. Despiciendo, da mesma forma, e por silogismo lógico, lavrar-se novo aditamento para determinar o reinício dos serviços, ou apenas para se fixar o novo termo final."

No mesmo sentido foi a Cota ao Parecer/PCBA/PGE/DNIT nº 00130/2008, versando sobre a previsão legal para que a Administração possa determinar a interrupção da execução do objeto contratado e a sua posterior retomada, consoante os termos do inc. III, do §1º do art. 57, e §5º do art. 79, ambos da Lei nº 8.666/93.

"Em que pese a distinção entre a denominação estatuída pelo legislador no §5º do citado art. 79, e aquela adotada usualmente pela Autarquia, denominada de Restituição de Prazo, acreditamos não haver prejuízo na substituição de uma por outra, uma vez que ao restituir o prazo contratual, estar-se-á promovendo a sua dilatação para o futuro pelo período do saldo remanescente, que tem o mesmo significado ou efeito da prorrogação de prazo.

Evidentemente, deve-se reconhecer que sempre que a Administração realizar a lavratura dos termos aditivos de suspensão e restituição de prazo contemporaneamente à expedição das respectivas ordens, esta providência representa um ganho não só na eficiência e controle desses atos, mas também em relação à sua publicidade, já que os seus extratos deverão ser publicados na imprensa oficial, conforme previsto no parágrafo único do art. 61, da Lei nº 8.666/93.

Todavia, e consoante demonstrado, a ausência desta providência imediata não implica na extinção do contrato por decurso de prazo, (...), salvo se houver a expedição da competente ordem de reinício dos serviços e o correspondente termo aditivo não for lavrado dentro do período de prazo a ser restituído."

Essas orientações, enquanto vigoraram, fizeram com que a Administração do DNIT não providenciasse a lavratura de Termos Aditivos de Paralisações logo após a respectiva Ordem, que era considerada como suficiente, visto que subscrita pelo fiscal do contrato, suspendendo os serviços contratados.

Todavia, em virtude de reiteradas manifestações do Tribunal de Contas da União (TCU) considerando necessária a formalização da paralisação, mediante Termo Aditivo, foi editada em 19 de maio de 2009 a Instrução de Serviço DG nº 06, publicada no *Boletim Administrativo* **nº 20/2009, determinando que logo após a ordem de paralisação seja o Termo Aditivo de Paralisação (TAP) formalizado.**

Evidentemente que não se pode admitir que uma Autarquia como DNIT ou qualquer outra entidade da Administração Pública responsável por centenas de contratos possa conviver com uma instabilidade jurídica quanto à regularidade temporal dos seus atos. Há que se ter um mínimo de segurança jurídica para que as ações governamentais possam ser validamente realizadas e concluídas a tempo e modo. Assim, considerando que a Ordem de Paralisação objeto do Contrato nº 002/2007 – SETRAP se deu ao tempo em que o próprio DNIT também não formalizava o termo aditivo, vale dizer, antes da vigência da IS/DG nº 06/2009, cuja disciplina também deve ser seguida pelas entidades delegadas, entendo que deve prevalecer, *em respeito ao princípio legal da segurança jurídica (art. 2º, da Lei nº 9.784, de 29.01.1999)*, a orientação jurídica que então vigorava, no sentido de que o referido ato — Ordem de Paralisação — era bastante para determinar a interrupção do prazo contratual.

Aliás, é importante ressaltar que também o Tribunal de Contas da União (TCU) entendeu, por ocasião do Acórdão nº 832/2004 – TCU – Plenário, que a ordem de paralisação dada a um contrato do DNIT em 08.08.2002 (Contrato PG-204/00) foi suficiente para interromper a vigência contratual que expiraria em 14.08.2002, *tanto que determinou a Autarquia, em 30.06.2004, que promovesse a lavratura do termo aditivo de paralisação.*

Na realidade, são inúmeros os Acórdãos do TCU onde se faz referência à ordem de paralisação promovida pela Administração e, em sua grande maioria, sem qualquer menção à necessidade de formalização da suspensão da vigência contratual por termo aditivo. Em outros Acórdãos, como são exemplos os abaixo listados, o TCU expressamente considera a ordem de paralisação como suficiente para a interrupção do prazo contratual, também não fazendo qualquer alusão à necessidade de termo aditivo para formalizá-la:

> *"Acórdão nº 583/2003 – Plenário*
> *3.14 Justificativas quanto à prorrogação:*
> *O contrato em questão encontrava-se paralisado desde 01/05/2002, conforme Ordem de Paralisação 001/02 (anexo), com amparo legal no art. 57, §1º, inciso III, da Lei nº 8.666/93.*
>
> *Em 16/05/2002, a empresa solicitou a prorrogação da vigência do contrato através do ofício nº 000152, encaminhado ao Diretor de Infra-Estrutura Terrestre do DNIT. Ressalte-se que na data do pedido o contrato estava paralisado e não extinto.*
>
> *E, uma vez paralisada a execução contratual, há a prorrogação automática de sua vigência por período equivalente ao que esteve paralisado, conforme o disposto no art. 79, §5º, da mesma lei acima citada:*

§5º Ocorrendo impedimento, paralisação ou sustação do contrato, o cronograma de execução será prorrogado automaticamente por igual tempo;'
Sendo assim, verifica-se que não ocorreu qualquer tipo de irregularidade, posto que o contrato não se extinguiu e, caso a prorrogação do contrato venha a ser efetivada, nenhum óbice haverá.

3.15Análise:

O documento encaminhado pelo responsável para subsidiar sua justificativa (fl. 97, v. 6) dá conta de ter havido a paralisação por ordem da administração, suspendendo, desse modo, a execução do contrato. Ademais, conforme documentos disponibilizados, só houve medições de serviços por conta do referido contrato até o mês de abril de 2002. Dessa forma, entendo justificado o ponto de audiência. (...)"

"Acórdão nº 676/2004 – Plenário
CONTRATO: PG-128/1998
Irregularidade: alterações indevidas de projeto.

Descrição/Fundamentação: Em 10/07/1998, foi assinado o Contrato nº PG-128/1998, com a empresa C. R. Almeida S/A – Engenharia de Obras, para execução de 36,7 Km de obras de implantação e pavimentação na BR-153/PR, trecho Tibagi/Alto Paraná no Estado do Paraná (lote 2), possuindo o valor total de R$19.873.522,95.

Iniciada a obra em 11/08/1998, foi devidamente paralisada em 01/01/1999, consoante a Ordem de Paralisação de Serviços nº 05, de 18/12/1998, ou seja, está com o contrato suspenso há cerca de 5 anos.

Mesmo com a suspensão contratual, a empreiteira, em 24/10/2002, por meio do Ofício CE nº 045/2002, protocolou o 1º Relatório de Revisão do Projeto. Sustenta em seu pleito que tal revisão é necessária devido 'ao indeferimento das licenças ambientais por parte do IAP/PR, para exploração tanto das jazidas de rocha, como da jazida de solo indicadas no projeto'; ademais, alega que a revisão 'contempla também as composições de preços unitários dos serviços novos'.

Em consulta às alterações propostas pela empresa, verifica-se que os serviços de Pavimentação tiveram substanciais incrementos, passando de um total de R$6.527.171,22, para R$9.992.316,07, perfazendo um acréscimo na ordem de 53,09%. No mesmo sentido, os serviços de "Fornecimento de Material Betuminoso" e "Transporte de Material Betuminoso" tiveram incrementos relevantes, na ordem de 59,70% e 79,72%, respectivamente.

Tendo em vista que o contrato ainda está suspenso, aliado ao fato da mencionada revisão ainda carecer de aprovação por parte do DNIT, propomos que o DNIT e a 9ª UNIT encaminhem a este Tribunal, no prazo de 30 dias, a contar da aprovação ou não, do 1º Relatório de Revisão do Projeto referente ao Contrato nº PG-128/1998, celebrado com a empresa C. R. Almeida S/A Engenharia de Obras, cópia da análise realizada em relação às alterações propostas pela empresa."

"Acórdão nº 756/2003 – Plenário

A obra encontra-se paralisada desde 01/04/2002. Seguindo orientações do Grupo de Trabalho Especial da Advocacia Geral da União (Nota nº 00033/2002), a 19ª UNIT não celebrou Termo Aditivo para formalizar a paralisação. No referido documento, a AGU manifestou-se conclusivamente da seguinte forma: "Ante o exposto, despicienda é a lavratura de aditamento contratual para 'formalizar' a suspensão do contrato, pois esta ocorre direta e indissociavelmente da ordem de paralisação. Despiciendo, da mesma forma, e por silogismo lógico, lavrar-se novo aditamento para determinar o reinício dos serviços, ou apenas para se fixar o novo termo final". A título de informação, resta um saldo contratual de 108 dias.

(...)

A equipe de auditoria, após observar que as obras em questão já foram objeto de fiscalização nos exercícios de 2001 e 2002, não tendo sido observados indícios de irregularidades graves, conclui que também no presente ano não se verificou irregularidade ou impropriedade, propugnando pelo arquivamento dos autos (fl. 28)."

"Acórdão nº 866/2006 – Plenário

20. O Sr. Carlos Roberto de Oliveira, de acordo com os elementos das fls. 438/468, esclarece que a ordem de paralisação foi expedida com o objetivo de evitar que o contrato tivesse sua vigência encerrada em 21/3/2002, na expectativa de ser atendido o pedido de prorrogação de prazo contratual, estipulado em 25/1/2002, que tramitou sucessivamente no DNER, no DNIT e no Ministério dos Transportes. A demora na autorização para essa prorrogação fez com que, somente a partir de 1º/4/2003, o reinicio da execução dos serviços viesse a se processar.

21. Avaliamos que procedem as argumentações do responsável. Conforme se verifica às fls. 258/315, o titular da Diretoria de Engenharia Rodoviária do DNER, em 5/2/2002, autorizou a prorrogação de contrato solicitada. Pouco tempo depois, o Decreto nº 4128/2002 foi editado, com fundamentação na Lei nº 10.233, de 5/6/2001, dando-se início à inventariança do DNER, justamente no dia em que o processo acabava de retornar ao 17º Distrito/ES/DNER para a feitura do aditivo (13/2/2002). As diversas tramitações que aconteceram a partir disso fizeram com que não se conseguisse providenciar a formalização do termo antes de 21/3/2002. Parece-nos aceitável que o gestor, ao constatar essa dificuldade, fizesse a suspensão temporária da execução contratual de modo a evitar o fim da vigência. Quando fez a paralisação descrita, o dirigente não dispunha de elementos que pudessem levá-lo a prever que o pedido de prorrogação demoraria tanto tempo para obter nova aprovação. Em nosso juízo, resta constatado que o único erro cometido pelo gestor ouvido em audiência, neste caso, foi o de não ter formalizado, no respectivo processo, uma exposição dos motivos que o levaram a, unilateralmente, interromper a prestação dos serviços, sendo pertinente a elaboração de determinação com o intuito de se evitar a repetição dessa omissão."

Ademais, sempre defendi a tese jurídica de que a ordem de paralisação interrompe a vigência do prazo contratual, independentemente da formalização do respectivo aditivo de paralisação.

Mesmo após a edição da IS/DG nº 006/2009, que propus ao Senhor Diretor-Geral, não abdico deste entendimento, até porque sendo o prazo de vigência contratado em dias, como é exemplo o destes autos, a ordem de paralisação não o modifica nem o altera, mas simplesmente interrompe a sua *contagem*. O prazo contratado permanece o mesmo, pelo que, *tecnicamente*, não seria o caso de ser produzido um aditivo que em nada, absolutamente nada, irá alterar ou modificar o que foi contratado.

Assim, continuo entendendo que a *ordem de paralisação* possui a mesma força jurídica que o contrato atribui para a *ordem de início*, visto que ambas possuem a mesma natureza jurídica, posto que visam, sobretudo, ditar o ritmo de trabalho contratado, prerrogativa exclusiva da Administração Pública.

Por isso, com as vênias de meus ilustres colegas Procuradores que entendem de modo diverso, não consigo ver na formalização do Termo Aditivo de Paralisação após a data anteriormente prevista para a conclusão do contrato qualquer ofensa legal ou normativa, uma vez que o mesmo não seria mais concluído na referida data por força da ordem de paralisação emitida. Por outro lado, não vejo também qualquer agressão frontal ou direta ao disposto no parágrafo único do art. 61, da Lei nº 8.666/93. O que reza este dispositivo é que o *aditivo*, para ter eficácia, deverá ser publicado resumidamente na imprensa oficial.

Ora, considera-se *aditivo* ao contrato todo instrumento que contém em suas disposições *alterações ou modificações do que foi contratado*. Como a ordem de paralisação não altera ou modifica o prazo contratual, que permanece o mesmo, justo porque é ele contratado em dias, não é possível considerar, *tecnicamente*, o Termo Aditivo de Paralisação como um aditivo ao contrato.

Nesse sentido, colhemos o conceito de Termo Aditivo utilizado pela Universidade Federal do Rio Grande do Sul (disponível em: <http://www.ufrgs.br/relinter/convenios_interno2.htm>):

> *"TERMO ADITIVO – CONCEITO: Instrumento jurídico suplementar, que passa a integrar o documento principal o qual poderá ser um Convênio, Contrato e/ou Protocolo de Cooperação. Devem constar as cláusulas ou itens a serem alterados pelo Termo e as demais permanecendo em vigor. É empregado na prorrogação do prazo de vigência, ajuste do valor ou outras alterações previstas em lei preservando-se o objeto do documento principal."*

É certo afirmar que a ordem de paralisação altera a data de vencimento do contrato. Todavia, essa alteração não é contratual, porque o contrato não estabelece a data de seu vencimento. O que o contrato estabelece é o seu prazo de vigência, em dias, não uma data certa para terminar. Como se vê, também sob esse aspecto, a ordem de paralisação não altera ou modifica qualquer cláusula contratual.

Portanto, se a ordem de paralisação não pode ser objeto de um aditivo ao contrato, *porque nada altera ou modifica o que foi contratado*, o consequente termo aditivo não pode estar sujeito às disposições do parágrafo único do art. 61, da Lei nº 8.666/93. Serve, apenas, para formalizar, de forma ordenada e cronológica, as interrupções que ocorreram durante a vigência contratual, nada mais!

Na realidade, conforme aludi inicialmente, a formalização do TAP prevista na Instrução de Serviço DG nº 06/2009 para vigorar a partir de sua edição foi motivada por recentes decisões do TCU, que insistem em determinar que o DNIT assim proceda. Até então, vigorava na Autarquia a orientação jurídica de que a mesma não era necessária. E, de fato, continuo entendendo que não é. Porém, julgo prudente que o DNIT mantenha um arquivo cronológico ordenado das interrupções sofridas pelo prazo contratual, razão porque foi proposta a edição da referida Instrução.

Assim, se essas conclusões servem ao DNIT, penso que também devem prevalecer para as entidades delegadas, até porque, no caso, a própria Administração Estadual declarou que vigora o mesmo regime que anteriormente era aplicado no DNIT.

Por essas razões e, fundamentalmente, em nome do princípio da segurança jurídica, é que considero que o Contrato nº 002/2007 – SETRAP não se encontra expirado, uma vez que a sua execução foi interrompida em 04.04.2007, quando não mais foi retomado.

Portanto, sob esse aspecto não vejo óbice à sub-rogação pretendida.

4. Consta, ainda, da manifestação jurídica anterior, que o DNIT não apresentou qualquer motivação para a sub-rogação, especialmente face o lapso temporal, o que influiria nos preços ou no modo de execução, citando a propósito a Decisão nº 931/2000 – Plenário/TCU, que abaixo reproduzo:

"8.4.2. *ao assumir contrato licitado e firmado por outro órgão, proceda previamente, a verificação da regularidade do processo licitatório, principalmente quanto ao objeto básico adotado, se segue as especificações técnicas e se os quantitativos e preços unitários estão adequados, dando cumprimento ao disposto no art. 7º, inciso II e 2º.*"

Sobre esta questão, de fato a pretendida sub-rogação carece de melhores e mais robustas análises, a fim de atender a referida decisão.

É certo que a Superintendência Regional acostou após a referida manifestação jurídica planilha de custos *"demonstrando ser vantajoso para a administração a assunção do contrato em tela ao invés de proceder a nova licitação"* (fls. 792 e 795).

Pela referida planilha, o que se observa é que o valor original contratado por *R$ 4.146.383,92* (quatro milhões, cento e quarenta e seis mil, trezentos e oitenta e três reais e noventa e dois centavos), uma vez atualizados para março/2010, seria de *R$ 5.195.559,39* (cinco milhões, cento e noventa e cinco mil, quinhentos e cinquenta e nove reais e trinta e nove centavos), enquanto que um novo orçamento para uma licitação envolveria recursos da ordem de *R$ 5.508.486,93* (cinco milhões, quinhentos e oito mil, quatrocentos e oitenta e seis reais e noventa e três centavos).

Entretanto, não me parece que para atender a aludida decisão do TCU baste apenas a demonstração de diferença a menor e em favor da sub-rogação, entre o valor atualizado do contrato e o orçamento para novo certame, até porque, no caso, a experiência vem demonstrando que a referida diferença poderia ser alcançada e até mesmo superada no procedimento licitatório.

Assim, penso que, aliado ao fato de que novo procedimento licitatório iria retardar em demasia uma nova contratação, é preciso que a Administração demonstre nos autos o seguinte:

a) que o procedimento licitatório que deu origem ao Contrato nº 002/2007 – SETRAP observou a legislação, principalmente quanto ao objeto licitado, colhendo manifestação técnica na CGCL/DIREX/DNIT e manifestação do órgão de assessoria jurídica do Estado do Amapá;

b) que a contratação realizada segue as especificações técnicas e que os quantitativos e preços unitários estão adequados.

5. Finalmente, que não houve consulta à Contratada sobre a preten-dida sub-rogação e respectiva aquiescência quanto à manutenção dos preços contratados.

Sobre esse aspecto, observo que a Contratada manifestou aquies-cência consoante o documento de fls. 06, do Processo Administrativo nº 50602.001018/2009-64, apenso.

Não obstante, não houve por parte da Contratada declaração clara sobre a manutenção dos preços contratados ou oferta ao DNIT de qualquer vantagem com relação aos mesmos.

Assim, parece-me que contribuiria em muito para a conveniência e a oportunidade da sub-rogação que a Contratada declinasse dos reajustes aos preços contratados, mantendo, se corretos, aqueles que foram objeto da contratação original. Isto, sem dúvida, poderá ser mesmo decisivo para que não se questione o fato de o DNIT, *somente após 03 (três) anos*, decidir se sub-rogar no referido contrato.

Com estas considerações, entendo como possível a sub-rogação pretendida, desde que observado o exposto no item 4 e, principalmente, no item 5 desta manifestação.

Brasília, 29 de junho de 2010.

DESPACHO/PFE/DNIT Nº 00643/2010

Declaração de Utilidade Pública
em Convênio. Competência.

Aprovo, em parte, o Parecer *retro*, com as seguintes considerações: Consoante se vê às fls. 214/223, o DNIT celebrou com o Estado do Mato Grosso do Sul o Convênio nº DIF/TT/137/2008, tendo por objeto a *"execução das obras de construção do contorno ferroviário de Três Lagoas/MS"*. No referido instrumento de convênio nada foi disposto quanto à necessidade de serem desapropriados imóveis para a execução do referido contorno, nem quanto a quem caberia declarar a utilidade pública desses imóveis ou promover as desapropriações, muito embora no Plano de Trabalho de fls. 190 conste, como Fase III, a descrição *"Desapropriação"*.

Ocorre que, por ocasião do Ofício de fls. 501/502, o Senhor Secretário de Estado de Obras Públicas e de Transportes do Convenente, noticia que *"o Município de Três Lagoas expediu o Decreto nº 112, de 15/08/2008, declarando de utilidade pública, para fins de desapropriação, áreas localizadas na porção sul do Município, destinadas a implantação do contorno ferroviário"*. Por conta dessa declaração, requer o Convenente a celebração de instrumento que permita ao Município prosseguir com as desapropriações e que lhe sejam repassados os recursos necessários ao pagamento das indenizações.

Não é possível atender o pleiteado. Com efeito, a prerrogativa legal de declarar a utilidade pública de bens e propriedades para a implantação do Sistema Federal de Viação é exclusiva do DNIT. Confira-se, a propósito, o disposto na Lei nº 10.233/2001:

"Art. 82. São atribuições do DNIT, em sua esfera de atuação:
(...)
IX - declarar a utilidade pública de bens e propriedades a serem desapropriados para implantação do Sistema Federal de Viação;"

Assim, o máximo que se admite em convênios já celebrados pelo DNIT, é a delegação ao Convenente da promoção/execução das desapropriações necessárias para atender o objeto do convênio, ficando, todavia, reservado ao DNIT o poder legal de expedir as respectivas portarias declaratórias de utilidade pública.

Desse modo, o Decreto municipal, cuja cópia não se encontra nos autos, é absolutamente ineficaz e não produz qualquer efeito jurídico, visto que se trata de competência indelegável do DNIT.

O que antevejo como possível, já que previsto no âmbito do Plano de Trabalho que instrui o Convênio, seria a inclusão, mediante termo aditivo, de cláusula dispondo sobre a delegação ao Convenente da promoção/execução das desapropriações, ficando, todavia, reservada ao DNIT a expedição das respectivas portarias de declaração de utilidade pública, à semelhança dos convênios firmados pela Autarquia com o Estado de Pernambuco ou Ceará para as obras de ampliação de capacidade da BR-101 Nordeste.

Portanto, caso essa Diretoria decida seguir a orientação ora prestada, deverá submeter o respectivo termo aditivo para análise desta Procuradoria, instruída da devida motivação e manifestação favorável do Convenente.

Brasília, 06 de setembro de 2010.

DESPACHO/PFE/DNIT Nº 00792/2010

Obras do PAC. Termo de Compromisso.

A questão relativa ao correto instrumento a ser celebrado com o Ministério da Defesa – Comando do Exército, aventada pelo Despacho PFE/TCO/Procuradoria/DNIT nº 613/2010, requer alguns esclarecimentos, na forma adiante exposta.

Anteriormente à vigência da Portaria Interministerial MP/MF/MCT nº 127, de 27.05.2008, as transferências realizadas pelo DNIT para o Comando do Exército eram realizadas por portarias de descentralização de crédito, mediante destaque orçamentário.

Com o advento da nova disciplina contida na Portaria Interministerial nº 127/2008, aquelas transferências passaram a ser instrumentalizadas mediante Termo de Cooperação, assim definido na aludida disciplina:

"Instrumento de descentralização de crédito entre órgãos e entidades da administração pública federal, direta e indireta, para executar programa de governo, envolvendo projeto, atividade, aquisição de bens ou evento, mediante Portaria ministerial e sem a necessidade de exigência de contrapartida." (inciso XVIII, do §1º do art. 1º)

Ainda na Portaria Interministerial nº 127/2008 ficou estabelecido que:

"Art. 6º É vedada a celebração de convênios e contratos de repasse:
(...)
III - entre órgãos e entidades da Administração Pública Federal, caso em que deverá ser firmado o termo de cooperação; (...)"

Qual se vê das disposições acima transcritas, constitui requisito para a celebração do Termo de Cooperação ser a transferência *entre órgãos e entidades da Administração Pública Federal, direta e indireta*.

Quanto às transferências *obrigatórias*, não tratou a referida Portaria Interministerial MP/MF/MCT nº 127, de 27.05.2008. Ela está prevista na Lei nº 11.578, de 26.11.2007, que a define como:

"Art. 1º A transferência obrigatória de recursos financeiros pelos órgãos e entidades da União aos órgãos e entidades dos Estados, Distrito Federal e Municípios para a execução de ações do Programa de Aceleração do Crescimento – PAC cuja execução pelos entes federados seja de interesse da União observará as disposições desta Lei. (...)

Art. 3º As transferências obrigatórias para execução das ações do PAC são condicionadas ao cumprimento dos seguintes requisitos pelos Estados, Distrito Federal e Municípios beneficiários, conforme o constante de termo de compromisso: (...)"

Como se percebe, três são os requisitos para a transferência ser considerada obrigatória:

a) as ações a serem executadas estejam previstas no Programa de Aceleração do Crescimento (PAC);

b) os Entes Beneficiários devem ser os Estados, o Distrito Federal, os Municípios ou os seus respectivos órgãos e entidades; e

c) o instrumento que irá formalizar a transferência é um Termo de Compromisso.

Assim, o Termo de Compromisso só poderá ser utilizado quando as ações a serem executadas estiverem no PAC e forem destinadas aos Estados, Distrito Federal, Municípios ou aos seus respectivos órgãos e entidades.

Como se vê, em se tratando, como é o caso deste processo, de transferência para *órgão da Administração Pública Federal* — Ministério da Defesa/Comando do Exército — o instrumento adequado é o Termo de Cooperação, tal como proposto por essa Diretoria, ainda que o seu objeto envolva a execução de *"ação"* incluída no PAC, até porque a natureza jurídica dessa transferência é *"voluntária"*, e não *"obrigatória"*.

Em outras palavras, não é suficiente que o objeto da avença esteja incluído no PAC para que a transferência seja *"obrigatória"*, mas sim o fato de a sua execução ser realizada por Estado, Distrito Federal, Município ou seus respectivos órgãos e entidades.

Desse modo, uma vez observadas as orientações contidas no Parecer/DCPT/PFE/DNIT nº 1.588/2010, cuja conclusão aprovo, não vejo óbice à submissão do Termo de Cooperação para deliberação da Diretoria Colegiada.

Brasília, 20 de outubro de 2010.

DESPACHO/PFE/DNIT Nº 00033/2011

Fiscalização de Obras e Serviços objeto
de Termo de Cooperação.

Consulta esta Diretoria sobre os limites de atuação e fiscalização do DNIT sobre a execução de obras ou serviços que foram objeto de Termo de Cooperação com o Exército Brasileiro, em virtude de informações solicitadas pelo Tribunal de Contas da União mencionadas no despacho de fls. 193/195.

De acordo com o Parecer/DCPT/PFE/DNIT nº 003/2011 retro, deve o DNIT exercer o controle sobre os recursos financeiros repassados segundo o disposto na Portaria Interministerial MP/MF/MCT nº 127, de 27.05.2008, especialmente quando dispõe sobre o acompanhamento e fiscalização *"da execução do convênio, contrato, acordo, ajuste ou instrumento congênere"* (art. 51).

Qual se vê, em se tratando do acompanhamento e fiscalização dos recursos repassados, não há qualquer distinção na forma e no conteúdo do controle, tendo a Portaria Interministerial nº 127/2008 equiparado para esse fim todos os instrumentos de repasse por ela regulados, inclusive o Termo de Cooperação, sobre o qual não fez qualquer exceção expressa.

Na verdade, todos os instrumentos jurídicos por ela disciplinados (convênio, contrato de repasse, termo de cooperação ou termo de parceria), trazem em si mesmos a ideia da delegação de atribuições que, em sendo da Autarquia, podem ser, voluntariamente, transferidas para terceiros executarem.

Uma vez promovida essa opção de descentralização da execução da atribuição, determina a regulamentação que *"os órgãos ou entidades da administração pública de qualquer esfera de governo que recebam as transferências de que trata o caput deverão incluí-las em seus orçamentos"* (§3º do art. 1º, da Portaria Interministerial nº 127/2008).

Veja que a inclusão dos recursos transferidos nos respectivos orçamentos dos órgãos ou entidades que os receberam implica a atribuição das mesmas responsabilidades de controle e execução fiscal/ orçamentária quanto às verbas consignadas originariamente em seus respectivos orçamentos.

Essa conclusão é relevante porque há que se fazer distinção entre as características do controle e o acompanhamento da execução de um contrato celebrado diretamente pelo DNIT e aqueles que são celebrados, por conta de convênio ou termo de cooperação, com os órgãos ou entidades que receberam recursos da Autarquia.

Enquanto que, no âmbito dos contratos celebrados diretamente pelo DNIT, vigoram, com todo o vigor, as disposições da Lei nº 8.666/93 referentes a execução e fiscalização contratual, no âmbito dos convênios e termos de cooperação, a fiscalização e o acompanhamento do DNIT *são sobre os direitos e as obrigações assumidas nestes instrumentos*, não envolvendo aquelas que são derivadas de contrato firmado com o órgão ou entidade que recebeu e incluiu no seu orçamento os recursos transferidos pelo DNIT.

Contratante, nesse último caso, não é o DNIT, mas sim o órgão ou entidade pública que recebeu os recursos alocados em seu orçamento e sobre os quais possui responsabilidade direta e pessoal de prestar contas quanto a sua correta utilização, inclusive quanto à regularidade dos pagamentos efetivados aos *seus* contratados.

Não houvesse essa necessária distinção, o que difere a responsabilidade do DNIT entre o controle e a execução de um contrato celebrado diretamente, e aquele firmado, por delegatório seu, no âmbito de um convênio ou termo de cooperação?

Por isso mesmo é que a regulamentação contida na Portaria Interministerial nº 127/2008, enumera taxativamente o que será objeto do acompanhamento e fiscalização pelo DNIT no âmbito dos convênios e termos de cooperação:

> *"Art. 54. No acompanhamento e fiscalização do objeto serão verificados:*
> *I - a comprovação da boa e regular aplicação dos recursos, na forma da legislação aplicável;*
> *II - a compatibilidade entre a execução do objeto, o que foi estabelecido no Plano de Trabalho, e os desembolsos e pagamentos, conforme os cronogramas apresentados;*
> *III - a regularidade das informações registradas pelo convenente ou contratado no SICONV; e,*
> *IV - o cumprimento das metas do Plano de Trabalho nas condições estabelecidas."*

Observo que os incisos enumerados se referem, exclusivamente, à relação mantida entre o repassador (DNIT) e o beneficiário dos recursos (no caso, o Exército Brasileiro), nada sendo prescrito quanto à execução e o acompanhamento efetivo de um eventual contrato mantido pelo segundo com terceiros.

Disso decorre, logicamente, que ao DNIT cumpre acompanhar e fiscalizar o cumprimento do objeto do convênio ou termo de cooperação, enquanto que ao órgão ou entidade que recebeu os recursos transferidos cumpre acompanhar e fiscalizar o objeto dos contratos que celebrou para executar o objeto do convênio ou termo de cooperação. Embora a linha divisória entre os tipos de acompanhamento e fiscalização possa se revelar, em determinadas e específicas situações, muito tênue, é absolutamente necessária para a boa ordem da Administração Pública a sua efetiva delimitação, a fim de que, com justiça e adequação à lei, se possa atribuir as responsabilidades pela irregular ou deficiente consecução do interesse público, seja no âmbito do convênio ou termo de cooperação, seja no âmbito dos contratos celebrados com terceiros.

O que não é possível e agride o bom senso é atribuir ao DNIT, de forma generalizada, as responsabilidades que são próprias dos *contratantes*, sem que a Autarquia tenha firmado qualquer contrato. Mais, contraria a justiça administrativa e ao princípio geral de Direito de atribuir a cada um o que é seu ignorar a participação do Exército Brasileiro como o efetivo *contratante* da obra pública, nada lhe sendo exigido ou qualquer responsabilidade lhe sendo imputada, como se a Autarquia fosse uma avalista ou fiadora universal.

Assim, respondendo objetivamente ao questionamento formulado por esta Diretoria, a propósito do Ofício de Audiência nº 1.180/2010 oriundo do Tribunal de Contas da União, observo que, dentre as indagações formuladas, somente a relativa ao item a.5.1 poderá e deverá ser respondida diretamente pelo DNIT, visto que envolve a aplicação dos recursos transferidos em desacordo com o que foi objeto do Termo de Cooperação.

Quanto aos demais itens, por envolverem alegadas irregularidades na execução de contratos celebrados diretamente pelo 2º BEC — *a.5.2 pagamento de quantitativos acima das reais necessidades da obra; a.5.4 atraso das obras; a.5.5 e a.5.6 pagamentos antecipados* — entendo que são de responsabilidade direta e pessoal do Exército Brasileiro, devendo o TCU solicitar os esclarecimentos diretamente ao referido órgão, sem prejuízo do DNIT, em homenagem ao princípio da eficiência, solicitar os esclarecimentos ao Exército Brasileiro e encaminhá-los ao TCU para a devida apreciação.

Brasília, 10 de janeiro de 2011.

DESPACHO/PFE/DNIT Nº 00131/2011

Compensações Socioambientais
das Eclusas de Tucuruí.

Em que pese aprovar o Parecer/GFA/PFE/DNIT nº 247/2011, julgo ser oportuno oferecer algumas orientações adicionais para a celebração do pretendido Convênio.

Segundo contém o processo e seus anexos, o objeto deste Convênio é a *"execução de obras de compensação social em benefício das comunidades atingidas pelas obras das Eclusas de Tucuruí, em conformidade com o Plano de Trabalho aprovado pelo DNIT, que é parte integrante deste objeto independente de transcrição"* (Cláusula Primeira da minuta).

Por sua vez, a Planilha Geral do Plano de Trabalho de fls. 11 elenca as seguintes atividades:

DESCRIÇÃO	VALORES EM REAIS (R$) BASE DEZ./2010
Contratação de empresa especializada para gerenciamento, supervisão, fiscalização e controle de qualidade das obras	4.100.000,00
Construção de 3 (três) Centros Comunitários com 420m² cada, sendo 1 (um) na Vila Pioneira, 1 (um) na Nova Matinha e 1 (um) no bairro Liberdade	2.250.000,00
Construção de 1 (uma) Escola (Equipamento Comunitário) para atendimento a alunos excepcionais na Vila Pioneira	1.500.000,00
Construção de 1 (uma) praça com quadra poliesportiva, *playground* e quiosque na Vila Pioneira	800.000,00
Construção de 1 (uma) praça com *playground*, quiosque e campo de futebol com alambrado na Nova Matinha	900.000,00
Implantação de sistema para deposição final de esgoto	16.850.000,00

DESCRIÇÃO	VALORES EM REAIS (R$) BASE DEZ./2010
Construção de Unidade de Atendimento a Saúde no bairro Nova Saúde	450.000,00
Construção de 1 (uma) Feira Livre Coberta na Nova Matinha com 10 boxes de 3,00 x 3,00 metros	300.000,00
Construção de 3 (três) creches, sendo 1 (uma) na Vila Pioneira, 1 (uma) na Nova Matinha e 1 (uma) no bairro Liberdade	1.200.000,00
Asfaltamento das ruas Santo Antonio e Tancredo Neves no trecho entre a portaria do canteiro de obras da Eclusa 2 e a Igreja Quadrangular, 1.000 metros de extensão, 8.000 m² de área	150.000,00
Complementação das obras de urbanização nos bairros Nova Matinha, Vila Pioneira e Liberdade	2.000.000,00
Despesas operacionais	500.000,00
Total do convênio entre a Eletronorte e o DNIT	**31.000.000,00**

Dúvida não existe de que todas as atividades acima descritas são absolutamente estranhas aos objetivos ou finalidades institucionais do DNIT. Não obstante, a Autarquia, na qualidade de empreendedora das Eclusas de Tucuruí, obra de excepcional interesse nacional e que tive o privilégio de conhecer *in loco*, se sujeita a atender as exigências estabelecidas pelos órgãos competentes, como compensações sociais ou ambientais previstas nas licenças expedidas para o empreendimento público.

Portanto, o referido Convênio visa cumprir, segundo declarado no Adendo ao Relatório Final – Grupo de Trabalho, criado pela Portaria nº 196, de 29 de junho de 2010, do Ministério dos Transportes (fls. 81) – Anexo a este Processo, *"COMPENSAÇÕES SOCIAIS E AMBIENTAIS, atendendo as licenças de instalação e ou operação do Sistema de Transposição/ Eclusas de Tucuruí – Pará."*

Desse modo, recomendo que:

a) Promova esta Diretoria, previamente à submissão do assunto à Diretoria Colegiada, a conferência sobre se cada uma das atividades constantes da Planilha Geral de fls. 11 foi, efetivamente, estabelecida como condicionante nas licenças expedidas para a construção e operação das Eclusas de Tucuruí;

b) Caso alguma daquelas atividades não se encontre prevista, promova junto ao órgão/entidade competente pela expedição das licenças a sua inclusão, como condicionante para o empreendimento; e

c) Faça incluir na minuta do Convênio, no inciso III, do item 2. Da Convenente, na Cláusula Quarta, a contratação de empresa especializada para o gerenciamento, supervisão, fiscalização e controle de qualidade das obras, como previsto na Planilha Geral de fls. 11 (item 1).

Brasília, 04 de março de 2011.

DESPACHO/PFE/DNIT Nº 00272/2011

Delegação para Execução das Desapropriações.

Após ciência da aprovação por Vossa Senhoria do Despacho nº 1292/2010/CONSU/ACSM/PGF/AGU (fls. 92/104), restituo o processo com as considerações adiante expostas e, ao final, a respectiva solicitação.

Com efeito, ocupou-se o Despacho em referência, da lavra do Adjunto de Consultoria da PGF, da análise do Convênio de Cooperação Técnica e Financeira firmado entre o DNIT e o Estado do Ceará para a desapropriação de imóveis que irão compor a faixa de domínio da Ferrovia Transnordestina (fls. 23/32).

Concluindo, orientou o Senhor Adjunto de Consultoria que:

"Por essas razões, não sendo legítima a delegação da representação judicial do DNIT para o Estado do Ceará, pode-se concluir que, nessa parte, a Portaria n. 1.589, de 31 de dezembro de 2008, do Diretor-Geral do DNIT (fl. 34) mostra-se irregular, devendo abster-se de expedir novos atos que tenham como objeto a delegação da representação judicial do DNIT.

Desse modo, sugere-se que não seja acolhido o PARECER Nº 231/PGF/CONSU/ CAA/2009 e, ainda, a remessa do presente feito ao Procurador-Chefe da PFE/ DNIT para que providencie a integração da PFE/DNIT, na qualidade de autora (sic), nos feitos em que tenha ocorrido a referida delegação da representação judicial, a partir da aprovação deste Despacho pelo Senhor Procurador-Geral Federal, podendo, ainda, o Estado do Ceará integrar o feito como assistente, bem como que oriente a Administração da Autarquia a adotar as devidas providências no sentido de abster-se de expedir novos atos ou celebrar convênios ou ajustes de qualquer natureza que tenham como objeto a delegação da representação judicial do DNIT." (fls. 104).

Com efeito, permito-me, com todas as vênias de estilo, divergir integralmente das conclusões acima reproduzidas. E o faço de forma insuspeita e confortável, visto que ao tempo da celebração do Convênio em questão ainda não exercia a Chefia desta Procuradoria.

Inicialmente, observo que o Senhor Adjunto de Consultoria laborou em manifesto equívoco ao confundir a delegação da *representação judicial* com a delegação das *atividades de promoção das desapropriações, inclusive de natureza judicial*.

De fato, é curial que só se pode delegar aquilo que se tem! A delegação não é outra coisa senão a transferência a outrem de atividades ou poderes que o delegante possui.

Assim, num primeiro momento, indago como poderia o DNIT delegar a sua *representação judicial* se esta atividade não é sua, e sim dos Procuradores Federais?

Depois, como poderia o DNIT delegar a sua *representação judicial* a pessoa jurídica, como o Estado do Ceará, se esta atividade só pode ser exercida por pessoa física, mais do que isso, por Procurador Federal?

A resposta a estas indagações não pode ser outra senão a de que é impossível que o Convênio celebrado com o Estado do Ceará tenha delegado a *representação judicial* do DNIT, visto que o DNIT não possui esta atividade como atribuição institucional, bem assim porque o Convênio foi celebrado com uma pessoa jurídica, no caso o Estado do Ceará, e não com os seus Procuradores.

Nesse sentido, vejamos o que foi, então, delegado pelo Convênio:

"CLÁUSULA PRIMEIRA
DO OBJETO
Este CONVÊNIO tem como objeto à Desapropriação da Faixa de Domínio de trechos da Ferrovia Transnordestina no Estado do Ceará – Trecho: Missão Velha – PECÉM."

Note-se que o texto acima transcrito é claro no sentido de que a delegação tem por objeto a realização de procedimentos para a desapropriação em apreço. Não existe qualquer menção sobre a suposta delegação da *representação judicial* do DNIT.

Outrossim, a Cláusula Quarta do mesmo Convênio, ao dispor sobre as obrigações do Estado do Ceará, relacionou uma série de atividades, sendo absolutamente omissa quanto à suposta *representação judicial*.

Assim, não há dúvida de que o Convênio em questão foi regular, justo porque só tratou de delegar as atividades próprias do DNIT, no âmbito da *promoção de desapropriações*, como expressamente autorizado pelo art. 3º do Decreto-Lei nº 3.365, que desde 1941 estabelece:

"Art. 3º Os concessionários de serviços públicos e os estabelecimentos de caráter público ou que exerçam funções delegadas de poder público poderão promover desapropriações mediante autorização expressa, constante de lei ou contrato."

Lecionando sobre a aplicação dessa regra legal, colhemos o magistério sempre insuperável de Miguel Seabra Fagundes:

"68 – Quanto aos estabelecimentos públicos ou estabelecimentos privados que desempenham função do Poder Público se pode dizer, como se disse em relação às pessoas concessionárias, que a permissão legal de executar a desapropriação é conseqüência natural das funções, que lhes são afetas e decorre de delegação do Estado... O que lhes é permitido, portanto, é, depois do decreto expropriatório, entabular acordo com o proprietário, e, fracassado este, iniciar e conduzir a ação de desapropriação. O ato mais importante que compete ao Poder Executivo no expropriamento, que é a declaração (pois que por ele se impõem logo restrições ao proprietário), este lhes escapa às atribuições. Para a posição do indivíduo é de nenhuma significação essa faculdade, que se reconhece a tais entidades, não lhe importando, praticamente, que a Administração promova por si mesma o expropriamento ou que este seja promovido por outrem." (Da desapropriação no direito brasileiro, p. 94)

Aliás, a celebração do Convênio tanto foi regular que o próprio Adjunto de Consultoria consignou em seu Despacho que:

"Desta forma, tem-se como possível o convênio entra (sic) o Departamento Nacional de Infraestrutura e Transportes – DNIT e o Estado do Ceará cujo objeto é a desapropriação da Faixa de Domínio de Trechos da Ferrovia Transnordestina no Estado do Ceará – Trecho Missão Velha – PECEM. (fls. 99, sublinhamos)"

Mas, como não conseguiu encontrar nenhuma irregularidade no Convênio, decidiu apontá-la na Portaria nº 1.589, de 31 de dezembro de 2008, do Diretor-Geral do DNIT (fl. 34). Não obstante, confira-se o teor do art. 1º, do referido ato:

*"Art. 1º DECLARAR que, com fundamento no art. 82, inciso IV, da Lei nº 10.233, de 5 de junho de 2001, e no art. 12, da Lei nº 9.784, de 29 de janeiro de 1999, nos termos do Convênio DIF/TT nº 283/2007, que tem como objeto a Desapropriação da Faixa de Domínio de Trechos da Ferrovia Transnordestina no Estado do Ceará – Trecho Missão Velha – Pecém, foi delegada competência para o Convenente **promover as referidas desapropriações**, podendo o Governo do Estado do Ceará, **por sua Procuradoria**, ajuizar as ações que se fizerem necessárias, observando em todo o caso a respectiva Portaria de Declaração de Utilidade Pública e as disposições do Decreto-Lei nº 3.365, de 21 de junho de 1941."*

Na realidade o texto supra transcrito não acrescentou nada que já não estivesse previsto no próprio Convênio, o qual, como admitido pelo Adjunto de Consultoria, foi celebrado de modo regular.

Entretanto, o que se procurou com a edição do referido ato foi esclarecer, e por isso se declarou, que a competência delegada pelo Convênio — *promover as desapropriações* — envolvia, evidentemente, a propositura das ações judiciais que fossem necessárias, em nome do próprio Estado do Ceará e através dos seus Procuradores.

Tivesse ocorrido a suposta delegação da *representação judicial* do DNIT, como afirmado pelo Senhor Adjunto de Consultoria, as ações de desapropriação teriam que ter sido propostas em nome do DNIT, pela Procuradoria do Estado, o que, absolutamente, não ocorreu e nem poderia ocorrer, visto que isto não foi e nem poderia, como já explicitado, ser objeto de delegação do DNIT.

Com efeito, o que se vê da petição inicial que instrui este processo, às fls. 18/22, é que as demandas expropriatórias se deram em nome do Estado do Ceará, *representado judicialmente* pelo Procurador do Estado. Na própria petição, esclareceu o Estado, de modo escorreito, a sua legitimidade ativa ao consignar:

> *"Assim, pelo convênio e atos administrativos referidos, com cópias anexas, delegou-se ao Estado do Ceará atribuição para a promoção dos atos executórios da desapropriação. (fls. 19, sublinhamos)"*

Ademais, exatamente porque a *representação judicial* do DNIT não foi delegada é que esta Chefia autorizou os Procuradores Federais na PFE/DNIT/CE a ingressarem nos feitos, em nome do DNIT, pleiteando a assistência ao Estado do Ceará, que é o autor da desapropriação. Esta autorização buscou atender dois objetivos:

a) Assegurar o foro federal para o conhecimento e julgamento das desapropriações, em cumprimento ao disposto no art. 109, I, da Constituição Federal, considerando ter a Justiça Federal, ao contrário da Estadual, tradição e experiência reconhecida em demandas expropriatórias, principalmente quando oriundas do extinto DNER e do DNIT; e

b) Viabilizar as tratativas em andamento junto à Justiça Federal para a realização dos chamados *"mutirões"* para o julgamento célere das questões, com a promoção de audiências conciliatórias, a exemplo das experiências bem-sucedidas, em situações semelhantes, nos Estados de Santa Catarina, Rio Grande do Sul e Minas Gerais.

Adiante, o Senhor Adjunto de Consultoria questiona e tem por configurada a delegação da *representação judicial* do DNIT pelo fato de o Estado do Ceará ter postulado em nome próprio direito alheio, visto que os bens expropriados irão reverter à administração federal, como consta do pedido inicial a fls. 21. Afirma que semelhante hipótese não é possível porque o Estado não é o titular do direito material vindicado, exceto nos casos de substituição processual (art. 6º do CPC).

Ora, embora a petição inicial não faça qualquer referência à figura processual do *"substituto processual"*, é exatamente nesta condição que o Estado do Ceará ingressou com as ações de desapropriação. A autorização legal excepcionada pelo art. 6º do CPC, no caso, é o disposto no art. 3º, do Decreto-Lei nº 3.365/41, já transcrito, que permite ao Estado *"promover desapropriações"* quando lhe forem delegadas essas atividades pelo titular do direito material, no caso o DNIT.

Não fosse assim, e prevalecendo o entendimento do Senhor Adjunto de Consultoria, teríamos, então, que considerar absolutamente ilegais, *v.g.*, todos os contratos de concessão rodoviária atualmente em vigor, visto que conferem ao concessionário o poder de *promover as desapropriações, em seu próprio nome,* dos bens necessários ao serviço público concedido que, como sabido, passam a integrar a rodovia concedida como bem público de uso comum do povo (art. 99, I, do CCB).

A título de exemplo, transcrevo abaixo essa prerrogativa que, tal qual no caso do Convênio em questão e da Portaria nº 1.589/2008, foi consignada com fundamento no mesmo art. 3º, do Decreto-Lei nº 3.365/41, e que, para os efeitos processuais, a concessionária também atua como *"substituta processual"* da União, assim como o Estado do Ceará é o *"substituto processual"* do DNIT, *verbis*:

"Desapropriações e Imposições Administrativas

*16.22 Caberá a Concessionária **promover desapropriações**, constituir servidões administrativas autorizadas pelo Poder Concedente, propor limitações administrativas e ocupar provisoriamente bens imóveis necessários a execução e conservação de obras e serviços vinculados a Concessão. (Contrato de Concessão Edital nº 0011/2007. Concessão da Exploração da Rodovia BR-116I SP/ PR. Trecho São Paulo – Curitiba. Extraído do seguinte endereço eletrônico: <http://www.antt.gov.br/comunicadoaudiencia/contratos/edital001/20090727 ContratoAutoPistaRegisBitencourt.pdf>)"*

Portanto, Senhor Procurador-Geral Federal, por tudo que ora foi exposto, não há como prevalecer o equivocado entendimento manifestado no Despacho nº 1.292/2010/CONSU/ACSM/PGF/AGU (fls. 92/104), pelo que solicito a Vossa Senhoria que *reconsidere* a aprovação anterior e, querendo, adote como razão de decidir o bem lançado Parecer nº 231/ PGF/CONSU/CAA/2009 (fls. 68/91), da lavra do Procurador Federal Carlos Antonio de Araújo, que analisou com propriedade, correção e adequação a matéria, nada encontrando que maculasse o Convênio em questão ou a Portaria que lhe seguiu.

Brasília, 11 de março de 2011.

DESPACHO/PFE/DNIT Nº 01158/2011

Aquisição de Veículos.

Embora o Contrato PP-675/2009-00, celebrado entre o DNIT e a Fundação Ricardo Franco, não seja claro quanto à obrigação da Contratada pela aquisição de veículos destinados a atender o Termo de Cooperação firmado entre o DNIT e a FUNAI, observo que no Plano de Trabalho de fls. 26, 27 e 28 constam expressões que fazem supor a referida obrigação.

Com efeito, a fls. 26, no detalhamento do Subprograma de Fiscalização e Proteção às Terras Indígenas, consta a *"implantação de sistemas móveis de fiscalização (viaturas) para atuarem na fiscalização remota..."*. Depois, a fls. 27, no detalhamento do Subprograma de Infraestrutura aos índios isolados, consta a *"instalação de três postos de vigilância bem como mobiliário e viaturas"*. Finalmente, a fls. 28, no Cronograma de Execução, estão previstas na Gestão Técnica Gerencial do Programa atividades de *"logística destinadas ao provimento de meios..."*.

Ainda em socorro a essa interpretação, consta a fls. 28, no Plano de Aplicação dos recursos alocados pelo DNIT *"Despesas de capital"* que, juntamente com as demais despesas correntes, somam a cifra de R$12.608.920,15.

Ora, segundo a Lei nº 4.320/64, que estatui normas gerais de direito financeiro para elaboração e controle dos orçamentos e balanços da União, dos Estados, dos Municípios e do Distrito Federal, classificam-se como *"Despesas de Capital"* aquelas despesas que contribuem, diretamente, para a formação ou aquisição de um bem de capital — como um veículo — resultando no acréscimo do patrimônio do órgão ou entidade que a realiza, aumentando, dessa forma, sua riqueza patrimonial.

Desse modo, embora a DPP/DNIT, doravante, deva descrever nos futuros instrumentos a serem celebrados, com clareza, a previsão de aquisição de veículos, considero que as aquisições noticiadas nos autos foram previstas no Plano de Trabalho do Contrato PP-675/2009-00, celebrado entre o DNIT e a Fundação Ricardo Franco, pelo que podem ser objeto da minuta do Termo de Cessão de Uso submetido à análise desta Procuradoria.

Quanto à minuta do Termo de Cessão de Uso, entendo que a mesma atende as prescrições legais, devendo a Administração declarar que está de acordo com a minuta padrão.

Brasília, 30 de maio de 2011.

DESPACHO/PFE/DNIT Nº 01936/2011

Inadimplência Registrada no SIAFI/CAUC.

Em face do Parecer/EOS/PFE/DNIT nº 01141/2011 retro, remeto os autos com as considerações que se seguem.

No item 9, tratou a ilustre Procuradora da comprovação de regularidade do Ente Federado perante os órgãos ou entidades da Administração Pública Federal. Imperioso, todavia, registrar que não se mostra pertinente a abordagem do tema no presente exame.

A uma, porque arguir tal comprovação seria razoável em manifestações atinentes à transferência de recursos, ou alteração de valor, mas não em análise de prorrogação de prazo, como a que se posta. Com efeito, a regularidade do Ente Beneficiado não é condição para a dilação temporal do ajuste.

Em seguida, vale lembrar que os autos versam sobre Termo de Compromisso, criado pela Lei nº 11.578/07, adotado para disciplinar as ações do Programa de Aceleração do Crescimento que se executarem por meio de transferência *obrigatória* de recursos financeiros. Nesta modalidade de transferência, a inadimplência do Ente Beneficiado sequer permite à Unidade Gestora obstar a transferência dos recursos previstos.

Neste sentido, destaco o *Acórdão nº445/2009, proferido pelo Plenário do Tribunal de Contas da União, in verbis:*

> *"Acordam os Ministros do Tribunal de Contas da União, reunidos em Sessão Plenária, com fundamento art. 264, caput, inciso VI e §§1º e 2º do Regimento Interno e ante as razões expostas pelo Relator, em:*
> *9.2.1. as situações de inadimplência, objeto de registro no SIAFI/CAUC, não são suficientes para impedir o recebimento pelos entes federados de recursos financeiros de natureza obrigatória por parte da União."*

Quanto ao item 14, divirjo do entendimento esposado pela parecerista, no sentido de que o Termo de Compromisso observa regime similar àquele estabelecido para o contrato administrativo, inclusive no que tange aos requisitos e limites para prorrogação e aumento de valor.

Cingindo-me exclusivamente aos requisitos para a prorrogação, por ser o real objetivo do opinativo ora solicitado a esta Procuradoria, esclareço que não se exige a subsunção a uma das hipóteses do §1º do art. 57 da Lei de Licitações para a dilação de prazo de termos de compromisso, diferentemente do que ocorre nos contratos administrativos. Com efeito, reiteradas vezes defendi, em análises semelhantes, essa espécie de ajuste, pela sua natureza de cooperação mútua, confere aos seus partícipes maior margem de discricionariedade nas negociações encetadas. A exemplo do que ocorre nos convênios federais regidos pelo Decreto nº 6.170/2007 e Portaria Interministerial MPOG/MF/CGU nº 127/2008, exige-se, para que sua alteração seja permitida, a apresentação de proposta fundamentada do Convenente dentro do prazo de vigência do instrumento.

Por isso, consoante exposto no item 23 do opinativo retro, não se deve incluir qualquer dispositivo da Lei nº 8.666/93 na fundamentação da minuta acostada às fls. 1.344/1.346.

No tocante ao apontamento consignado no item 37, pondero que é necessário que a vigência do ajuste seja precisamente delimitada. Por isso, recomendável que o período de execução previsto no Plano de Trabalho seja expresso em dia/mês/ano e seja idêntico àquele informado na minuta do termo aditivo que se pretende celebrar. Todavia, devo registrar que não existe qualquer obrigação normativa no sentido de que as metas/etapas constantes do referido Plano também estejam previstas naquela forma.

Diante do exposto, depois de atendidas as recomendações constantes dos itens 3, 6, 15, 20, 23 e 26 do Parecer *retro*, poderá o aditivo proposto ser aprovado e celebrado pela Administração.

Brasília, 26 de agosto de 2011.

MEMORANDO PFE/DNIT Nº 00599/2011

Prorrogação dos Convênios para
Concessão de Rodovias.

Reporto-me ao Ofício nº 2.204/2011/GM/MT, de 26.10.2011 (anexo), segundo o qual o Ministério dos Transportes solicita a análise das minutas dos termos aditivos aos Convênios de Delegação nºs 009/96, 011/96, 012/96, 013/96, 014/96 e 015/96, celebrados entre a União, através do Ministério dos Transportes, e o Estado do Rio Grande do Sul, com a interveniência do DNIT.

As minutas mencionadas chegaram ao meu conhecimento sem se fazerem acompanhar dos respectivos processos administrativos, pelo que, face à urgência declarada, a análise que farei é de natureza sumária e superficial, à luz, tão somente, das mencionadas minutas de aditivo.

Com efeito, segundo imagino, porque as minutas sequer mencionam, os Convênios de Delegação foram celebrados com fundamento na Lei nº 9.277, de 10.05.1996, que autoriza a União a delegar aos Municípios, aos Estados da Federação e ao Distrito Federal a administração e exploração de rodovias e portos federais (cópia anexa).

Nesta modalidade de ajuste, inexiste qualquer tipo de obrigação financeira a cargo da União ou do DNIT, mas a singela entrega e recebimento pelo Estado dos trechos rodoviários federais com a expressa finalidade de, por 25 (vinte) anos, prorrogáveis, administrá-los e explorá-los diretamente ou mediante concessão à iniciativa privada.

No caso, segundo decorre da leitura das minutas sob análise, os trechos rodoviários federais delegados ao Estado do Rio Grande do Sul se encontram contratados junto à iniciativa privada, mediante concessão, celebrada pelo Estado.

Ocorre que teria havido, por parte do Estado, a denúncia daqueles Convênios que, entretanto, não teria se aperfeiçoado, pelo que a União não teria se sub-rogado nos direitos e obrigações provenientes dos contratos de concessão, cujos prazos são superiores aos dos Convênios. Essa conclusão decorre, inclusive, de uma decisão judicial oriunda do Superior Tribunal de Justiça, nos autos do Mandado de Segurança nº 16.505-DF, conforme declarado nas minutas de aditivo sob análise.

Mediante consulta à página na internet do STJ, pude colher a decisão judicial anexa, mencionada nas minutas de aditivos, cuja parte conclusiva é a seguinte:

> "*Como se vê, a sub-rogação da União nos direitos e obrigações resultantes dos contratos firmados com as impetrantes somente pode ser considerada perfeita e acabada após a realização de um termo de sub-rogação para cada um dos convênios firmados, bem como a confecção de instrumentos de transferência dos acervos patrimoniais, técnicos e jurídicos de cada um dos contratos de concessão, providências que se encontram pendentes até o presente momento.*"

Desse modo, o que se objetiva com os termos aditivos é a prorrogação do prazo de vigência dos Convênios de Delegação para data que seja compatível com os termos finais dos respectivos contratos de concessão que foram celebrados pelo Estado.

Embora não declarado nas minutas, parece-me, assim, que a motivação para a prorrogação visa dar continuidade às obrigações assumidas pelo Estado em relação aos contratos de concessão que foram por ele celebrados, especialmente quanto aos reajustes das tarifas de pedágio, consoante se infere da decisão judicial supramencionada.

Não consta da documentação que me foi repassada qualquer informação sobre o prazo de vigência dos Convênios, pelo que devo presumi-los em vigor, visto que seria inadmissível a celebração de termo aditivo de prorrogação de prazo após expirada a vigência dos Convênios de Delegação.

Outrossim, como o DNIT é parte interveniente dos Convênios, mister será a aprovação dos termos aditivos pela respectiva Diretoria Colegiada, bem assim a análise jurídica da Consultoria Jurídica do Ministério dos Transportes, em virtude de a União ser a entidade Convenente.

Concluindo, desde que vigentes os Convênios de Delegação a que se referem as minutas de termos aditivos em apreço, não vejo óbice a sua celebração, observada a orientação objeto do parágrafo anterior.

Brasília, 28 de outubro de 2011.

DESPACHO/PFE/DNIT Nº 02144/2011

Alteração de natureza adjetiva
não modifica o objeto do ajuste.

Reporto-me ao Memorando de fls. 02, mediante o qual essa Auditoria informa sobre a Recomendação nº 1 do Relatório de Avaliação da Execução de Obras Emergenciais no Estado de Alagoas, elaborado pela Controladoria-Geral da União (CGU). Estabelece a referida Recomendação nº 1:

> *"Que a Diretoria-Geral do DNIT encaminhe a presente constatação a Procuradoria Federal Especializada do DNIT, acompanhada do Processo n. 50600.008784/2010-11, para conhecimento e posicionamento final sobre a existência da irregularidade apontada."*

O posicionamento jurídico desta Procuradoria sobre o assunto já foi manifestado por ocasião do Parecer/EOS/PFE/DNIT nº 1.936/2010 e do Despacho/PFE/DNIT nº 920/2010, onde consignei, ao final, que deveriam ser atendidas as recomendações pertinentes constantes do referido Parecer, pelo que nada há para ser retificado ou alterado.

Segundo as referidas manifestações jurídicas, ficou, à saciedade, registrado que nenhuma alteração poderia ser feita ao Termo de Compromisso que implicasse modificação do seu objeto. O Despacho/PFE/DNIT nº 920/2010 foi necessário visto que não me pareceu, na ocasião, que houvesse esse intento com o aditivo proposto, uma vez que, conforme deixei consignado, no *"relato de fls. 132/135, o que se pretenderia é a singela modificação da expressão Projeto de Engenharia e Projeto Executivo de Engenharia, vulgarmente conhecido como PATO. A alteração envolveria, portanto, modificação terminológica, não implicando em mudança do objeto do Termo de Compromisso."*

Por ocasião da análise pela CGU, isto ficou muito bem entendido, tanto que consta do Relatório que:

> *"A CGMRR utiliza-se de excerto do Despacho PFE/DNIT nº 920/2010, a fls. 160 do Processo n. 50600008784/2010-11, para corroborar seu entendimento de que não ocorreu a alteração do objeto. Entretanto, a Coordenação-Geral não*

CAPÍTULO 2 | ORIENTAÇÕES GERAIS
SEÇÃO 5 | ORIENTAÇÕES SOBRE CONVÊNIOS E TERMOS | 393

se atentou para o fato de que o Procurador Chefe Nacional do DNIT enfatiza que seu posicionamento, sobre a legalidade das proposições de alteração do Termo de Compromisso, foi embasado no relato da CGMRR à DIR, a fls. 132-135 do referido processo, e que tal documento não faz qualquer menção as alterações das ações de reconstrução/restauração previamente estabelecidas para as 19 metas do Plano de Trabalho original, mas somente as alterações das Cláusulas Décima e Décima Primeira do acordo. Assim, não há como considerar o Despacho PFE/DNIT n. 00920/2010 conforme entendimento exposto pela referida Coordenação-Geral."

Considero muito feio o que fez a CGMRR, ao tentar estabelecer um nexo de causa e efeito para assuntos *substantivamente* distintos. Com efeito, o Despacho/PFE/DNIT nº 920/2010 não se ocupou da análise promovida pela CGU. Cuidou, apenas, de uma alteração terminológica, de natureza *adjetiva, tout court*.

Se, posteriormente, detectou a CGU que a referida mudança visava fins distintos, consistente na alteração do objeto do Termo de Compromisso, isto, definitivamente, não contou com a aprovação desta Procuradoria, consoante as manifestações jurídicas supramencionadas.

Afinal, de que adianta colocar o rótulo de um *"Romanée-Conti"* numa garrafa contendo *"Coca-Cola"*. Por acaso, o conteúdo será alterado? Nem mesmo *"Merlin"*, o rei dos lendários magos medievais, poderia realizar tal proeza.

De modo que nada há para ser revisto ou alterado no Parecer/ EOS/PFE/DNIT nº 1.936/2010 e no Despacho/PFE/DNIT nº 920/2010, segundo os quais não era possível qualquer alteração *substantiva* quanto ao conteúdo do objeto do Termo de Compromisso, mas apenas alterações de natureza *adjetiva*, visando rebatizar o nome constante das cláusulas mencionadas.

Brasília, 23 de novembro de 2011.

PARECER/FMRD/PFE/DNIT N° 01662/2011

Travessia Urbana de Cuiabá/MT.

Vêm os autos a esta Procuradoria para análise, quanto aos aspectos jurídicos, da minuta de Termo de Compromisso a ser celebrado entre o DNIT e o Estado do Mato Grosso, tendo como interveniente a Secretaria Extraordinária da Copa do Mundo FIFA 2014 (SECOPA). O objeto do ajuste é a execução das obras de construção da travessia urbana de Cuiabá e Várzea Grande nas BR-163/364/070-MT, conforme descrito na Cláusula Segunda da Minuta do Termo de Compromisso de fls. 132/142, e conforme Plano de Trabalho acostado às fls. 72/74.

A celebração do Termo de Compromisso regulado pela Lei n° 11.578/2007 se destina para as ações inseridas no âmbito do Programa de Aceleração do Crescimento (PAC), executados mediante transferência obrigatória de recursos financeiros pelos órgãos e entidades da União aos órgãos e entidades dos Estados, Distrito Federal e Municípios, devendo ser atendidos alguns pressupostos:

a) Previsão da ação administrativa em Decreto do Poder Executivo Federal: Quanto a este requisito, declara o documento de fls. 143/147 que o Decreto n° 6.807, de 25.03.2009, às fls. 53/54, contém o objeto da minuta do Termo de Compromisso.

Analisando o referido Decreto, observo que, embora conste, como empreendimento, a *"BR-163/MT – Adequação – Rondonópolis – Cuiabá – Posto Gil"*, na há expressa menção sobre a travessia urbana de Cuiabá e Várzea Grande, pelo que deverá essa Diretoria esclarecer se a funcional indicada compreende e autoriza o que se pretende ajustar.

b) Motivação para o Termo de Compromisso: Esse pressuposto decorre de exigência comum a todos os atos administrativos, para que possam ser considerados válidos, com ênfase no interesse público envolvido. No documento de fls. 143/147, essa Diretoria declara que as obras de construção e melhoramentos para adequação de capacidade e segurança na travessia urbana de Cuiabá e Várzea Grande *"visa dotar a Capital do Estado de melhor qualidade na mobilidade urbana tendo em vista que a Capital mato-grossense foi escolhida como cidade sede da Copa do Mundo FIFA 2014, evento esportivo de grande vulto e que exige uma infra-estrutura compatível com a demanda de transporte local, ou seja, que a cidade seja dotada de um sistema eficiente de mobilidade urbana."*

Constato, portanto, que existe motivação para o pleito em questão, bem assim informa que as *"Avenidas Fernando Correa da Costa e da FEB são coincidentes com os trechos federais"*. Parece-me, assim, como soe ocorrer em muitos Municípios, que, no caso, os trechos rodoviários federais que sofrerão intervenções atravessam o perímetro urbano de Cuiabá e Várzea Grande, tendo sido batizados como avenidas municipais. Quanto a esse aspecto, solicito que essa Diretoria confirme ou não essa presunção.

c) Definição do objeto e previsão de início e fim da execução: O objeto a ser executado encontra-se devidamente identificado a fls. 72 do Plano de Trabalho. Na mesma folha, a previsão de início e fim da execução do objeto.

Entretanto, o dia do início, 1º.12.2011, deverá ser alterado quando da formalização do Termo de Compromisso para data contemporânea à sua celebração, promovendo, se for o caso, os ajustes para a data final de execução.

d) Metas a serem atingidas, etapas/fases de execução e cronograma de execução: Estão descritas a fls. 73 do Plano de Trabalho. Porém deverão ser ajustadas em função da data de celebração do Termo de Compromisso.

e) Plano de aplicação de recursos financeiros: Se encontra a fls. 73 do Plano de Trabalho.

f) Cronograma de desembolso: Se encontra a fls. 74 do Plano de Trabalho, que também deverá ser ajustado, se for o caso, em função da data de celebração do Termo de Compromisso.

g) Declaração de existência de recursos orçamentários e contrapartida: Se encontra a fls. 65, firmada pelo Diretor de Infraestrutura Rodoviária. Quanto à contrapartida, o documento de fls. 143/147 informa que os recursos financeiros são de responsabilidade da União, pelo que não haveria contrapartida por parte do Estado do Mato Grosso.

Observo que a Lei nº 11.578/2007 admite essa possibilidade ao prever que o custo *total* do empreendimento recaia sobre a entidade descentralizadora, no caso o DNIT, quando a ação compreender obra ou serviço de engenharia (art. 3º, inciso VII), como é o caso ora proposto.

h) Utilização da Minuta Padrão de Termo de Compromisso: É necessário que essa Diretoria declare que a minuta do Termo de Compromisso de fls. 132/142 observa o padrão aprovado pela Diretoria Colegiada.

Outrossim, recomendo que seja promovida uma análise cuidadosa da minuta apresentada a fim de serem excluídas referências a contrapartida, como aquela constante do *parágrafo quinto da Cláusula Décima da minuta a fls. 138*, posto que a mesma não ocorrerá.

Brasília, 02 de dezembro de 2011.

SEÇÃO 6

ORIENTAÇÕES AQUAVIÁRIAS

DESPACHO/PFE/DNIT Nº 0002/2011

AHIMOC. Delegação para Estudos e
Monitoramento Ambiental do Rio Madeira.

Face o Despacho/AMBT/Procuradoria/DNIT nº 00939/2010, à fl. 50,
remeto o feito com as considerações que se sequem.

Inicialmente vieram os autos a esta Procuradoria para manifestação
jurídica sobre a possibilidade de delegação à AHIMOC dos serviços de
estudo e monitoramento ambiental do Rio Madeira.

A solicitação foi objeto do Despacho/PFE/DNIT nº 00193/2010
(fls. 20/21), mediante o qual esta Procuradoria concluiu que caso o
Convênio nº 007/2008, que vincula a AHIMOC à CODOMAR, estivesse
vigente, a delegação pretendida só seria possível se os serviços de estudo
e monitoramento do Rio Madeira não integrassem o respectivo Plano
de Trabalho.

Depois de juntar cópia do termo aditivo que prorrogou a vigência
do Convênio nº 007/2008, a área técnica responsável informou, à fl. 31,
que *"não está explícita a questão ambiental em nenhuma das Administrações"*,
no Plano de Trabalho. De fato, a meta nº 1 do referido plano (cópia às
fls. 25/30) é descrita genericamente com a expressão *"Manutenção das
Hidrovias a cargo da AHIMOC"*.

Ademais, no Despacho assinado pelo Coordenador-Geral de Hidrovias e Portos Interiores (fl. 32), que goza de presunção de veracidade, se declara que a questão ambiental não está contemplada no referido Plano de Trabalho, por ser de competência da CGMAB/DPP/DNIT.

Verifico, também, que a pretensão de delegação de competência foi submetida à apreciação da Diretoria Colegiada, obtendo aprovação, conforme expediente de fl. 41.

Depois da submissão do tema à Diretoria Colegiada, a CGMAB juntou aos autos o expediente de fls. 45, no qual assim manifesta:

"2.A Diretoria colegiada aprovou o Relato 077/2010 (fls. 40-41), delegando a competência à Administração das Hidrovias da Amazônia Ocidental – AHIMOC para realizar procedimento licitatório dos serviços de estudo e monitoramento ambiental do Rio Madeira.

Entretanto, para que o atendimento ao órgão ambiental seja melhor conduzido a delegação deverá contemplar não somente a contratação de estudos e monitoramento ambiental, mas todo o processo de licenciamento ambiental incluindo a alteração do empreendedor da citada LO, atualmente em nome do DNIT, transferindo sua titularidade para a Administração das Hidrovias da Amazônia Ocidental e Companhia Docas do Maranhão – AHIMOC/ CODOMAR."

Em razão desta sugestão, a Diretoria de Planejamento e Pesquisa reenviou os autos a esta Procuradoria, para análise, quanto aos aspectos legais, da possibilidade de alteração dos termos da delegação de competência já analisada e aprovada.

Para subsidiar a análise jurídica, foram juntados aos autos os termos aditivos de fls. 56/59, que comprovam a vigência do Convênio nº 007/2008, que vincula a AHIMOC à CODOMAR.

Diante da declaração dessa Diretoria de que as atividades que se pretende delegar à AHIMOC não estão contempladas no Plano de Trabalho do Convênio nº 007/2008, celebrado com a CODOMAR, até porque são de competência da CGMAB/DPP/DNIT, passo a tecer as seguintes considerações.

De fato, prescreve o art. 77, do Regimento Interno do DNIT, que compete à CGMAB a *"execução das atividades de gestão ambiental"*, pelo que, não tendo sido as mesmas expressamente referidas no Plano de Trabalho do Convênio nº 007/2008, não se pode concluir que tenham sido delegadas à CODOMAR.

Entretanto, mesmo com a delegação à AHIMOC não será possível excluir a intervenção direta do DNIT em todo o processo, uma vez que o Regimento Interno do DNIT considera as Administrações Hidroviárias, como a AHIMOC, integrantes da sua estrutura organizacional, na condição de órgãos descentralizados e subordinados às Superintendências Regionais (art. 5º, inciso VI, alínea "a5", c/c art. 123), e que, por força do Convênio nº 007/2008, estão atualmente sob gestão da CODOMAR.

Assim, as Administrações Hidroviárias, tanto quanto as Superintendências Regionais, *são órgãos, e não pessoas jurídicas*, muito embora possam ter, geralmente para efeitos meramente fiscais, CNPJ próprio. Consequentemente, a AHIMOC não está apta para, *em nome próprio*, licitar ou contratar os serviços delegados, muito menos para se responsabilizar como empreendedora no processo de licenciamento ambiental.

Portanto, forçosamente, a delegação à AHIMOC terá que consignar que no edital de licitação e no contrato dos serviços de estudo e monitoramento ambiental do Rio Madeira conste, como promotor do certame e contratante, o DNIT, que é a pessoa jurídica de direito público interno (art. 41, IV, do CCB c/c art. 79, da Lei nº 10.233/2001) capaz de assumir direitos e contrair obrigações, à semelhança das delegações que a Diretoria Colegiada costumeiramente confere às Superintendências Regionais.

Em decorrência, as minutas do edital, do contrato e dos futuros termos aditivos deverão observar o padrão utilizado pelo DNIT para os serviços daquela natureza, sendo submetidas à prévia análise do órgão jurídico de assessoramento da CODOMAR, que é a atual entidade gestora da AHIMOC, por força do Convênio nº 007/2008.

Quanto à condução do processo de licenciamento, o DNIT deverá permanecer como o empreendedor, não podendo ser alterada a respectiva licença já expedida. Isto porque, como já explanado, a AHIMOC não é uma pessoa jurídica, mas mero órgão, não podendo, assim, adquirir direitos ou contrair obrigações.

Por força dessas considerações, recomendo que a matéria seja novamente submetida à apreciação e deliberação da Diretoria Colegiada.

Brasília, 06 de janeiro de 2011.

DESPACHO/PFE/DNIT Nº 00053/2011

Administrações Hidroviárias. Natureza Jurídica.

De modo a esclarecer a questão ventilada por Vossa Senhoria no item 6, do Parecer *retro*, restituo os autos com as seguintes considerações. Em primeiro lugar, as Administrações Hidroviárias não são pessoas jurídicas, são órgãos da Administração Pública Federal. Além da AHSFRA (Administração das Hidrovias do São Francisco), existem, ainda, as seguintes:
- AHIMOC (Administração das Hidrovias da Amazônia Ocidental);
- AHIMOR (Administração das Hidrovias da Amazônia Oriental);
- AHINOR (Administração das Hidrovias do Nordeste);
- AHITAR (Administração das Hidrovias do Tocantins e Araguaia);
- AHIPAR (Administração das Hidrovias do Paraguai);
- AHRANA (Administração das Hidrovias do Paraná); e
- AHSUL (Administração das Hidrovias do Sul).

Todos esses órgãos de Administrações Hidroviárias tiveram as s uas *funções transferidas para o DNIT*, bem assim o respectivo acervo técnico e bibliográfico, além de bens e equipamentos, consoante estabelecido no parágrafo único do art. 109, da Lei nº 10.233/2001, já transcrito no Parecer *retro*.

Por força dessa transferência legal, a Resolução nº 10, de 31.01.2007, do Conselho de Administração do DNIT, que aprovou o Regimento Interno da Autarquia, fez constar da sua estrutura organizacional aquelas Administrações Hidroviárias, como órgãos descentralizados, consoante se observa do disposto no art. 5º, inciso VI, alínea "a.5", bem assim do disposto no art. 123.

Não obstante, atualmente, por força do Convênio nº 007/2008, anexo, celebrado entre o DNIT e a Companhia Docas do Maranhão (CODOMAR), os serviços prestados por todas as Administrações Hidroviárias foram descentralizados mediante a transferência, do DNIT para a CODOMAR, *"da execução das atividades de administração das hidrovias, bem como da cessão de uso de bens integrantes do patrimônio do*

MT/DNIT, ora afetados às atividades acima mencionadas" (parágrafo único da Cláusula Primeira).

Assim, o que se pretende no momento (fls. 02) é a homologação pelo DNIT do Termo de Entrega e Recebimento de Bens constante de fls. 03 (cópia autenticada), firmado entre o Ministério dos Transportes e a AHSFRA, a fim de que possam os mesmos bens ser tombados no patrimônio da Autarquia. Para tal fim, acostou-se aos autos o Termo de Responsabilidade de fls. 54.

Às fls. 113/115, foi juntada a Ata da Assembleia extraordinária de acionistas solicitada por esta Chefia (fls. 107) e prestados os esclarecimentos de fls. 117.

Feitas estas considerações, penso que o processo se encontra em condições de ser analisado, pelo que restituo os autos para que, à luz da documentação citada, seja emitido parecer sobre a possibilidade de ser homologado pela Diretoria Colegiada o Termo de fls. 03, a fim de permitir o tombamento dos bens no patrimônio do DNIT e viabilizar a futura celebração de Termo Aditivo ao Convênio nº 07/2008, cedendo o uso dos bens para a CODOMAR.

Brasília, 20 de janeiro de 2011.

DESPACHO/PFE/DNIT Nº 00086/2011

Administrações Hidroviárias. Alteração Regimental.

Aprovo a conclusão do Parecer/GFA/DNIT nº 167/2011, acrescentando a seguinte orientação:
As Administrações Hidroviárias (AHIMOC, AHIMOR, AHINOR, AHITAR, AHSFRA, AHRANA, AHIPAR e AHSUL) *já se encontram na estrutura organizacional do DNIT*, não só por força do parágrafo único do art. 109, da Lei nº 10.233/2001, como também em virtude do disposto no art. 5º, inciso VI, alínea "a5", e art. 123, ambos do Regimento Interno do DNIT aprovado pela Resolução nº 10, de 31.01.2007, do Conselho de Administração.

Aliás, exatamente porque aquelas Administrações Hidroviárias já integram a estrutura organizacional do DNIT é que se viabilizou o Convênio nº 007/2008, celebrado com a CODOMAR, mediante o qual foi delegada — *só se delega o que possui* — a execução das atividades de administração das hidrovias e dos portos fluviais.

Assim, o que a DAQ/DNIT considera como *"primeiríssimo passo"* já foi obtido desde 2007.

Na verdade, o que faltaria é dotar o DNIT dos cargos comissionados necessários para que aquelas atividades delegadas à CODOMAR possam ser desenvolvidas *diretamente* pela Autarquia. Sob este aspecto, segundo o Parecer aprovado, o processo se encontra adequadamente instruído, restando apenas a emissão do Aviso do Ministro de Estado dos Transportes junto ao Ministério do Planejamento, Orçamento e Gestão.

Uma vez disponibilizados os cargos comissionados pretendidos (8 DAS-4 e 16 DAS-2), poder-se-á, então, cuidar da *denúncia* do Convênio nº 007/2008, e promover a alteração do Regimento Interno, mediante Resolução do Conselho de Administração, para *suprimir* as Administrações Hidroviárias da subordinação às Superintendências Regionais, e *incluí-las* sob a subordinação da Diretoria de Infraestrutura Aquaviária.

Brasília, 16 de fevereiro de 2011.

DESPACHO/PFE/DNIT Nº 02064/2011

Dragagem do Rio Madeira em Porto Velho/RO.

Inicialmente, enfatizo a necessidade, para a adequada análise desta Procuradoria, de que as consultas que nos sejam dirigidas devem ser claras e objetivas, de modo que possam os Procuradores enfrentar os problemas suscitados, à luz da legislação que rege o assunto.

Na realidade, diante da pouca objetividade e clareza com que o assunto evoluiu a esta Procuradoria, não teria esta Chefia outra alternativa senão aprovar o Despacho/GFA/Procuradoria/DNIT nº 01414/2011, caso não conhecesse *in loco* o problema suscitado por essa Diretoria.

É, portanto, a par da experiência adquirida em visita que realizei ao local, que considerei possível compreender a dúvida dessa Diretoria, pelo que adiante presto a seguinte orientação.

Trata-se de saber se a Lei nº 10.233/2001 confere ao DNIT a responsabilidade de promover a dragagem do Rio Madeira em Porto Velho/RO, na travessia que é realizada, mediante balsas, por empresas privadas autorizadas a operar pela Agência Nacional de Transportes Aquaviários (ANTAQ), na diretriz da Rodovia Federal BR-364.

De fato, quando em visita ao local, pude constatar o intenso fluxo de veículos que se valem dos serviços prestados por balseiros visando à travessia do Rio Madeira para alcançar a Rodovia Federal BR-364. Esta visita teve por objetivo verificar o local em que seria construída uma ponte, em virtude de questionamentos suscitados na ocasião pelo Ministério Público Federal em Porto Velho/RO.

Todavia, o projeto da obra de arte, segundo se declara neste processo, ainda carece de avaliações (fls. 51v., item 24).

Assim, é necessário ser definido se, juridicamente, é possível o DNIT prestar o serviço de dragagem na referida travessia.

Nesse sentido, verifico militar a competência federal quanto aos serviços de navegação para a referida travessia, uma vez que expressamente autorizados, pela Agência Nacional de Transportes Aquaviários (ANTAQ), consoante documentos de fls. 63 e 64.

Ademais, consoante o disposto no art. 20, inciso III, da Constituição Federal, o Rio Madeira se constitui em bem da União, visto que integra a bacia do Rio Amazonas, sendo um dos seus afluentes, e banha os Estados de Rondônia e do Amazonas.

Disso decorre que, é *possível* ao DNIT, observado o parágrafo seguinte desta manifestação, promover os serviços de dragagem na travessia do Rio Madeira em Porto Velho/RO para ligação com a Rodovia Federal BR-364, tendo em vista que lhe cabe administrar programas de operação, manutenção ou conservação de vias navegáveis integrantes do Sistema Federal de Viação (art. 81, I, e art. 82, IV).

Resta apenas ser verificado por essa Diretoria se a hidrovia do Rio Madeira está prevista no Sistema Federal de Viação em vigor, previsto na Lei nº 12.379, de 06.01.2011. Embora o art. 26 desta Lei informe que a relação descritiva das vias navegáveis existentes e planejadas integrantes do Subsistema Aquaviário Federal está no Anexo IV, o mesmo foi vetado por ocasião da sanção presidencial.

Outrossim, grifei a expressão *possível* porque, à luz do que vem declarado neste processo, não vejo como necessário o referido serviço.

Com efeito, segundo é declarado na Nota Técnica nº 031/2011 — COMAAQ/CGHPAQ/DAQ/DNIT, de 29.09.2011, no local *"a navegação encontra-se normal, sem congestionamentos ou interrupções; a situação de interrupção ocorreu uma única vez em 23 anos de operação da RODONAVE...; devido ao baixo calado exigido — 3,0 m — pelas embarcações, há a possibilidade de utilizar uma draga tipo Backhoe Dredger — draga retroescavadeira — ou uma adaptação, colocando-se uma escavadeira sobre uma balsa... a operadora da travessia possui tais equipamentos e equipe para operá-los, além de ser beneficiada diretamente pelo serviço; concordamos também que a solução definitiva para o problema está na construção da ponte, cujo projeto passa por avaliação."*

Desse modo, não há até o momento manifestação técnica fundamentada que autorize a realização dos serviços de dragagem no local.

Brasília, 27 de outubro de 2011.

SEÇÃO 7

ORIENTAÇÕES SOBRE CONDICIONANTES AMBIENTAIS

PARECER/FMRD/PFE/DNIT Nº 00419/2010

Impacto Ambiental. Demonstração
de Relação de Causa e Efeito.

Tratam os autos de proposta de Acordo de Cooperação Técnica, não oneroso, a ser celebrado entre esta Autarquia Federal e a FUNAI, com interveniência do Instituto KABU, cujo objetivo é a mútua cooperação entre os partícipes visando complementar as ações e metas de execução das medidas mitigadoras e compensatórias relativas às obras de pavimentação da BR-163/PA.

A minuta encontra-se acostada às fls. 61-67 dos autos.

- Do acordo de cooperação

O Acordo de Cooperação Técnica é um ajuste formal que, não obstante não seja detalhadamente regulado por qualquer legislação específica, pretende estabelecer mútua cooperação dos partícipes para o alcance de um fim convergente, a fim de permitir, no caso, o desenvolvimento de soluções complementares às ações e metas de execução das medidas mitigadoras e compensatórias relativas às obras de pavimentação da BR-163/PA.

Portanto, não se aplicam na espécie as regras da Lei nº 8.666/93, seja no que tange às disciplinas específicas dos contratos firmados pela Administração Pública, seja pelo teor do artigo 116, destinado aos Convênios celebrados pela Administração Pública. A possibilidade de celebração de acordo de cooperação técnica encontra amparo no Decreto nº 93.872/86, que assim dispõe:

> *"Art. 48. Os serviços de interesse recíproco dos órgãos e entidades da administração federal e de outras entidades públicas ou organizações particulares, poderão ser executados sob regime de mútua cooperação, mediante convênio, acordo ou ajuste."*

No âmbito das atribuições desta Autarquia Federal o ajuste sob análise também encontra guarida, ainda que de forma genérica. É o que prevê o artigo 82 da Lei nº 10.233/2001, *verbis*:

> *"Art. 82. São atribuições do DNIT, em sua esfera de atuação:*
> *(...)*
> *VIII – firmar convênios, acordos, contratos e demais instrumentos legais, no exercício de suas atribuições; (...)"*

Sob esse aspecto, recomendo que se inclua na minuta cláusula específica que disponha sobre a fundamentação legal da avença, devendo constar na redação da mesma menção aos dispositivos legais acima transcritos, quais sejam, artigo 48 do Decreto nº 93.872/86 e artigo 82, inciso VIII da Lei nº 10.233/2001, não devendo se fazer referência à Lei 8.666, de 21 de junho de 1993, e à Portaria Interministerial nº 127/2008, não aplicáveis ao caso.

Cumpre registrar, ainda, que, mesmo que se firme o presente acordo, o DNIT não estará vinculado a celebrar futuros termos, contratos ou convênios com a FUNAI para a consecução dos fins almejados pelo presente acordo de cooperação, cabendo a decisão ao administrador, que, com base no critério de conveniência e oportunidade, deve se guiar pelo princípio da supremacia do interesse público.

Assim, necessário que se inclua na minuta cláusula que disponha sobre a ausência de obrigatoriedade do DNIT em celebrar futuros ajustes com a FUNAI.

A recomendação assume relevância pelo fato de que o Plano de Trabalho (fls. 52-54) cria desde logo obrigações para as partes que não deveriam estar previstas no presente ajuste, que visa, tão somente, formalizar compromisso de mútua cooperação entre as partes para eventuais e futuros acordos, para a consecução efetiva do fim almejado pelos partícipes.

De fato, aquele Plano de Trabalho impõe ao DNIT uma série de responsabilidades que, numa análise superficial, porém razoável, podem se apresentar como parte integrante do próprio objeto acordado, interpretação esta que não deve prevalecer.

Registre-se que o que se pretende com a recomendação é simplesmente impedir eventual interpretação equivocada do objeto da avença, de modo a deixar claro que a celebração do Acordo de Cooperação Técnica não implica a imediata execução dos fins almejados pelas partes, mas sim um compromisso formal que permita a futura adoção de providências tanto ao DNIT quanto à FUNAI, nos termos de suas atribuições e competências legais.

Por fim, sugiro que se faça a identificação da natureza jurídica do DNIT como Autarquia Federal, uma vez que não há, no corpo da minuta, tal qualificação.

- Da execução do acordo de cooperação

Uma vez firmado o presente Acordo, deverá esta Diretoria diligenciar no sentido de fazer constar dos autos justificativa técnica que ampare, nos termos do art. 1º, da Resolução nº 01/86 do CONAMA, a vinculação das ações nele previstas com a execução física da obra e seus reais impactos ambientais.

Com efeito, prescreve o art. 1º da Resolução nº 001/86, do Conselho Nacional de Meio Ambiente (CONAMA), que é considerado *impacto ambiental*: *"qualquer alteração das propriedades físicas, químicas, biológicas do meio ambiente, causada por qualquer forma de matéria ou energia resultante das atividades humanas que afetem diretamente ou indiretamente: a saúde, a segurança, o bem estar da população, as atividades sociais e econômicas, a biota, as condições estéticas e sanitárias ambientais e a qualidade dos recursos ambientais."*

De acordo com o Plano de Trabalho que está a fls. 53, o que se pretende que seja custeado pelo DNIT, por conta da pavimentação da BR-163/PA, é o seguinte:

ESPECIFICAÇÃO	CUSTO
Construção de uma Casa do Artesanato Kayapó com mobiliário e equipamentos	R$444.260,00
Construção de uma Casa de Saúde Indígena com mobiliário e equipamentos	R$563.854,79

ESPECIFICAÇÃO	CUSTO
Aquisição de ambulância com equipamentos	R$100.000,00
Aquisição de uma "van" para transporte de pacientes e acompanhantes	R$100.000,00
Aquisição de um veículo de passeio para transporte administrativo e de apoio	R$40.000,00
Aquisição de 03 caminhonetes 4 x 4 para apoio à fiscalização e transporte	R$300.000,00
Manutenção da Casa de Saúde Indígena, Casa do Artesanato Kayapó e veículos pelo prazo de 24 meses	R$1.488.000,00
Registro fotográfico e ações de capacitação de mulheres Kayapó (Projeto Menire)	R$719.600,00
Total geral	**R$3.963.374,79**

Pois bem. De acordo com o conceito de impacto ambiental antes transcrito, o que deve ser esclarecido neste processo é o seguinte: *Quais foram as alterações causadas ou por causar ao meio ambiente com a pavimentação da BR-163/PA que obrigam o DNIT, na qualidade de empreendedor, a responder pelas despesas acima relacionadas?*

Não basta, para esse efeito, apenas declarar que essas obrigações estão *"vinculadas à execução de Projeto Básico Ambiental – PBA, cujo componente indígena é o Programa de Apoio a Comunidades Indígenas."* Também não se presta a essa demonstração afirmar que o referido Programa foi aprovado pelo IBAMA. O IBAMA é, tanto quanto o DNIT, uma Autarquia Federal, cujos atos são de natureza administrativa, pelo que necessitam, para ter eficácia e validade, de motivação legal. Qualquer compensação ou mitigação ambiental só pode ser validamente exigida e constar da respectiva licença se for justificada como decorrente do impacto causado ao meio ambiente pela obra ou empreendimento.

Portanto, deve ficar demonstrada a relação de *causa* e *efeito* entre a obra de pavimentação da BR-163/PA e as ações exigidas do DNIT, de modo a caracterizar o impacto ambiental do empreendimento. Nesse sentido, é preciso ficar explicado por que, por exemplo, a construção da Casa de Artesanato ou de Saúde Indígena passou a ser necessária com a obra de pavimentação da BR-163/PA. E se a pavimentação não fosse realizada, haveria ainda a necessidade das respectivas construções? Se positiva essa resposta, então qual a relação de *causa* e *efeito* entre a obra de pavimentação e essas obras? Os mesmos questionamentos valem, sucessivamente, para todas as demais ações exigidas e relacionadas no Plano de Trabalho de fls. 53.

Em resumo, para que o DNIT possa arcar, legalmente, com os custos para o atendimento do Programa de Apoio às Comunidades Indígenas, não basta dizer que as ações previstas são necessárias às comunidades Kayapó, Pykany, Kubenkokre e Baú, *mas sim comprovar que essa necessidade surgiu com a pavimentação da BR-163/PA.*

Assim, enquanto não respondidas convincentemente essas questões, oriento no sentido de que o DNIT não promova qualquer procedimento administrativo tendente ao cumprimento das ações descritas no Plano de Trabalho de fls. 53.

Brasília, 29 de março de 2010.

DESPACHO/PFE/DNIT N° 00520/2010

Unidades de Conservação Ambiental.

Após a consulta formulada a fls. 133, retornam estes autos da Consultoria Jurídica do Ministério dos Transportes com a seguinte orientação (fls. 137/140):

"(...)

15. Não obstante as pré-condicionantes não serem impeditivas do licenciamento ambiental, conforme entendimento do TCU, as ações necessárias e exigidas na própria licença ambiental devem ser realizadas para a continuidade das obras.

16. Com relação ao questionamento relativo à necessidade de previsão orçamentária específica para a implementação das unidades de conservação, entende esta CONJUR que não há necessidade de previsão específica, bastando tão-somente a rubrica orçamentária prevista para atender a despesa de "Construção de Trecho Rodoviário – Manaus – Divisa AM/RO – na BR-319 no Estado do Amazonas".

17. Tendo em vista que a implementação das Unidades de Conservação é uma decorrência das obras de reconstrução da rodovia, não se mostra necessário rubrica própria, eis que integra o conjunto de medidas necessárias para a realização das obras da BR-319.

18. Ante o exposto, entende esta Consultoria Jurídica não haver óbice legal a que seja celebrado o Termo de Compromisso em comento, uma vez que existe vinculação direta e imediata entre o objeto do Termo de Compromisso e as obras de recuperação da rodovia BR-319."

Assim, considerando o poder de coordenação dos órgãos jurídicos das entidades vinculadas ao Ministério dos Transportes exercido pela CONJUR (art. 1º, inciso III, do Regimento Interno da CONJUR); considerando que esta Procuradoria Federal Especializada é o órgão jurídico de assessoramento jurídico e consultoria do Departamento Nacional de Infraestrutura de Transportes (DNIT); e, finalmente, considerando que o DNIT é uma Autarquia Federal vinculada ao Ministério dos Transportes, acompanho o entendimento jurídico firmado pela CONJUR, no sentido de que é possível, na espécie, ser celebrado o Termo de Compromisso pretendido, cuja minuta se encontra às fls. 98/106, com a recomendação adiante exposta.

De modo que o processo seja devidamente instruído, oriento no sentido de esta Diretoria fazer constar dos autos justificativa técnica que ampare, nos termos do art. 1º, da Resolução nº 01/86 do CONAMA, a vinculação das ações objeto do Termo de Compromisso com a execução física da obra e seus reais impactos ambientais.

Com efeito, prescreve o art. 1º da Resolução nº 001/86, do Conselho Nacional de Meio Ambiente (CONAMA) que é considerado *impacto ambiental: "qualquer alteração das propriedades físicas, químicas, biológicas do meio ambiente, causada por qualquer forma de matéria ou energia resultante das atividades humanas que afetem diretamente ou indiretamente: a saúde, a segurança, o bem estar da população, as atividades sociais e econômicas, a biota as condições estéticas e sanitárias ambientais e a qualidade dos recursos ambientais."*

De acordo com o Plano de Trabalho que está a fls. 12 e seguintes, *que deverá ser atualizado*, o que se pretende, por conta das obras na BR-319/RO, é a construção de Unidades de Conservação Estaduais de Rondônia orçadas em R$1.620.000,00 (um milhão, seiscentos e vinte mil reais), a serem custeadas pelo DNIT.

Pois bem. De acordo com o conceito de impacto ambiental antes transcrito, o que oriento seja esclarecido neste processo é o seguinte: *Quais foram as alterações causadas ou por causar ao meio ambiente com as obras da BR-319/RO que obrigam o DNIT, na qualidade de empreendedor, a responder pelas despesas acima relacionadas?*

Não basta, para esse efeito, apenas declarar que essas obrigações estão previstas na própria licença ambiental, como afirmado pela CONJUR. Também não se presta a essa demonstração afirmar que as Unidades de Conservação foram aprovadas pelo Comitê Interministerial da BR-319, pelo IBAMA ou qualquer outro órgão/entidade ambiental. Os atos praticados por todos esses órgãos/entidades são de natureza administrativa, pelo que necessitam, para ter eficácia e validade, de motivação legal. Qualquer compensação ou mitigação ambiental só pode ser validamente exigida e constar da respectiva licença se for justificada como decorrente do impacto causado ao meio ambiente pela obra ou empreendimento, nos termos do art. 1º da Resolução nº 001/86, do Conselho Nacional de Meio Ambiente (CONAMA).

Portanto, é preciso ficar demonstrada de forma insofismável a relação de *causa* e *efeito* entre as obras rodoviárias na BR-319/RO e as ações exigidas do DNIT, de modo a caracterizar o impacto ambiental do empreendimento. Nesse sentido, é preciso ficar explicado por que as implementações das Unidades de Conservação passaram a ser necessárias com as obras na BR-319/RO. E, se as obras não fossem realizadas, haveria ainda a necessidade das respectivas Unidades de Conservação?

Se positiva essa resposta, então qual a relação de *causa* e *efeito* entre as obras rodoviárias e as Unidades de Conservação?

Em resumo, para que o DNIT possa arcar, legalmente, com os custos previstos no Plano de Trabalho do Termo de Compromisso, não basta dizer que as Unidades de Conservação são necessárias para que *"protejam a floresta, a biodiversidade e a população tradicional"*, mas sim ficar comprovado que essa necessidade surgiu com as obras rodoviárias na BR-319/RO.

Uma vez supridos os autos com os esclarecimentos solicitados nessa orientação, poderá o Termo de Compromisso ser formalizado, mediante prévia autorização da Diretoria Colegiada.

Brasília, 31 de maio de 2010.

DESPACHO/PFE/DNIT Nº 00718/2010

Condicionantes Ambientais.
Equivalências Reparatórias.

Retornam estes autos após as manifestações desta Procuradoria às fls. 52/53 e 56, mediante as quais orientamos no sentido de ser juntada aos autos *"justificativa técnica que ampare, nos termos do art. 1º, da Resolução n. 01/86 do CONAMA, a vinculação das ações previstas com a execução física da obra e seus reais impactos ambientais."* Essa orientação se deu em virtude do Termo de Cooperação Técnica celebrado em 30.10.2009, entre o DNIT e a FUNAI, por cópia às fls. 12/16. De acordo com o instrumento, não há qualquer previsão de transferência de recursos financeiros do DNIT para a FUNAI ou para qualquer outra instituição. A natureza do Termo é, portanto, não onerosa, embora as ações que deverão ser executadas pelo DNIT irão envolver a realização de despesas orçamentárias diretamente pela Autarquia. Essas despesas, porém, serão regidas pelas normas legais próprias para a sua realização e terão por fundamento as obrigações assumidas pelo DNIT por conta do Termo de Cooperação Técnica. De acordo com o referido Termo de Cooperação Técnica, a Cláusula Primeira define o seu objeto:

"O presente TERMO tem por objeto assegurar a execução de estudos do Componente Indígena do licenciamento ambiental, e a implementação de medidas mitigadoras/compensatórias aos impactos causados às terras indígenas situadas na área de influência direta e indireta, advindos das obras de pavimentação da BR-230/PA (subtrecho divisa TP/PA – Marabá – Novo Repartimento – Medicilândia – Rurópolis); BR-422-PA (subtrecho Novo Repartimento – Tucuruí) e BR-163/PA (subtrecho Santarém – Rurópolis)."

Consta, ainda, do parágrafo primeiro da Cláusula Primeira, que:

"As medidas a serem executadas devem ser definidas após a realização dos Estudos de Impacto e Plano Básico Ambiental, específicos para as comunidades indígenas, a partir do Termo de Referência da FUNAI, Anexo I, que passa a fazer parte integrante do presente TERMO."

Dentre as obrigações assumidas pelo DNIT, consta a seguinte:

"garantir os recursos financeiros necessários para a execução do objeto deste TERMO, incluindo o custeio dos estudos e execução das atividades, a realização de reuniões, alimentação, logística de deslocamento e os gastos oriundos de ações relacionadas ao processo de licenciamento do empreendimento;" (Cláusula Segunda, inciso I, letra "b").

Essas ações, segundo se extrai deste processo, consistiriam, *no momento*, em reparar o passivo ambiental ocorrido em 2004, consoante relato contido na Nota Técnica nº 220/2010/CGMAB/DPP, de 28.09.2010, às fls. 58/70, quando declara:

"3.1 A condicionante se caracteriza por passivo ambiental decorrente da supressão, durante os serviços de conservação rodoviária realizados em 2004, de 705 exemplares de espécies florestais nativas de interesse econômico e cultural, localizadas na faixa de domínio da rodovia BR-230/PA, Subtrecho Marabá – Altamira, Lote 2, situado entre os Kms. 283,6 e 388,6, com extensão de 105 Km. A supressão em referência teria ocorrido no segmento contíguo à Terra Indígena Parakanã, no trecho entre a estrada vicinal 6 e a ponte sobre o rio Bacuri, conforme informou a Associação Parakanã.

(...)

3.3. O passivo ambiental ocorrido em 2004 exerce atualmente rebatimento sobre a obtenção, junto a FUNAI, de anuência ao Instituto Brasileiro do Meio Ambiente e dos Recursos Naturais Renováveis – IBAMA para a emissão de Licença de Instalação para as obras de pavimentação da BR-230/PA, Lote 2, do Subtrecho em referência. Em seu Ofício 445/2010/DPDS-FUNAI-MJ, de 13/07/2010, a FUNAI condiciona sua manifestação acerca do licenciamento ambiental do Lote 2 ao equacionamento da compensação do passivo em tela."

Assim, a licença ambiental para as obras de pavimentação da BR-230/PA, Lote, subtrecho Marabá – Altamira, entre os Km 283,6 e 338,6, com extensão de 105Km só será concedida pelo IBAMA caso sejam compensadas pelo impacto ambiental causado em 2004 pelo DNIT, com a supressão de *"705 exemplares de espécies florestais nativas de interesse econômico e cultural".*

E qual seria, então, a compensação? De acordo com o Memorando nº 839/2010/CGMAB, datado de 09.09.2010 (fls. 02):

"2. As ações reparadoras do passivo ambiental, oriundo do ano de 2004, foram incluídas como condicionantes no processo de licenciamento ambiental da referida rodovia, e se caracterizam pela aquisição de 12 veículos tipo pick-up 4 x 4 de cabine dupla e dois micro-ônibus."

Nesse mesmo sentido, é também o entendimento da FUNAI, visto que o seu Diretor, ao subscrever o Ofício nº 629/2010/PRES-FUNAI-MJ, datado de 08.09.2010 (fls. 05/06), aprovou a Informação Técnica nº 417/ COLIC/CGGAM/10, de 06.09.2010, oriunda daquela própria Fundação (fls. 07/08), onde está dito que:

> *"4. Isso porque a reparação do dano ambiental causado em 2004, que já foi reconhecido pelo DNIT, deve ser enquadrado como condicionante do processo de licenciamento ambiental. A indenização não se dará a título de danos morais, mas como compensação do passivo ambiental, independentemente de outras medidas que os estudos contratados pelo DNIT possam apontar.*
>
> *5. Assim, ficou decidido que a reparação pelo passivo ambiental se dará, por ora, por meio de 12 (doze) caminhonetes 4 x 4 cabine dupla e 02 (dois) micro-ônibus."*

Em resumo, as ações mitigadoras e compensatórias aos impactos ambientais em terras indígenas causados pelas obras rodoviárias nas rodovias federais retro mencionadas são de duas ordens:

a) Aquelas que serão objeto de levantamento e apuração pelos *"Estudos de Impacto e Plano Básico Ambiental, específicos para as comunidades indígenas"*, definidos no Termo de Cooperação Técnica, consoante o disposto no parágrafo primeiro da Cláusula Primeira do instrumento;

b) A aquisição pelo DNIT, *"por ora"* de *12 caminhonetes tipo pick-up 4 x 4 de cabine dupla e dois micro-ônibus*, em virtude da supressão, em 2004, de *"705 exemplares de espécies florestais nativas de interesse econômico e cultural"*.

Quanto à questão da demonstração da relação de causa e efeito entre as obras rodoviárias e as compensações que estão sendo exigidas do DNIT, propugnada no Parecer de fls. 52/53, penso que se encontra suprida pela manifestação objeto da Nota Técnica nº 220/2010/CGMAB/ DPP, constante de fls. 58/70.

Trata-se de motivação a cujo respeito não deve esta Procuradoria adentrar ou emitir juízo de valor, posto que envolve o próprio mérito do ato, cuja responsabilidade pertence à Administração. Cumpre, apenas, verificar a sua existência como requisito para a validade e prática do ato administrativo. Nesse sentido, colhe-se a lição do insuperável Miguel Seabra Fagundes:

> *"O mérito do ato administrativo constitui um aspecto do procedimento da Administração, de tal modo relacionado com circunstâncias e apreciações só perceptíveis ao administrador, dados os processos de indagação de que dispõe e a índole da função por ele exercida, que ao juiz é vedado penetrar*

no seu conhecimento. Se o fizesse, exorbitaria, ultrapassando, o campo da apreciação jurídica (legalidade e legitimidade), que lhe é reservado como órgão específico de preservação da ordem legal para incursionar no terreno da gestão pública (discricionariedade), próprio dos órgãos executivos. Substituir-se-ia ao administrador, quando o seu papel não é tomar-lhe a posição no mecanismo jurídico-constitucional do regime, senão apenas contê-lo nos estritos limites da ordem jurídica (controle preventivo) ou compeli-lo a que os retome, se acaso transpostos (controle a posteriori)." (O controle dos atos administrativos pelo Poder Judiciário, p. 170)

Todavia, muito embora se possa ter como justificada a aquisição, pelo DNIT, dos *"12 veículos tipo pick-up 4 x 4 de cabine dupla e dois micro-ônibus"*, não consegui vislumbrar nestes autos quais foram os critérios para se chegar a essa conclusão. Ou seja, carece o processo de documento que demonstre, de forma inequívoca, que, de fato, ocorreu a supressão, em 2004, de *"705 exemplares de espécies florestais nativas de interesse econômico e cultural"*, bem assim que aquela supressão equivale aos veículos que o DNIT deverá adquirir e transferir para uso da FUNAI, em cumprimento à condicionante do licenciamento ambiental em questão.

Com efeito, na Informação Técnica nº 417/COLIC/CGGAM/10 (fls. 07/08), está dito que *"ficou decidido que a reparação pelo passivo ambiental se dará, por ora, por meio de 12 caminhonetes tipo pick-up 4 x 4 de cabine dupla e dois micro-ônibus"*. Na Nota Técnica nº 220/2010/CGMAB/DPP, se declara que a supressão de *"705 exemplares de espécies florestais nativas de interesse econômico e cultural"* foi informada pela Associação Parakanã. Mas o que ora se indaga é o seguinte:

a) Onde se encontra o documento oriundo da Associação Parakanã, bem assim a concordância do DNIT e da FUNAI quanto ser correto que, de fato, houve a supressão do quantitativo de espécies vegetais durante os serviços de conservação da BR-230/PA?

b) Quem decidiu que a compensação deveria ser feita com veículos a serem adquiridos e cedidos à FUNAI? O DNIT, a FUNAI ou ambos? É necessária a juntada ao processo desse documento;

c) Quais foram os critérios utilizados para essa decisão?

d) Qual a relação de *valor* entre as 12 caminhonetes e dois micro-ônibus e os 705 exemplares suprimidos de espécies florestais nativas de interesse econômico e social?

É preciso que o processo seja instruído com essas informações, a fim de aperfeiçoar o ato que se pretende praticar como compensação ambiental pelo impacto ambiental causado em 2004 e já reconhecido pelo DNIT, até porque, segundo a Informação Técnica nº 417/COLIC/ CGGAM/10 (fls. 07/08), essa compensação foi estabelecida *"por ora"*, vale dizer, poderá, no futuro, ser objeto de complementação, sem que se saiba quando estará inteiramente efetivada.

Face o exposto, oriento no seguinte sentido:

a) Seja juntada ao processo cópia da licença ambiental onde estão previstas as ações para atendimento da componente indígena;

b) Sejam *ratificadas* e *aprovadas* pelo Diretor de Planejamento e Pesquisa as justificativas constantes da Nota Técnica nº 220/2010/CGMAB/DPP, de 28.09.2010 (fls. 58/70), relativamente à demonstração de causa e efeito entre as obras rodoviárias e as ações tendentes a cumprir as exigências ambientais da componente indígena;

c) Seja observado o contido no Ofício nº 002/DEINF/SOF/MP, de 12.08.2010 (fls. 55), subscrito pelo Diretor do Departamento de Programas de Infraestrutura do Ministério do Planejamento, Orçamento e Gestão, anexo, no sentido de que *"as despesas associadas às intervenções mitigadoras e compensatórias determinadas pelos órgãos licenciadores dos empreendimentos devem ser absorvidas pelos recursos alocados nas ações orçamentárias de cada obra"*;

d) Sejam respondidos e instruídos os autos com os respectivos documentos referentes aos questionamentos objeto do item 14 deste Despacho;

e) Seja submetido à análise desta Procuradoria o instrumento mediante o qual serão transferidos para uso da FUNAI as 12 (doze) caminhonetes e (02) micro-ônibus, a fim de ser o mesmo submetido, posteriormente, à aprovação da Diretoria Colegiada;

f) Seja esclarecido e declarado neste processo que as ações compensatórias aqui tratadas não se confundem e são distintas daquelas decorrentes das obras na BR-163/PA, objeto de Acordo de Cooperação Técnica celebrado entre o DNIT, a FUNAI e o Instituto KABU, que instrui o Processo Administrativo nº 50600.003515/2010-51.

Recomendo, finalmente, que as demais compensações decorrentes do Termo de Cooperação Técnica, que serão *"definidas após a realização dos Estudos de Impacto e Plano Básico Ambiental"*, se constituírem processos administrativos distintos e quando evoluírem para consulta a esta Procuradoria, deverão se fazer acompanhar deste processo, que corresponde à base para a execução das referidas ações.

Brasília, 29 de setembro de 2010.

DESPACHO/PFE/DNIT Nº 00456/2011

Ações Ambientais –
Obrigações Acessórias.

A propósito da orientação constante do Despacho/TCO/ Procuradoria/DNIT nº 224/2011, considero que as ações socioambientais previstas nas condicionantes das licenças para a realização de obras integrantes do Programa de Aceleração do Crescimento (PAC) se constituem como obrigações acessórias, sem as quais o empreendimento principal não pode ser realizado.

Por outro lado, em virtude de consulta formulada pelo Ministério dos Transportes ao Ministério do Planejamento, Orçamento e Gestão, a sua respectiva Secretaria de Orçamento Federal, mediante o Ofício nº 002/DEINF/SOF/MP, de 12.08.2010 (cópia anexa), prestou a seguinte orientação:

> *"2. Considerando que integram o custo total de obras de infraestrutura, as despesas decorrentes das medidas sócio-ambientais previstas nas condicionantes das licenças, assim como as relativas aos projetos básico e/ou executivos, a implantação e execução do projeto, e por fim as de supervisão e fiscalização do projeto, esta Secretaria tem posicionamento que as despesas associadas às intervenções mitigadoras e compensatórias determinadas pelos órgãos licenciadores dos empreendimentos devem ser absorvidas pelos recursos alocados nas ações orçamentárias de cada obra."*

Desse modo, *desde que comprovado nos autos que a obra de duplicação da Rodovia BR-050/MG foi incluída como ação do PAC, que é o principal, a* sua condicionante — obrigação acessória —, *desde que também comprovado que integra a licença ambiental,* segue a mesma sorte, vale dizer, poderá ser formalizada mediante Termo de Compromisso, devendo, entretanto, *serem observadas as demais orientações jurídicas constantes das manifestações anteriores.*

Brasília, 28 de março de 2011.

SEÇÃO 8

ORIENTAÇÕES SOBRE ASSUNTOS DE PESSOAL

PARECER/FMRD/PFE/DNIT Nº 00096/2010

Remoção de Servidores. Princípio da
Continuidade do Serviço Público.

Ocupa-se este processo da *remoção, em caráter provisório*, de
servidores aprovados no Concurso Público que foi objeto do Edital
nº 1, de 27.05.2009, com exercício na Sede do DNIT, para as Unidades
Locais de Campo Mourão, Colombo, Ponta Grossa e Subunidade de
Cascavel, vinculadas à Superintendência Regional no Estado do Paraná.

Consoante o Relato DIREX nº 10/2010, aprovado pela Diretoria
Colegiada (fls. 15), a remoção é de ofício, no interesse da Administração,
visando substituir os Servidores que foram afastados, temporariamente,
do exercício dos respectivos cargos e/ou funções em virtude de decisão
cautelar oriunda do Tribunal de Contas da União, já examinada por
ocasião do Parecer nº 02552/2009, desta Procuradoria Federal Especializada e que deu origem à Portaria nº 01, de 04.01.2009, do Senhor
Diretor-Geral do DNIT (documentos anexos).

A matéria não comportaria maiores dúvidas não fosse o fato
de o Edital do Concurso Público nº 01, de 27.05.2009 (fls. 11), a que se
submeteram e foram aprovados os Servidores que se pretende remover,
dispor, expressamente, que:

"14.10. O servidor admitido em virtude de aprovação no Concurso não poderá ser removido da Sede/DF para as Superintendências Regionais e vice-versa, bem como de uma para outra Superintendência Regional, pelo prazo de 3 (três) anos contados do exercício, ressalvadas as remoções no âmbito da própria Superintendência Regional onde esteja lotado e aquelas previstas no inciso III, do Parágrafo único do art. 36, da Lei nº 8.112/90.

14.11. Decorridos os 3 (três) anos a contar do exercício, o DNIT poderá, a qualquer tempo, por sua necessidade e interesse, promover a remoção dos admitidos, para qualquer um dos locais que atue ou venha a atuar."

Haveria, assim, uma proibição expressa no Edital do Concurso para que a remoção pretendida fosse, no momento, realizada, uma vez que ainda não decorrido o prazo editalício estabelecido.

Todavia, é preciso verificar se a regra editalícia se harmoniza com os princípios que regem a Administração Pública e, em especial, a lei que disciplina o regime dos servidores públicos federais.

Em situações absolutamente normais ou rotineiras, poder-se-ia admitir a eficácia incondicionada da restrição editalícia, parecendo-me que busca, sobretudo, proteger os interesses da própria Administração. Com efeito, com o Concurso Público visou a Administração dotar a Autarquia do efetivo de pessoal necessário ao desempenho de suas atribuições institucionais, fixando em cada Unidade de Lotação o número de vagas a serem preenchidas, conforme se observa do Quadro constante a fls. 11. Natural, portanto, que a expectativa e o interesse público quando da realização do certame fosse o preenchimento das referidas vagas, de modo a atender os serviços do DNIT em cada uma de suas respectivas Unidades de Lotação. Para garantir essa diretriz, vedou, até mesmo no seu próprio interesse, a remoção por determinado período.

Ocorre que a situação ora sob análise não é daquelas que possam ser consideradas normais ou rotineiras. Muito pelo contrário, trata-se de medida excepcional motivada por uma decisão do Tribunal de Contas da União (TCU) que determinou, e assim se cumpriu, o afastamento de Servidores que desempenhavam atribuições que não podem ser interrompidas pela Autarquia. Nesse sentido, transcrevo abaixo trecho da correspondência enviada pelo Superintendente Regional no Estado do Paraná:

"A ausência destes profissionais causará danos pela falta de acompanhamento das obras, não garantindo a sua qualidade, exigidas em especificações, como também estaremos descumprindo totalmente as exigências dos Contratos pela falta de fiscalização."

Esclarece, ainda, aquela Autoridade Regional que é necessária e urgente a remoção pleiteada face *o "o início das atividades de fiscalização da Controladoria Geral da União – CGU, através de Grupo Especial, design ado para inspeção em todas as Unidades do DNIT, localizadas nas diversas Superintendências Regionais, e face a necessidade da presença de Engenheiros e/ou Especialistas de Infraestrutura de Engenharia Rodoviária, para acompanhamento dos trabalhos e os devidos esclarecimentos técnicos em medições, supervisões e operações rodoviárias, e, sobretudo no desenvolvimento da manutenção e restauração de rodovias;"*

Portanto, penso que a gravidade da situação enfrentada pela Superintendência Regional no Paraná dispensa maiores comentários e reclama, com urgência, a medida que está sendo proposta. A sua origem não decorre de algo que pudesse, ainda que indiretamente, ter sido causado pela Administração ou pudesse ser debitado à conta da falta de prévio planejamento. Ao contrário, é atribuída à exclusiva *conduta de terceiro*, no caso o TCU que, usando das prerrogativas que a lei lhe outorgou, determinou o afastamento de Servidores que compõem o quadro técnico da Superintendência Regional, sem o qual a Autarquia está impedida de desempenhar as suas atribuições institucionais.

Se o Tribunal agiu corretamente ou não, penso que não é o momento ou o lugar para o enfrentamento desse assunto. Entretanto, deixar a Autarquia no Paraná esvaziada dos seus principais engenheiros e técnicos talvez produza um prejuízo maior do que aquele que procurou evitar com os afastamentos que determinou.

Por isso é preciso que a Administração Central adote urgentes providências visando restabelecer a plenitude da execução dos serviços e obras que estão a cargo daquela Superintendência Regional.

Assim, entre o estrito cumprimento da disposição proibitiva do Edital, à qual a Administração se vinculou e tornou obrigatória, e a observância incondicionada ao *princípio da continuidade do serviço público*, há que se privilegiar este último, até porque a Lei nº 8.112/90 não contém a proibição editalícia. Decorre ela da conveniência da Administração quando da realização do Concurso, ocasião em que sequer se poderia imaginar ou prever a situação excepcional que ocorreu. Ademais, é relevante mencionar que no Edital de Concurso de 2006, a fls. 12, semelhante disposição não só não existia, como vinha consignado exatamente o oposto, vale dizer, permitindo ao DNIT promover a remoção a qualquer tempo e para qualquer lugar (item 15.12). Por que a Administração mudou essa diretriz? Só ela poderá responder!

De qualquer forma, a prestação do serviço público de transportes e, em especial, no modal rodoviário, é uma imposição que decorre da

Lei nº 10.233/2001, que criou o DNIT e lhe atribuiu inúmeras atividades na condição de Autarquia Federal. Essas atividades são, portanto, de natureza pública e devem, *ininterruptamente*, ser desempenhadas, até porque a prestação de serviço público é uma exigência de matriz constitucional (art. 175, da CF).

Sobre o tema, colhemos na obra jurídica do Procurador-Geral do Ministério Público junto ao TCU relato onde o Dr. Lucas Rocha Furtado demonstra que o Supremo Tribunal Federal, em diversas ocasiões, privilegiou o *princípio da continuidade do serviço público* em detrimento, até mesmo, do princípio da legalidade (*Curso de direito administrativo*, p. 131 *usque* 133). O que dizer, então, quando se trata de mera norma editalícia, sem correspondência na lei de regência?

Consta, ainda, na mesma obra jurídica o trecho do Voto Condutor do Acórdão nº 57/00, do Plenário do TCU, onde, do mesmo modo que o STF, foi prestigiado o referido princípio em detrimento do princípio da legalidade, *verbis*:

"Acerta, a meu ver, a unidade instrutiva ao propor que o Tribunal determine à ICC a imediata realização de procedimento licitatório para a supressão da impropriedade acima referida e, ao mesmo tempo, sugerir a continuidade da execução dos serviços por parte da atual prestadora (Contratada sem licitação). Essa solução parece-me consentânea com o princípio da continuidade do serviço público que não permite a interrupção dos serviços referidos, necessários à preservação do patrimônio público." (Op. cit., p. 133, rodapé)

De fato, existe uma supremacia do *princípio da continuidade do serviço público* em relação a todos os demais que regem a Administração Pública, quais sejam: legalidade, impessoalidade, moralidade, publicidade, eficiência, razoabilidade, proporcionalidade, motivação, segurança jurídica, autotulela e controle judicial, justo porque todos esses princípios decorrem e só podem ter a sua aplicação prática se o serviço público estiver funcionando, se a Administração estiver atuando. Daí a relevância e a imperatividade do *princípio da continuidade do serviço público* na Teoria Geral do Direito Administrativo.

Portanto, estou convencido quanto ao acerto da decisão da Diretoria Colegiada. No entanto, existem outras questões que devem, desde logo, ser enfrentadas, a fim de que o ato de remoção não venha a sofrer questionamentos futuros.

Refiro-me à qualificação *provisória* que foi dada à remoção. Da leitura da Lei nº 8.112/90 não se vê qualquer adjetivação ao ato de remoção. Com efeito, dispõe o seu art. 36 que:

"Art. 36. Remoção é o deslocamento do servidor, a pedido ou de ofício, no âmbito do mesmo quadro, com ou sem mudança de sede.

Parágrafo único. Para fins do disposto neste artigo, entende-se por modalidades de remoção:

I - de ofício, no interesse da Administração;

II - a pedido, a critério da Administração;

III - a pedido, para outra localidade, independentemente do interesse da Administração:

a) para acompanhar cônjuge ou companheiro, também servidor público civil ou militar, de qualquer dos Poderes da União, dos Estados, do Distrito Federal e dos Municípios, que foi deslocado no interesse da Administração;

b) por motivo de saúde do servidor, cônjuge, companheiro ou dependente que viva às suas expensas e conste do seu assentamento funcional, condicionada à comprovação por junta médica oficial;

c) em virtude de processo seletivo promovido, na hipótese em que o número de interessados for superior ao número de vagas, de acordo com normas preestabelecidas pelo órgão ou entidade em que aqueles estejam lotados."

Portanto, não existe na dicção legal a figura da *remoção provisória ou sujeita a prazo certo*. A remoção possui sempre caráter definitivo.

Assim, no caso em apreço, onde existe e está demonstrado o interesse da Administração, a remoção poderá ser promovida de ofício, porém sem qualquer qualificação ou disposição quanto ao prazo de sua duração.

O fato de a motivação da remoção decorrer da determinação de afastamento oriunda do TCU não altera ou modifica o ato de remoção em apreço e nem os seus efeitos.

Refiro-me, especialmente, ao direito que possuem os Servidores que serão removidos à ajuda de custo prevista no art. 53, da Lei nº 8.112/90, regulamentada pelo Decreto nº 4.004/2001, que deverá ser paga a cada um.

Todavia, uma vez cessado o motivo que determinou a remoção, com o retorno a atividade dos Servidores afastados por determinação do TCU, deixando, assim, de existir o comprometimento à continuidade do serviço que legitimou a presente remoção, *e caso ainda se encontre em vigor a restrição do Edital do Concurso que a proibia*, deverão os Servidores removidos retornar para a Sede da Autarquia, mediante nova remoção de ofício, com os efeitos decorrentes, inclusive o pagamento de nova ajuda de custo.

Em resumo, concluo da seguinte forma:

a) Considerando a prevalência do *princípio da continuidade do serviço público* sobre a vedação do Edital do Concurso

Público, é possível ser realizada a remoção por interesse da Administração, nos termos do art. 36, inciso I, da Lei nº 8.112/90;

b) A Portaria de Remoção não deverá conter a qualificação de *provisória ou fixar qualquer prazo*, uma vez que a remoção é sempre em caráter definitivo;

c) Deverá ser paga aos Servidores Removidos a ajuda de custo de que trata o art. 53 da Lei nº 8.112/90, regulamentada pelo Decreto nº 4.004/2001;

d) Cessada a causa que motivou a remoção e estando ainda em vigor a vedação do item 14.10 do Edital do Concurso Público nº 01/2009, deverá ser promovido, de ofício, o retorno dos Servidores removidos para a Administração Central do DNIT.

Brasília, 22 de janeiro de 2009.

DESPACHO/PFE/DNIT Nº 01096/2009

Procedimento Disciplinar.
Ausência de Depoimento.

Aprovo o Parecer *retro*, com ressalva para os seguintes aspectos: *"Vício insanável"* é aquele que compromete a legalidade do procedimento, como, por exemplo, a nomeação de membros para a Comissão em desacordo com o que prescreve o art. 149 e §2º, da Lei nº 8.112/90, ou a ausência de citação do Indiciado.

Não constitui *"vício insanável"* a ausência de depoimento que não foi promovido pela Comissão, em virtude do não comparecimento da testemunha. Ainda que, na espécie, se possa considerar relevante o referido depoimento, pode a Comissão formar a sua convicção baseada em outras provas, ficando a critério da Autoridade Julgadora avaliar se o conjunto probatório está adequado ou não às conclusões da Comissão (art. 168 e seu parágrafo único, da Lei nº 8.112/90).

Quanto à adequação das conclusões da Comissão com a prova produzida, o Parecer *retro* da conta de que não ficou *efetivamente* provado que a Servidora valeu-se do cargo para lograr proveito pessoal ou de outrem, em detrimento da dignidade da função pública, como prescreve o inciso IX, do art. 117, da Lei nº 8.112/90. Muito pelo contrário, a prova produzida demonstra que o documento emitido pela Servidora foi considerado *válido e eficaz* pelo Poder Judiciário, servindo, inclusive, como prova firme e induvidosa para a condenação do Denunciante. Ora, se o Poder Judiciário, cujos poderes de apuração são praticamente ilimitados e muito superiores aos da Comissão, reconheceu a validade do documento emitido pela Servidora, considerando-o *idôneo para todos os fins*, por que a Administração, sob a mera e singela alegação do Denunciante, iria retirar-lhe esse efeito? Note-se, a propósito, que o Denunciante é o maior interessado na desconstituição do referido documento, visto que foi condenado judicialmente em função da sua existência e validade. Suas declarações são, portanto, passíveis de *suspeição*, especialmente a de que teria sido *verbal* a rescisão do contrato de trabalho com o engenheiro favorecido pelo indigitado documento.

Não é possível, assim, à luz da ausência de prova *firme*, *robusta* e *induvidosa*, que comprovasse de forma *insofismável* a prática da conduta apenada por demissão, impor à Servidora semelhante sanção, máxime quando a própria Comissão reconhece que a mesma é detentora de folha funcional que não a desabona, antes comprova relevantes serviços prestados à Administração Pública.

Quanto às demais infrações capituladas no Relatório da Comissão, não houve a individualização das mesmas para efeito das sanções previstas, tendo sido indicadas como decorrentes do mesmo fato que daria ensejo a penalidade máxima. Assim, como a conduta principal não restou provada, seguem a mesma sorte aquelas de natureza acessória. De qualquer modo, ainda que tivessem sido individualizadas e comprovadas, o Parecer *retro* considerou prescritas as sanções correspondentes.

Desse modo, considerando que não ficaram comprovadas as condutas indisciplinares atribuídas à Servidora, oriento no sentido de o processo ser arquivado.

Brasília, 20 de outubro de 2009.

PARECER/FMRD/PFE/DNIT Nº 00737/2010

Terceirização.

Trata o presente de solicitação dessa Diretoria de análise do relato de fls. 2-5, que trata da fixação de valores de remuneração para os profissionais das empresas contratadas pelo DNIT para prestação de serviços de consultoria.

Inicialmente, quanto ao objeto da análise, quais sejam os valores de remuneração e a forma de sua fixação, essa Procuradoria não tem nada a objetar.

Entretanto, uma vez que o relato em questão trata dos valores de remuneração para contratação de mão de obra terceirizada para o DNIT, entendo que incumbe a esta procuradoria fazer uma análise mais aprofundada da questão, mormente no que tange à possibilidade de contratações deste gênero.

Quando essa Diretoria se refere à contratação de mão de obra terceirizada, deve observar quando esse tipo de contratação é possível e legal.

Não há duvidas quanto às necessidades de pessoal por que passa o DNIT em todos os setores, sejam eles relacionados com sua atividade finalística ou a dita atividade meio. Entretanto, tal necessidade não pode suplantar as orientações legais, normativas e também aquelas emanadas do Tribunal de Contas da União. Portanto, mister que se faça uma perfeita distinção entre o que é possível contratar via terceirização de mão de obra e o que se pode contratar a partir de empresas prestadoras de serviços com fornecimento de mão de obra.

A contratação de serviços pela Administração Pública Federal direta, autárquica e fundacional é disciplinada pelo Decreto nº 2.271/97, que dispõe em seu artigo 1º:

> *"Art. 1º No âmbito da Administração Pública Federal direta, autárquica e fundacional poderão ser objeto de execução indireta as atividades materiais acessórias, instrumentais ou complementares aos assuntos que constituem área de competência legal do órgão ou entidade.*
>
> *§1º As atividades de conservação, limpeza, segurança, vigilância, transportes, informática, copeiragem, recepção, reprografia, telecomunicações e manutenção*

de prédios, equipamentos e instalações serão, de preferência, objeto de execução indireta.

§2º Não poderão ser objeto de execução indireta as atividades inerentes às categorias funcionais abrangidas pelo plano de cargos do órgão ou entidade, salvo expressa disposição legal em contrário ou quando se tratar de cargo extinto, total ou parcialmente, no âmbito do quadro geral de pessoal." (grifos nossos)

É também o que está disposto na IN nº 02/2008:

"Art. 9º É vedada a contratação de atividades que:

I - sejam inerentes às categorias funcionais abrangidas pelo plano de cargos do órgão ou entidade, assim definidas no seu plano de cargos e salários, salvo expressa disposição legal em contrário ou quando se tratar de cargo extinto, total ou parcialmente, no âmbito do quadro geral de pessoal;"

Em diversas ocasiões, o Tribunal de Contas da União já se manifestou sobre as contratações do DNIT que implicariam terceirização de mão de obra ilegal, bem como quanto aos casos em que seriam possíveis tais contratações.

Diante da situação peculiar da Autarquia, o TCU exarou as seguintes conclusões, no Acórdão nº 555/2005-Plenário, a respeito da terceirização dos serviços:

"26. Diante desse quadro, constato que os problemas verificados na utilização indevida de mão-de-obra contratada decorrem da carência de pessoal concursado, o que leva a uma dependência indesejável das empresas prestadoras de serviço, sob pena de restar inviabilizada a continuidade das atividades da entidade.

27. O déficit de pessoal estimado, entre 1.000 e 1.200 cargos, somente será solucionado de modo definitivo com o estabelecimento do quadro de pessoal do DNIT.

28. O que se verifica é um verdadeiro e absurdo estado de anomia em relação ao quadro de pessoal da Autarquia. A Medida Provisória 155, de 23.12.2003, posteriormente convertida na Lei nº 10.871, de 2004, revogou o Anexo II da Lei 10.233/2001, que previa os quantitativos de cargos de nível superior e médio que compunham o quadro de pessoal do DNIT. Ou seja, a entidade está, atualmente, sem quadro de cargos efetivos.

29. Essa situação impede a definição mais precisa das atribuições dos servidores atualmente locados, a realização de concurso público e a alocação adequada de pessoal, qualitativa e quantitativamente.

30. Assim, considero adequado determinar ao Ministério dos Transportes que adote as gestões necessárias no intuito de viabilizar a aprovação do referido quadro de cargos de sua principal autarquia.

31. Mas enquanto não se alcança essa solução ideal, não pode o TCU tolerar que a carência de pessoal seja justificativa para que o DNIT prossiga adotando práticas que afrontam a legislação e envolvam risco estratégico para o normal desempenho das atribuições legais a cargo da entidade.
32. Diante da utilização irregular dos contratos fiscalizados, urge expedir determinação ao dirigente máximo da autarquia no sentido de providenciar, em prazo certo, os ajustes necessários no objeto e na execução dos serviços de terceirização e de consultoria contratados, de modo a adequá-los aos parâmetros já fixados por esta Corte de Contas no Acórdão 2389/2003 – Segunda Câmara e minimizar os riscos atinentes à área de pessoal mencionados neste Voto."

Em razão disso, foi feita a seguinte determinação:

"9.9. determinar ao Diretor-Geral do DNIT, Sr. Alexandre Silveira de Oliveira, que:
9.9.1. providencie, no prazo de até 180 (cento e oitenta) dias, os ajustes necessários nos contratos de serviços de terceirização e de consultoria constantes do quadro abaixo, de modo a adequá-los aos parâmetros já fixados por esta Corte de Contas nos subitens 9.2.2 e 9.2.3 do Acórdão 2389/2003 – Segunda Câmara, ou seja: a) nos contratos para prestação de serviços, observe o disposto no Decreto 2.271/1997, em especial as vedações para serviços atinentes à sua atividade-fim e aos cargos pertencentes ao quadro de pessoal próprio, bem como para atividades que impliquem subordinação dos empregados da contratada à administração da contratante; b) nos contratos de serviços de consultoria, por se tratar de serviço técnico especializado, o objeto deve estar perfeitamente definido, não podendo corresponder a atividade rotineira da entidade e contida nas atribuições dos cargos do seu quadro de pessoal e nem pode constituir necessidade permanente da Administração, o que caracteriza, ainda, violação ao princípio da exigência do concurso público, contido no art. 37, incisos I e II, da Constituição Federal."

A matéria em questão também já foi objeto de análise pelo TCU, no Acórdão nº 2.632/2007-Plenário, oportunidade em que ficou consignado:

"a) os contratos de prestação de serviços técnicos especializados podem ser divididos em três grupos, levando-se em consideração também o que dispõe o art. 13 da Lei 8.666/93:
I - com produtos definidos e delimitados, classificáveis nos incisos I e II do art. 13 da Lei 8.666/1993, como os de elaboração de projetos de engenharia, de estudos de viabilidade técnica e econômica, ou de outros estudos;
II - com produtos definidos mas sem ser possível a previsão precisa dos quantitativos de pessoal para o atendimento das demandas, a exemplo dos contratos de supervisão de obras e de gerenciamento, previstos no inciso IV do mesmo artigo;

III - sem produtos totalmente definidos e nem delimitados, como os contratos de assessoramento técnico e consultoria, os quais podem ser enquadrados no inciso III do mesmo artigo.

b) os contratos do Grupo I acima são remunerados contra a apresentação de produtos definidos, inclusive previamente, como a elaboração de projetos e de estudos de viabilidade, ou estudos sobre questão definida e delimitada. Nesse caso, as propostas de preço são apresentadas com itens relativos às partes do produto a serem entregues. No entanto, os salários dos técnicos, os encargos sociais e os custos administrativos são relevantes para a formação dos custos da contratada, de modo que pode ser conveniente que o Dnit possua uma estimativa desses custos, para lhe permitir elaborar um orçamento de referência e aferir a adequação dos preços propostos na licitação;

c) Os contratos dos Grupos II e III, de gerenciamento e supervisão de obras e de assessoramento, precisam ter sua remuneração estabelecida e quantificada, inclusive de forma expressa na proposta da licitação e no contrato, com base no quantitativo de pessoal envolvido, uma vez que a quantidade, a variedade e a indefinição prévia de produtos inviabiliza, na prática, a definição do valor do contrato em função de produtos. E os demais custos, como o administrativo, passam a ser computados como parcelas proporcionais aos custos dos salários;

d) Outro aspecto relevante, e que já foi levantado no exame inicial deste processo (fl. 69, Vol. Principal do TC 017.429/2007-3), é o de que, embora os custos administrativos estejam associados à produção, eles não decorrem unicamente, ou totalmente, do volume de serviços ou do valor da mão-de-obra direta, como uma proporção desses custos, mas também advêm da natureza de produção da empresa, ou seja, são gastos advindos também da estrutura administrativa e da organização da empresa, e que resultam no rateio entre os diversos contratos que a empresa detém. Assim, grande parte dos custos administrativos pode ser de natureza fixa, ou seja, ocorrer independentemente do volume de pessoal alocado nos serviços. E, desse modo, os contratos de valores mais altos podem ter essa parcela fixa em valor relativo bastante diminuído;

e) Para a obtenção dos percentuais dos custos, o estudo elaborado em 2005 aponta alguns itens que podem representar despesas para as empresas de consultoria, como materiais de consumo, assinatura de periódicos, salários de equipe de reserva (equipe mínima a ser mantida pela contratada, mesmo nos intervalos entre contratos), despesas com hardware e software, manutenção de acervos técnicos, remuneração de diretores gerais, etc. No entanto, tais itens devem ser objeto de coleta e pesquisa de dados junto a empresas contratadas, bem como de um trabalho crítico da fiscalização do Dnit, como foi sugerido no referido estudo. Atualmente, o Dnit ainda precisa organizar esse trabalho, sendo que somente quanto aos contratos de elaboração de projetos e de supervisão de obras (tipos I e II) foram apresentados alguns dados, de modo que os contratos de assessoria não foram objeto de qualquer exame quanto à sua estrutura de custos, ainda que tenha sido preconizada a utilização do percentual de 50%."

Acrescentou-se ainda:

"67. Na Parte 3 foram apreciadas as providências adotadas pelo DNIT quanto à sua estrutura administrativa e terceirização, objeto do monitoramento do Acórdão 555/05-Plenário e do Acórdão n.º 2.126/2006-Plenário. Foi visto que especialmente a contratação do Centran, em 2006, já permitiu o estabelecimento de um plano de ação mais consistente, abordando diagnósticos e soluções para as referências estratégicas, para a estrutura organizacional, para os processos administrativos e para a situação do pessoal. Também há notícias de algumas ações que visam à contratação de novos servidores para a melhoria das condições de recursos humanos no Dnit. Os trabalhos em andamento e outros fatos relacionados nesta instrução, então, devem ser acompanhados pelo Tribunal e pela 1ª Secex. Mesmo assim, considerou-se importante recomendar ao MPOG que acompanhe os trabalhos do Dnit, em razão de suas interferências em atos de autorização de novos concursos e de ajustes no plano de cargos e salários.

67.1 Adicionalmente, no entanto, foi concluído que as ações da Autarquia de 2002 a 2006 foram muito esparsas e aquém da necessidade e não lograram alcançar resultados concretos para, pelo menos, mitigar as deficiências administrativas, especialmente a deficiência dos sistemas de informação e a carência de pessoal técnico em setores estratégicos/finalísticos, gerando excesso de terceirização e falhas em processos administrativos, como os de projetos, licitações e fiscalização de obras, além dos naturais prejuízos decorrentes da ineficiência da unidade. Essas conclusões serão consideradas no exame das contas do Dnit, relativas aos exercícios de 2003 a 2006.

Conclusão geral:

70. Pelo que foi examinado, conclui-se que o Dnit, após ouvido, não logrou descaracterizar as irregularidades dos Editais 176/07 e 180/07, o que tornam necessárias a anulação dos instrumentos, com base no art. 49 da Lei 8.666/93, e a adoção de medidas do Dnit para ajustá-los às normas vigentes e ao plano de ações que se encontram em desenvolvimento, no tocante a aspectos da terceirização de atividades finalísticas-estratégicas. Ressalte-se que os termos do despacho do Relator, conforme assinalado no item 7.4 desta instrução, permitem o exame tanto dos requisitos da cautelar como do mérito das questões.

71. A verificação do efetivo pagamento, pela empresa contratada, dos salários aos terceirizados estabelecidos na sua proposta e no contrato, por ser situação comum a vários outros contratos do Dnit, deve ser objeto também de determinação para sua realização imediata em relação a todos os contratos de prestação de serviços técnicos especializados em que os salários dos profissionais constituam a base da formação do preço contratual, ou que, caso exista uma redução nesses valores, ela seja repassada para a Administração.

72. Por questão de similaridade de objeto e contexto, devem ser aplicadas a todos os contratos similares, ou seja, de prestação de serviços técnicos de assessoramento, as medidas a serem adotadas pelo Dnit para adequar as contratações ora examinadas, especialmente aquelas relativas à fiscalização dos contratos e à composição de custos administrativos e de outros itens do orçamento, assim, que estiverem elaboradas as metodologias necessárias. Ressalte-se que esses estudos devem ser determinados com prazo curto, em razão da premência de sua utilização.

(...)

76. Diante do exposto e considerando-se o exame procedido nesta instrução, encaminham-se os autos à consideração superior com as seguintes propostas:

(...)

e) Em face da ausência de justificativas para o dimensionamento da equipe técnica reputada necessária para a execução dos serviços, em especial no que se refere à inclusão de pessoal de apoio, em descumprimento ao disposto nos arts. 6º, inciso IX, e 7º e ao princípio da motivação a que se submete a Administração Pública, além de possível inobservância do Termo de Ajustamento de Conduta firmado em novembro de 2006 com o Ministério Público do Trabalho:

- apresente especificações e rotinas de trabalho que indiquem as tarefas complementares às atividades técnicas principais das contratações e justifiquem a necessidade e a vantagem da inclusão de pessoal de apoio para a sua execução (item 38.9);

- demonstre que não possui pessoal administrativo e nem sistemas de informação que permitam suprir e complementar os serviços técnicos de assessoria pretendidos, para justificar a contratação do pessoal de apoio terceirizado (item 38.9);

(...)

I.3) determinar ao Dnit que, nos próximos editais e contratos relativos aos serviços que foram objeto dos Editais 176/2007 e 180/2007:

a) de acordo com o planejamento do trabalho de 'Desenvolvimento de um sistema de Gestão Estratégica/Operacional', em execução pelo Centran, inclua, nos termos do inciso II do §2º do art. 65 da Lei 8.666/1993, previsão da possibilidade de redução do quantitativo de pessoal contratado em decorrência da entrada em serviço, nos setores afetados, de pessoal efetivo próprio;

b) organize a gestão dos contratos de modo que sejam designados, formalmente, servidores públicos qualificados que serão responsáveis pela execução de atividades e/ou pela vigilância e garantia da regularidade e adequação dos serviços e produtos elaborados e aceitos, assim como pela observância do princípio da indisponibilidade do interesse público, especialmente em atividades eminentemente finalísticas/estratégicas como: elaboração de termos de referência de editais, a análise crítica sobre os trabalhos de gerenciamento de obras e programas, bem como de análise de projetos e de suas revisões;

II – Determinar ao Dnit que estenda a aplicação das medidas indicadas nos itens I.2 e I.3 acima a todas as próximas futuras contratações e, com exceção do que se referir estritamente a procedimentos de licitação, também a prorrogações de contratos atualmente vigentes, referentes a prestação de serviços técnicos de assessoramento similares aos dos Editais 176/2007 e 180/2007, especialmente aos Contratos TT 011/02 e TT 074/02;"

O Ministro Relator proferiu o seguinte voto, no que importa:

"7. A 1ª Secex considera, em suma, que as novas contratações pretendidas pelo Dnit incidem, ainda que parcialmente, na terceirização indevida de pessoal. De fato, digo eu, certas atividades que se supõe serão desempenhadas pelos profissionais terceirizados, como o planejamento estratégico da entidade e a gerência dos contratos de obra, deveriam ser exclusivas dos servidores da autarquia, sem qualquer espécie de vínculo com o círculo de empresas com interesses nas decisões mais relevantes do órgão público. Afinal, a própria Lei 8.666/1993, em seu art. 67, deixa claro que a participação de terceiros na fiscalização e gerenciamento das obras tem natureza eminentemente assistencialista e subsidiária da administração, havendo um claro limite para a substituição de representantes plenos desta última, especialmente nas áreas centrais da gestão.

8. Mas a Unidade não chega a apontar uma incompatibilidade frontal dos certames impugnados com as determinações deste Tribunal tendentes à contenção da terceirização excessiva do Dnit porque, ao que parece, a entidade vem lhes dando cumprimento satisfatório, embora por medidas de maturação mais lenta. Assim é que, por meio do Centran, órgão, ligado ao Ministério da Defesa, o Dnit procura avaliar suas reais necessidades de terceirizados e quadros próprios a fim de que tenha noção quantitativa do ponto de equilíbrio a ser alcançado. Espera-se também que em 2008 seja realizado novo concurso para a reposição de servidores.

9. Como medida de adequação das novas terceirizações pretendidas pelos certames suspensos com as perspectivas de maior participação de servidores públicos na força de trabalho do Dnit, a 1ª Secex propõe que nos editais seja incluída previsão de que poderá haver redução do pessoal da contratada à medida que parte das atividades possam ser assumidas pelos servidores do quadro próprio. Outra proposta é de que os próprios contratos de terceirização sejam geridos por servidores públicos formalmente designados, garantindo assim que atividades envolvendo interesses individuais possam ser acompanhadas mais de perto pelo representante da administração. Entendo que ambas as proposições podem ser acatadas sem reserva, o mesmo acontecendo com as recomendações que a Unidade Instrutiva pretende sejam endereçadas ao ministério do Planejamento visando ao reforço das medidas de contenção ou regularização da terceirização em andamento no Dnit."

Diante do exposto, cumpre esclarecer qual dever ser o procedimento para nortear as contratações pretendidas, com o intuito de não desatender os dispositivos legais e tampouco as orientações do Tribunal.

Qual seria, então, a forma que deveriam assumir essas contratações, sabidamente necessárias para o DNIT?

A contratação de serviços de terceiros pelos órgãos e entidades da Administração Pública está subordinada ainda ao disposto na Lei nº 8.666, de 21 de junho de 1993, que "regulamenta o art. 37, inciso

XXI, da Constituição Federal, institui normas para licitações e contratos da Administração Pública e dá outras providências". A ampla possibilidade de contratação desses serviços é evidenciada pelo inciso II de seu art. 6º, que contém lista, de caráter exemplificativo, dos serviços cuja execução a Administração Pública deve preferencialmente transferir a terceiros, mediante contrato:

> *"Art. 6º Para os fins desta Lei considera-se:*
>
> *(...)*
>
> *II - Serviço – toda atividade destinada a obter determinada utilidade de interesse para a Administração, tais como: demolição, conserto, instalação, montagem, operação, conservação, reparação, adaptação, manutenção, transporte, locação de bens, publicidade, seguro ou trabalhos técnico-profissionais;"*

Embora esta lista de serviços tenha caráter exemplificativo, seu último item, referente a trabalhos técnico-profissionais, comporta uma enumeração exaustiva, contida no art. 13 da mesma Lei, uma vez que se admite a inexigibilidade de licitação para esses serviços:

> *"Art. 13. Para os fins desta Lei, consideram-se serviços técnicos profissionais especializados os trabalhos relativos a:*
>
> *I - estudos técnicos, planejamentos e projetos básicos ou executivos;*
>
> *II - pareceres, perícias e avaliações em geral;*
>
> *III - assessorias ou consultorias técnicas e auditorias financeiras ou tributárias;*
>
> *IV - fiscalização, supervisão ou gerenciamento de obras ou serviços;*
>
> *V - patrocínio ou defesa de causas judiciais ou administrativas;*
>
> *VI - treinamento e aperfeiçoamento de pessoal;*
>
> *VII - restauração de obras de arte e bens de valor histórico."*

Entendo que as contratações pretendidas se inserem na primeira parte do disposto do inciso III, qual seja, assessoria e consultorias técnicas às Diretorias desta Casa.

Acompanhando parte da doutrina, creio que ter como limite e critério das terceirizações da Administração Pública os conceitos de atividade-meio e atividade-fim — que não tem sede na Constituição Federal ou na legislação regente das contratações públicas — não é o caminho ideal para levar ao atendimento da eficiência esperada dos serviços prestados.

Nesse ponto, vale citar a conclusão de Garcia:

> *"Não há um critério seguro para diferenciar atividade-meio de atividade-fim. Não raro é inviável pretender engessar e separar em campos opostos tais*

atividades. A atividade empresarial é dinâmica e muitas vezes o processo produtivo se interliga de tal maneira que fica impossível uma separação nítida entre meio e fim. As mutações das técnicas de produção, que decorrem do processo cada vez mais acelerado de evolução tecnológica, mostram a insuficiência do critério como norte seguro para as terceirizações; existem, como nos exemplos fornecidos no trabalho, uma zona cinzenta que cria um indesejável ambiente de insegurança jurídica

Há um absoluto descompasso entre o critério e o mundo dos fatos. Existem vários contratos nos quais a Administração Pública delega, por meio de terceirizações, determinadas atividades finalísticas e sequer há essa percepção, inclusive pelos órgãos de controle. O critério se encontra distanciado dos fatos sociais e não acompanha as profundas transformações que ocorreram nas relações de trabalho. Existem várias atividades finalísticas da Administração Pública que podem ser objeto de delegação sem que isso vulnere nenhum princípio ou norma do ordenamento jurídico pátrio." (A relativização da distinção da atividade-fim e atividade-meio na terceirização aplicada à Administração Pública. Revista Brasileira de Direito Público)

Se o critério atividade-meio e atividade-fim não é o limite adequado para diferenciar uma terceirização lícita de uma ilícita, cabe propor os parâmetros adequados para as contratações de prestação de serviço que envolva a Administração Pública.

O primeiro limite norteador envolve o poder de império estatal, ou seja, aquelas atividades que exigem atos de império e de autoridade, como, por exemplo, segurança, fiscalização, regulação e poder de polícia. O segundo limite são as carreiras que desenvolvem atividades típicas estatais, que demandam prerrogativas de autoridade ou que dependem de uma independência funcional indispensável para sua correta consecução.

A regra é o concurso público, mas, quando este é inviável ou de difícil execução, e o Administrador encontra-se em uma posição em que a contratação de serviços é fundamental para a consecução dos objetivos e a realização das atividades vitais para o órgão ou entidade, há que se considerar a discricionariedade do Administrador.

Confira-se a lição de Souto sobre o tema:

"A regra é que, para atividades permanentes, seja criado, por lei, um cargo público e provido por um servidor selecionado por concurso público. Só que, em tempos de modernização e diminuição da máquina do Estado, os cargos públicos só devem ser providos ou criados se envolverem atividades típicas do Poder Público, notadamente as que exigem manifestação de poder de império (política, fiscalização, controle, justiça)." (Direito administrativo das concessões, p. 331)

Assim, nessa esteira de raciocínio, entendo que haveria a possibilidade de contratações terceirizadas para suprir as necessidades de atividades materiais acessórias, instrumentais ou complementares aos assuntos que constituem área de competência legal do DNIT, sem que isso implique terceirização ilegal.

Contudo, não podemos olvidar as orientações do Tribunal de Contas da União, em especial o Termo de Ajustamento de Conduta firmado, segundo o qual o DNIT se compromete a substituir a mão de obra terceirizada por servidores concursados, e propor a terceirização de serviços que seriam de competência dos servidores afronta diretamente o TAC.

Cumpre ainda tecer alguns comentários sobre as razões que norteiam a necessidade da terceirização.

A motivação da tomada de decisão é o princípio da eficiência (art. 37, *caput*, da CF), lastreado em uma racionalidade técnica e econômica que demonstre o melhor formato para a organização daquela determinada prestação de serviços, sempre com vistas a melhor atender ao interesse público.

Essa diretriz já se encontra prevista no art. 2º do mencionado Decreto nº 2.271, de 07.07.1997, *verbis*:

> *"Art. 2º - A contratação deverá ser precedida e instruída com plano de trabalho aprovado pela autoridade máxima do órgão ou entidade, ou a quem esta delegar competência, e que conterá, no mínimo:*
> *I - justificativa da necessidade dos serviços;*
> *II - relação entre a demanda prevista e a quantidade de serviço a ser contratada;*
> *III - demonstrativo de resultados a serem alcançados em termos de economicidade e de melhor aproveitamento dos recursos humanos, materiais ou financeiros disponíveis."*

Observe-se que a decisão de terceirizar ou não determinado serviço, bem como a forma de fazê-lo, não é livre, mas dependente de estudos e avaliações técnicas e econômicas que revelem ser essa a opção ideal para atingir a eficiência na prestação do serviço público, da maneira desejada técnica e economicamente, e que, portanto, melhor atenderá ao interesse público inerente àquele serviço.

Diante de tudo quanto exposto, creio que devem ser mantidas as diretrizes até então adotadas pelo DNIT na contratação de empresas, com fornecimento de mão de obra para executar atividades materiais acessórias, instrumentais ou complementares aos assuntos que constituem sua área de competência legal, atentando-se, contudo, com a correta definição, no objeto da contratação e nas especificações técnicas, dos serviços a serem prestados pela empresa contratada, através de seus funcionários.

Ressalte-se nesse ponto que tanto o Decreto nº 2.271/97 quanto a IN/MPOG nº 02/2008 dispõem que *não poderão ser objeto de execução indireta as atividades inerentes às categorias funcionais abrangidas pelo plano de cargos do órgão ou entidade*. No caso específico do DNIT, isso é um complicador, diante do perfil das carreiras atuais do DNIT, criadas pela Lei nº 11.171/2005:

> *"Art. 1º Ficam criadas, para exercício no Departamento Nacional de Infra-Estrutura de Transportes – DNIT, as carreiras de:*
>
> *I - Infra-Estrutura de Transportes, composta de cargos de Analista em Infra-Estrutura de Transportes, de nível superior, com atribuições voltadas às atividades de planejamento, gerenciamento, pesquisas e estudos, elaboração de projetos, acompanhamento de obras e fiscalização de contratos e convênios, operação e engenharia de tráfego, com vistas na construção, restauração, manutenção e operação da infra-estrutura de transportes federal, rodoviária, ferroviária, portuária e hidroviária;*
>
> *II - Suporte à Infra-Estrutura de Transportes, composta de cargos de Técnico de Suporte em Infra-Estrutura de Transportes, de nível intermediário, com atribuições voltadas ao suporte e ao apoio técnico especializado às atividades de planejamento, gerenciamento, pesquisas e estudos, elaboração de projetos, acompanhamento de obras e fiscalização de contratos e convênios, operação e engenharia de tráfego, com vistas na construção, restauração, manutenção e operação da infra-estrutura de transportes federal, rodoviária, ferroviária, portuária e hidroviária;*
>
> *III - Analista Administrativo, composta de cargos de Analista Administrativo, de nível superior, com atribuições voltadas para o exercício de atividades administrativas e logísticas de nível superior relativas ao exercício das atribuições do DNIT, fazendo uso de todos os equipamentos e recursos disponíveis para a consecução dessas atividades; e*
>
> *IV - Técnico Administrativo, composta de cargos de Técnico Administrativo, de nível intermediário, com atribuições voltadas para o exercício de atividades administrativas e logísticas de nível intermediário relativas ao exercício das atribuições do DNIT, fazendo uso de todos os equipamentos e recursos disponíveis para a consecução dessas atividades.*
>
> *§1º As atribuições específicas dos cargos de que trata este artigo serão estabelecidas em regulamento."*

As atribuições descritas nos incisos acima são de tal monta abrangentes e genéricas que, dificilmente, poder-se-ia imaginar uma atribuição específica para ser contratada, praticamente toda e qualquer atribuição estaria compreendida nos incisos transcritos, o que impediria a contratação.

A única alternativa que antevejo seria uma contratação com atribuições de auxiliar e assistir o desempenho das próprias atribuições dos servidores do DNIT, vedado, contudo, o desempenho de atividade decisória ou opinativa.

Assim, mesmo aqueles servidores que tivessem por atribuição do cargo o desempenho de atividades de auxílio, assistência ou assessoramento dos respectivos superiores hierárquicos, poderiam contar com auxiliares para essas tarefas, preparando os expedientes necessários para esse mister. Isso implica dizer que, quando das pretendidas contratações, a Diretoria requisitante deverá estabelecer todos os limites da prestação dos serviços, de modo a não se confundirem com aqueles prestados pelos servidores do DNIT.

Tome-se como exemplo a emissão de uma nota técnica, esclarecendo sobre a necessidade de um aumento de valor em um contrato. O funcionário da empresa contratada para prestar serviços de assessoria ou consultoria técnica deverá exercer sua função nos limites de uma assessoria, sem emitir parecer ou conclusão, função essa do servidor do DNIT que, diante das informações apresentadas pelo assessor ou consultor, firmará seu entendimento e emitirá a nota técnica.

Concluindo, entendo serem possíveis as contratações de profissionais terceirizados para o desempenho de atividades materiais acessórias, instrumentais ou complementares daquelas desempenhadas pelos servidores do DNIT.

Brasília, 11 de maio de 2010.

DESPACHO/PFE/DNIT Nº 00078/2011

Revezamento de Servidores Ocupantes de
Cargo em Comissão do Grupo DAS.

Trata-se de processo referente aos trabalhos desenvolvidos pelo
Grupo de Trabalho constituído pela Portaria nº DG/1.188, de 13.10.2010
(fls. 02), para *"elaborar proposta de acesso, avaliação de desempenho e reve-*
zamento dos servidores ocupantes de cargo em comissão do Grupo Direção e
Assessoramento Superiores no âmbito desta Autarquia".

Como resultado do trabalho, foi apresentada a proposta de
Resolução do Conselho de Administração do DNIT (fls. 12/13) que,
entre outras disposições, nos chamou a atenção a previsão do prazo
máximo de 36 (trinta e seis) meses para o exercício da função de gestor
das Unidades Locais do DNIT (art. 3º), bem assim a criação de procedimentos para o revezamento da gestão nas Unidades Locais (art. 4º).

Houve ainda manifestação da Consultoria Jurídica do Ministério
dos Transportes, concluindo pela necessidade de oitiva desta PFE/
DNIT, bem assim a supressão da minuta de Resolução dos critérios
para preenchimento dos cargos comissionados do Grupo de Direção e
Assessoramento Superiores (DAS), visto que a prerrogativa de nomeação
é privativa do Ministro dos Transportes (fls. 23/24), a quem caberia
disciplinar a questão, sem prejuízo de o DNIT encaminhar à referida
Pasta eventual proposta.

Inicialmente, manifesto-me de acordo com a Consultoria Jurídica
do Ministério dos Transportes, quanto à competência ministerial para
a nomeação e exoneração dos cargos comissionados do Grupo Direção
e Assessoramento Superiores (DAS) existentes na Autarquia, pelo que
não poderia uma Resolução do DNIT tratar deste assunto.

Por outro lado, parece-me que a proposta apresentada, em parte,
não tem como prosperar, visto que em desacordo com a Constituição
Federal.

Com efeito, prescreve o inciso II do art. 37, da Constituição
Federal, que:

"II - a investidura em cargo ou emprego público depende de aprovação prévia
em concurso público de provas ou de provas e títulos, de acordo com a natureza

e a complexidade do cargo ou emprego, na forma prevista em lei, ressalvadas as nomeações para cargo em comissão declarado em lei de livre nomeação e exoneração;"

Adiante, prescreve o mesmo dispositivo constitucional:

"V - as funções de confiança, exercidas exclusivamente por servidores ocupantes de cargo efetivo, e os cargos em comissão, a serem preenchidos por servidores de carreira nos casos, condições e percentuais mínimos previstos em lei, destinam-se apenas às atribuições de direção, chefia e assessoramento;"

Como se observa, a nomeação para os cargos em comissão é *"de livre nomeação e exoneração"*. Todavia, esta liberdade não é absoluta, visto que poderão *"em lei"* ser previstos os *"casos, condições e percentuais mínimos"* para as investiduras.

Assim, até mesmo o Decreto nº 5.497, de 21.07.2005, que dispõe sobre o provimento de cargos em comissão do Grupo Direção e Assessoramento Superiores (DAS), níveis 1 a 4, por servidores de carreira, no âmbito da Administração Pública Federal, estabelecendo *"casos, condições e percentuais mínimos"*, é de duvidosa constitucionalidade.

Outrossim, a própria Lei nº 8.112, de 11.12.1990, não se encarregou de dispor sobre os *"casos, condições e percentuais mínimos"* de nomeação para os cargos em comissão.

Mas, como sou da escola que não reconhece aos órgãos jurídicos, como à PFE/DNIT, o poder de deixar de aplicar norma legal ou regulamentar, como os decretos do Poder Executivo, sob o pretexto de inconstitucionalidade — *prerrogativa exclusiva do Poder Judiciário* — e, portanto, admitindo que o Decreto nº 5.497/2005 poderia ser derivado das competências constitucionais atribuídas ao Presidente da República, especialmente a de dirigir e organizar, mediante decreto, o funcionamento da Administração Federal (incisos I e VI, alínea "a", do art. 84), observo que, ainda assim, a proposta de Resolução apresentada não está de acordo com o referido edito.

Com efeito, o Decreto nº 5.497/2005, embora tenha estabelecido os *"casos, condições e percentuais mínimos"* para a investidura de cargos comissionados, em nenhum momento tratou ou dispôs sobre *prazo de permanência ou revezamento no cargo em comissão ou função comissionada*, como fez a referida proposta de Resolução relativamente aos Gestores das Unidades Locais do DNIT (arts. 3º e 4º).

Assim, se a Constituição Federal, o Decreto nº 5.497/2005 ou a Lei nº 8.112/1990 nada estabeleceram sobre *prazo de permanência ou revezamento no cargo ou função em comissão*, não seria por uma Resolução de uma Autarquia que tal procedimento poderia ser implantado.

Penso mesmo que, nem mesmo por lei, esta proposta *de fixar prazo para o exercício de cargo ou função comissionado ou o seu revezamento*, poderia ser admitida, visto que a Constituição Federal não lhe delegou esta atribuição, antes firmou o princípio de que as investiduras, pelo menos para os cargos em comissão, são *"de livre nomeação e exoneração"*.

Quanto ao disposto no art. 2º da proposta de Resolução, que trata das designações para as Chefias da Unidades Locais do DNIT, fui informado pela área de pessoal da Autarquia que os mesmos percebem a denominada *"Função Comissionada Técnica – FCT"*, regulada pelo Decreto nº 4.941, de 29.12.2003.

Como tanto a Constituição Federal como o Decreto nº 4.941/2003 também reservam, com exclusividade, o exercício dessas funções para servidores ocupantes de cargo efetivo, não vejo, no particular, qualquer irregularidade quanto ao disposto no art. 2º da proposta de Resolução.

Quanto à avaliação daquelas Chefias prevista no art. 5º da proposta de Resolução, igualmente considero compatível com o previsto no art. 9º, do Decreto nº 4.941/2003. Entretanto, não se pode admitir a imposição de exoneração ou dispensa prevista no art. 6º da proposta de Resolução, visto que sem amparo na Constituição ou no referido Decreto.

Em resumo, considero que:

*a) O art. 1º da proposta de Resolução contraria a Constituição Federal, que reservou somente a **"lei"** a possibilidade de estabelecer **"casos, condições e percentuais mínimos"** para a nomeação de cargos em comissão;*

b) Admitindo-se a validade e a eficácia do Decreto nº 5.497/2005, o caput do art. 1º e o seu parágrafo único interferem na competência do Ministro dos Transportes, pelo que não é possível que a matéria seja regulada por ato da Autarquia;

c) O art. 2º da proposta de Resolução é compatível com a Constituição Federal e com a regulamentação prevista no Decreto nº 4.941/2003;

d) Os arts. 3º e 4º da proposta de Resolução estão em desacordo com a ordem jurídica vigente, que não estabelece prazo para a permanência em cargo ou função comissionada, bem assim o seu revezamento;

e) O art. 5º da proposta de Resolução, que dispõe sobre a avaliação das Chefias de Unidade Local, é juridicamente possível; e

f) O art. 6º, da proposta de Resolução, não possui amparo constitucional, legal ou regulamentar.

Brasília, 10 de fevereiro de 2011.

DESPACHO/PFE/DNIT Nº 00091/2011

Remoção de Servidor durante
Procedimento Disciplinar.

As questões de fato objeto deste processo foram, satisfatoriamente, descritas no Parecer/RBM/PFE/DNIT nº 189/2011, fls. 117/120. Quanto às questões jurídicas, divirjo da orientação contida no referido Parecer, nos termos adiante expostos.

Com efeito, a situação contemplada nestes autos não pode ser analisada sob o ângulo restrito da Instrução de Serviço DG nº 02/2010, carecendo de exame mais amplo, à luz da lei que regula as relações entre a Administração Pública Federal e seus respectivos servidores.

Refiro-me, à Lei nº 8.112, de 11.12.1990, que, ao tratar da *remoção* do servidor, estabeleceu o seu conceito (art. 36) e criou as suas modalidades (parágrafo único do art. 36, incisos e alíneas), entre as quais a de que se ocupa este processo, ou seja, *"de ofício, no interesse da Administração"*.

Entretanto, nada é disposto naquele Capítulo da Lei nº 8.112/90 sobre a proibição de remover o servidor, sob qualquer das modalidades previstas, por estar o mesmo respondendo a um procedimento disciplinar.

Assim, interessa verificar se, no Capítulo destinado ao procedimento disciplinar ou em qualquer outro momento, a Lei nº 8.112/90 estabeleceu a referida restrição ou proibição.

Encontrei algumas situações que interferem no exercício do cargo ou função, entre as quais a do afastamento preventivo, regulado no art. 147, que assegura à Administração, como medida cautelar, a faculdade de determinar o afastamento do servidor do exercício do cargo, sem prejuízo da remuneração, quando o mesmo estiver respondendo a procedimento disciplinar. O que não é o caso destes autos.

Já no art. 172, constatei que é proibido ao servidor que esteja respondendo a procedimento disciplinar pedir exoneração do cargo ou se aposentar voluntariamente.

Portanto, a exegese legal permite concluir que o fato de o servidor responder a procedimento disciplinar não impede que ele seja exonerado ou removido de ofício, bem assim se aposente compulsoriamente ou por invalidez permanente. Estes fatos, se ocorrerem durante o procedimento disciplinar, bem assim implicarem mudança de domicílio do servidor, também não os comprometem, visto que a Lei nº 8.112/90 permite que o indiciado, e nem poderia ser diferente, mude a sua residência (art. 162), assegurando-lhe transporte e diárias para atender as convocações decorrentes do procedimento disciplinar (art. 173, inciso I).

Como se vê, ao admitir a possibilidade de mudança de domicílio e concessão de transporte e diárias ao indiciado, a própria lei sinaliza favoravelmente sobre a eventualidade de ocorrerem remoções, não só de ofício como a pedido do próprio servidor, do contrário teria consignado proibição do gênero no próprio art. 172.

Assim, por todos os ângulos que se examine a questão posta nestes autos, não há na Lei nº 8.112/90 qualquer proibição da remoção de ofício ou a pedido de servidor que esteja respondendo a procedimento disciplinar.

E qual seria, então, o fundamento para tal proibição? Segundo se vê, decorreria da Instrução de Serviço DG nº 02/2010, que expressamente estabelece:

"Art. 5º São requisitos necessários à remoção de servidores em qualquer modalidade:
(...)
III. Que o servidor não responda a processo administrativo disciplinar na sua unidade de lotação e não possua material permanente sob a sua guarda."

A disposição estabelece dois requisitos que devem, necessariamente, ser preenchidos para autorizar qualquer remoção. O primeiro, que o servidor não responda a processo administrativo disciplinar na sua unidade de lotação. O segundo, que o mesmo servidor não possua material permanente sob a sua guarda.

Quanto ao segundo requisito, penso que consulta interesses da própria organização da Administração sobre a responsabilidade dos materiais postos à disposição do servidor. Uma vez promovida a baixa desses materiais, estaria, então, o requisito preenchido.

Trata-se de exigência de índole regulamentar e, portanto, consentânea com as funções de uma instrução de serviço.

O problema surgiu por conta do primeiro requisito, e disto se ocupa este processo.

Acontece que este requisito regulamentar, como vimos, não possui autorização legal para existir. Ele nasceu ou foi criado pela própria

Instrução de Serviço, tornando impeditivo, *mesmo quando exista flagrante e inafastável interesse público na remoção*, que ela se concretize.

Ora, pergunto: É possível que em nível regulamentar possa a Administração impor a si própria semelhante restrição? Respondo negativamente!

Com efeito, em primeiro lugar é preciso ser considerado que toda ou qualquer disposição *regulamentar* só possui eficácia e validade jurídica se for decorrente de uma autorização legal, uma vez que regulamentos, instruções ou ordens de serviço e, até mesmo, os decretos oriundos do Poder Executivo, não possuem existência autônoma, independente; não criam ou extinguem direitos e obrigações; não podem estabelecer vedações ou proibições, senão quando previstas em lei. A função destes instrumentos é *regulamentar*, vale dizer, explicitar ou detalhar aquilo que a lei não explicitou ou não detalhou.

Para melhor compreensão e a título de exemplo, tomemos o direito assegurado pela Lei nº 8.112/90 de o servidor removido de ofício perceber o auxílio-moradia. Como será exercido esse direito e de que forma a Administração o atenderá? Essas questões devem ser respondidas pela *regulamentação*, que se encarregará de dizer como será comprovada a inexistência de imóvel funcional para uso do servidor; como será comprovado que o cônjuge ou companheiro do servidor não ocupe imóvel funcional; como será comprovado que o servidor, seu cônjuge ou companheiro não seja proprietário de imóvel no local em que for exercer o cargo etc.

Vejam que na *regulamentação* não se criam obrigações ou direitos, apenas se diz *como* as obrigações e os direitos *criados por lei* devam ser exercidos, *tout court*.

Essa conclusão decorre, logicamente, da garantia prevista no art. 5º, inciso II, da Constituição Federal, onde é estabelecido que *"ninguém será obrigado a fazer ou deixar de fazer alguma coisa senão em virtude de lei"*. Lei em sentido formal e material, ou seja, oriunda de aprovação pelo Congresso Nacional, pelas Assembleias Legislativas ou pelas Câmaras de Vereadores.

Vistos esses conceitos jurídicos, não há como ser legitimado o primeiro requisito constante do inciso III, do art. 5º, da Instrução de Serviço DG nº 02/2010. Ele não decorre de lei, mas de ato *regulamentar* que extrapolou as suas atribuições, restringindo a possibilidade de uma remoção até mesmo *no interesse da Administração*. Vejam que a regra regulamentar criou uma proibição, sem supedâneo na lei, em prejuízo do próprio serviço público.

Penso que isto basta para considerar absolutamente ilegal e ineficaz o primeiro requisito contido no inciso III, do art. 5º, da Instrução de Serviço DG nº 02/2010.

Desse modo, oriento no seguinte sentido:

a) Seja indeferido o pedido formulado pelo Presidente da Comissão de Processo Administrativo Disciplinar (fls. 107);

b) Sejam mantidos os efeitos da Portaria que removeu o Servidor Leonardo Marinho do Monte Silva, se ainda presentes os motivos de sua edição;

c) Seja promovido Relato à Diretoria Colegiada, visando à alteração da redação do inciso III, do art. 5º, da Instrução de Serviço DG nº 02/2010, de modo a suprimir, por ilegalidade, o seguinte requisito: *"Que o servidor não responda a processo administrativo disciplinar na sua unidade de lotação"*.

Brasília, 18 de fevereiro de 2011.

DESPACHO/PFE/DNIT Nº 00417/2011

Sobre as Sugestões da Assessoria de Controle Interno do Ministério dos Transportes quanto à PFE/DNIT.

Reporto-me ao Memorando de fls. 02, com especial destaque para as *"Sugestões"* apresentadas pela Assessoria de Controle Interno do Ministério dos Transportes no item 6.3 da Nota Técnica nº 4/2011/ AECI/MT, às fls. 3/5.

Com efeito, a designação do Procurador Federal para exercer a Chefia da Unidade Jurídica da PFE/DNIT/CE foi feita por esta Chefia e se deu em virtude dos seguintes fatos:

a) Necessidade de dotar a referida Unidade Jurídica de mais um Procurador Federal para atender as demandas da Superintendência Regional do DNIT, principalmente em virtude das desapropriações para as obras da Ferrovia Transnordestina naquele Estado, que integram o Programa de Aceleração do Crescimento (PAC), definido pelo Governo Federal e pelo Ministério dos Transportes como ação prioritária; e

b) A possibilidade de ser designado o Procurador Federal Antonio Silvino para esta função, já que o mesmo havia, anteriormente, respondido pela Chefia naquela Unidade Jurídica, sendo dotado de larga experiência e vivência nos assuntos afetos ao DNIT.

Se houve ou não o empenho do Superintendente Regional em obter a referida designação para os fins declarados na referida Nota Técnica, bem assim se o Procurador designado *"tinha papel a desempenhar no conluio"* (item 6.2), constituem fatos que esta Chefia desconhece e pelos quais respondem, *exclusivamente*, os subscritores da mesma Nota Técnica.

Advirto, apenas, que declarações do gênero são extremamente perigosas, principalmente quando sabido que a matéria em questão se encontra *sub judice*, podendo, portanto, ao final, inocentar os servidores envolvidos.

Quanto às *"Sugestões"* apresentadas, faço as seguintes considerações:

a) As designações para as Chefias das Unidades Jurídicas da PFE/DNIT constituem prerrogativa exclusiva do Procurador Chefe Nacional da PFE/DNIT, cujos critérios envolvem não apenas a condição de Procurador Federal, mas, sobretudo, a experiência e a vivência profissional com os assuntos jurídicos afetos ao DNIT, bem assim a capacidade de relacionamento com a área técnica da Autarquia com a devida independência, que não se adquire pela investidura no cargo, mas sim pela postura ética, moral e profissional de que o Procurador desfruta no meio em que atua; e

b) O procedimento de *"rodízio"* sugerido, antes de atender o interesse público, só iria prejudicá-lo, visto que o conhecimento e a capacidade de resolução dos assuntos institucionais do DNIT não se adquirem pela nomeação para o cargo de Procurador Federal, mas, como já dito, necessitam de vivência e experiência, atributos esses que reclamam, sobretudo, interesse, dedicação e amor pela coisa pública.

Como se vê, não será com *"rodízios"* ou *"listas tríplices"* que a corrupção poderá ser combatida, porque de nada adianta a ciranda de Procuradores se estes não forem bem treinados, experientes e dotados da maturidade profissional necessária para o enfrentamento dos problemas jurídicos que decorrem de toda e qualquer contratação no serviço público. Não preenchidos estes pressupostos, o que iríamos ter seriam manifestações jurídicas negativas, mais preocupadas em não empenhar responsabilidades do que oferecer à Administração alternativas legais para a concretização dos projetos.

A questão da corrupção é antes de tudo tema de educação, de formação, inclusive moral e ética. Pergunto: Com exceção dos Advogados, qual o profissional de nível superior ou mesmo de nível técnico que, antes de ser servidor público, recebeu noções ou treinamento para o exercício de um cargo ou função pública? Em geral, são empossados nos cargos ou nomeados paras as funções sem qualquer experiência anterior na Administração Pública, ignorando a vastidão de leis, decretos, normas, portarias, instruções de serviço que disciplinam as inúmeras atividades cometidas ao servidor público, principalmente os códigos de conduta, de ética etc. E, a partir de então, sobre os mesmos passam a incidir responsabilidades de toda sorte, as quais até desconhecem. Esta é a realidade brasileira!

Assim, considerando que o Brasil adota a política da permanente oferta por cargos ou empregos públicos, em todos os níveis de governo, penso que seria muito importante fazer incluir dentre as disciplinas ministradas nas diversas Faculdades de nível superior, bem assim nos Cursos Técnicos de nível médio, cadeira específica sobre o exercício do cargo ou emprego público, que poderia até ser eletiva, desde que, para a inscrição em concurso público visando ao provimento de cargo ou emprego público, o candidato comprovasse a sua realização.

Por outro lado, segundo declarou Stephen Kanitz, Mestre em Administração pela Harvard University, em artigo publicado há mais de dez anos na revista *Veja* (anexo), *"As nações com menor índice de corrupção são as que têm o maior número de auditores e fiscais formados e treinados."* Adiante, acrescentou: *"A principal função do auditor inclusive nem é de fiscalizar depois do fato consumado, mas a de criar controles internos para que a fraude e a corrupção não possam sequer ser praticadas."*

Diante dessas afirmações, restituo o processo para que esta Auditoria e a Secretaria de Controle Interno do Ministério dos Transportes informem o que vêm fazendo a respeito do controle prévio acima aludido.

Brasília, 18 de março de 2011.

MEMORANDO PFE/DNIT Nº 00217/2011

Afastamento de Cargo ou
Função por Ordem Judicial.

Reportando-me ao Memorando nº 675/2011/DG, de 17.03.2011, que trata do afastamento do Servidor João Andrea Molinero Júnior da função de Supervisor da Unidade Local do DNIT/Uberlândia/MG, em virtude de decisão judicial e requisição do Ministério Público Federal, presto os seguintes esclarecimentos.

A decisão judicial transcrita no Of. nº 106/2011-PR/MG/FP, de 16.03.2011, oriundo do Ministério Público Federal em Minas Gerais, determinou que Vossa Senhoria promovesse *"o afastamento do requerido João Andrea Molinero Júnior do cargo ou função pública que ocupa junto à Unidade do DNIT de Uberlândia (Supervisor da Unidade Local do DNIT/ Uberlândia), sem prejuízo da remuneração, até decisão final neste feito"*.

Em cumprimento à referida decisão judicial, Vossa Senhoria expediu a Portaria, cuja cópia consta da documentação anexa, determinando *"o afastamento do servidor JOÃO ANDRÉA MOLINERO JÚNIOR, matrícula SIAPE nº 0852924, CPF nº 240.883.906-87, das funções de Supervisor de Unidade Local I, código FCT-9, na cidade de Uberlândia/MG, da Superintendência Regional no Estado de Minas Gerais desta Autarquia, sem prejuízo da remuneração, até decisão final do feito"* (art. 1º).

No art. 2º da mesma Portaria, Vossa Senhoria designou o servidor *Elias João Barbosa*, para responder, em caráter provisório, pelas atribuições de Supervisor daquela mesma unidade administrativa.

Ocorre que, segundo a missiva inicialmente mencionada, oriunda do Ministério Público Federal, o Senhor Procurador da República afirma que a decisão judicial não estaria sendo cumprida, uma vez que o afastamento determinado não foi, apenas, da função que o Servidor estava exercendo, mas também do cargo que ocupa junto à Unidade do DNIT local.

Entendo que não procede o alegado. Com efeito, a decisão judicial, até por conta da sua fundamentação, sempre fez referência ao referido Servidor na condição de Supervisor da Unidade Local do DNIT/ Uberlândia ou às atribuições por ele desempenhadas. Nesse sentido, transcrevo, no que interessa, os seguintes trechos da decisão judicial:

"(...)

Narra a inicial que o requerido, na qualidade de engenheiro-chefe do DNIT em Uberlândia... Não é admissível que um dirigente de um órgão como o DNIT... Não bastasse isso, a omissão voluntária do requerido acabou por prejudicar, também, os cofres do próprio DNIT, pois sua omissão, na qualidade de Supervisor da Unidade Local do DNIT/Uberlândia,... impõe-se o afastamento liminar do cargo ou função que ocupa, para que o DNIT possa por em seu lugar, com urgência, outro servidor que cumpra diligentemente suas atribuições... O afastamento do requerido da Supervisão da Unidade Local do DNIT/ Uberlândia também é necessário..."

Por outro lado, o dispositivo legal invocado para embasar a decisão judicial (parágrafo único do art. 20, da Lei nº 8.429/92) prevê o afastamento do agente público do exercício *"do cargo, emprego ou função"*, de modo, portanto, alternativo, até porque são situações absolutamente distintas. Exercer cargo não é o mesmo que exercer emprego, ambos não envolvendo, necessariamente, o exercício de função.

Mas, de qualquer modo, o que interessa é que a decisão judicial determinou o afastamento do servidor *"do cargo ou função pública que ocupa junto à Unidade do DNIT de Uberlândia (Supervisor da Unidade Local do DNIT/Uberlândia)"*. A decisão é induvidosa, clara, objetiva, visto que pretendeu a substituição *do dirigente do DNIT no local*, tanto que expressamente fez referência a isto ao consignar *"...(Supervisor da Unidade Local do DNIT/Uberlândia)..."*. Evidentemente que a conjunção *"ou"* utilizada pelo Magistrado foi necessária para alcançar uma das situações que pudessem existir na espécie, vale dizer, se as atribuições de Supervisor da Unidade Local fossem decorrentes de cargo ou de função pública. Se fosse de cargo público, o afastamento seria do cargo. Se fosse de função pública, como é o caso, o afastamento seria, como foi, da respectiva função.

Assim, entendo que a Portaria de afastamento editada por Vossa Senhoria obedeceu efetivamente à ordem judicial, inclusive cumprindo a determinação que, embora não constando da parte decisória, constou da parte expositiva da fundamentação, quanto à designação de outro servidor para o exercício da *função de Supervisor da Unidade Local do DNIT/Uberlândia*.

De qualquer modo, Senhor Diretor-Geral, estou determinando que a representação judicial do DNIT naquele Estado promova consulta ao Meritíssimo Juiz Federal sobre a questão, de modo a afastar quaisquer dúvidas porventura ainda existentes quanto ao correto cumprimento da sua decisão judicial.

Brasília, 17 de março de 2011.

DESPACHO/PFE/DNIT Nº 01454/2011

Promoções e Progressões Funcionais.

Em atenção ao despacho de fls. 19, foi exarado o Parecer/GNM/ PFE/DNIT nº 807/2011, cuja conclusão reproduz o entendimento da Coordenação-Geral de Recursos Humanos/DAF, no sentido de que, não havendo o Poder Executivo regulamentado a progressão funcional dos servidores ocupantes dos cargos previstos no art. 1º da Lei nº 11.171/2005, não é possível o atendimento do pleito.

De fato, consoante o disposto no parágrafo único do art. 10, da Lei nº 11.171/2005, *"a promoção e a progressão funcional obedecerão à sistemática da avaliação de desempenho, capacitação e qualificação funcionais, conforme disposto em ato do Poder Executivo".*

Portanto, à luz dessa disposição legal, não é possível que esta Procuradoria ou o próprio DNIT venha a suprir a ausência da regulamentação exigida. A Autarquia, como entidade integrante da Administração Federal, deve observância aos preceitos legais, máxime quando as suas ações estão condicionadas por atos oriundos do Poder Executivo. Vale dizer, o DNIT só poderá promover os seus servidores ou realizar as progressões a que os mesmos têm direito se o Poder Executivo — Ministério dos Transportes, Planejamento e Casa Civil da Presidência da República — assim permitir.

Ocorre que, decorridos quase onze anos da vigência da Lei nº 11.171/2005, este *"ato do Poder Executivo"* não foi editado, impedindo, assim, que o DNIT realize as promoções e progressões funcionais de seus servidores.

Paralelamente, alguns servidores têm recorrido ao Poder Judiciário, o qual, segundo as primeiras decisões de que se tem notícia (fls. 28/46), vem condenando o DNIT a promover as promoções e progressões, sob o fundamento de que a ausência de regulamentação pelo Poder Executivo viola o princípio da legalidade e da isonomia, *"com a perpetuação da situação funcional, sem se alcançar nível mais elevado como outros do quadro do DNIT, ainda que haja lei que garanta esse direito"* (fls. 33).

Ademais, as decisões judiciais condenam o DNIT, ainda, ao pagamento das diferenças apuradas devidamente atualizadas monetariamente, acrescidas de juros de mora, bem assim ao pagamento de honorários advocatícios.

Não obstante tenha esta Procuradoria aviado os respectivos recursos, nas sentenças estão consignadas decisões de Tribunais que confirmam a tese esposada pelos Magistrados.

Desse modo, Senhor Diretor-Geral, recomendo que sejam promovidas urgentes gestões do DNIT junto ao Ministério dos Transportes, Casa Civil da Presidência da República e Ministério do Planejamento, Orçamento e Gestão, no sentido de ser editada o quanto antes a regulamentação exigida pelo parágrafo único do art. 10, da Lei nº 11.171/2005, a fim de que possa o DNIT ser poupado de futuras condenações judiciais e possa promover, como de direito, as promoções e progressões funcionais de seus servidores.

Brasília, 21 de junho de 2011.

DESPACHO/PFE/DNIT Nº 02158/2011

Cessão de Servidor. Ajuda de Custo.

Discordo das conclusões contidas no Parecer/DCPT/PFE/DNIT nº 1.621/2011 e no Despacho/TCO/Procuradoria/DNIT nº 1.503/2011. Com efeito, o Servidor Federal em questão, cuja lotação originária é do Ministério da Fazenda, como ocupante do cargo de Analista de Finanças e Controle, se encontrava a serviço do Estado do Rio de Janeiro desde abril de 2007, em virtude de cessão promovida pelo Ministério do Planejamento, Orçamento e Gestão, conforme é informado às fls. 22/24. Essa cessão foi prorrogada pelas Portarias publicadas às fls. 16, 15 e 14, vigorando essa última prorrogação por um ano. Observo que o art. 3º da Portaria nº 2.713, publicada em 1º.10.2010, expressamente consignou:

> *"Art. 3º Fica convalidado o exercício do servidor no órgão cessionário no período de 24 de abril de 2010 até a data de publicação desta Portaria, desde que comprovado o reembolso pelo órgão cessionário durante todo o período de sua permanência."*

Essa convalidação foi necessária porque a vigência da prorrogação anterior se encerrou em 23.04.2010. Assim, com essa nova prorrogação, a cessão se estendeu até 23.04.2011.

O que aconteceu entre 24.04.2011 e 24.08.2011, data da nomeação do Servidor no cargo de Diretor do DNIT, é que o processo não informa, embora faça presumir que a situação do Servidor não tenha se alterado.

Nesse sentido, observei que a rescisão do contrato de locação do imóvel de sua residência no Rio de Janeiro ocorreu somente em setembro/2011 (fls. 17), o que me faz presumir que, a partir de 24.04.2011 até 24.08.2011, não teria havido qualquer solução de continuidade das atividades do Servidor junto ao Estado do Rio de Janeiro.

Vale dizer, a prevalecer essa presunção, quando do advento da nomeação para o DNIT (24.08.2011), o Servidor ainda se encontrava a serviço do Estado do Rio de Janeiro e com domicílio naquele Estado, o que teria abortado as providências em andamento no Ministério do

Planejamento, Orçamento e Gestão para prorrogar a vigência da cessão que expirou em 23.04.2011.

Não é difícil imaginar que isso tivesse acontecido. Além de a burocracia oficial oferecer oportunidade para tanto, existe, no caso, o precedente da prorrogação da vigência da cessão de 04/2010 para 04/2011, *que só foi formalizada em outubro de 2010 pela Portaria nº 2.713.* Assim, imagino que a cessão do Servidor poderia se encontrar em fase de nova prorrogação para 04/2012 quando do advento da sua nomeação para Diretor do DNIT.

É necessário, portanto, privilegiar os fatos em detrimento da forma, até porque, para efeito do pagamento da ajuda de custo, *o fato decisivo é a mudança de domicílio para ter exercício em nova sede.* Nesse sentido, dispõe a Lei nº 8.112/90:

> *"Art. 53. A ajuda de custo destina-se a compensar as despesas de instalação do servidor que, no interesse do serviço, passar a ter exercício em nova sede, com mudança de domicílio em caráter permanente, vedado o duplo pagamento de indenização, a qualquer tempo, no caso de o cônjuge ou companheiro que detenha também a condição de servidor, vier a ter exercício na mesma sede."*

Por outro lado, não posso crer que o Servidor em questão, nomeado para cargo de tamanha relevância no DNIT, sujeito à prévia sabatina no Senado da República, não estivesse animado pelos princípios da boa-fé e da honestidade quando pleiteou o pagamento da ajuda de custo (fls. 02). Certamente não teria feito se, por ocasião da sua nomeação, já estivesse com domicílio fixado em Brasília/DF.

Portanto, se as presunções lançadas nesta manifestação se confirmarem, resta evidente que o ônus pelo pagamento da ajuda de custo é do DNIT, novo cessionário por conta da Portaria/MF nº 851/2011 (*que deverá ser juntada aos autos*), visto que a mudança de domicílio do Servidor, do Rio de Janeiro para Brasília, teria se dado em virtude da sua nomeação para o cargo de Diretor da DAF. Nesse sentido, é claríssimo o disposto no §2º do art. 1º do Decreto nº 4.004, de 08.08.2001:

> *"§2º Caberá ao órgão em que tiver exercício o servidor nomeado para os cargos de que trata o parágrafo anterior efetuar o pagamento das indenizações referidas neste artigo."*

De todo modo, considerando não ser possível ignorar a burocracia oficial, que é a pedra de toque na legislação administrativa brasileira, recomendo que, para não pairarem dúvidas sobre ser devida a ajuda de custo em apreço, sejam adotadas as seguintes providências:

a) Obter declaração do Servidor de que, por ocasião da sua nomeação para o cargo de Diretor do DNIT (24.08.2011), o mesmo se encontrava domiciliado no Rio de Janeiro/RJ, a serviço do Estado do Rio de Janeiro; e

b) Solicitar ao Ministério do Planejamento, Orçamento e Gestão ou Ministério da Fazenda que informe se, por ocasião da nomeação do Servidor para o cargo de Diretor do DNIT (24.08.2011), se encontrava o mesmo regularmente cedido para o Estado do Rio de Janeiro, tendo em vista que a cessão teria expirado em 23.04.2011.

Brasília, 07 de dezembro de 2011.

REFERÊNCIAS

BANDEIRA DE MELO, Celso Antônio. *Curso de Direito Administrativo*. 7. ed. São Paulo: Malheiros, 1995.

BAUMGARTEN, Érico I. *Direito Administrativo*: Pareceres. Rio de Janeiro, 1970.

BÉNOIT, Francis-Paul. *Le Droit Administratif Français*. Paris: Dalloz, 1968.

BEVILÁQUA, Clóvis. *Código Civil dos Estados Unidos do Brasil*. 7. ed. Rio de Janeiro: Francisco Alves, 1945. v. 4.

BEVILÁQUA, Clóvis. *Código Civil dos Estados Unidos do Brasil*. Rio de Janeiro: Francisco Alves, 1944.

BEVILÁQUA, Clóvis. *Código Civil dos Estados Unidos do Brasil*. Rio de Janeiro: Francisco Alves, 1959.

BEVILÁQUA, Clóvis. *Direito das Obrigações*. Rio de Janeiro: Francisco Alves, 1945.

BIELSA, Rafael. *Derecho Administrativo*. La Ley, 1966. v. 3.

BONNARD, Roger. *Precis de Droit Public*. Paris: Recueil Sirey, 1946.

BRASIL. Departamento de Estradas e Rodagem. Diretoria de Desenvolvimento Tecnológico. Divisão de Capacitação Tecnológica. *Glossário de termos técnicos rodoviários*. Rio de Janeiro: DNER, 1997.

CAETANO, Marcelo. *Manual de Direito Administrativo*. Coimbra: Coimbra Ed., 1947.

CARVALHO, Afrânio de. *Registro de Imóveis*. Rio de Janeiro: Forense, 1976.

COOLEY, Thomas McIntyre. *Constitutional Limitations*. 6. ed. USA, 1878.

CRESPO, Paulo Meira Camacho. *Direito de Trânsito ou Direito Rodoviário*. Belo Horizonte: Imprensa Oficial, 1951.

CRETELLA JUNIOR, José. *Bens Públicos*. São Paulo: Universitária do Direto, 1975.

CRETELLA JUNIOR, José. *Dicionário de Direito Administrativo*. Rio de Janeiro: Forense, 1978.

DINIZ, Maria Helena. *Curso de Direito Civil Brasileiro*. 16. ed. São Paulo: Saraiva, 2000. v. 1.

DUARTE, Fabio Marcelo de Rezende. *Aspectos Jurídicos das Rodovias*: Tutela do Uso Comum, Concessões Rodoviárias, Responsabilidade Civil, e outros aspectos. Rio de Janeiro: Mauad, 1997.

DUARTE, Fabio Marcelo de Rezende. *Concessão e Administração de Rodovias*. Porto Alegre: Nota Dez, 2009.

DUARTE, Fabio Marcelo de Rezende. Disciplina Jurídica das Rodovias. *Revista Jurídica Ministério dos Transportes*, Brasília, v. 1, n. 2, jun. 2007.

DUARTE, Fabio Marcelo de Rezende. *Estudos e Pareceres de Direito Rodoviário*. Rio de Janeiro: Temas & Idéias, 2002.

DUARTE, Fabio Marcelo de Rezende. Governo da Rodovia: Direito ao Trânsito Seguro. *Revista de Direito Público da Economia – RDPE*, Belo Horizonte, v. 10, n. 37, p. 49-73, jan./mar. 2012.

DUGUIT, Leon. *Traité de Droit Constitutionel*. Paris: Ancienne Libr. Fontemoing, 1923. t. II - La théorie générale de l'état.

FAGUNDES, Miguel Seabra. Aspectos Jurídicos do Bloqueio das Rodovias. *Revista de Direito Rodoviário*, ano 2, n. 2, p. 105, 1950.

FAGUNDES, Miguel Seabra. *Da Desapropriação no Direito Brasileiro*. Rio de Janeiro: Freitas Bastos, 1949.

FAGUNDES, Miguel Seabra. *O Controle dos Atos Administrativos pelo Poder Judiciário*. 2. ed. Rio de Janeiro: Freitas Bastos, 1950.

FAGUNDES, Miguel Seabra. *O Controle dos Atos Administrativos pelo Poder Judiciário*. 3. ed. Rio de Janeiro: Forense,1957.

FERREIRA, Aurélio Buarque de Hollanda. *Novo Dicionário Aurélio da Língua Portuguesa*. Rio de Janeiro: Nova Fronteira, 1986.

FERREIRA, Sergio de Andréa. *Direito Administrativo Didático*. Rio de Janeiro: Forense, 1981.

FRAGA, Gabino. *Derecho Administrativo*. México: Porrua, 1948.

FURTADO, Lucas Rocha. *Curso de Direito Administrativo*. Belo Horizonte: Fórum, 2007.

GARCIA, Flavio Amaral. A relatividade da distinção atividade-fim e atividade-meio na terceirização aplicada à Administração Pública. *Revista Brasileira de Direito Público – RBDP*, Belo Horizonte, ano 7, n. 27, p. 137-160, out./dez. 2009.

GHESTIN, Jacques. *Traité de Droit Civil*. Paris: Pichon et Durand-Auzias, 1959. t. II.

GIORGI, Giorgio. *La dottrina delle persone giuridiche o corpi morali*: esposta con speciale considerazione del diritto moderno italiano. Roma: Editorial Reviews, 2010. v. 3.

GOMES, Laurentino. *1808*. São Paulo: Planeta, 2006.

GONÇALVES, Carlos Roberto. *Direito Civil*: Parte Geral. São Paulo: Saraiva, 2003.

GUIMARÃES, Octávio Moreira. *Da Boa-Fé no Direito Civil Brasileiro*. 2. ed. São Paulo: Saraiva, 1953.

HAURIOU, Maurice. *Précis de Droit Administratif et de Droit Public*. Paris: Librairie de La Sociéte du Recueil Sirey, 1911.

JUSTEN FILHO, Marçal. *Comentários à Lei de Licitações e Contratos Administrativos*. 8. ed. São Paulo: Dialética, 2000.

JUSTEN FILHO, Marçal. *Comentários à Lei de Licitações e Contratos Administrativos*. 5. ed. São Paulo: Dialética, 1998.

LAUBADÉRE André de. *Traité Elementaire de Droit Administratif*. Paris: Libr. Générale de Droit et de Jurisprudence, 1963. v. 2.

LIMA, Hermes. *Introdução à Ciência do Direito*. 26. ed. Rio de Janeiro: Freitas Bastos, 1980.

REFERÊNCIAS | 459

LIMA, Rui Cirne. *Princípios de Direito Administrativo*. 4. ed. Porto Alegre: Sulina, 1964.

LOPES, Serpa Miguel Maria de. *Comentário Teórico e Prático da Lei de Introdução ao Código Civil*. Rio de Janeiro: Jacintho, 1943-1946. v. 1.

MAYER, Otto. *Derecho Administrativo Alemán*. Buenos Aires: Depalma, 1955, t. III.

MAZAGÃO, Mário. *Curso de Direito Administrativo*. São Paulo: Revista dos Tribunais, 1974.

MEIRELLES, Hely Lopes. *Direito Administrativo Brasileiro*. 26. ed. São Paulo: Malheiros, 2001.

MENDONÇA, J. M. Carvalho de. *Código Civil Brasileiro Interpretado*. Rio de Janeiro: Freitas Bastos, 1952. v. 2.

NUNES, Pedro dos Reis. *Dicionário de Tecnologia Jurídica*. Rio de Janeiro: Freitas Bastos, 1958.

OCTÁVIO, Rodrigo. *Do Domínio da União e dos Estados segundo a Constituição Federal*. São Paulo: Saraiva, 1924.

OLIVEIRA JUNIOR, Erick Menezes de. A interpretação do Direito Administrativo face aos princípios que o orientam. Disponível: <http://jus.com.br/artigos/5010/a-interpretacao-do-direito-administrativo-face-aos-principios-que-o-orientam>.

PEREIRA JÚNIOR, Jessé Torres. *Comentários à Lei de Licitações e Contratações da Administração Pública*. 7. ed. Rio de Janeiro: Renovar, 2007.

PONTES DE MIRANDA. *Tratado de Direito Privado*. São Paulo: Revista dos Tribunais, 1970. t. II.

RÁO, Vicente. *O Direito e a Vida dos Direitos*. 3. ed. São Paulo: Revista dos Tribunais, 1991. v. 1.

REALE, Miguel. *Revogação e Anulamento do Ato Administrativo*. 2. ed. Rio de Janeiro: Forense, 1980.

RIVERO, Jean. *Droit Administratif*. 7ª éd. Paris: Dalloz, 1975.

SANTOS, J. M. Carvalho. *Código Civil Brasileiro Interpretado*: Principalmente do ponto de vista pratico. 6. ed. Rio de Janeiro, Freitas Bastos, 1960. v. 8.

SANTOS, J. M. Carvalho. *Repertório Enciclopédico do Direito Brasileiro*. Rio de Janeiro: Borsoi, 1947. v. 8.

SOUTO, Marcos Juruena Villela. *Direito das Concessões*. 5. ed. Rio de Janeiro: Lumen Juris, 2004.

SUNDFELD, Carlos Ari. *Licitação e Contrato Administrativo*. São Paulo: Malheiros, 1994.

SZKLAROWSKY, Leon Frejda. *Subcontratação e Cessão de Contratos Administrativos*. Disponível: em: <http://www.ambito-juridico.com.br/site/index.php?n_link=revista_artigos_leitura&artigo_id=2154>.

TENÓRIO, Oscar Accioly. *Lei de Introdução ao Código Civil Brasileiro*. Rio de Janeiro: Livraria Jacintho, 1944.

WALD, Arnold. *Obrigações e Contratos*. 12. ed. São Paulo: Revista dos Tribunais, 1964.

WEIL, Prosper. *Droit Administratif*. Paris: PUF, 1964.

Esta obra foi composta em fonte Palatino Linotype, corpo 10
e impressa em papel Offset 75g (miolo) e Supremo 250g (capa)
pela Gráfica e Editora O Lutador. Belo Horizonte/MG.